MIT ARBEITS HILFEN ONLINE

Exklusiv für Buchkäufer!

Ihre Arbeitshilfen online:

Musterbriefe
- Mieterhöhung für Wohn- und Geschäftsraum
- Widerspruch gegen eine Mietminderung
- Modernisierung und Renovierung
- Ordentliche und fristlose Kündigungen

Musterformulare
- Übergabeprotokoll für Wohn- und Geschäftsraum
- Vereinbarung über bauliche Veränderung
- Modernisierungsvereinbarung

Checklisten
- Kosten-Checks
- Rechts-Checks
- Schritt-für-Schritt-Guides

Und so geht's:
- Einfach unter www.haufe.de/arbeitshilfen den Buchcode eingeben
- Oder direkt über Ihr Smartphone bzw. Tablet auf die Website gehen

Buchcode: AUG-XLZ5

www.haufe.de/arbeitshilfen

Mietrecht für Vermieter von A–Z

Mietrecht für Vermieter von A–Z

Rudolf Stürzer, Michael Koch

4. aktualisierte Auflage 2013

Haufe Gruppe
Freiburg · München

Bibliografische Information der Deutschen Nationalbibliothek
Die Deutsche Nationalbibliothek verzeichnet diese Publikation in der Deutschen Nationalbibliografie; detaillierte bibliografische Daten sind im Internet über http://dnb.dnb.de abrufbar.

Print ISBN: 978-3-648-03635-8 Bestell-Nr. 01055-0004
EPUB ISBN: 978-3-648-03637-2 Bestell-Nr. 01055-0151
EPDF ISBN: 978-3-648-03636-5 Bestell-Nr. 01055-0101

Stürzer, Koch
Mietrecht für Vermieter von A–Z – mit Arbeitshilfen online
4. aktualisierte Auflage 2013

Redaktionsanschrift: Fraunhoferstraße 5, 82152 Planegg/München
Telefon: (089) 895 17-0
Telefax: (089) 895 17-290
Internet: www.haufe.de
E-Mail: online@haufe.de
Produktmanagement: Jasmin Jallad

Lektorat: Cornelia Rüping, 81679 München
Satz: Reemers Publishing Services GmbH, 47799 Krefeld
Umschlag: RED GmbH, 82152 Krailling
Druck: Schätzl Druck, 86604 Donauwörth

Inhaltsverzeichnis

Vorwort

Das Fachbuch „Mietrecht für Vermieter von A–Z" zeigt allen Immobilieneigentümern und solchen, die es werden wollen, detailliert, worauf es bei der Vermietung von Wohn- oder Gewerberäumen ankommt. Von der Umlage der Betriebskosten bis hin zum Zeitmietvertrag: Hier erfahren Sie genau, wie Sie Fehler bei der Suche nach dem geeigneten Mieter und Rechtsverluste durch kleine Formfehler vermeiden. Das ermöglicht es Ihnen als Vermieter, schon bei der Gestaltung des Mietvertrags die bestehenden Spielräume auszuschöpfen und die richtigen Entscheidungen zu treffen. Dieses Nachschlagewerk zeigt, wie Sie von Beginn an alles optimal planen. Ergänzt wird es durch die Arbeitshilfen online, die im Internet zur Verfügung stehen.

Rechts-Checks informieren über knifflige Details der Vertragsformulierung, Schritt-für-Schritt-Guides helfen bei der Abrechnung der Betriebskosten bis hin zur Abnahme des Wohnraums. Das Buch „Mietrecht für Vermieter" ist hierbei der ideale Wegbegleiter.

Die Autoren

München, im August 2013

Die häufigsten Fragen, die Vermieter an Haus und Grund richten

Mit der Vermietung von Wohnungseigentum sind viele Rechte und Pflichten verbunden, die jeder Immobilienbesitzer kennen sollte. Unsere Fragen weisen Sie durch die vielen Themen und Probleme, die sich Ihnen stellen werden:

Gibt es ein neues Gesetz zu Schönheitsreparaturen?

Nein. Jedoch hat die Rechtsprechung in den letzten vier Jahren zahlreiche Schönheitsreparaturklauseln für unwirksam erklärt. Die häufigsten Fallgestaltungen sind dabei, dass die Schönheitsreparaturen nach bestimmten – starren – Fristen, etwa nach drei, fünf und sieben Jahren ausgeführt werden müssen. Solche Klauseln wurden vom BGH für unwirksam erklärt, ebenso wie die sogenannten Endrenovierungsklauseln, d. h., dass bei Beendigung des Mietverhältnisses die Schönheitsreparaturen durchzuführen sind.

Enthält der Mietvertrag eine unwirksame Schönheitsreparaturklausel, so verbleibt es beim gesetzlichen Leitbild, d. h., der Vermieter ist für die Instandhaltung des Mietobjekts, damit auch für die Durchführung der Schönheitsreparaturen verantwortlich. Der Mieter ist in diesen Fällen nicht verpflichtet, Schönheitsreparaturen – auch nicht teilweise – durchzuführen. Dies gilt unabhängig von der Dauer des Mietverhältnisses.

Kann der Vermieter vom Mieter die Bezahlung der Betriebskosten verlangen?

Der Mieter ist verpflichtet, die Betriebskosten zu bezahlen, sofern im Mietvertrag eine sogenannte Nettomiete zuzüglich Vorauszahlungen auf die Betriebskosten sowie für Heizung und Warmwasser vereinbart wurde. Anders verhält es sich, wenn lediglich eine sogenannte Bruttokalt- oder Teilinklusivmiete vereinbart wurde.

Bei der Bruttokaltmiete, die sich vor allem in älteren Mietverträgen findet, ist der Mieter lediglich verpflichtet, Heizung und Warmwasser zu bezahlen. Die übrigen Betriebskosten sind in der Miete enthalten. In diesem Fall kann der Vermieter die Betriebskosten nicht gesondert verlangen.

Bei der Teilinklusivmiete sind bestimmte Betriebskostenpositionen, etwa Sach- und Haftpflichtversicherungen, Grundsteuer in der Miete enthalten, andere Positionen wie beispielsweise Hausmeister, Treppenreinigung können nach den mietvertraglichen Vereinbarungen abgerechnet werden. In diesen Fällen können lediglich die ausdrücklich im Mietvertrag vereinbarten Kostenpositionen abgerechnet werden.

Ist der Vermieter verpflichtet, ein Übergabeprotokoll zu fertigen?

Nein. Es gibt hierzu keine gesetzliche Verpflichtung. Allerdings empfiehlt es sich, zur Dokumentation des Zustands bei Mietbeginn ein möglichst ausführliches Übergabeprotokoll zu erstellen. Bei Beendigung des Mietverhältnisses besteht ebenfalls keine Verpflichtung, ein Übergabeprotokoll zu erstellen. Wird ein solches aber erstellt, so kommt dem Übergabeprotokoll eine sogenannte Ausschlusswirkung zu. Liegt ein von beiden Parteien unterzeichnetes Übergabeprotokoll vor, so gelten sämtliche Mängel und Beschädigungen, die im Protokoll enthalten sind, als vorhanden. Umgekehrt gilt alles, was nicht explizit im Protokoll erwähnt ist, als nicht vorhanden. Der Vermieter sollte daher ein besonderes Augenmerk darauf legen, dass das Protokoll möglichst ausführlich und detailliert erstellt wird. Anderenfalls drohen Ansprüche, etwa wegen Beschädigung der Mietsache durch den Mieter, aus rein formalen Gründen unterzugehen, sofern diese nicht entsprechend im Übergabeprotokoll vermerkt sind.

Wenn Sie sich als Vermieter nicht in der Lage sehen, ein entsprechendes Übergabeprotokoll anzufertigen, so sollten Sie entweder einen Fachmann (Architekt, Sachverständigen oder Ähnliches) hinzuziehen oder zumindest im Übergabeprotokoll einen entsprechenden Vorbehaltsvermerk dahingehend anbringen, dass Sie sich die Geltendmachung weiterer, derzeit nicht sichtbarer Mängel und Schäden nach einer ausführlichen Besichtigung vorbehalten.

Kann ich einem sogenannten „Problemmieter“ kündigen?

Eine Kündigung wegen der Verletzung vertraglicher Verpflichtungen, Störung des Hausfriedens, Vermüllung der Wohnung etc. kommt grundsätzlich erst dann in Betracht, wenn der Mieter zuvor erfolglos abgemahnt wurde. Eine sofortige Kündigung — ohne Abmahnung — ist in der Regel nur in besonders schwerwiegenden Ausnahmefällen möglich. Liegen gleichgeartete Verstöße nach einer erfolglosen Abmahnung vor, so empfiehlt es sich, eine außerordentliche — fristlose — Kündigung vorsorglich mit einer ordentlichen Kündigung — zum Ablauf der gesetzlichen Kündigungsfrist — zu verbinden.

Was kann ein Vermieter tun, wenn sein Mieter die Miete nicht mehr bezahlt?

Befindet sich der Mieter mit zwei vollen Monatsmieten im Zahlungsrückstand, kann das Mietverhältnis außerordentlich fristlos gekündigt werden. Der Mieter hat in diesem Fall die Möglichkeit, die rückständigen sowie die laufenden Mieten bis zum Ablauf von zwei Monaten nach Zustellung der Räumungsklage vollständig zu bezahlen. In diesem Fall tritt eine sogenannte Heilung der Kündigung ein. Diese Möglichkeit entfällt aber, wenn der Kündigung vor nicht länger als zwei Jahren bereits eine Kündigung wegen Zahlungsverzugs vorausgegangen ist, die der Mieter „geheilt" hat.

Bei Zahlungsverzug kommt eine Kündigung ferner dann in Betracht, wenn der Mieter in zwei aufeinanderfolgenden Monaten mit einer vollen Monatsmiete sowie einem Teilbetrag der zweiten Miete in Zahlungsverzug ist. Dabei genügt bei zwei aufeinanderfolgenden Terminen für den Teilbetrag, dass der Mieter lediglich mit einem Cent sowie einer vollen Monatsmiete in Verzug ist.

Wie kann ein Zeitmietvertrag geschlossen werden?

Seit der Mietrechtsreform kann ein Zeitmietvertrag nur unter den Voraussetzungen des § 575 BGB abgeschlossen werden. Es muss ein sogenanntes Befristungsinteresse vorliegen. Der Vermieter muss dazu bei Abschluss des Mietvertrags einen Befristungsgrund schriftlich mitteilen. Anerkannte Befristungsgründe sind, dass der Vermieter nach Beendigung des Mietverhältnisses die Räume als Wohnung für sich, seine Familienangehörigen oder Angehörige seines Haushalts nutzen will (Eigenbedarf). Ferner, dass die Räume in zulässiger Weise beseitigt oder so wesentlich verändert oder instand gesetzt werden sollen, dass die Maßnahmen durch eine Fortsetzung des Mietverhältnisses erheblich erschwert würden. Schließlich, dass der Vermieter die Räume nach Ablauf der Mietzeit an einen zur Dienstleistung Verpflichteten vermieten will (sogenannter Betriebsbedarf).

Wann muss nach Beendigung des Mietverhältnisses die Kaution zurückgezahlt werden?

Die Rechtsprechung billigt dem Vermieter eine sogenannte Überlegungsfrist von drei bis sechs Monaten zu. Je nachdem ob streitige Ansprüche im Raume stehen, kann diese Frist von bis zu sechs Monaten voll ausgeschöpft werden.

Welche Energieausweise gibt es?

Zunächst wird unterschieden zwischen dem sogenannten Verbrauchsausweis und dem Bedarfsausweis. Der Verbrauchsausweis wird anhand des tatsächlichen Heizenergieverbrauchs des Gebäudes in den letzten drei Jahren erstellt. Es handelt sich hier um eine einfache und kostengünstige Variante. Der Ausweis kostet je nach Anbieter etwa zwischen 50 und 80 Euro.

Im Rahmen des Bedarfsausweises wird der Energiebedarf des Gebäudes anhand des energetischen Zustands und der besonderen Gegebenheiten des Gebäudes, z. B. Außenwände, Fenster, Keller und Speicherdecken, Heizungsanlage, errechnet. Es handelt sich hier um eine aufwendigere und kostenintensivere Variante, die allerdings dann empfehlenswert ist, wenn der Gebäudeeigentümer plant, Modernisierungsmaßnahmen durchzuführen.

Welchen Energieausweis benötigt man für welches Gebäude?

Eigentümer von Gebäuden mit mehr als vier Wohnungen oder Eigentümer von Ein-, Zwei-, Drei- und Vierfamilienhäusern, deren Bauantrag nach dem 1.11.1977 gestellt worden ist, können frei zwischen dem Bedarfs- oder Verbrauchsausweis wählen.

Das Gleiche gilt für ältere Gebäude, die aufgrund durchgeführter Sanierungen den Anforderungen der ersten Wärmeschutzverordnung entsprechen.

Eigentümer von Gebäuden mit bis zu vier Wohnungen, für die der Bauantrag vor dem 1.11.1977 gestellt wurde, konnten bis 30.9.2008 zwischen Bedarfs- und Verbrauchsausweis wählen. Seit dem 30.9.2008 ist für diese Gebäude der Bedarfsausweis Pflicht.

Der Energieausweis ist zehn Jahre gültig, sodass im Falle des sogenannten befristeten Wahlrechts die Erstellung des kostengünstigen Verbrauchsausweises empfehlenswert ist.

Muss der Vermieter seinem Mieter einen Energieausweis zugänglich machen?

Im Rahmen der sogenannten Bestandsmietverhältnisse ist der Vermieter nicht verpflichtet, einen Energieausweis zugänglich zu machen. Nur im Falle der Neuvermietung muss der Vermieter auf Verlangen des Mieters einen Energieausweis zugänglich machen, § 16 II EnEV. Das Zugänglichmachen kann durch schlichte Vorlage des Energieausweises zum Zwecke der Einsichtnahme durch den Mieter geschehen, ebenso durch Aushang im Gebäude. Der Vermieter ist nicht verpflichtet, den Mietinteressenten eine Fotokopie des Ausweises auszuhändigen.

Auf keinen Fall sollte der Energieausweis dem Mietvertrag angehängt werden oder in sonstiger Weise zum Bestandteil des Mietvertrags gemacht werden.

Allgemeines Gleichbehandlungsgesetz (AGG)

Das Gesetz zur Umsetzung europäischer Richtlinien zur Verwirklichung des Grundsatzes der Gleichbehandlung – Allgemeines Gleichbehandlungsgesetz (AGG), das im vorangegangenen Gesetzesentwurf noch als Antidiskriminierungsgesetz bezeichnet wurde, trat am 18.8.2006 nach langen politischen Diskussionen in Kraft (BGBl 2006 I, S. 1897 ff.).

Ziel des Gesetzes ist es, Benachteiligungen aus Gründen der Rasse oder aufgrund der ethnischen Herkunft, des Geschlechts, der Religion oder Weltanschauung, einer Behinderung, des Alters oder der sexuellen Identität zu verhindern oder zu beseitigen (§ 1 AGG). Praktische Bedeutung hat das AGG insbesondere im Arbeitsrecht und im Mietrecht.

Anwendungsbereich des AGG

Im Bereich der Wohnungsvermietung gilt das AGG nicht, wenn der Vermieter oder einer seiner Angehörigen Wohnraum auf demselben Grundstück nutzt (§ 19 Abs. 5 Satz 2 AGG). Zu den Angehörigen zählen der Ehegatte (auch der getrennt lebende), die Eltern, die Geschwister, alle Verwandten in gerader Linie, d. h. Kinder, Enkel, Urenkel, Stiefkinder, Schwager/Schwägerin, Schwiegereltern, Neffen/Nichten.

Ferner findet das AGG keine Anwendung, wenn ein besonderes Nähe- oder Vertrauensverhältnis der Mietvertragsparteien oder ihrer Angehörigen begründet wird (§ 19 Abs. 5 Satz 1 AGG). Unter welchen Umständen dies der Fall ist, ist im Gesetz nicht geregelt. Hier wird die dazu ergehende Rechtsprechung abgewartet werden müssen.

Liegen diese Ausnahmetatbestände nicht vor und vermietet der Vermieter insgesamt nicht mehr als 50 Wohnungen, kommt das AGG nur eingeschränkt zur Anwendung, d. h., der Vermieter muss nur die Diskriminierungstatbestände Rasse und ethnische Herkunft beachten (§ 19 Abs. 5 Satz 3 AGG). Nicht eindeutig definiert ist im Gesetz, ob sich der Umfang von 50 Wohnungen nach dem vorhandenen oder dem vermieteten Bestand oder nach dem Angebot an vermietbaren Wohnungen bestimmt. Selbst genutzte Einheiten bleiben jedenfalls außer Betracht. Nachdem das Gesetz nur auf die Wohnungen des Vermieters abstellt, gilt das AGG auch dann nur eingeschränkt, wenn der Vermieter die Vermietung an einen Makler oder eine Hausverwaltung übertragen hat, die mehr als 50 Wohnungen vermietet.

TIPP

Das beauftragte Unternehmen sollte jedoch nachfragen, ob der Auftraggeber insgesamt mehr als 50 Wohnungen zur Vermietung anbietet, und sich dies möglichst schriftlich bestätigen lassen.

Relevant sind bei Vermietern mit weniger als 50 Wohnungen nur Verstöße gegen die Diskriminierungstatbestände Rasse und ethnische Herkunft. Da es keine verschiedenen menschlichen Rassen gibt, hat der Gesetzgeber wohl Diskriminierungen aufgrund äußerlicher Merkmale, etwa der Hautfarbe, gemeint. Der Begriff „Ethnie" bedeutet, dass Personen derselben Sprachgruppe, Kultur oder Religion angehören. Dementsprechend unterliegen dem Diskriminierungsverbot Benachteiligungen wegen dieser Merkmale.

TIPP

Vermieten Sie mehr als 50 Wohnungen, müssen Sie den gesamten Katalog der Diskriminierungstatbestände des § 1 beachten, also neben Rasse und ethnischer Herkunft auch die Merkmale Geschlecht, Religion, Weltanschauung, Behinderung, Alter und sexuelle Identität.

Der Gesetzgeber geht davon aus, dass es sich in diesem Fall beim Vermieter um ein sogenanntes Massengeschäft handelt, das typischerweise ohne Ansehen der Person zustande kommt oder das Ansehen der Person nur eine nachrangige Bedeutung hat (§ 19 Abs. 1 Nr. 1 AGG).

Allerdings ist gemäß § 19 Abs. 5, Satz 3 AGG ein Massengeschäft nur „in der Regel" nicht anzunehmen, wenn der Vermietungsumfang unter 50 Wohnungen liegt. Die Zahl 50 ist somit keine starre Grenze. Dies bedeutet, dass im Einzelfall unter Würdigung der konkreten Umstände ein Massengeschäft auch bei weniger als 50 Wohnungen angenommen werden kann. Umgekehrt muss aber auch die Vermietung von mehr als 50 Wohnungen nicht zwingend zur Annahme eines Massengeschäfts mit den entsprechenden Konsequenzen führen.

Wann liegt ein Verstoß gegen das AGG vor?

Verstöße gegen die Bestimmungen des AGG können insbesondere bereits bei der Auswahl der Bewerber für eine Wohnung eintreten. Als Vermieter sollten Sie deshalb bei der Anzeige, etwa in einer Tageszeitung, vermeiden, den Kreis der Bewerber für die angebotene Wohnung zu beschränken. Aus einem Inserat, in dem für eine Wohnung eine „ältere, alleinstehende Dame“ gesucht wird, könnte sich der Vorwurf der Diskriminierung sowohl von Jüngeren (Merkmal „Alter“) als auch von männlichen Bewerbern (Merkmal „Geschlecht“) herleiten lassen.

Auch bei der Wohnungsbesichtigung sollte der Vermieter, Hausverwalter oder Makler keinerlei Äußerungen zu bevorzugten („wir vermieten nur an Ehepaare“) oder für ihn nicht infrage kommenden Zielgruppen („wir vermieten nicht an Ausländer“) abgeben. Anderenfalls könnte ein Bewerber, der nicht zur bevorzugten oder zu einer nicht infrage kommenden Zielgruppe gehört, daraus den Vorwurf einer Diskriminierung konstruieren.

TIPP

Der Anbieter sollte Bewerber keinesfalls im Voraus ablehnen und jedem Bewerber, also auch solchen, die für ihn als Mieter – aus welchen Gründen auch immer – nicht infrage kommen, ein Selbstauskunftsformular übergeben mit der Bitte, dies vollständig ausgefüllt und bis zu einem bestimmten Termin an ihn zurückzuleiten.

Werden die darin enthaltenen zulässigen Fragen nicht rechtzeitig, nicht vollständig oder gar nicht beantwortet, ist dies für den Anbieter dagegen ein sachlicher Grund, den Bewerber ohne Verstoß gegen das AGG abzulehnen. Sachliche Ablehnungsgründe können sich ferner aus den Angaben des Bewerbers in der Selbstauskunft oder aus daraus resultierenden Nachfragen, etwa beim Vorvermieter, ergeben, wie beispielsweise

- mangelnde Solvenz, kein zur Zahlung von Miete und Betriebskosten ausreichendes Einkommen, andere Bewerber mit besserer Solvenz,
- negative Auskünfte des Vorvermieters, der Bank des Mieters (Bankauskunft), der Schufa oder einer Auskunftei, bei der im Rahmen eines sogenannten Solvenz-Checks Daten über die Solvenz eines Bewerbers abgefragt werden können,
- unerwünschte Haustierhaltung, unerwünschte teilgewerbliche Nutzung der Wohnung,
- Uneinigkeit über Mietdauer, Miethöhe, Kaution/Bürgschaft, umlegbare Betriebskosten etc.

TIPP

Auf den von den abgelehnten Bewerbern ausgefüllten Selbstauskünften sollte der Anbieter die jeweiligen Ablehnungsgründe vermerken und die Selbstauskünfte zu Beweiszwecken mindestens über einen Zeitraum von zwei Monaten aufbewahren. In diesem Zeitraum müssen Ansprüche geltend gemacht werden, die auf Verstöße gegen das AGG gestützt werden (§ 21 Abs. 5 AGG).

Auch im laufenden Mietverhältnis können Benachteiligungen einer Mietpartei zum Vorwurf einer Diskriminierung führen, wenn diese nicht sachlich begründet werden können.

BEISPIEL

In einem Mietshaus verbietet der Vermieter einem Mieter mit ausländischer Staatsangehörigkeit oder einer alleinstehenden Mutter das Abstellen des Kinderwagens im Hausflur, während er dies einem Mieterehepaar mit Kindern erlaubt. Sachlich begründet wäre das Verbot beispielsweise nur, wenn der Kinderwagen aufgrund baulicher Gegebenheiten vor der Wohnung des Ausländers oder der alleinstehenden Mutter den Durchgang behindert, während vor der Wohnung des Ehepaars genügend Platz ist.
Ein weiteres Beispiel wäre etwa, wenn ein homosexuelles Mieterpaar wegen laufend unpünktlicher Zahlung abgemahnt und gekündigt wird, während der Vermieter dies bei anderen Mietern hinnimmt. Ein sachlicher Differenzierungsgrund würde etwa dann bestehen, wenn das homosexuelle Mieterpaar erst vor Kurzem eingezogen ist, während das Mietverhältnis mit den anderen ebenfalls unpünktlich zahlenden Mietern bereits über einen längeren Zeitraum störungsfrei verlief.

Gleiches kann für eine berechtigte Eigenbedarfskündigung gelten, bei der der Vermieter schon nach bisheriger Rechtsprechung eine soziale Auswahl unter den Mietern von gleich geeigneten Wohnungen vornehmen muss. Trifft die Eigenbedarfskündigung das homosexuelle Paar als Doppelverdiener weniger hart als die Familie mit Kindern, ist der Vorwurf einer Diskriminierung unbegründet.

Keine Anwendung findet das AGG hinsichtlich der Merkmale Rasse und ethnische Herkunft, wenn das Mietverhältnis vor dem 18.8.2006 begründet worden ist oder hinsichtlich der übrigen Diskriminierungstatbestände, wenn das Mietverhältnis vor dem 1.12.2006 begründet worden ist und keine vertraglichen Änderungen nach dem 18.8.2006 bzw. 1.12.2006 erfolgt sind (Übergangsregelung gemäß § 33 Abs. 2, Abs. 3 AGG).

Bei der Vermietung von Wohnraum ist eine unterschiedliche Behandlung ferner zulässig im Hinblick auf die Schaffung und Erhaltung sozialstabiler Bewohnerstrukturen und ausgewogener Siedlungsstrukturen sowie ausgeglichener wirtschaftlicher, sozialer und kultureller Verhältnisse (§ 19 Abs. 3 AGG). Damit wollte der Gesetzgeber einer sogenannten Ghettobildung vorbeugen. Allerdings ließ der Gesetzgeber auch hier unter anderem offen, bei welchem Prozentsatz die Strukturen einer bestimmten Mieterschaft ausgewogen sind, sodass auch insofern die Rechtsprechung abgewartet werden muss.

Welche Rechtsfolgen hat ein Verstoß gegen das AGG?

Bei einem Verstoß gegen das Benachteiligungsverbot kann der Benachteiligte die Beseitigung der Beeinträchtigung verlangen. Sind weitere Beeinträchtigungen festzustellen, kann er auf Unterlassung klagen (§ 21 Abs. 1 AGG). Ferner kann der Benachteiligte grundsätzlich Ersatz des durch die Benachteiligung entstandenen Schadens verlangen (§ 21 Abs. 2 AGG).

Im Gegensatz zu den arbeitsrechtlichen Bestimmungen (vgl. § 611a Abs. 2 BGB) schließt der Gesetzgeber im Mietrecht einen sogenannten Kontrahierungszwang, d. h. eine Verpflichtung zum Abschluss eines Vertrages (hier: Mietvertrag), nicht ausdrücklich aus. Daher könnte sich ein solcher Anspruch eines abgelehnten Bewerbers aus allgemeinen schadenersatzrechtlichen Bestimmungen ergeben, sofern die Wohnung noch nicht anderweitig vermietet ist. In diesem Fall ist der Benachteiligte auf jeden Fall auf Schadenersatz oder Aufwendungsersatzansprüche beschränkt.

Ansprüche wegen eines Verstoßes gegen die Bestimmungen des AGG müssen innerhalb einer Frist von zwei Monaten angemeldet werden. Nach Ablauf dieser Frist kann der Anspruch nur noch dann geltend gemacht werden, wenn der Benachteiligte ohne Verschulden an der Einhaltung der Frist verhindert war (§ 21 Abs. 5 AGG). Nachdem gemäß § 21 Abs. 3 AGG Ansprüche aus unerlaubter Handlung (§§ 823 ff. BGB) unberührt bleiben, könnte ein abgelehnter Bewerber bei vorliegenden Voraussetzungen Schadenersatzansprüche aber auch auf die §§ 823 ff. BGB stützen, für die eine Verjährungsfrist von drei Jahren gilt.

Wird einem Mietbewerber (hier: schwarzafrikanisches Paar) ein Besichtigungstermin verweigert mit der Bemerkung, die Wohnung werde nicht an „Neger … äh Schwarzafrikaner oder Türken“ vermietet, stellt dies eine Verletzung der Menschenwürde und des allgemeinen Persönlichkeitsrechts der Mietbewerber dar.

Für eine entsprechende Äußerung des Hausmeisters, der im Auftrag des Wohnungsverwalters die Besichtigungstermine durchführen soll, haftet auch der Verwalter auf Schadenersatz (z. B. für Fahrtkosten) und unter Umständen auch auf Schmerzensgeld, wenn die Wahrnehmung von Besichtigungsterminen zu seinem Aufgabenkreis gehört und der Hausmeister dementsprechend als Verrichtungsgehilfe (§ 831 BGB) tätig wird (OLG Köln, Urteil vom 19.1.2010, 24 U 51/09).

Wer muss den Verstoß beweisen?

Die Verteilung der Beweislast ist in § 22 AGG geregelt. Danach muss zuerst der Mieter Indizien und Beweise vortragen, die eine Benachteiligung wegen der Diskriminierungsmerkmale des § 1 AGG vermuten lassen.

BEISPIEL

Der abgewiesene Bewerber mit ausländischer Staatsangehörigkeit muss vortragen und unter Beweis stellen, dass die Wohnung an einen Mieter mit deutscher Staatsangehörigkeit vermietet wurde und aufgrund von bestimmten Umständen, etwa diskriminierenden Äußerungen des Vermieters („Ausländer machen häufiger Probleme"), die Vermutung besteht, dass die Ablehnung mit der Ausländereigenschaft des Bewerbers zusammenhängt. Erst wenn der Mieter solche Indizien bewiesen hat, trägt der Vermieter die Beweislast dafür, dass keine Diskriminierung vorgelegen hat.

Wann Indizien vorliegen, die zur Umkehr der Beweislast zulasten des Vermieters führen, wird die Rechtsprechung im Einzelfall entscheiden müssen.

TIPP

Rein vorsorglich empfiehlt es sich für Sie als Vermieter oder Anbieter einer Wohnung, eine dritte Person zu Bewerbungsgesprächen und Wohnungsbesichtigungen hinzuzuziehen, die nicht Vertragspartner ist und daher im Streitfall als Zeuge aussagen kann. Zeuge könnte beispielsweise aber auch der angestellte Sachbearbeiter eines professionellen Vermieters sein.

Ferner sollte der Vermieter die Ablehnungsgründe auf der Selbstauskunft des abgelehnten Bewerbers dokumentieren, diese zu den Akten der angebotenen Wohnung nehmen und über den Zeitraum der Verjährung möglicher Schadenersatzansprüche von drei Jahren aufbewahren.

Gilt das AGG auch für Geschäftsraummietverhältnisse?

Auf Geschäftsraummietverhältnisse findet das AGG nur dann Anwendung, wenn der Abschluss des Mietvertrags für den Vermieter ein Massengeschäft im Sinne des § 19 Abs. 1 AGG ist. § 19 Abs. 2 AGG, wonach bei allen Wohnungsmietverhältnissen, d. h. auch wenn es sich um Einzelvermietungen und nicht um ein Massengeschäft handelt, die Diskriminierungstatbestände Rasse und ethnische Herkunft zu beachten sind, gilt nicht für Geschäftsraummietverhältnisse. Dies bedeutet, dass jedenfalls bei der Vermietung von nur wenigen Geschäftsräumen das AGG keine Anwendung findet.

Wann die Vermietung als Massengeschäft zu qualifizieren ist, wird die Rechtsprechung klären müssen, da im Bereich der Geschäftsraummiete auch § 19 Abs. 5 Satz 3 AGG nicht gilt, der bei der Wohnungsvermietung ab einem Vermietungsumfang von 50 Wohnungen ein Massengeschäft unterstellt. Sofern die Vermietung als Massengeschäft zu qualifizieren ist, muss auch im Bereich der Geschäftsraummiete der gesamte Diskriminierungskatalog des § 1 AGG beachtet werden.

Bauliche Veränderungen durch den Mieter

Der Mieter darf die Mieträume grundsätzlich nur mit Zustimmung des Vermieters verändern. Ausgenommen sind Veränderungen geringfügiger Art im Rahmen des vertragsgemäßen Gebrauchs.

Unter vertragsgemäßem Gebrauch versteht man beispielsweise das Anbringen von zusätzlichen Steckdosen, das Erstellen eines Telefonanschlusses, das Anbringen von Dübeln in angemessenem Umfang, das Aushängen von Zimmertüren, das Entfernen von Türzargen und Einbauschränken, die Montage einer Balkonverkleidung oder den Austausch der Einbauküche. Ferner ist der Mieter berechtigt, die Mietsache mit sogenannten Einrichtungen zu versehen, die mit der Mietsache lediglich in wieder trennbarer Weise und nur zu einem vorübergehenden Zweck verbunden sind. Hierzu gehören das Verlegen eines Fußbodenbelages, die Erneuerung eines Wasch- oder WC-Beckens sowie die Installierung von Rollläden. Alle darüber hinausgehenden Maßnahmen, insbesondere bauliche Veränderungen, bedürfen der Zustimmung des Vermieters, wobei der Mieter grundsätzlich keinen Anspruch auf Erteilung der Zustimmung hat.

Daher hat der Mieter – sofern nichts anderes vertraglich vereinbart ist – keinen Anspruch darauf, dass der Vermieter ihm gestattet, selbst und auf eigene Kosten bauliche Veränderungen an der Wohnung mit dem Ziel einer Modernisierung oder Erhöhung des Wohnkomforts vorzunehmen. Die Erteilung einer derartigen Erlaubnis steht vielmehr im Ermessen des Vermieters, der dieses Ermessen jedoch nicht rechtsmissbräuchlich ausüben darf (so bereits BGH, Urteil vom 25.3.1964, VIII ZR 211/62, WuM 1964, 563). Dies kann der Fall sein, wenn die vom Mieter beabsichtigten Maßnahmen nur mit einem minimalen Eingriff in die Bausubstanz verbunden wären. Dagegen muss es bei größeren baulichen Maßnahmen, z. B. dem Einbau einer modernen Heizungsanlage, nach einem Urteil des BGH dem Eigentümer vorbehalten bleiben, den Zeitpunkt einer Investition selbst zu bestimmen und dabei das eigene – legitime – Interesse zu wahren, bei einer späteren Neuvermietung angesichts der zwischenzeitlich gestiegenen Attraktivität der Wohnlage eine deutlich höhere Miete zu erzielen. Daher verstößt es nicht gegen Treu und Glauben, wenn der Vermieter einem vom Mieter beabsichtigten Einbau einer Gasetagenheizung anstelle der in der gemieteten Altbauwohnung vorhandenen Einzelöfen seine Zustimmung verweigert (BGH, Urteil vom 14.9.2011, VIII ZR 10/11).

Ansprüche des Vermieters

Nimmt der Mieter ohne Zustimmung des Vermieters bauliche Veränderungen vor, verletzt er in der Regel schuldhaft seine Obhutspflicht und ist zur Leistung von Schadenersatz verpflichtet (OLG München, Urteil vom 28.6.1985, DWW 1986, 16). Der Vermieter kann dann entweder sofort die Herstellung des ursprünglichen Zustands verlangen (BGH, NJW 1974, 1463) oder sich ausdrücklich vorbehalten, dies spätestens bei Beendigung des Mietverhältnisses zu fordern. Lässt der Vermieter über einen Zeitraum von mehreren Jahren die vom Mieter vorgenommene Änderung trotz Kenntnis unbeanstandet, kann er zwar trotzdem bei Beendigung des Mietverhältnisses den Rückbau verlangen, nicht aber während des laufenden Mietverhältnisses. Ferner ist der Vermieter in diesem Fall auch nicht zur Kündigung des Mietverhältnisses wegen der eigenmächtig vorgenommenen Umbauten berechtigt (LG Lüneburg, Urteil vom 14.11.2012, 6 S 80/12, WuM 2013, 223).

Bei Beendigung des Mietverhältnisses hat der Mieter grundsätzlich sämtliche von ihm eingebrachten Einrichtungen und Einbauten zu entfernen. Auch im Falle der Zustimmung des Vermieters ist diese grundsätzlich auf die Dauer der Mietzeit beschränkt.

TIPP

Der Vermieter kann seine Zustimmung von der Leistung einer zusätzlichen Sicherheit abhängig machen, die der Mieter neben der üblichen Mietkaution (drei Monatsnettomieten) vollständig vor Beginn der Maßnahme leisten muss. Die Höhe der Sicherheit orientiert sich an den voraussichtlichen Kosten für den Rückbau, die mit einem Kostenvoranschlag belegt werden können. Diese Sicherheitsleistung muss der Vermieter verzinslich und getrennt von seinem Vermögen anlegen.

Eine Ausnahme von diesem Grundsatz gilt dann, wenn die baulichen Veränderungen zur Mängelbeseitigung (vgl. § 536a Abs. 2 BGB) notwendig waren oder vorgenommen wurden, um die Räume in einen vertragsgemäßen Zustand zu versetzen.

Der Mieter ist auch nicht zur Beseitigung der von ihm vorgenommenen baulichen Veränderungen auf seine Kosten verpflichtet, wenn der Vermieter den Baumaßnahmen zugestimmt hat und außerdem Grund zu der Annahme besteht, er habe auf die Entfernung nach Beendigung des Mietverhältnisses verzichtet. Dies wird angenommen, wenn es sich um Maßnahmen handelt, die auf Dauer angelegt sind und nur mit erheblichem Kostenaufwand wieder beseitigt werden können oder das Mietobjekt in einen erheblich schlechteren Zustand zurückversetzen würden. Ferner gilt dies für Maßnahmen, die objektiv eine Wertverbesserung bewirken wie etwa das vollständige Fliesen eines Bades oder der Ersatz von Öleinzelöfen durch eine Nachtspeicherheizung. In diesen Fällen kann der Mieter einem Verlangen des Vermieters auf Herstellung des ursprünglichen Zustands entgegenhalten, dass die vorbehaltlose Zustimmung einen schlüssigen Verzicht beinhaltet hat (vgl. auch LG Mannheim, MDR 1969, 763; LG Hamburg, WuM 1988, 305).

Dies ist nicht der Fall, wenn die Maßnahme auf die subjektiven Wünsche und Vorstellungen des Mieters zugeschnitten oder stark geschmacksgeprägt ist und sich für die Wohnung nicht objektiv werterhöhend auswirkt. Weiterhin kann ein schlüssiger Verzicht nicht aus der bloßen Tatsache hergeleitet werden, dass der Vermieter den ihm bekannten Veränderungen des Mietobjekts durch den Mieter nicht widersprochen hat (OLG Düsseldorf, Urteil vom 8.2.1990, DWW 1990, 119).

Soweit der Mieter verpflichtet ist, Einrichtungen, wie beispielsweise Teppichböden, seines Mietvorgängers zu entfernen und den ursprünglichen Zustand wiederherzustellen, muss er auch etwaige damit zusammenhängende Schäden beheben, die etwa durch das Verkleben der Teppichböden am Unterboden entstanden sind (LG Mainz, WuM 1996, 759).

TIPP

Schadenersatz, d. h. die Kosten für die Herstellung des ursprünglichen Zustands, können Sie als Vermieter jedoch erst verlangen, nachdem Sie den Mieter ergebnislos mit Fristsetzung und Ablehnungsandrohung zur Herstellung des ursprünglichen Zustands aufgefordert haben (KG Berlin, NZM 1999, 612).

Ansprüche des Mieters

Entfällt ausnahmsweise die Pflicht des Mieters zur Herstellung des ursprünglichen Zustands, kann er grundsätzlich keinen Ersatz für seine Aufwendungen nach § 539 Abs. 1 BGB verlangen. Es sei denn, dass ausnahmsweise aus der Einwilligung oder aus dem ausdrücklichen oder schlüssigen Verzicht des Vermieters auf die Herstellung des ursprünglichen Zustands gefolgert werden kann und die baulichen Veränderungen seinem Interesse oder seinem mutmaßlichen Willen entsprechen.

Der Mieter hat keinen bereicherungsrechtlichen Anspruch nach §§ 812 ff. BGB, wenn die Baumaßnahmen nicht Teil der Gegenleistung für die Raumüberlassung und damit abwohnbar waren, sondern ihm nach Vertragsschluss lediglich gestattet wurden.

Sogenannte nützliche Aufwendungen wie Modernisierungsmaßnahmen kann der Mieter nach den Grundsätzen der Geschäftsführung ohne Auftrag verlangen, wenn die Maßnahmen dem wirklichen oder wenigstens dem mutmaßlichen Willen des Vermieters entsprachen (§ 539 Abs. 1 in Verbindung mit § 683 BGB). Dies bedeutet, dass der Wille des Mieters darauf gerichtet sein musste, dass er die Maßnahmen für den Vermieter vornimmt (Fremdgeschäftsführungswille). An das Vorliegen eines Fremdgeschäftsführungswillens sind strenge Anforderungen zu stellen. Die bloße Duldung von Maßnahmen durch den Vermieter genügt nicht. Insbesondere kann der Vermieter nicht unter dem Gesichtspunkt der Geschäftsführung ohne Auftrag zur Kostenbeteiligung herangezogen werden, wenn es an einem Einverständnis über den Umfang und die Finanzierung der Kosten der beabsichtigten Maßnahmen fehlt (BGH, Urteil vom 16.9.1998, XII ZR 136/96, NZM 1999, 19). Gegen einen mutmaßlichen Willen des Vermieters kann beispielsweise sprechen, wenn der Umfang der Arbeiten vom Mieter selbst bestimmt wurde und die erforderlichen Kosten nicht absehbar waren (BGH, Urteil vom 20.1.1993, a. a. O.). Entsprechend fehlt es am notwendigen Fremdgeschäftsführungswillen, wenn der Mieter Modernisierungsmaßnahmen (etwa Erneuerung von Fliesen, sanitären Einrichtungen oder der Küche) vornimmt, um die Mietsache zu verschönern oder sie nach seinen Bedürfnissen zu gestalten (LG Düsseldorf, Urteil vom 15.11.2001, 21 S 644/00, WuM 2002, 491).

TIPP

Liegen die Voraussetzungen der Geschäftsführung ohne Auftrag nicht vor, kommt nur ein Anspruch des Mieters aus ungerechtfertigter Bereicherung (§§ 812 ff. BGB) in Betracht, der jedoch voraussetzt, dass durch die Verwendungen ein Wertzuwachs, insbesondere eine Erhöhung des Verkehrswertes des Gebäudes, eingetreten ist (BGH, a. a. O.). Dies bedeutet, dass sich die Höhe des Anspruchs des Mieters nicht an seinem finanziellen Aufwand, sondern nur an einer eventuellen Werterhöhung des Anwesens bemisst. Hierzu muss der Mieter vortragen und beweisen, dass der Vermieter die Wohnung gerade wegen der von ihm durchgeführten Modernisierungsmaßnahmen zu einer höheren Miete weitervermieten konnte (LG Düsseldorf a. a. O.). Entsprechend kann der Mieter, der mit Duldung des Vermieters auf eigene Kosten Baumaßnahmen zur Sanierung des Mietobjekts etwa von Praxisräumen durchführe, bei vorzeitiger Beendigung des Mietverhältnisses keinen Ausgleich für eine Wertsteigerung des Mietobjekts und auch keinen Ersatz für aufgewendete Kosten verlangen, wenn die Investition des Mieters durch eine günstige Miete kompensiert werden sollte, die vorzeitige Beendigung allein aus der Sphäre des Mieters kommt, etwa bei Praxisaufgabe und die Räume mit Duldung eines vorzeitig ausscheidenden Mieters zu derselben günstigen Miete weitervermietet werden (OLG Rostock, Beschluss vom 24.2.2005, 3 U 187/04, ZNM 2005, 666).

Ein weiterer Bereicherungsanspruch des Mieters kann entstehen, wenn das Vertragsverhältnis vorzeitig endet. In diesem Fall bemisst sich die Bereicherung nicht nach den Kosten der getätigten Verwendung oder der dadurch geschaffenen objektiven Wertsteigerung des Bauwerks, sondern nach den Vorteilen, die der Vermieter aus dem erhöhten objektiven Ertragswert der Mietsache tatsächlich erzielen kann oder hätte erzielen können. Anhaltspunkt dafür ist in erster Linie die Zahlung einer höheren Miete durch einen Nachmieter (BGH, Urteil vom 16.9.1998, a. a. O.). Verpflichtet sich ein Mieter von Geschäftsräumen vertraglich zur Durchführung bestimmter Maßnahmen, hat er nach Beendigung des Mietverhältnisses hinsichtlich der geschaffenen Einrichtungen weder ein Wegnahmerecht aus § 539 Abs. 2 BGB noch einen Anspruch auf Ersatz von Aufwendungen nach § 539 Abs. 1 BGB unabhängig davon, ob es sich um notwendige oder nützliche Aufwendungen handelt (BGH, Urteil vom 8.11.1995, NJW 1996, 33, m. w. N.)

Sofern in einem auf längere Zeit fest abgeschlossenen Mietvertrag vorgesehen ist, dass der Mieter entschädigungslos Investitionen zu erbringen hat, kann bei vorzeitiger Beendigung des Vertragsverhältnisses ein Bereicherungsanspruch des Mieters nur darauf beruhen, dass der Vermieter vorzeitig in den Genuss des erhöhten Ertragswerts des Mietobjekts kommt. Die Höhe dieses Anspruchs bemisst sich daher weder nach den vom Mieter aufgewendeten Kosten noch nach einer Wertsteigerung des Mietobjekts, sondern nach § 818 Abs. 2 BGB ausschließlich danach, inwieweit der Vermieter durch die Investitionen in die Lage versetzt wurde, eine höhere Miete zu erzielen oder die Leistungen des Mieters in sonstiger Weise gewinnbringend zu nutzen, etwa durch Erlangung eines Baukostenzuschusses von dem Nachmieter.

TIPP

Ist der Vermieter mit den beabsichtigten Maßnahmen des Mieters einverstanden, ist dringend anzuraten, eine aus Beweisgründen möglichst schriftlich abzufassende und von den Parteien zu unterzeichnende Vereinbarung zu schließen. Sie sollte als Mindestinhalt Folgendes enthalten:

- **Die Bezeichnung und genaue Beschreibung der beabsichtigten Maßnahmen,**
- **eine Regelung über die Kostentragung sowie über das Risiko,**
- **die Gefahren der Ausführung, die Verpflichtung zur Einholung anderweitiger Genehmigungen sowie für den Fall der Beendigung des Mietverhältnisses. Hier ist insbesondere zu regeln, ob der Mieter zur Herstellung des ursprünglichen Zustands oder der Vermieter zur Zahlung einer Ablösesumme in Höhe des Zeitwerts verpflichtet sein soll, wobei auch dessen Ermittlung (durch Sachverständigengutachten oder Festlegung bestimmter Abschreibungssätze, beispielsweise 10 % pro Jahr) festgelegt werden sollte.**

Zur Vermeidung von Schäden ist der Mieter insbesondere verpflichtet, sich die entsprechenden technischen Kenntnisse anzueignen, anderenfalls läuft der Mieter Gefahr, Schadenersatz leisten zu müssen oder von einer Versicherung etwa der Feuerversicherung in Regress genommen zu werden (OLG Hamm, Urteil vom 10.3.1992, 7 U 148/91).

TIPP

Kommt der Mieter bei Beendigung des Mietverhältnisses seiner Verpflichtung zum Rückbau oder zur Herstellung des ursprünglichen Zustands nicht oder nur unzureichend nach, ist es empfehlenswert, dem Mieter schriftlich eine angemessene Frist zu setzen und ihm genau mitzuteilen, in welchen Räumen welche Arbeiten durchzuführen sind. Ferner sollte der Vermieter den Mieter darüber informieren, dass er nach ergebnislosem Fristablauf statt der Leistung Schadenersatz in Höhe der Kosten einfordern wird, die ihm ein Dritter, etwa ein Handwerksbetrieb, für die Durchführung der vom Mieter geschuldeten Leistungen in Rechnung stellt (vgl. §§ 280, 281 BGB).

Kommt der Mieter bei Vertragsende mit der Wiederherstellung des ursprünglichen Zustands in Verzug und können die Räume deshalb nicht anderweitig vermietet werden, hat der Mieter auch für den entstehenden Mietausfall Schadenersatz zu leisten (OLG Frankfurt/M., Urteil vom 11.5.1992, DWW 1992, 336).

Wirksam ist eine vertragliche Regelung, wonach die Um- oder Einbauten entschädigungslos zurückzulassen sind, da nur bezüglich der Einrichtungen des Mieters (vgl. § 552 Abs. 2 BGB) ein Ausgleich vorgeschrieben ist.

Parabolantenne

Eine gesetzliche Verpflichtung des Vermieters, dem Mieter den Empfang einer bestimmten Anzahl von Fernseh- und Rundfunkprogrammen zu ermöglichen, besteht nicht. Ist allerdings bei Abschluss des Mietvertrags bereits eine Antenne vorhanden, so hat der Vermieter diese Antennenanlage auf seine Kosten in vertragsgemäßem Zustand zu halten.

Einen Anspruch auf Erweiterung dieser Antennenanlage hat der Mieter nicht. Ist keine Gemeinschaftsantenne zum Empfang der ortsüblichen Programme vorhanden und ermöglicht eine Zimmerantenne keinen ausreichenden Empfang, ist der Mieter berechtigt, auf seine Kosten eine Einzelantenne auch außerhalb der

ARBEITSHILFE ONLINE

Mieträume anzubringen. Eine Mustervereinbarung hierzu steht als Arbeitshilfe online bereit.

Dies liegt im Rahmen des vertragsgemäßen Gebrauchs der Mietsache, der nicht der Zustimmung des Vermieters bedarf.

Wann ist die Zustimmung des Vermieters erforderlich?

Das Anbringen einer Parabolantenne gehört nicht zum vertragsgemäßen Gebrauch der Mietsache. Der Mieter braucht daher die Zustimmung des Vermieters. Eine Ausnahme besteht nur dann, wenn die Antenne auf einem Ständer steht und nicht am Mauerwerk oder am Balkongeländer befestigt ist und auch keine optische Beeinträchtigung des Anwesens eintritt, etwa weil die Antenne hinter der Balkonbrüstung kaum zu erkennen ist.

In einem solchen Fall kann sich der Vermieter auch nicht auf formularvertragliche Klauseln berufen, die ein Parabolantennenverbot enthalten. Solche Klauseln sind unwirksam, da eine Abwägung im Einzelfall nicht mehr möglich ist, wie der BGH entschieden hat (BGH, NZM 2007, 597).

Wann muss der Vermieter zustimmen?

Hier hat sich eine ausgedehnte Rechtsprechung entwickelt. Die Mieter berufen sich auf das Grundrecht der Informationsfreiheit (Art. 5 GG). Der Vermieter beruft sich auf sein ebenfalls grundgesetzlich geschütztes Eigentumsrecht. Danach gelten folgende Grundsätze: Der Mieter hat einen Anspruch auf Zustimmung gegenüber dem Vermieter, der nicht in demselben Haus wohnt, zur Montage einer Parabolantenne, wenn folgende Voraussetzungen vorliegen:

- Das Haus hat weder eine Gemeinschaftsparabolantenne noch einen Breitbandkabelanschluss, und es ist ungewiss, ob ein solcher Anschluss verlegt werden wird.
- Der Mieter stellt den Vermieter von allen in Zusammenhang mit der Installation der Antenne entstehenden Kosten und Gebühren frei, auch für die Entfernungskosten nach Beendigung des Mietverhältnisses.
- Die Antenne wird von einem Fachmann unter Beachtung bestehender Vorschriften angebracht.
- Der Vermieter kann einen geeigneten Montageort bestimmen (OLG Frankfurt/M., NJW 1992, 2490).

Was ist bei ausländischen Mietern zu beachten?

Hier kann der Mieter trotz eines Kabelanschlusses einen Anspruch auf die Montage einer Parabolantenne haben, wenn folgende Voraussetzungen erfüllt sind:

- Im Kabelprogramm befindet sich kein Heimatsender des Mieters,
- dem Einbau der Parabolantenne stehen keine Vorschriften des Baurechts oder Denkmalschutzes und keine Rechte Dritter entgegen,
- der Vermieter bestimmt den Montageort,
- der Einbau wird von einem Fachmann durchgeführt,
- sämtliche Kosten trägt der Mieter,
- auf Verlangen des Vermieters hat der Mieter das Haftungsrisiko durch Abschluss einer Versicherung und dem Beseitigungsaufwand in sonstiger Weise (zusätzliche Kaution) abzusichern.

Haben mehrere Mieter einen Anspruch auf Duldung einer Parabolantenne, darf sie der Vermieter im Rahmen der technischen Möglichkeiten auf die Nutzung einer gemeinsam anzubringenden und zu finanzierenden Parabolantennenanlage verweisen.

Wie ist zu verfahren, wenn im Kabelprogramm ein oder zwei Heimatsender des Mieters empfangen werden können? Die Rechtsprechung geht davon aus, dass der ausländische Mieter ein nachvollziehbares Interesse an der Auswahl zwischen mehreren Heimatprogrammen auch ohne nähere Begründung hat. Können über das Kabelfernsehen aber bereits fünf Heimatsender empfangen werden, besteht kein Anspruch auf eine Satellitenschüssel (BGH, WuM 2005, 237).

Bei der Interessenabwägung ist auch zu berücksichtigen, ob dem Mieter durch den Kauf von Zusatzgeräten (z. B. Digitaldecoder) der Empfang von zusätzlichen Heimatprogrammen möglich ist. Die zusätzlichen Kosten sind vom Mieter hinzunehmen. In diesen Fällen kann dem Mieter zugemutet werden, den vorhandenen Kabelanschluss statt einer neu zu installierenden Satellitenantenne zu nutzen.

Wann kann der Vermieter die Beseitigung der Parabolantenne verlangen?

Ist das Informationsbedürfnis des Mieters durch den Kabelanschluss erfüllt, kann der Vermieter verlangen, dass eine bereits angebrachte Parabolantenne entfernt wird. Der Beseitigungsanspruch ergibt sich aus § 541 BGB (BGH, NZM 2007, 481).

Bevor der Vermieter also seinen Beseitigungsanspruch geltend macht, muss er den Mieter unter Fristsetzung mahnen. Erst nach erfolgloser Abmahnung kann der Vermieter klagen.

Auch die Möglichkeit, über eine Parabolantenne Fernsehprogramme in HD-Qualität zu empfangen, berechtigt den Mieter nicht, z. B. auf dem Balkon eine Parabolantenne anzubringen. Gewährleistet der Vermieter durch Bereitstellen eines Breitbandkabelanschlusses den Empfang von Programmen in genügender Anzahl und Qualität, ist das Informationsinteresse des Mieters ausreichend berücksichtigt. Ob der Mieter die Programme darüber hinaus in HD-Qualität empfangen kann, ist für die Befriedigung seines Informationsinteresses nicht relevant. Daher bleibt es dabei, dass der Mieter in diesem Fall zur Beseitigung einer eigenmächtig montierten Parabolantenne verpflichtet ist (BGH, Beschluss vom 21.9.2010, VIII ZR 275/09, WuM 2010, 737).

Abschaltung des analogen Satellitenfernsehens am 30.4.2012 – Wer zahlt die Folgenkosten?

Seit 1.5.2012 werden die Programme nur noch digital ausgestrahlt. Nicht betroffen von der Abschaltung sind Haushalte, die über Kabel, Internet oder eine DVB-T-Antenne (digitales Antennenfernsehen) empfangen.

Für die Erneuerung bzw. Nachrüstung der Satellitenantenne (mit einem digitalen Empfangsteil) ist grundsätzlich der Vermieter zuständig, wenn die Antenne mitvermietet war, d. h., der Vermieter dem Mieter die Nutzung der Antenne gewährt hat. Anfallende Kosten kann der Vermieter jedoch im Wege einer Modernisierungsumlage an die Mieter weitergeben (Erhöhung der Jahresmiete um 11 % der aufgewendeten Kosten gemäß § 559 BGB; siehe Stichwort „Mieterhöhung bei Wohnraum"). Hat der Mieter die Antenne selbst angebracht, muss er sich um die Nachrüstung auch selbst kümmern. Die Anschaffung eines digital tauglichen Receivers bzw. Fernsehers ist dagegen regelmäßig Sache des Mieters.

Betriebskosten

Betriebskosten sind die Kosten, die dem Eigentümer (oder Erbbauberechtigten) durch das Eigentum (oder das Erbbaurecht) am Grundstück oder durch den bestimmungsgemäßen Gebrauch des Gebäudes, der Nebengebäude, Anlagen, Einrichtungen und des Grundstücks laufend entstehen (§ 1 Abs. 1 Betriebskostenverordnung; BetrKV vom 25.11.2003, BGB1 I, S. 2347).

Nicht zu den Betriebskosten gehören:

- Verwaltungskosten, d. h. die Kosten der zur Verwaltung des Gebäudes erforderlichen Arbeitskräfte und Einrichtungen, die Kosten der Aufsicht, der Wert der vom Vermieter persönlich geleisteten Verwaltungsarbeit, die Kosten für die gesetzlichen oder freiwilligen Prüfungen des Jahresabschlusses und die Kosten für die Geschäftsführung (§ 1 Abs. 2 Nr. 1 BetrKV).
- Instandhaltungs- und Instandsetzungskosten, d. h. die Kosten, die während der Nutzungsdauer zur Erhaltung des bestimmungsgemäßen Gebrauchs aufgewendet werden müssen, um die durch Abnutzung, Alterung und Witterungseinwirkung entstehenden baulichen oder sonstigen Mängel ordnungsgemäß zu beseitigen (§ 1 Abs. 2 Nr. 2 BetrKV).
- Nicht zu den Betriebskosten zählen ferner die Kosten, die dem Mieter durch die Benutzung der Wohnung laufend entstehen (etwa die Kosten des Energieverbrauches innerhalb der Wohnung, wenn der Mieter selbst Vertragspartner des Energielieferanten ist).

Definition Betriebskosten

Der Begriff der Betriebskosten setzt ferner voraus, dass die Betriebskosten dem Eigentümer laufend entstehen, jedoch brauchen die Kosten weder in derselben Höhe noch in denselben Zeitabständen, beispielsweise jährlich, anfallen. Auch die Kosten wie Reinigung des Öltanks, Überprüfung des Fahrstuhls durch den TÜV oder Baumpflegemaßnahmen, die turnusmäßig etwa alle drei bis fünf Jahre entstehen, zählen zu den Betriebskosten. Dagegen fallen einmalige oder in nicht vorausssehbaren Zeitabständen entstehende Kosten nicht unter den Begriff der Betriebskosten; so zählen die Kosten für eine einmalige Sperrmüllabfuhr nicht zu den Kosten der Müllabfuhr.

TIPP

Die Vereinbarung einer Umlage von Betriebskosten ist nur dann hinreichend bestimmt geregelt, wenn die Betriebskosten entweder durch Aufzählung einzelner Betriebskostenpositionen bestimmt oder durch Verweisung auf die gesetzlichen Vorschriften der Betriebskostenverordnung (bzw. der II. BV) bestimmbar sind (BGH, Urteil vom 2.5.2012, XII ZR 88/10).
Für die Umlegung aller in der Betriebskostenverordnung enthaltenen Betriebskosten genügt daher die vertragliche Bestimmung, dass für die „Betriebskosten gemäß Betriebskostenverordnung bzw. gemäß § 27 II. BV" neben der Miete ein monatlicher Vorauszahlungsbetrag i. H. von .... Euro zu leisten ist. Eine zusätzliche Erläuterung oder Beifügung des Betriebskostenkatalogs der Betriebskostenverordnung (bzw. der II. BV) ist nicht erforderlich.

Die am 1.1.2004 in Kraft getretene Betriebskostenverordnung hat die umlagefähigen Betriebskosten gegenüber dem bisherigen Betriebskostenkatalog der Anlage 3 zu § 27 II. BV (gültig bis 31.12.2003) um einige Positionen erweitert. Neu eingeführt wurde unter anderem die Umlage der Eichkosten von Erfassungsgeräten, der Kosten für Müllkompressoren, Wäschetrockner, der Prämien für eine Elementarschadenversicherung und der Gebühren für eine Kabelweitersendung.

Fehlt eine entsprechende vertragliche Vereinbarung, sind die Betriebskosten in der Miete enthalten und können nicht zusätzlich verlangt werden. Ein Rechtsanspruch auf nachträgliche Änderung des Mietvertrags bzw. Abschluss entsprechender Vereinbarungen besteht grundsätzlich nicht.

TIPP

Die Verwendung des umgangssprachlichen Begriffes der „Nebenkosten" sollte vermieden werden, da eine Vereinbarung, wonach der Mieter die „Nebenkosten" zu tragen hat, nach überwiegender Auffassung in der Rechtsprechung mangels Bestimmtheit unwirksam ist. Im Mietvertrag sollte daher nur der Begriff der „Betriebskosten" verwendet werden.

Die Umlage anderer als in der Betriebskostenverordnung aufgezählter Betriebskosten wie Verwaltungskosten ist bei der Vermietung von Wohnräumen nicht möglich. Diese Kosten sollten daher bereits bei der Kalkulation der Grundmiete berücksichtigt und im Mietvertrag nicht separat ausgewiesen werden.

TIPP

In Geschäftsraummietverträgen können Verwaltungskosten sowie Kontoführungsgebühren auf den Mieter umgelegt werden. Voraussetzung ist allerdings eine klare und eindeutige Vereinbarung. Ausreichend ist insofern die Verwendung des Begriffs „Verwaltungskosten" in der Aufzählung der Betriebskostenarten. Durch die Definition des Begriffs in § 1 Abs. 2 Nr. 1 BetrKV und in § 26 Abs. 2 II. BV ist der Begriff definiert und damit hinreichend bestimmt. Eine nähergehende Erläuterung des Begriffs im Hinblick auf die einzelnen Kostenarten ist nicht erforderlich. Daher verstößt die in einer Formularklausel vereinbarte Umlage von „Verwaltungskosten" bei der Gewerberaummiete nicht gegen das Transparenzgebot des § 307 Abs. 1 Satz 2 BGB (BGH, Urteil vom 24.2.2010, XII ZR 69/08).

Die Zulässigkeit der Klausel hängt grundsätzlich auch nicht von der Höhe der Kosten im Einzelfall und deren Verhältnis zu anderen Positionen ab. Dies ergibt sich schon daraus, dass zum Zeitpunkt des Vertragsschlusses noch nicht feststehen muss, welche Kosten entstehen werden. Vor überhöhten Forderungen ist der Mieter insoweit durch das allgemeine Wirtschaftlichkeitsgebot ausreichend geschützt, das den Vermieter dazu verpflichtet, den Mieter von der Umlegung nicht erforderlicher Kosten freizustellen. Verwaltungskosten in Höhe von 5,5 % der Bruttomiete bewegen sich jedenfalls im üblichen Rahmen. Mit Kosten in dieser Höhe muss ein Mieter auch ohne entsprechende Aufklärung und Bezifferung im Mietvertrag rechnen und kann sich daher nicht auf eine Unwirksamkeit der Klausel aufgrund eines behaupteten Überraschungseffekts berufen.

Sind Vorauszahlungen vereinbart, darf ein Mieter auch nicht ohne Weiteres darauf vertrauen, dass sich die Kosten im Rahmen der Vorauszahlungen halten. Allein der Umstand, dass die vom Vermieter verlangten Betriebskostenvorauszahlungen die später entstandenen Kosten deutlich unterschreiten, begründet noch keinen Vertrauenstatbestand, der eine Schadenersatzpflicht des Vermieters auslösen oder den Mieter zu einer Leistungsverweigerung berechtigen könnte. Ein solcher Vertrauenstatbestand kommt im Einzelfall nur bei Vorliegen von ganz besonderen Umständen in Betracht (BGH, Urteil vom 4.5.2011, XII ZR 112/09, GE 2011, 946).

Dagegen kann der Vermieter auch bei Geschäftsräumen weder die Kosten einer Mietverlustversicherung noch einer Rechtsschutzversicherung umlegen.

Werden durch Sach- oder Arbeitsleistungen des Eigentümers Betriebskosten erspart, etwa weil der Eigentümer die Gartenpflegearbeiten selbst durchführt, dürfen dafür in der Betriebskostenabrechnung Beträge angesetzt werden, die für eine gleichwertige Leistung eines Dritten, insbesondere eines Unternehmens, gezahlt werden müssten, jedoch ausschließlich der Umsatzsteuer (§ 1 Abs. 1 Satz 2 BetrKV).

Zu den Sachleistungen können die Stellung des Brennmaterials für die Heizung oder die Reinigungsmittel für Haus- oder Straßenreinigung gehören, zu den Arbeitsleistungen die Bedienung und Pflege der Zentralheizung, des Gartens oder Reinigungsarbeiten.

Der Vermieter darf z. B. bei den Betriebskostenpositionen „Gartenpflege" und „Hausmeister" anstelle der Kosten, die durch Einsatz eigenen Personals tatsächlich entstanden sind, auch die fiktiven Kosten eines Drittunternehmens ansetzen, d. h. die Kosten, die bei Erbringung der Leistung durch einen Dritten entstanden wären; allerdings ohne Mehrwertsteuer. Ausreichend für die Darlegung solcher fiktiven Kosten durch den Vermieter ist die Vorlage eines detaillierten Leistungsverzeichnisses über die anfallenden Arbeiten sowie das darauf beruhende Angebot eines Unternehmens. Dies gilt sowohl für natürliche als auch für juristische Personen (z. B. GmbH), da der Sinn und Zweck der Regelung des § 1 Abs. 1 Satz 2 BetrKV in der Vereinfachung der Abrechnung für den Vermieter besteht (BGH, Urteil vom 14.11.2012, VIII ZR 41/12, WuM 2013, 44).

Der Betriebskostenkatalog (§ 2 BetrKV)

Im Betriebskostenkatalog sind die 17 Positionen der auf den Mieter umlagefähigen Betriebskosten aufgelistet:

Die laufenden öffentlichen Lasten des Grundstücks (Nr. 1)

Zu den laufenden öffentlichen Lasten eines Grundstücks gehören insbesondere die Grundsteuer, die in voller Höhe umgelegt werden kann, ferner auch Grundsteuernachforderungen für zurückliegende Jahre.

Nicht zu den öffentlichen Lasten des Grundstücks gehören die Personensteuer des Vermieters wie Einkommen-, Erbschaft- und Schenkungsteuer sowie Realsteuern wie die Gewerbesteuer.

Die Kosten der Wasserversorgung (Nr. 2)

Zu den Kosten der Wasserversorgung zählen:

- Die Kosten des Wasserverbrauchs. Diese gehören zu den Betriebskosten unabhängig davon, ob sie als öffentlich-rechtliche Gebühr oder privatrechtliches Entgelt erhoben werden. Als Wasserverbrauch ist nur der reguläre, auch der verschwenderische durch einen oder mehrere Mieter, anzusehen, nicht aber ein irregulärer, etwa durch eine defekte Toilettenspülung oder durch einen Wasserrohrbruch. Differenzen zwischen der vom Hauptzähler gemessenen Gesamtwassermenge und den erfassten Einzelmengen sind aufgrund von Messtoleranzen nicht zu vermeiden. Sofern die Messtoleranzen alle Mieter gleichermaßen betreffen, sind sie in einem Umfang von circa 20 % noch hinzunehmen und beeinträchtigen nicht die ordnungsgemäße Abrechnung.
- Die Grundgebühren.
- Die Kosten der Anmietung oder anderer Arten der Gebrauchsüberlassung von Wasserzählern sowie die Kosten ihrer Verwendung einschließlich der Kosten der Eichung sowie der Kosten der Berechnung und Aufteilung.
- Nicht umlagefähig sind Reparaturkosten. Kosten des Austausches können nur dann angesetzt werden, wenn der Austausch als Ersatz für die Eichung erfolgt ist, nicht aber, wenn dies wegen eines Defekts erforderlich war.
- Kosten des Betriebs der hauseigenen Wasserversorgungsanlage: Hierzu gehören beispielsweise die Wartungskosten eines hauseigenen Brunnens, einer Pumpanlage oder eines Wasserwerks sowie die Kosten für vorgeschriebene Wasseruntersuchungen.
- Die Kosten einer Aufbereitungsanlage einschließlich der Aufbereitungsstoffe.

Die Kosten der Entwässerung (Nr. 3)

Zu den Kosten der Entwässerung zählen:

- Die Kosten für die Haus- und Grundstücksentwässerung. Dies sind sämtliche für die Entwässerung in Rechnung gestellten Gebühren, unabhängig davon, ob sie für Schmutz- oder Regenwasser erhoben werden.
- Die Kosten des Betriebs einer entsprechenden nicht öffentlichen Anlage wie die Kosten der Reinigung einer eigenen Kläranlage oder Sickergrube, wenn das Gebäude nicht an das öffentliche Kanalnetz angeschlossen ist.
- Die Kosten des Betriebs einer Entwässerungspumpe, insbesondere für Strom, Reinigung, Prüfen und Abschmieren.

TIPP

Nicht zu den Kosten der Entwässerung zählen Kosten der Beseitigung einer Rohrverstopfung im Hauptstrang der Abwasserleitung.

Die Kosten der Heizung (Nr. 4)

Zu den Heizungskosten zählen die Kosten des Betriebs der zentralen Heizungsanlage einschließlich der Abgasanlage. Dies sind die Kosten

- der verbrauchten Brennstoffe und ihrer Lieferung (Die Kosten der verbrauchten Brennstoffe und ihrer Lieferung umfassen auch Kosten für Brennstoffzusätze. Anzusetzen sind nur die tatsächlich entstandenen Kosten, sodass Mengenrabatte oder Preisnachlässe zugunsten des Mieters zu berücksichtigen sind.).

TIPP

Es ist Sache des Vermieters, zu entscheiden, zu welchem Zeitpunkt und von wem er die Brennstoffe einkauft. Der Vermieter ist nicht verpflichtet, den jeweils preisgünstigsten Lieferanten herauszufinden und zu beauftragen. Jedoch dürfen die üblichen Kosten nicht um mehr als 20 % überschritten werden.

- des Betriebsstroms – dies sind sämtliche Stromkosten, die für das Betreiben der Heizungsanlage anfallen, wie der Strom für Pumpen, Brenner, Wärmefühler, Wärmepumpen etc.
- der Bedienung, Überwachung und Pflege der Anlage – dies sind die Sach- und Personalkosten einschließlich der Sozialbeiträge, die dem Eigentümer laufend entstehen.
- der regelmäßigen Prüfung ihrer Betriebsbereitschaft und Betriebssicherheit einschließlich der Einstellung durch eine Fachkraft (Diese Kosten werden zusammengefasst meist als „Wartungskosten“ bezeichnet; dazu gehören unter anderem folgende Maßnahmen: Überprüfen und Einstellung der Feuerungseinrichtung, Reinigen und Einstellen des Brenners einschließlich der Kosten kleinerer Instandhaltungsarbeiten wie Austausch von verschleißanfälligen Kleinteilen wie Dichtungen, Filter, Düsen, Messungen der Abgaswerte und der Abgastemperaturen, Kontrolle und Nachfüllen des Wasserstands. Von den umlagefähigen Wartungskosten streng zu trennen sind die nicht umlagefähigen Instandhaltungs- und Instandsetzungskosten. Werden diese Reparaturen zusammen mit den Wartungsarbeiten durchgeführt, sind die Kosten der Reparatur aus dem Gesamtbetrag der Kosten herauszurechnen.).

TIPP

Eine Klausel, die den Mieter auf seine Kosten zur jährlichen Wartung der Therme verpflichtet, ohne eine Kostenobergrenze vorzugeben, ist wirksam, da sie den Mieter nur zur Übernahme der Kosten solcher Wartungsarbeiten verpflichtet, die ohnehin zu den umlagefähigen Betriebskosten gehören, und es auch bei der Umlage dieser Kosten kein Erfordernis gibt, eine Obergrenze zu vereinbaren.
Um Streitigkeiten vorzubeugen, ist daher zu empfehlen, den Fachbetrieb anzuweisen, die Beträge für Reparatur und Wartung auf der Rechnung möglichst gesondert auszuweisen.

- der Reinigung der Anlage und des Betriebsraums (Dies sind die Kosten für die Reinigung des Heizkessels durch Entfernen von Verbrennungsrückständen und Wasserablagerungen sowie des Brenners. Auch die Reinigung des Öltanks zählt zu den Heizkosten. Entgegen der von einem Teil der Mietgerichte vertretenen abweichenden Auffassung handelt es sich bei den Tankreinigungskosten nicht um — nicht umlagefähige — Instandhaltungskosten. Die von Zeit zu Zeit erforderlich werdende Reinigung des Öltanks dient nicht der Vorbeugung oder der Beseitigung von Mängeln an der Heizanlage, sondern der Aufrechterhaltung ihrer Funktionsfähigkeit und stellt damit keine Instandhaltungsmaßnahme dar. Ferner handelt es sich auch — wie gemäß § 2 Nr. 4a BetrKV erforderlich — um „laufend entstehende" Kosten, auch wenn Tankreinigungen nur in Abständen von mehreren Jahren durchgeführt werden. Ein solcher mehrjähriger Turnus reicht nach Auffassung des BGH aus, um die wiederkehrenden Belastungen als laufend entstehende Kosten anzusehen.
  Der Vermieter ist auch nicht verpflichtet, die jeweils nur im Abstand von mehreren Jahren anfallenden Tankreinigungskosten auf mehrere Abrechnungsperioden aufzuteilen. Sie dürfen vielmehr — ebenso wie etwa die im vierjährigen Turnus entstehenden Kosten der Überprüfung der Elektroanlage (so bereits BGH, Urteil vom 14.2.2007, VIII ZR 123/06, NJW 2007, 1356) — grundsätzlich in dem Abrechnungszeitraum umgelegt werden, in dem sie entstehen.
  Dagegen sind die Kosten einer Besichtigung oder des Anstrichs des Öltanks keine Betriebskosten, sondern (nicht umlagefähige) Instandhaltungskosten (BGH, Urteil vom 11.11.2009, VIII ZR 221/08, WuM 2010, 33).
- der Messungen nach dem Bundesimmissionsschutzgesetz (Da der Betreiber einer Feuerungsanlage mit Ausnahme von Kleinanlagen verpflichtet ist, die Erfüllung der in der Verordnung bestehenden Anforderungen vom zuständigen Bezirksschornsteinfegermeister durch wiederkehrende Messungen jährlich überwachen zu lassen.).

- der Anmietung oder andere Arten der Gebrauchsüberlassung einer Ausstattung zur Verbrauchserfassung (Die Kosten einer Ausstattung zur Verbrauchserfassung sind die Kosten für Wärmezähler und Heizkostenverteiler. Zulässig sind nur solche Geräte, die den anerkannten Regeln der Technik entsprechen, beispielsweise mechanische oder elektrische Wärmezähler, Heizkostenverteiler nach dem Verdunstungsprinzip und Heizkostenverteiler mit elektronischer Messgrößenerfassung. Bei Anmieten oder Leasen der Geräte durch den Vermieter kann dieser die Kosten auf den Mieter im Wege der Heizkostenabrechnung nur dann umlegen, wenn er den Mietern die dadurch entstehenden Kosten mitgeteilt und die Mehrheit der Mieter innerhalb eines Monats nach Zugang der Mitteilung nicht widersprochen hat [§ 4 Abs. 2 HeizKV]. Widerspricht die Mehrheit der Mieter der Anmietung, kann der Vermieter seine Aufwendungen nur umlegen, indem er die Geräte kauft und den Kaufpreis über eine Mieterhöhung nach § 559 BGB — nicht über die Heizkostenabrechnung — an die Mieter weitergibt. Entsprechendes gilt für den Austausch vorhandener Geräte gegen Geräte mit höherer Messgenauigkeit wie der Austausch von Geräten nach dem Verdunstungsprinzip gegen elektronische Heizkostenverteiler.).
- der Verwendung einer Ausstattung zur Verbrauchserfassung einschließlich der Kosten der Eichung (Eichpflichtig sind Wasserzähler sowie Wärmezähler, d. h. Messgeräte, die den Wärmeverbrauch in physikalischen Einheiten angeben. Dagegen sind Heizkostenverteiler, die nach dem Verdunstungsprinzip funktionieren, keine Messgeräte und daher nicht eichpflichtig. Kaltwasserzähler müssen alle sechs Jahre, Warmwasserzähler alle fünf Jahre geeicht werden. Die Kosten des Austausches von Erfassungsgeräten infolge der gesetzlich vorgeschriebenen Eichung können im Rahmen der Heizkostenabrechnung auf die Mieter umgelegt werden, wobei nach § 7 Abs. 2 HeizKV auch eine Aufteilung auf mehrere Jahre zulässig ist. Gleiches gilt für Wartungskosten von elektronischen Heizkostenverteilern. Eine Kostenumlage ist dagegen nicht möglich, wenn der Austausch infolge eines Defekts erforderlich wird, da es sich dann um eine nicht umlagefähige Instandhaltungsmaßnahme handelt.).
- der Berechnung und Aufteilung (Dies sind die Kosten der Ermittlung der Betriebskosten und deren Aufteilung auf die einzelnen Mieter sowie das Erstellen der Heizkostenabrechnung. Aufwendungen des Vermieters im Zusammenhang mit der Erstellung der Abrechnung. Die Zusammenstellung der Kosten für den Wärmemessdienst, Gespräche mit Unternehmen, Porti, Versandkosten der Rechnungen und Ähnliches zählen beispielsweise zu den nicht umlagefähigen Verwaltungskosten.).

Ebenso zählen zu den Kosten der Heizung die Kosten des Betriebs der zentralen Brennstoffversorgungsanlage. Dazu gehören die Kosten der verbrauchten Brennstoffe und ihrer Lieferung, die Kosten des Betriebsstroms und die Kosten der Überwachung sowie die Kosten der Reinigung der Anlage und des Betriebsraums.

Diese Kosten sind hier anzusetzen, wenn die einzelnen Räume zwar zentral versorgt werden, jedoch nicht direkt mit Wärme (Dampfzentralheizung), sondern primär durch eine Pumpe mit Brennstoff aus einem zentralen Vorratsbehälter, der dann zum Betrieb der angeschlossenen Einzelöfen verwendet wird.

Auch fallen unter die Kosten der Heizung die Kosten der eigenständigen gewerblichen Lieferung von Wärme (Wärmecontracting). Dazu gehört das Entgelt für die Wärmelieferung und die Kosten des Betriebes der zugehörigen Hausanlagen. Zur eigenständigen gewerblichen Lieferung von Wärme kann neben der aus Fernheizwerken auch diejenige aus zentralen Heizungsanlagen gehören, wenn der Gebäudeeigentümer sie an einen Dritten, beispielsweise an ein Versorgungsunternehmen, zur eigenständigen gewerblichen Lieferung übertragen hat.

Eine eigenständige Lieferung ist gegeben, wenn der Lieferant die Anlage im eigenen Namen und für eigene Rechnung betreibt und die Wärme ebenso liefert. Eine gewerbliche Lieferung von Wärme liegt vor, wenn der Lieferant einen auf Gewinnerzielung gerichteten selbstständigen Gewerbebetrieb im Sinne der Gewerbeordnung betreibt.

Zum Entgelt für die Wärmelieferung gehören alle Kosten, die der Wärmelieferant seinerseits dem Vermieter in Rechnung stellt, somit auch die darin enthaltenen Investitions- und Verwaltungskosten sowie der Unternehmergewinn des Lieferanten.

Ausreichend für die Überwälzung der Kosten des Wärmecontractings (§ 2 Nr. 4c BetrKV) ist eine mietvertragliche Klausel, wonach der Mieter die Kosten der gewerblichen Wärmelieferung zu tragen hat. Einer Aufschlüsselung des Preisgefüges zwischen Versorger und Vorlieferant bedarf es nicht (BGH, Beschluss vom 8.2.2011, VIII ZR 145/10, GE 2011, 609).

Beinhaltet eine mietvertragliche Vereinbarung über die Zahlung von Betriebskosten unter anderem auch die „eigenständige, gewerbliche Lieferung von Wärme und Warmwasser“, sind auch die Kosten des Wärmecontractings umlagefähig.

Erfolgt bereits bei Abschluss des Mietvertrags die Versorgung der Mietwohnung mit Heizwärme im Rahmen von Wärmecontracting, muss der Mieter bei Bedenken gegen die zu erwartende Höhe der Kosten beim Vermieter entsprechend nachfragen; eine Aufklärungs- und Informationspflicht des Vermieters besteht insofern nicht (LG Berlin, Urteil vom 2.4.2012, 67 S 231/11, GE 2012, 956).

Die wesentlichen Voraussetzungen für eine Umlage von Kosten der gewerblichen Wärmelieferung (Contracting) in einem bestehenden Mietverhältnis sind seit Inkrafttreten des Mietrechtsänderungsgesetzes vom 11.3.2013 (BGBl I, S. 434 ff.) am 1.5.2013 durch den neu eingeführten § 556c BGB gesetzlich geregelt. Ist der Mieter nach den vertraglichen Vereinbarungen verpflichtet, die Betriebskosten für Wärme oder Warmwasser zu tragen und stellt der Vermieter die Versorgung von der Eigenversorgung (z. B. durch die hauseigene Zentralheizung) auf die eigenständig gewerbliche Lieferung durch einen Wärmelieferanten (Wärmelieferung) um, hat der Mieter die Kosten der Wärmelieferung als Betriebskosten zu tragen, wenn die Wärme mit verbesserter Effizienz aus einer vom Wärmelieferanten errichteten neuen Anlage oder aus einem Wärmenetz geliefert wird und die Kosten der Wärmelieferung die Betriebskosten für die bisherige Eigenversorgung mit Wärme oder Warmwasser nicht übersteigen (§ 556c Abs. 1 BGB). Die Umstellung muss spätestens drei Monate vorher in Textform angekündigt werden.

Die aufgrund § 556c Abs. 3BGB erlassene und am 1.7.2013 in Kraft getretene Verordnung über die Umstellung auf gewerbliche Wärmelieferung für Mietwohnraum (Wärmelieferverordnung [WärmeLV], BGBl I 2013, S. 1509 ff.) regelt die gesetzlichen Rahmenbedingungen eines Wärmeliefervertrags und die Voraussetzungen für die Umlage der Kosten auf die Mieter.

Zu den Heizungskosten zählen darüber hinaus auch noch die Kosten der Reinigung und Wartung von Etagenheizungen und Gaseinzelfeuerstätten. Hierzu gehören die Kosten der Beseitigung von Wasserablagerungen und Verbrennungsrückständen in der Anlage, die Kosten der regelmäßigen Prüfung der Betriebsbereitschaft und Betriebssicherheit und der damit zusammenhängenden Einstellung durch eine Fachkraft sowie die Kosten der Messung nach dem Bundesimmissionsschutzgesetz. Seit Inkrafttreten der Betriebskostenverordnung am 1.1.2004 ist auch die Umlagefähigkeit der Kosten der Wartung von Gaseinzelfeuerstätten ausdrücklich bestimmt. Zu den Heizkosten zählen nach wohl überwiegender Meinung in der Literatur auch die Kosten einer turnusmäßigen Legionellenprüfung nach den Bestimmungen der Trinkwasserverordnung. Gerichtliche Entscheidungen lagen bei Redaktionsschluss noch nicht vor.

Nicht zu den Kosten des Betriebs der zentralen Heizungsanlage gemäß § 7 Abs. 2 HeizKV gehören nach einem neuen Urteil des BGH Leasingkosten für eine Heizungsanlage bzw. deren Teile (z. B. Brenner, Öltank, Verbindungsleitungen), die nicht im Rahmen eines Wärmelieferungsvertrags anfallen. § 7 Abs. 2 HeizKV regelt insofern abschließend, welche Kosten umlagefähig sind. Leasingkosten gehören nicht dazu (BGH, Urteil vom 17.12.2008, VIII ZR 92/08.

Die Kosten der Warmwasserversorgung (Nr. 5)

Zu den Kosten der Warmwasserversorgung gehören die Kosten

- für den Betrieb der zentralen Warmwasserversorgungsanlage, worunter die Kosten der Wasserversorgung sowie die Kosten der Wassererwärmung, nicht aber die Kosten der Warmwasserentsorgung zählen, denn diese gehören zu den Kosten der Entwässerung (Nr. 3),
- für die eigenständige gewerbliche Lieferung von Warmwasser,
- für die Reinigung und Wartung von Warmwassergeräten, wozu die Kosten der Beseitigung von Wasserablagerungen (Entkalken) und Verbrennungsrückständen im Inneren der Geräte gehören sowie die Kosten der regelmäßigen Prüfung der Betriebsbereitschaft und Betriebssicherheit und der damit zusammenhängenden Einstellung durch eine Fachkraft. Diese Kosten fallen an, wenn die Warmwasserversorgung der Wohnung nicht durch eine zentrale Warmwasserversorgungsanlage, sondern dezentral durch Einzelgeräte in der Wohnung, beispielsweise durch Boiler oder Durchlauferhitzer, erfolgt.

Eine Formularklausel, die den Mieter zur Zahlung der Kosten der jährlichen Wartung einer Gastherme verpflichtet, muss keine für Kleinreparaturen geltende Obergrenze enthalten, da es für die Umlage von Betriebskosten keine gesetzliche Obergrenze gibt. Insofern muss der Vermieter lediglich das sogenannte Wirtschaftlichkeitsgebot (§ 556 Abs. 1 Satz 1 BGB; siehe Stichwort „Abrechnung der Betriebskosten“) beachten (BGH, Urteil vom 7.11.2012, XII ZR 119/12, WuM 2013, 31).

Die Kosten verbundener Heizungs- und Warmwasserversorgungsanlagen (Nr. 6)

Detaillierte Ausführungen zu diesem Punkt finden Sie unter „Heizkostenverordnung“.

Die Kosten des Betriebs des Personen- oder Lastenaufzugs (Nr. 7)

Dazu gehören die Kosten des Betriebsstroms, die Kosten der Beaufsichtigung, der Bedienung, Überwachung und Pflege der Anlage, der regelmäßigen Prüfung ihrer Betriebsbereitschaft und Betriebssicherheit einschließlich der Einstellung durch eine Fachkraft sowie die Kosten der Reinigung der Anlage.

Zu den Kosten des Betriebsstroms zählt der gesamte zum Betrieb erforderliche Strom einschließlich der Beleuchtung des Fahrkorbs.

Zu den Kosten der Beaufsichtigung, Bedienung, Überwachung und Pflege gehören die Kosten für einen Aufzugswärter, die Kosten der Notrufbereitschaft sowie die Kosten für wiederkehrende Wartungsarbeiten.

Reparaturmaßnahmen, beispielsweise der Ersatz schadhafter oder verschlissener Teile, können nicht im Rahmen der Betriebskostenabrechnung angesetzt werden.

TIPP

Werden Reparaturmaßnahmen im Rahmen eines Wartungsdienstes durchgeführt, sollte der ausführende Betrieb angewiesen werden, die Positionen für Wartung einerseits und Reparatur andererseits auf der Rechnung nach Möglichkeit getrennt auszuweisen.

In gleicher Weise müssen von den Kosten eines abgeschlossenen Wartungsvertrags die in dessen Rahmen ausgeführten Reparaturkosten der Anlage bei der Betriebskostenabrechnung in Abzug gebracht werden. Ist eine Aufteilung nicht möglich, sind die anteiligen Reparaturkosten durch Schätzung zu ermitteln.

Wer muss mitzahlen?

Eine mietvertragliche Vereinbarung, wonach Aufzugskosten auf alle Mieter nach dem Verhältnis der Wohn- und Nutzflächen des Gebäudes umgelegt werden, ist formularvertraglich wirksam und stellt auch für die Erdgeschossmieter keine unangemessene Benachteiligung dar. Dies gilt unabhängig von einem konkreten Nutzen des Aufzugs für die Erdgeschossmieter, z. B. Erreichbarkeit von Keller, Dachboden oder Garage (so bereits BGH, Urteil vom 20.9.2006, VIII ZR 103/06, WuM 2006, 613).

Anders ist die Rechtslage, wenn sich der Aufzug in einem anderen Gebäudeteil (z. B. im Vorderhaus) befindet und der Mieter seine Wohnung (im Seitenflügel) deshalb mit dem Aufzug nicht erreichen kann. Eine Formularklausel, die den Mieter auch in diesem Fall zur anteiligen Kostentragung verpflichtet, benachteiligt den Mieter unangemessen und ist daher unwirksam. In Abgrenzung zu seiner Entscheidung betreffend die Umlagefähigkeit von Aufzugkosten bei Erdgeschossmietern (Urteil vom 20.9.2006, a. a. O.) führt der BGH aus, dass der Sachverhalt hier anders liegt. Schließlich könne ein Erdgeschossmieter seine Wohnung mit dem Aufzug erreichen, auch wenn er ihn wegen der Lage seiner Wohnung faktisch nicht nutze. Die Grenze der Zumutbarkeit für einen anderen Mieter ist aber überschritten, wenn er einen Aufzug nicht nur tatsächlich nicht nutzt oder dafür keinen Bedarf hat, sondern seine Wohnung mit dem Aufzug überhaupt nicht erreicht werden kann (BGH, Urteil vom 8.4.2009, VIII ZR 128/08, WuM 2009, 351).

Die Kosten der Straßenreinigung und Müllbeseitigung (Nr. 8)

Zu den Kosten der Straßenreinigung gehören die für die öffentliche Straßenreinigung zu entrichtenden Gebühren und die Kosten entsprechender, nicht öffentlicher Maßnahmen.

Unter den Begriff der Straßenreinigung fällt nicht nur die Säuberung der an das Grundstück angrenzenden öffentlichen Fußgängerwege und Straßen, sondern auch die Beseitigung von Schnee und das Streuen bei Schnee- und Eisglätte.

TIPP

Überträgt der Vermieter die Arbeiten zur Straßenreinigung gegen Entgelt an einen Dritten, wobei dies auch ein Mieter des Anwesens sein kann, können die entstehenden Kosten (einschließlich eines üblichen Entgelts) auch auf alle Mieter des Anwesens umgelegt werden.

Führt der Eigentümer die Arbeiten selbst durch, kann er entweder den Betrag (ohne Umsatzsteuer) in Ansatz bringen, den er an einen Dritten, beispielsweise an ein gewerbliches Unternehmen, für diese Leistungen hätte zahlen müssen, oder die ihm konkret entstandenen Kosten umlegen. Dazu gehören jedenfalls die Kosten für Reinigungs- und Streumittel sowie Wartungs- und Reparaturkosten von maschinellen Arbeitshilfen.

Zu den Kosten der Müllbeseitigung gehören namentlich die für die Müllabfuhr zu entrichtenden Gebühren, die Kosten entsprechender nicht öffentlicher Maßnahmen, die Kosten des Betriebs von Müllkompressoren, Müllschluckern, Müllabsauganlagen sowie des Betriebs von Müllmengenerfassungsanlagen einschließlich der Kosten der Berechnung und Aufteilung.

Umlagefähig sind jedoch nur solche Kosten, die zur Beseitigung des Mülls laufend entstehen, wobei diese Kosten aber weder in derselben Höhe noch in denselben Zeitabständen anfallen müssen. Daher zählen zu den Kosten der Müllabfuhr auch die Kosten, die turnusmäßig in größeren Zeitabständen anfallen, beispielsweise für das Abfahren von Sperrmüll, wenn diese laufend dadurch entstehen, dass Mieter unberechtigt Müll auf Gemeinschaftsflächen abstellen. Insofern kann der Mieter nicht einwenden, der Müll wäre von Dritten unberechtigt abgestellt worden, da Aufwendungen zur Beseitigung von Müll von den Gemeinschaftsflächen des Mietobjekts auch dann zu den umlagefähigen Kosten der Müllentsorgung gehören, wenn sie durch rechtswidrige Handlungen Dritter ausgelöst worden sind (BGH, Urteil vom 13.1.2010, VIII 137/09).

Umlagefähig sind auch Kosten für die Beseitigung von Gartenabfällen. Nicht zu den Kosten der Müllabfuhr zählen dagegen diejenigen Kosten, die nur einmalig oder in nicht vorhersehbaren Zeitabständen entstehen, etwa die Beseitigung von Bauschutt.

BEISPIEL

Bietet das Abfallentsorgungsunternehmen bei Mülltrennung einen günstigeren Tarif an, muss der Vermieter nach dem Gebot der Wirtschaftlichkeit auch die entsprechenden Mülltonnen aufstellen. Kann Biomüll im eigenen Garten kompostiert werden, muss der Vermieter ggf. auf Wunsch der Mieter einen entsprechenden Antrag stellen.

Die Kosten der Gebäudereinigung und Ungezieferbekämpfung (Nr. 9)

Zu den Kosten der Gebäudereinigung gehören die Kosten für die Säuberung der von den Bewohnern gemeinsam benutzten Gebäudeteile wie Zugänge, Flure, Treppen, Keller, Bodenräume, Waschküchen, Fahrkorb des Aufzugs.

Reinigungskosten können als Betriebskosten umgelegt werden, soweit sie laufend entstehen. Daher können einmalige oder in nicht vorhersehbaren Zeitabständen anfallende Reinigungsarbeiten, beispielsweise aufgrund von Baumaßnahmen, Wasserschäden, Sachbeschädigungen durch Schmierereien (Graffiti), nicht angesetzt werden.

Entsprechendes gilt für die Kosten der Ungezieferbekämpfung, die nur umlagefähig sind, wenn sie etwa durch behördliche Anordnung zur regelmäßigen Ungezieferbekämpfung laufend entstehen, nicht jedoch, wenn sie beispielsweise zur Entseuchung einer einzelnen Wohnung notwendig werden.

TIPP

Der Vermieter hat gemäß § 242 BGB einen Anspruch auf vertragliche Änderung und darf die Reinigung einer gewerblichen Gebäudereinigung übertragen und die Kosten auf den Mieter umlegen, wenn Unzulänglichkeiten der Reinigungspflichten trotz Ermahnung bestehen bleiben.

Die Kosten einer Dachrinnenreinigung zählen nicht zu den Kosten der Gebäudereinigung, sind jedoch als sonstige Betriebskosten umlagefähig.

Die Kosten der Gartenpflege (Nr. 10)

Zu den Kosten der Gartenpflege gehören:

- Kosten der Pflege gärtnerisch angelegter Flächen einschließlich der Erneuerung von Pflanzen und Gehölzen,
- Kosten der Pflege von Spielplätzen einschließlich der Sanderneuerung,
- Kosten der Pflege von Plätzen, Zugängen und Zufahrten, die dem nicht öffentlichen Verkehr dienen.

Diese Kosten können auch umgelegt werden, wenn der Mieter den Garten nicht nutzt oder nutzen will.

Die Pflege umfasst insbesondere Rasenmähen, Düngen, Bewässern, Säubern der Rasenfläche, Unkraut entfernen, Beschneiden der Bepflanzung, Fällen von kranken oder morschen Bäumen einschließlich des Abtransports, Abfahren von Gartenabfällen, Stabilisieren von windbruchgefährdeten Bäumen.

Nicht zu den Betriebskosten gehören die Anschaffungskosten eines Rasenmähers. Dagegen sind die Betriebskosten des Rasenmähers, beispielsweise für Betriebsstoffe und Wartung, ansatzfähig. Ferner Anschaffungskosten von maschinellen Arbeitshilfen, da auch dann die Kosten auf Dauer immer noch niedriger sind als bei einer (ebenfalls zulässigen) Beauftragung eines Fremdunternehmens oder bei einer Umlage der Lohnkosten für eine rein manuelle Ausführung.

Die Kosten der Erneuerung von Pflanzen und Gehölzen können angesetzt werden, soweit die Erneuerung aus gärtnerischen Gründen angebracht ist. Ferner Kosten der Beseitigung und Entsorgung von Pflanzen wie für das Fällen oder Auslichten von Bäumen, die durch Alter, Witterung oder Umwelteinflüsse schadhaft geworden sind.

Zu den Kosten der Pflege von Spielplätzen gehören auch das Sauberhalten des Platzes, die Überwachung und Instandhaltung der Spielgeräte, die Erneuerung der Plattenbeläge zu den Spielplätzen, der Sitzbänke auf den Spielplätzen sowie das Erneuern des Sandes in den üblichen Abständen.

TIPP

Führt der Eigentümer die Arbeiten selbst durch, kann er den Betrag (ohne Umsatzsteuer) in Ansatz bringen, den er an einen Dritten für diese Leistung hätte bezahlen müssen.

Die Übertragung der Arbeiten auf den Mieter erfordert eine klare und eindeutig vertragliche Vereinbarung. In diesem Fall hat der Mieter die erforderlichen Gerätschaften wie einen Rasenmäher grundsätzlich selbst zu beschaffen und zu unterhalten, soweit nicht ausdrücklich etwas anderes vereinbart ist.

Der Vermieter kann vertraglich entweder die Kosten der (z. B. von einem Gärtner ausgeführten) Gartenpflege auf den Mieter als Betriebskosten umlegen oder den Mieter zur eigenständigen Durchführung der Gartenpflegearbeiten verpflichten. Beides gleichzeitig ist nach einem Urteil des BGH nicht möglich. Ist der Wohnungsmieter vertraglich zur Gartenpflege verpflichtet, kann der Vermieter für von ihm selbst durchgeführte Pflegearbeiten grundsätzlich keine Kosten als Betriebskosten umlegen, da die Gartenpflege dann nicht mehr zum Pflichtenkreis des Vermieters gehört.

Erst wenn der Mieter seine Pflichten nicht oder nicht ordnungsgemäß erfüllt, kann der Vermieter wegen Verletzung des Mietvertrags als Schadenersatz die Kosten eines beauftragten Gärtners verlangen, wenn er den Mieter erfolglos unter Fristsetzung und Benennung der durchzuführenden Arbeiten zur Vertragserfüllung aufgefordert hat (BGH, Beschluss vom 29.9.2008, VIII ZR 124/08, WuM 2009, 41).

Bei Verzug mit den Arbeiten sollte der Mieter möglichst schriftlich aufgefordert werden, die zu bezeichnenden Arbeiten bis zu einem bestimmten Termin durchzuführen, verbunden mit der Ankündigung, dass nach Ablauf der Frist ein Dritter diese Arbeiten auf seine Kosten durchführen wird.

Kosten der Beleuchtung (Nr. 11)

Unter den Kostenpunkt für die Beleuchtung gehören die Kosten des Stroms für die Außenbeleuchtung und Beleuchtung der von den Bewohnern gemeinsam genutzten Gebäudeteile wie Zugänge, Flure, Treppen, Keller, Bodenräume, Waschküchen, Stromkosten für die Beleuchtung der Zuwege.

Zu den Kosten des Stroms gehören neben den Verbrauchskosten auch die Grundgebühr, die Zählermiete sowie die anfallende Umsatzsteuer.

Dagegen gehören die Kosten für den Ersatz von Beleuchtungskörpern sowie deren Teile wie Glühbirnen oder Leuchtstofflampen nicht zu den Betriebskosten, sondern zu den nicht umlagefähigen Instandhaltungskosten.

Kosten der Schornsteinreinigung (Nr. 12)

Hierzu gehören die Kehrgebühren nach der maßgebenden Gebührenordnung, soweit sie nicht bereits bei den Heizkosten berücksichtigt worden sind. Die anteiligen Kosten des Kaminkehrers muss der Mieter auch dann zahlen, wenn seine Wohnung nicht an den Schornstein angeschlossen ist.

Kosten der Sach- und Haftpflichtversicherung (Nr. 13)

Hierzu gehören die Kosten der Versicherung des Gebäudes gegen Feuer, Sturm, Wasser sowie sonstige Elementarschäden, der Glasversicherung, der Haftpflichtversicherung für das Gebäude, den Öltank und den Aufzug.

Diese Aufzählung ist nicht abschließend. Daher können noch andere als die genannten Versicherungen darunterfallen, soweit sie dem Bereich der Sach- oder Haftpflichtversicherungen zugerechnet werden können und sich auch auf das Gebäude beziehen.

Seit 1.1.2004 können auch die Kosten für eine Elementarschadensversicherung auf die Mieter umgelegt werden.

Nicht ansatzfähig ist beispielsweise die Prämie einer Rechtsschutzversicherung oder die Kosten einer privaten Hausratversicherung. Die Kosten einer Terrorschadenversicherung sind bei gewerblichen Mietverhältnissen grundsätzlich umlagefähig, da sie eine Sach- und Haftpflichtversicherung im Sinne von § 2 Nr. 13 BetrKV darstellt, die dem Schutz des Gebäudes und seiner Bewohner dient. Daher verstößt die Umlage der Kosten grundsätzlich nicht gegen das auch für gewerbliche Mietverhältnisse geltende Wirtschaftlichkeitsgebot, wonach nur Kosten umgelegt werden dürfen, die bei gewissenhafter Abwägung aller Umstände und ordentlicher Geschäftsführung gerechtfertigt sind (§ 20 Abs. 2 Satz 2 NMV, § 24 Abs. 2 II. BV). Maßgeblich sind insofern die konkreten Umstände des Einzelfalls. Eine Grundgefährdung des Gebäudes durch Terroranschläge kann angenommen werden, z. B.

bei einem großen Gebäudekomplex, außergewöhnlicher Architektur, Behörden im Gebäude oder in der Nachbarschaft, Nähe zu einem Fußballstadion (BGH, Urteil vom 13.10.2010, XII ZR 129/09).

Der Umlagefähigkeit einer Versicherungsprämie steht grundsätzlich nicht entgegen, dass die Versicherung erst nach Beginn des Mietverhältnisses abgeschlossen wurde.

Voraussetzung ist, dass im Mietvertrag die Kosten, beispielsweise einer Sach- und Haftpflichtversicherung, als umlagefähige Betriebskosten bezeichnet sind und dem Vermieter das Recht eingeräumt ist, auch neu entstehende Betriebskosten auf die Mieter umzulegen (BGH, Urteil vom 27.9.2006, VIII ZR 80/06, WuM 2006, 612).

Ohne Umlage kein Haftungsausschluss

Nach der Rechtsprechung des BGH kann sich aus einem zwischen Hauseigentümer und Versicherer abgeschlossenen Versicherungsvertrag (z. B. Feuer-, Haftpflichtversicherung) ein konkludenter Regressverzicht des Versicherers gegen einen Mieter ergeben, der einen Schaden durch lediglich einfache Fahrlässigkeit verursacht hat, wenn der Mieter vertraglich zur Zahlung der Versicherungsprämie als Betriebskosten verpflichtet ist. Der Mieter soll in diesem Fall nicht schlechter gestellt werden, als wenn er die Versicherung selbst abgeschlossen hätte.

Dazu stellt der BGH in einem neuen Beschluss jedoch klar, dass aus dem Grundsatz, wonach sich ein stillschweigender Haftungsausschluss nur aus der Verpflichtung des Mieters zur Zahlung der Versicherungskosten herleiten lässt, im Umkehrschluss folgt, dass ohne eine solche Kostenbeteiligung des Mieters für einen stillschweigenden Haftungsausschluss keine Grundlage bestehen kann (BGH, Beschluss vom 4.3.2009, XII ZR 198/08, ZMR 2009, 518).

Der Regressverzicht des Versicherers entfällt nur dann, wenn z. B. ein Brand vom Mieter vorsätzlich oder grob fahrlässig verursacht wurde. Grobe Fahrlässigkeit liegt vor, wenn der Mieter die verkehrsübliche Sorgfalt in ungewöhnlich hohem Maß verletzt hat. Dabei ist zwischen der objektiven und der subjektiven Fahrlässigkeit zu unterscheiden. Die Haftung wegen grober Fahrlässigkeit setzt voraus, dass der Mieter sowohl objektiv als auch subjektiv grob fahrlässig handelt. Die subjektive Fahrlässigkeit kann entfallen, wenn das Fehlverhalten des Mieters auf einem Augenblicksversagen, z. B. auf einer vorübergehenden Konzentrationsschwäche, beruht. Die Beweislast für das Vorliegen der objektiven und der subjektiven groben Fahrlässigkeit trägt der Versicherer (BGH, Urteil vom 10.5.2011, VI ZR 196/10, VersR 2011, 916).

Kosten für den Hauswart (Nr. 14)

Hierzu gehören die Vergütung, die Sozialbeiträge und andere geldwerte Leistungen, die der Eigentümer dem Hauswart für seine Arbeit gewährt, soweit diese nicht die Instandhaltung, Instandsetzung, Erneuerung, Schönheitsreparaturen oder die Hausverwaltung betreffen. Die Tätigkeit des Hausverwalters erstreckt sich auf Maßnahmen technischer Art. Entsprechend zählen zu den Hausmeisterarbeiten: Maßnahmen zur Verkehrssicherung, unter anderem Haus-, Treppen- und Straßenreinigung, Reinigung von Bürgersteigen, technischen Räumen, Lichtschächten, Außenanlagen, Bedienung, Überwachung und Pflege haustechnischer Anlagen wie der Zentralheizung und des Aufzugs, Einweisung von Lieferanten, Wach- und Schließdienst, Schließen der nicht zu den Wohnungen gehörenden Fenster, Auswechseln defekter Glühlampen oder Leuchtstoffröhren, Leerung der Mülltonnen und Papierkörbe, Durchführung kleinerer Reparaturen.

Nicht zu den Hausmeisterarbeiten zählen Erstellen von Betriebskostenabrechnungen, Abnahme und Neuvermietung von Wohnungen, Ausführung von Reparaturen, Instandhaltung der Außenanlagen, Pflege des Maschinenparks, Überwachung des Bauzustands sowie der Wärmemesser, der Schornsteinfeger, der Treppenhäuser und der laufenden Wartungsverträge, Anschaffung einheitlicher Namensschilder, Wartung und Überprüfung technischer Einrichtungen sowie Kontrollen zur Feststellung von Mängeln. Insofern handelt es sich um Instandhaltungs- oder Verwaltungsmaßnahmen, die nicht umlagefähig sind. Führt der Hauswart auch solche Tätigkeiten aus, darf bei den Betriebskosten nur der Teil der Entlohnung angesetzt werden, der auf die Tätigkeit als Hauswart entfällt. Im Streitfall ist der Vermieter für die vom Hausmeister durchzuführenden Arbeiten darlegungspflichtig, z. B. durch Vorlage des Hausmeistervertrags bzw. einer Leistungsbeschreibung, aus der die einzelnen Tätigkeiten entnommen werden können.

Nimmt der Vermieter in der Betriebskostenabrechnung bei den Hausmeisterkosten lediglich einen pauschalen Abzug für nicht umlagefähige Verwaltungs-, Instandhaltungs- und Instandsetzungskosten vor, genügt ein schlichtes Bestreiten des Mieters. Dem Vermieter obliegt es in diesem Fall, die Kosten nachvollziehbar so aufzuschlüsseln, dass die nicht umlagefähigen Kosten herausgerechnet werden können (BGH, VU vom 20.2.2008, VIII ZR 27/07, WuM 2008, 285).

Ein schlichtes Bestreiten des Mieters genügt aber nicht, wenn der Vermieter von vornherein nur die Kosten in die Abrechnung eingestellt hat, die in dem von ihm mit dem Hausmeister abgeschlossenen Vertrag als jährliches Entgelt für die im Leistungsverzeichnis konkret bezeichneten (umlagefähigen) Tätigkeiten des Hausmeisters vereinbart sind. In diesem Fall obliegt es dem Mieter, konkrete Einwände gegen die umgelegten Hausmeisterkosten zu erheben (BGH, Urteil vom 13.1.2010, VIII ZR 137/09).

Zur Wirksamkeit der Betriebskostenabrechnung müssen die Kosten des Hausmeisters auch nicht im Einzelnen auf die umlagefähigen Tätigkeiten oder ihre Verteilung auf die einzelnen Wohnungen aufgeschlüsselt werden (BGH, Beschluss vom 13.9.2011, VIII ZR 45/11, WuM 2011, 684).

Ansatzfähig sind das Arbeitsentgelt, die Sozialbeiträge, die Beiträge zur Unfallversicherung, die Kosten einer Vertretung bei Krankheit oder Urlaub oder Sachleistungen, beispielsweise der Mietwert einer unentgeltlich überlassenen Wohnung oder bei verbilligter Miete die Differenz zwischen dem Mietwert und der tatsächlich gezahlten Miete.

TIPP

Bei den Hausmeisterkosten muss der Vermieter – wie bei allen Betriebskostenpositionen – den Grundsatz der Wirtschaftlichkeit beachten (§ 556 Abs. 3 Satz 1, 2. Halbsatz BGB).

Hausmeisterkosten, die erheblich über den Durchschnittswerten liegen, können grundsätzlich nur mit ihrem durchschnittlichen Satz auf den Mieter umgelegt werden.

Kosten des Betriebs der Gemeinschaftsantennenanlage (Nr. 15a) oder des Betriebs der mit einem Breitbandnetz verbundenen privaten Verteilanlage (Nr. 15b)

Zu den Kosten des Betriebs der Gemeinschaftsantennenanlage gehören die Kosten des Betriebsstroms und die Kosten der regelmäßigen Prüfung ihrer Betriebsbereitschaft einschließlich der Einstellung durch eine Fachkraft oder das Nutzungsentgelt für eine nicht zum Gebäude gehörende Antennenanlage sowie die Gebühren, die nach dem Urheberrechtsgesetz für die Kabelweitersendung entstehen.

Hat der Vermieter die Gemeinschaftsantennenanlage von einem Dritten gemietet, kann er die Miete als Betriebskosten ansetzen zuzüglich Strom, Prüfungs- und Einstellungskosten, soweit der Vermieter diese neben der Miete zu bezahlen hat.

Ferner können die Kosten eines Antennenwartungsvertrags angesetzt werden, soweit in dessen Rahmen die regelmäßige Prüfung der Betriebsbereitschaft und die Einstellung der Anlage erfolgt.

Zu den Kosten des Betriebs der mit einem Breitbandnetz verbundenen privaten Verteileranlage gehören ferner die laufenden monatlichen Grundgebühren für die Breitbandanschlüsse.

Mit der Novelle des Telekommunikationsgesetzes wurde in § 2 Nr. 15 BetrKV das Wort „Breitbandkabelnetz" durch „Breitbandnetz" und das Wort „Breitbandkabelanschlüsse" durch „Breitbandanschlüsse" ersetzt. Damit wurde klargestellt, dass die Kosten aller leitungsgebundenen Breitbandinfrastrukturen für die Grundversorgung mit Fernsehen und Hörfunk unter diese Betriebskostenart fallen. Nach der alten Fassung waren nur die Umlage der durch ein Breitbandkabelnetz entstehenden Kosten sowie die Umlage der Kosten von Breitbandkabelanschlüssen möglich. Bei einem Wechsel, z. B. auf eine TV-Versorgung mittels einer Breitbandtelefonleitung, liefen Vermieter Gefahr, die anfallenden Betriebskosten nicht mehr auf die Mieter umlegen zu können. Mit der Neufassung wird die Umlagefähigkeit der Kosten für den Betrieb, die Wartung und die monatlichen Entgelte für die Grundversorgung mit Fernsehen und Hörfunk aller leitungsgebundenen Breitbandinfrastrukturen sichergestellt. Dies ermöglicht dem Vermieter die technologieunabhängige Umlage der Kosten und damit auch einen Anbieterwechsel.

TIPP

Ist die Umlage der Kosten für den Kabelanschluss vereinbart, und stellt der Vermieter auf eine Gemeinschaftssatellitenantenne um, ergibt die Auslegung dieser mietvertraglichen Vereinbarung, dass der Vermieter künftig anstelle der Kabelkosten die Kosten der Gemeinschaftsantenne umlegen darf.

Kosten des Betriebs der Einrichtungen für die Wäschepflege (Nr. 16)

Hierzu gehören die Kosten des Betriebsstroms, die Kosten der Überwachung, Pflege und Reinigung der Einrichtungen, der regelmäßigen Prüfung ihrer Betriebsbereitschaft und Betriebssicherheit sowie die Kosten der Wasserversorgung, soweit sie nicht bereits unter dieser Position berücksichtigt worden sind. Zu den maschinellen Wascheinrichtungen zählen Wasch- und Trockenmaschinen, Schleuder, Bügelautomaten und Ähnliches.

Sonstige Betriebskosten (Nr. 17)

Darunter fallen die in Nr. 1 bis 16 nicht genannten Betriebskosten, insbesondere die Betriebskosten von Nebengebäuden, Anlagen und Einrichtungen wie beispielsweise:

- Kosten für Müllschlucker oder maschinelle Müllbeseitigungsanlagen, beispielsweise für das Erneuern der Behälter, für die Reinigung und Wartung der Anlage,
- Kosten für Feuerlöschgeräte, beispielsweise Wartungskosten für das Prüfen oder Erneuern des Lösch- oder Druckmittels in regelmäßigen Abständen,
- Kosten für die regelmäßige Überwachung und Prüfung von Blitzableitern,
- Kosten für das regelmäßige Reinigen von Dachrinnen, sofern dies in regelmäßigen Abständen durchgeführt werden muss, beispielsweise weil anderenfalls durch das Laub des vorhandenen Baumbestands eine Verstopfung zu erwarten ist (nicht umlagefähig sind dagegen die Kosten einer einmaligen Maßnahme aus besonderem Anlass, etwa zur Beseitigung einer eingetretenen Verstopfung oder zum Zweck der Anbringung eines neuen Anstrichs, da es sich insoweit um eine Instandhaltungsmaßnahme handelt),
- Kosten einer Dachrinnenheizung,
- Kosten für die (turnusmäßige) Wartung von Abflussrohren und Gullys sowie von Elektroanlagen, da diese Arbeiten mit keinem Substanzeingriff verbunden und daher mit anderen Arbeiten im Sinne der Betriebskostenverordnung vergleichbar sind,
- Kosten für die Prüfung der Betriebssicherheit einer technischen Anlage, beispielsweise der Elektroanlage,
- Kosten für die Wartung einer Lüftungsanlage einschließlich der Regelanlage,
- Betriebskosten für Gemeinschaftseinrichtungen wie Schwimmbad, Sauna, Hobbyraum, soweit diese allen Mietern zur Verfügung stehen.
- Nur bei gewerblichen Mietverhältnissen: Kosten der Hausverwaltung. Die Einstellung der Kosten der (kaufmännischen und technischen) Hausverwaltung unter „sonstige Betriebskosten“ ist bei gewerblichen Mietverhältnissen weder überraschend (im Sinne von § 305c BGB) noch ein Verstoß gegen das Transparenzgebot (§ 307 Abs. 1 Satz 2 BGB), da die Umlage verkehrsüblich ist und der Mieter daher grundsätzlich mit der Umlage dieser Kosten rechnen muss. Dies gilt auch dann, wenn die Umlage durch Allgemeine Geschäftsbedingungen erfolgt ist, die in einem vom Vermieter verwendeten Formularmietvertrag enthalten sind. Daran ändert sich auch dadurch nichts, dass die Vorauszahlungen im Einzelfall deutlich niedriger festgelegt wurden als die später abgerechneten Kosten und die Klausel keine Bezifferung oder höhenmäßige Begrenzung der Verwaltungskosten enthält (BGH, Urteil vom 9.12.2009, XII ZR 109/08).

TIPP

Die wirksame Umlage solcher „sonstigen Betriebskosten“ erfordert die genaue Bezeichnung des Kostengegenstands im Mietvertrag. Nicht ausreichend ist die pauschale Anführung von sonstigen Betriebskosten (vgl. BGH Urteile vom 7.4.2004, WuM 2004, 290). Allerdings kann die Umlage einzelner sonstiger Betriebskosten auch durch stillschweigende Vereinbarung aufgrund jahrelanger Zahlung erfolgt sein.

Die Abrechnung der Betriebskosten

Die Abrechnung der Betriebskosten setzt voraus, dass der Mieter die Betriebskostenvorauszahlung (Abschlagszahlungen) geleistet hat. Soweit dagegen eine sogenannte Bruttomiete vereinbart wurde, in der die Betriebskosten enthalten sind, ist der Vermieter weder berechtigt noch verpflichtet, über die in der Miete enthaltenen Betriebskosten abzurechnen bzw. Auskunft oder Rechenschaft zu erteilen. Gleiches gilt bei Vereinbarung einer Betriebskostenpauschale, mit der die Betriebskosten ungeachtet ihrer Höhe abgegolten sein sollen.

In diesem Fall hat der Mieter gegen den Vermieter keinen Anspruch auf Auskunft über die tatsächliche Höhe der von der Pauschale abgedeckten Betriebskosten. Eine Ausnahme kommt nach dem Grundsatz von Treu und Glauben (§ 242 BGB) nur dann in Betracht, wenn konkrete Anhaltspunkte für eine nachträgliche Ermäßigung der Betriebskosten bestehen. Dabei sind Ermäßigungen der einzelnen Betriebskosten jedoch nicht relevant, wenn sie durch Erhöhungen bei anderen Positionen ausgeglichen werden. Somit kann ein Auskunftsanspruch nur dann entstehen, wenn konkrete Anhaltspunkte dafür vorliegen, dass sich die von der Pauschale erfassten Betriebskosten insgesamt ermäßigt haben. Ferner ist der Vermieter grundsätzlich auch nicht verpflichtet, die anfängliche Kalkulation einer Betriebskostenpauschale offenzulegen. Die Höhe der Pauschale kann von den Parteien im Rahmen der Vertragsautonomie frei vereinbart werden (BGH, Urteil vom 16.11.2011, VIII ZR 106/11).

Die Verpflichtung des Mieters zur Leistung von Vorauszahlungen erfordert eine eindeutige mietvertragliche Vereinbarung. Zur Wirksamkeit einer solchen Vereinbarung ist erforderlich, dass darin eindeutig bestimmt ist, dass und welche Betriebskosten vom Mieter zu tragen sind.

Im frei finanzierten Wohnungsbau kann für sämtliche Betriebskosten ein Vorauszahlungsbetrag vereinbart werden. Eine Aufgliederung ist nicht erforderlich. Gleiches gilt für preisgebundene Wohnungen (z. B. Sozialwohnungen). Auch hier genügt es, dass der Vermieter den Umfang der umzulegenden Betriebskosten durch Bezugnahme auf die Anlage 3 zu § 27 II. BV umschreibt und die Höhe der ungefähr zu erwartenden Kosten durch den Gesamtbetrag der geforderten Vorauszahlungen mitteilt. Der Vermieter ist nicht verpflichtet, die voraussichtlichen Kosten für jede Betriebskostenart gesondert anzugeben. Eine solche Verpflichtung ergibt sich weder aus dem Wortlaut noch aus dem Sinn und Zweck des § 20 NMV (BGH, Urteil vom 13.1.2010, VII ZR 137/09).

Ist die Vereinbarung mangels Bestimmtheit unwirksam, muss der Mieter den monatlich vereinbarten Betrag trotzdem zahlen. Dieser ist dann aber nicht als Vorauszahlung auf die Betriebskosten, sondern als Teil der Bruttokaltmiete anzusehen mit der Folge, dass der Betrag – im Gegensatz zu einem Vorauszahlungsbetrag – für die Zukunft nicht geändert werden kann. Auch als Betriebskostenpauschale kann die unwirksame Vorauszahlung nicht angesehen werden.

TIPP

Entstehen Betriebskosten erst, nachdem die Vertragsparteien eine Teilinklusivmiete vereinbart haben, können diese umgelegt oder zum Gegenstand einer Vorauszahlung gemacht werden (BGH, Urteil vom 21.1.2004, VIII ZR 99/03, NZM 2004, 253).

Bei gewerblicher Vermietung kann vereinbart werden, dass Miete und Betriebskostenvorauszahlungen zuzüglich Umsatzsteuer in gesetzlicher Höhe zu zahlen sind, soweit der Vermieter die Mieteinkünfte der Umsatzsteuer unterworfen hat. Bei einer solchen Vereinbarung umfasst die Umsatzsteuerpflicht die gesamten Betriebskosten, unabhängig davon, ob die einzelne Betriebskostenart bereits mit Vorsteuern belastet ist oder ob keine Vorsteuern anfallen.

Befindet sich der Mieter mit der Zahlung der laufenden Betriebskosten in Verzug, kann der Vermieter einer Wohnung kein Zurückbehaltungsrecht an der Energieversorgung geltend machen, d. h., er ist nicht berechtigt, die Versorgung des Mieters mit Wasser und Heizung zu unterbrechen.

Kann die Mietstruktur geändert werden?

Grundsätzlich hat der Vermieter keinen Anspruch auf Änderung des Mietvertrags, sodass die Umstellung einer vereinbarten Bruttomiete (Inklusivmiete) oder Teilbruttomiete (Teilinklusivmiete) auf eine Nettomiete zuzüglich Vorauszahlung auf die Betriebskosten nur im Einvernehmen mit dem Mieter möglich ist. Anders ist die

Rechtslage, wenn der Mietvertrag in einer zusätzlichen Vereinbarung die (einseitige) Befugnis des Vermieters enthält, eine (Teil-)Inklusivmiete in eine Nettomiete zuzüglich Betriebskostenvorauszahlungen umzuwandeln. Bei einem solchen zulässigen Änderungsvorbehalt genügt die Bezugnahme auf die Anlage 3 zu § 27 II. BV bzw. auf den Betriebskostenkatalog der Betriebskostenverordnung, um die vom Mieter jetzt zusätzlich zur Miete zu zahlenden Betriebskosten in ausreichend transparenter Weise zu bestimmen (BGH, Beschluss vom 6.4.2011, VIII ZR 199/10, GE 2011, 815).

Eine Ausnahme bestimmt ferner § 556a Abs. 2 BGB für solche Betriebskosten, deren Umfang oder Verursachung erfasst wird, beispielsweise durch Wasserzähler. Hier hat der Vermieter die Möglichkeit, durch einseitige Erklärung von einer Brutto- oder Teilbruttomiete zu einer verbrauchsabhängigen Abrechnung überzugehen. Die Erklärung ist jedoch nur vor Beginn eines Abrechnungszeitraums zulässig. Ein Muster hierzu steht als Arbeitshilfe online zur Verfügung. Sind die Kosten bislang in der Miete enthalten, so muss diese entsprechend herabgesetzt werden.

ARBEITSHILFE ONLINE

Das Recht des Vermieters gemäß § 556a Abs. 2 BGB, durch einseitige Erklärung von einer vereinbarten Brutto- bzw. Teilinklusivmiete oder Betriebskostenpauschale zu einer verbrauchsabhängigen Abrechnung überzugehen, besteht auch bei Mietverhältnissen, die vor Inkrafttreten des § 556a BGB am 1.9.2001 begründet wurden (BGH, Urteil vom 21.9.2011, VIII ZR 97/11).

Eine vertragliche Vereinbarung, wonach der Mieter zur Zahlung bestimmter Betriebskosten verpflichtet ist, kann nicht nur ausdrücklich, sondern auch schlüssig, d. h. durch ein bestimmtes Verhalten der Vertragsparteien, geändert oder erweitert werden. Dies ist beispielsweise dann der Fall, wenn der Vermieter dem Mieter Betriebskosten in Rechnung stellt, deren Umlage vertraglich nicht vereinbart ist und der Mieter diese dennoch über einen Zeitraum von mehreren Jahren vorbehaltlos bezahlt. Solche schlüssig abgegebenen Willenserklärungen sind aus der Sicht des Erklärungsempfängers (des Vermieters) auszulegen und können von diesem dahin verstanden werden, dass der Mieter mit der Abwälzung der erhöhten Nebenkostenabrechnung einverstanden ist (BGH, Beschluss vom 29.5.2000, XII ZR 35/00, NZM 2000, 961).

Werden vom Vermieter in einer detaillierten Betriebskostenabrechnung — abweichend vom Mietvertrag — weitere Betriebskostenpositionen in Rechnung gestellt, kann darin auch ein ergänzendes Vertragsangebot zur Übernahme weiterer Betriebskosten gesehen werden, das der Mieter durch vorbehaltlose Zahlung des Saldos schlüssig annimmt.

Ferner liegt eine schlüssige Änderung der Mietstruktur vor, wenn der Mieter trotz einer vertraglichen Bruttomiete einem Mieterhöhungsverlangen des Vermieters auf Basis einer Nettomiete ausdrücklich zustimmt und über einen Zeitraum von zwei Jahren die Betriebskosten und den sich aus der Betriebskostenabrechnung ergebenden Saldo zahlt.

Dagegen führt allein das Untätigbleiben beider Vertragsparteien nicht zu einer Änderung des Mietvertrags. Rechnet z. B. der Vermieter entgegen den vertraglichen Vereinbarungen über einen längeren Zeitraum nicht über die vom Mieter geleisteten Betriebskostenvorauszahlungen ab und zahlt der Mieter aber trotzdem die Vorauszahlungen vorbehaltlos weiter, führt dies nicht zu einer Umstellung des Mietvertrags dahingehend, dass nunmehr anstelle einer abrechenbaren Vorauszahlung eine Betriebskostenpauschale vereinbart wäre.

Für eine Änderung des Mietvertrags ist vielmehr ein Verhalten einer Partei erforderlich, das aus Sicht der anderen Partei einen entsprechenden Vertragsänderungswillen erkennen lässt. Bloßes Untätigbleiben ist hierfür nicht ausreichend.

Daher muss der Mieter eine sich aus der Betriebskostenabrechnung ergebende Nachforderung des Vermieters auch dann bezahlen, wenn der Vermieter entgegen den vertraglichen Vereinbarungen 20 Jahre lang keine Abrechnung vorgelegt hat und auch keine besonderen Umstände ersichtlich sind, die aus Sicht des Mieters die Annahme rechtfertigen, der Vermieter wollte durch das Unterlassen der Abrechnung den Mietvertrag dahin abändern, dass künftig eine Pauschale ohne Abrechnungsmöglichkeit vereinbart sein soll (BGH, Urteil vom 13.2.2008, VIII ZR 14/06, WuM 2008, 225).

Mangels eines entsprechenden Rechtsbindungswillens bedeutet es auch keinen schlüssigen Verzicht des Vermieters auf bestimmte Betriebskostenpositionen, wenn er jahrelang nur einen Teil der umlegbaren Betriebskosten in die Abrechnung aufgenommen hat.

Dieser Umstand allein reicht für die Annahme einer entsprechenden stillschweigenden Änderung des Mietvertrags nicht aus. Voraussetzung für ein schlüssiges Angebot des Vermieters auf Reduzierung der vereinbarten Betriebskostenpositionen wäre ein Verhalten des Vermieters, mit dem dieser einen entsprechenden Rechtsfolgewillen zum Ausdruck bringt. In der Umlage nur eines Teils der vereinbarten Betriebskosten kann ein solches Angebot nicht gesehen werden. Die Annahme, ein Vermieter von Geschäftsräumen würde damit schlüssig ohne ersichtlichen Grund auf die Zahlung nicht unerheblicher Beträge verzichten, ist lebensfremd. Ohne das Vorliegen weiterer Anhaltspunkte kann ein Mieter somit nicht annehmen, dass der Vermieter die nicht abgerechneten Betriebskostenpositionen für die gesamte Dauer des Mietverhältnisses nicht mehr geltend machen will (BGH, Urteil vom 27.1.2010, XII ZR 22/07).

Wie können Vorauszahlungen angepasst werden?

Jede Partei kann durch einseitige Erklärung eine Anpassung der vereinbarten Vorauszahlungen auf eine angemessene Höhe vornehmen, wenn sich aus der Betriebskostenabrechnung über die vorausgegangene Periode ergibt, dass die geleistete Vorauszahlung infolge stark gestiegener oder gesunkener Betriebskosten nicht mehr den tatsächlich anfallenden Betriebskosten entspricht (§ 560 Abs. 4 BGB). Ein Muster hierzu steht als Arbeitshilfe online zur Verfügung. Mit der Anpassung der Vorauszahlungen nach einer Abrechnung soll erreicht werden, dass die vom Mieter zu leistenden Abschläge den tatsächlichen Kosten möglichst nahekommen, sodass weder der Mieter dem Vermieter – durch zu hohe Vorauszahlungen – ein zinsloses Darlehen gewährt, noch der Vermieter – angesichts zu niedriger Vorauszahlungen – die Nebenkosten vorfinanzieren muss (BGH, Urteil vom 18.5.2011, VIII ZR 271/10).

ARBEITSHILFE ONLINE

Das Anpassungsrecht des Vermieters setzt jedoch nach der neuen Rechtsprechung des BGH das Vorliegen einer inhaltlich korrekten Abrechnung voraus. Eine lediglich formell ordnungsgemäße Abrechnung ist entgegen der früheren Rechtsprechung nicht mehr ausreichend. Dies bedeutet, dass die Abrechnung nicht nur keine grundsätzlichen strukturellen (formellen) Fehler aufweisen darf, z. B. falscher Abrechnungszeitraum, Unverständlichkeit, fehlende Nachvollziehbarkeit. Die Abrechnung darf nach der neueren Rechtsprechung auch keine inhaltlichen (materiellen) Fehler aufweisen, z. B. Rechenfehler, unzulässiger Ansatz oder unzutreffende Höhe einzelner Betriebskostenpositionen, falscher Umlageschlüssel. Eine inhaltlich fehlerhafte Abrechnung berechtigt den Vermieter nicht zu einer Anpassung der Vorauszahlungen (BGH, Urteile vom 15.5.2012, VIII ZR 245/11 und 246/11).

Einer Erhöhung der monatlichen Vorauszahlungen für die Zukunft steht grundsätzlich nicht entgegen, dass der Vermieter über längere Zeit keine Betriebskostenabrechnung erteilt hat und daher wegen Versäumens der Abrechnungsfrist mit Nachforderungen ausgeschlossen ist. Eine Anpassung der Vorauszahlungen durch den Vermieter nach § 560 Abs. 4 BGB setzt nämlich nicht voraus, dass die vorangegangene Abrechnung zu einer Nachforderung des Vermieters geführt hat. Bei einer verspäteten Nachforderung sieht das Gesetz über den Nachforderungsausschluss hinaus keine Sanktion für die verspätete Abrechnung vor. Auch eine verspätete Abrechnung liefert einen schlüssigen Anhaltspunkt für die zukünftige Entwicklung der Kosten. Eine Anpassung der Vorauszahlungen ist daher auch nach verspäteter Abrechnung zulässig (BGH, Urteil v. 16.6.2010, VIII ZR 258/09, WuM 2010, 490). Ferner lässt sich dem Gesetz keine Einschränkung der Grundlage des Anpassungsrechts auf die letztmögliche Abrechnung entnehmen. Eine Anpassung der Vorauszahlungen auf Grundlage einer Betriebskostenabrechnung ist daher auch dann möglich, wenn bereits die folgende Abrechnungsperiode abgelaufen, aber noch nicht abgerechnet ist (BGH, Urteil v. 18.5.2011, a. a. O.).

Kommt der Mieter mit der Zahlung von Betriebskostenvorauszahlungen, die der Vermieter ordnungsgemäß nach § 560 Abs. 4 BGB erhöht hat, in Höhe von zwei Monatsmieten in Verzug, kann der Vermieter das Mietverhältnis fristlos kündigen. Der Mieter kann dagegen nicht einwenden, der Vermieter hätte ihn vor Ausspruch der Kündigung auf Zahlung der erhöhten Betriebskosten verklagen müssen, da eine fristlose Kündigung des Vermieters nicht voraussetzt, dass er den Mieter vor Ausspruch der Kündigung auf Zahlung der erhöhten Betriebskosten verklagt hat. Insofern ist der Mieter dadurch geschützt, dass im Rahmen des Kündigungsprozesses geprüft werden muss, ob der Vermieter zur Erhöhung der Vorauszahlungen auf die verlangte Höhe berechtigt war. Dies ist nach der Rechtsprechung des BGH (Urteile v. 15.5.2012, VIII ZR 245/11 und VIII ZR 246/11) nur dann der Fall, wenn die Erhöhung der Vorauszahlungen auf einer auch inhaltlich korrekten Abrechnung beruht. Dies kann der Mieter durch Einsicht in die Abrechnungsunterlagen nachprüfen. Sollte ihm der Vermieter die Einsicht nicht ermöglichen, kann der Mieter ein Zurückbehaltungsrecht geltend machen mit der Folge, dass eine auf Zahlungsverzug gestützte Kündigung ausgeschlossen ist (BGH, Urteil v. 18.7.2012, VIII ZR 1/11).

Kommt der Mieter mit Betriebskostenvorauszahlungen in Verzug, bleiben dem Vermieter die aus dem Schuldnerverzug folgenden Rechte grundsätzlich auch nach dem Eintritt der Abrechnungsreife (Ablauf der Abrechnungsfrist) erhalten. Der Vermieter hat deshalb für die Zeit bis zur Abrechnungsreife auch dann noch Anspruch auf Zahlung von Verzugszinsen auf rückständige Vorauszahlungen, wenn die Betriebskostenvorauszahlungen selbst wegen eingetretener Abrechnungsreife nicht mehr verlangt werden können. Irrelevant ist insofern, ob sich aus der Betriebskostenabrechnung für die entsprechende Periode ein Saldo zugunsten des Vermieters ergibt (BGH, Urteil vom 26.9.2012, XII ZR 112/10, NZM 2013, 85).

Liegen die Voraussetzungen für eine Erhöhung der Vorauszahlung vor, schuldet der Mieter die erhöhte Vorauszahlung erstmals mit dem Beginn des auf die Erklärung des Vermieters folgenden übernächsten Monats.

Die Vorauszahlung ist jährlich abzurechnen (§ 556 Abs. 3 BGB). Darunter ist nicht notwendig das Kalenderjahr oder das Jahr gerechnet vom Beginn des Mietverhältnisses, sondern ein einmal festgelegtes und dann einzuhaltendes Geschäftsjahr zu verstehen. Die Abrechnungsperiode darf einen Zeitraum von maximal einem Jahr umfassen.

Der Vermieter ist auch bei Sozialwohnungen nicht verpflichtet, eventuelle Kostensteigerungen gegenüber dem Vorjahr zu erläutern. Eine solche Verpflichtung ist dem § 20 Abs. 4, 7 NMV nicht zu entnehmen (BGH, vom 13.1.2010, VIII ZR 137/09).

Für den Bereich der preisfreien Wohnungen hat der BGH bereits mit Urteil vom 28.5.2008 (VIII ZR 261/07, NZM 2008, 567) entschieden, dass der Vermieter nicht zur Erläuterung von Kostensteigerungen verpflichtet ist.

Nicht nur der Vermieter, sondern auch der Mieter ist gemäß § 560 Abs. 4 BGB zur Anpassung der Vorauszahlung berechtigt. Soweit der Mieter inhaltliche Fehler einer vom Vermieter erteilten Betriebskostenabrechnung konkret beanstandet und das zutreffende Abrechnungsergebnis selbst errechnet, darf er eine Anpassung der Betriebskostenvorauszahlungen auf der Grundlage seines ermittelten Abrechnungsergebnisses vornehmen. Für die Ermäßigung der Betriebskostenvorauszahlung ist ausreichend, dass sich aus der Betriebskostenabrechnung des Mieters für die laufende Abrechnungsperiode per Saldo eine Ermäßigung der Betriebskosten ergibt und der neue Vorauszahlungsbetrag nach dem bisherigen Umlagemaßstab berechnet wurde (BGH, Urteil vom 6.2.2013, VIII ZR 184/12, GE 2013, 480).

Welche Angaben müssen enthalten sein?

Die Abrechnung muss schriftlich und getrennt für jedes Mietverhältnis erfolgen und jedem Mieter zugehen. Ferner muss die Abrechnung vom Aussteller grundsätzlich eigenhändig durch Namensunterschrift unterzeichnet werden. Hat der Vermieter die Nebenkostenabrechnung mithilfe einer automatischen Einrichtung angefertigt, ist eine maschinelle Unterschrift ausreichend.

Ferner muss eine ordnungsgemäße Abrechnung folgende Mindestangaben enthalten:

- eine geordnete Zusammenstellung der Gesamtkosten,
- die Angabe und Erläuterung des Verteilerschlüssels,
- die Berechnung des Anteils des Mieters,
- den Abzug der Vorauszahlungen des Mieters.

Die geordnete Zusammenstellung der Gesamtkosten erfordert eine übersichtlich aufgegliederte Einnahmen- und Ausgabenaufstellung, aus der auch der betriebswirtschaftlich und juristisch nicht geschulte Mieter die umgelegten Kosten klar ersehen und überprüfen kann.

Der Vermieter sollte daher in der Betriebskostenabrechnung die einzelnen Betriebskostenarten gemäß § 2 BetrKV (z. B. Wasser, Kaminkehrer, Lift, Versicherungen etc.) jeweils separat beziffern und ansetzen.

Eine Zusammenfassung mehrerer Betriebskostenarten in einer Summe ist nur ausnahmsweise zulässig. Nach einem neuen Urteil des BGH darf der Vermieter die Kosten für Frischwasser (§ 2 Nr. 2 BetrKV) und Schmutzwasser (§ 2 Nr. 3 BetrKV) dann in einer Summe zusammenfassen und einheitlich abrechnen, wenn die Berechnung der Kosten des Abwassers an den Frischwasserverbrauch geknüpft ist, d. h. die Umlage dieser Kosten einheitlich nach dem durch Zähler erfassten Frischwasserverbrauch vorgenommen wird (BGH, Urteil vom 15.7.2009, VIII ZR 340/08, WuM 2009, 516).

Auch wenn die Kosten für Wasser, Abwasser und Niederschlagswasser einheitlich nach dem Maßstab der Wohnfläche abgerechnet werden, begegnet die Zusammenfassung dieser Kosten keinen rechtlichen Bedenken (BGH, Beschluss v. 13.3.2012, VIII ZR 218/11, WuM 2012, 316).

Gleiches gilt für die Kosten der Sach- und Haftpflichtversicherung. Auch diese Kosten können in einer Summe zusammengefasst werden, ohne die auf die jeweilige Versicherungsart entfallenden Einzelbeträge anzugeben.

Notwendig, aber auch ausreichend für die formelle Wirksamkeit einer Betriebskostenabrechnung ist, dass der Mieter die Kosten aus der Abrechnung klar ersehen und prüfen kann und eine Einsichtnahme in dafür vorliegende Belege nur noch zur Kontrolle und zur Behebung von Zweifeln erforderlich ist. Allerdings dürfen die Pflichten zur Spezifizierung der Kosten nicht überspannt werden. Dementsprechend ist es ordnungsgemäß, wenn der Vermieter die Kostenpositionen (im Sinne von § 2 Nr. 13 BetrKV) „Kosten der Sach- und Haftpflichtversicherung" als „Versicherung" in der Betriebskostenabrechnung bezeichnet (BGH, Urteil vom 16.9.2009, VIII ZR 346/08).

Gleiches gilt für die gemeinsame Abrechnung der Kosten für Kaltwasser und Entwässerung mit den sogenannten warmen Betriebskosten für Heizung und Warmwasser. Dies führt nicht zu einer formellen Unwirksamkeit der Abrechnung. Die (vom Mieter geforderte) Umstellung der Abrechnung der Kosten für Kaltwasser und Entwässerung auf eine gemeinsame Abrechnung mit den sogenannten kalten Betriebskosten wäre nämlich nur ein Nullsummenspiel, da sich die eine Position exakt um den Betrag erhöhen würde, um den sich die andere Position verringern würde. Eine entsprechende Beanstandung der Abrechnung durch den Mieter stellt daher eine leere und somit unbeachtliche Förmelei dar (BGH, Urteil vom 26.10.2011, VIII ZR 268/10).

Im Bereich der Heizkostenverordnung genügt es für eine formell wirksame Abrechnung, wenn ein mit den einschlägigen Rechtsvorschriften vertrauter Mieter anhand der mitgeteilten Informationen die vorgenommene Abrechnung nachprüfen kann. Der Vermieter ist nicht verpflichtet, dem Mieter die einschlägigen Vorschriften mitzuteilen oder zu erläutern. Daher ist es unschädlich, wenn der Vermieter in der Abrechnung die einzelnen vorgeschriebenen Rechenschritte nicht erläutert hat (BGH, Urteil vom 26.10.2011, VIII ZR 268/10).

Die Heizkostenabrechnung bedarf zu ihrer Wirksamkeit auch keiner Angabe über die Kosten des Betriebsstroms oder — über die Angabe der verbrauchten Wärmemenge (Fernwärme) hinaus — über die der Zählerstände (BGH, Beschluss vom 13.9.2011, VIII ZR 45/11, WuM 2011, 684).

Die Betriebskostenabrechnung über eine vermietete Doppelhaushälfte kann sich in den formellen Anforderungen von der Abrechnung für eine in einem Mehrfamilienhaus gelegene Wohnung unterscheiden. Separat auf die Doppelhaushälfte in Rechnung gestellte Betriebskosten (z. B. Grundsteuer, Kaminkehrer) oder abgelesener Verbrauch (z. B. Wasser und daraus berechnete Entwässerungskosten des städtischen Versorgers) oder offensichtlich halbiert aufteilbare Kosten (z. B. Sachversicherungen) können ohne zusätzliche Angabe des Gesamtbetrags für das Gebäude in die Abrechnung eingestellt werden (BGH, Beschluss vom 15.3.2011, VIII ZR 243/10, WuM 2011, 281).

Eine Betriebskostenabrechnung muss nicht aus sich heraus eine vollständige Überprüfung auf ihre materielle Richtigkeit erlauben, sondern nur so detailliert sein, dass der Mieter ersehen kann, welche Gesamtbeträge dem Vermieter in Rechnung gestellt worden sind und mit welchen Rechenschritten er daraus den auf den einzelnen Mieter entfallenden Betrag errechnet hat (BGH, Urteil vom 25.11.2009, VIII ZR 322/08).

Dementsprechend ist bei der Abrechnung von Brennstoffkosten die summenmäßige Angabe der Verbrauchswerte (z. B. Heizölverbrauch in Litern) und der dafür angefallenen Kosten ausreichend. Die Mitteilung des Anfangs- und Endbestands ist nicht erforderlich. Ob die Werte zutreffend angesetzt sind, ist nicht eine Frage der formellen Ordnungsmäßigkeit, sondern der materiellen Richtigkeit der Abrechnung. Die Überprüfung der materiellen Richtigkeit bleibt dem Mieter durch sein

Recht auf Belegeinsicht vorbehalten. Daher ist es nicht erforderlich, dass die Abrechnung aus sich heraus eine vollständige Überprüfung der Angaben ermöglicht (BGH, Urteil vom 25.11.2009, a. a. O.).

Bedarf eine Betriebskostenabrechnung einer Erläuterung, damit sie nachvollzogen werden kann und somit den an sie zu stellenden Mindestanforderungen genügt, sind auch Erläuterungen zu berücksichtigen, die der Vermieter dem Mieter außerhalb der Abrechnung – vor Ablauf der Abrechnungsfrist – erteilt hat, z. B. im Mietvertrag, in einer vorausgegangenen Abrechnung oder auf Nachfrage des Mieters (BGH, Urteil vom 11.8.2010, VIII ZR 45/10, WuM 2010, 627).

Angaben zum Verteilerschlüssel

Die Angabe und Erläuterung des zugrunde gelegten Verteilerschlüssels erfordert, dass die Betriebskosten des gesamten Anwesens angegeben werden und erläutert wird, wie sich daraus der Anteil des Mieters für die von ihm gemietete Wohnung errechnet. Bei einer Verteilung nach Flächen sind sowohl die Gesamtfläche des Anwesens als auch die Fläche der betreffenden Wohnung, bei der Umlage nach Kopfanteilen die Gesamtzahl der Personen zu benennen.

Abzug der Vorauszahlungen

Legt der Vermieter seiner Abrechnung – zu Unrecht – nicht die tatsächlich geleisteten Vorauszahlungen, sondern die Soll-Vorschüsse (vereinbarte Vorauszahlungen) zugrunde, ist die Abrechnung trotzdem formell wirksam, da es sich dabei nur um einen inhaltlichen Fehler handelt (BGH, Beschluss vom 23.9.2009, VIII ZA 2/08, WuM 2009, 671). Der Mieter kann nämlich anhand seiner Unterlagen ohne Weiteres nachprüfen, ob der Vermieter die geleisteten Zahlungen korrekt berücksichtigt hat (BGH, Urteil vom 18.5.2011, VIII ZR 240/10, NJW 2011, 2786). Gleiches gilt, wenn der Vermieter überhaupt keine Vorauszahlung in Ansatz gebracht hat. Auch in diesem Fall kann der Mieter anhand seiner Unterlagen ohne Weiteres feststellen, ob dies zu Recht nicht geschehen ist. Die Nachvollziehbarkeit der Abrechnung wird dadurch nicht infrage gestellt. In einem solchen Fall wäre es eine sinnlose Förmelei, wenn der Vermieter in der Abrechnung Vorauszahlungen des Mieters ausdrücklich mit Null beziffern müsste (BGH, Urteil v. 15.2.2012, VIII ZR 197/11, MDR 2012, 511).

TIPP

Neue, d. h. nach Abschluss des Mietvertrags entstandene Betriebskosten wie beispielsweise Prämien einer nachträglich abgeschlossenen Sach- und Haftpflichtversicherung für das Gebäude oder neu eingeführte öffentliche Abgaben können anteilig auf die Mieter umgelegt werden. Voraussetzung ist jedoch eine entsprechende ausdrückliche Vereinbarung, etwa durch folgende Klausel: „Werden öffentliche Abgaben neu eingeführt oder entstehen Betriebskosten neu, so können diese vom Vermieter im Rahmen der gesetzlichen Vorschriften umgelegt und angemessene Vorauszahlungen festgesetzt werden."

Die Zuordnung von Betriebskosten zu einem bestimmten Abrechnungszeitraum richtet sich bei der Wohnraummiete grundsätzlich danach, zu welchem Zeitpunkt die in Rechnung gestellte Leistung erbracht worden ist (Leistungsprinzip) und nicht danach, zu welchem Zeitpunkt der Vermieter die Kosten hierfür aufgewendet hat (Abflussprinzip). Das heißt, es dürfen grundsätzlich nur Kosten für Leistungen angesetzt werden, die im Wirtschaftsjahr auch erbracht worden sind. Daher sind in der Betriebskostenabrechnung beispielsweise die Abrechnungsdaten über den konkreten Verbrauch und nicht etwa die Abschlagsleistungen an das Versorgungsunternehmen anzusetzen.

Bei einem Auseinanderfallen der Abrechnungsperiode des Energieversorgers und des Mieters ist es dem Vermieter wegen des damit verbundenen Aufwands nicht zumutbar, eine Ablesung aller infrage kommenden Zähler bis zum Ende seiner jeweiligen Abrechnungsperiode vorzunehmen. Der Vermieter kann in diesem Fall eine Rechnungsabgrenzung vornehmen.

Eine nicht nachvollziehbare Abrechnung kann nicht durch nachträgliche Erläuterung geheilt werden. Vielmehr muss der Vermieter dann eine neue Abrechnung erstellen.

TIPP

Hat der Vermieter auf die Mehrwertsteuer optiert, muss die Betriebskostenabrechnung (sowohl bei Gewerbe- als auch bei Wohnraum) die Steuernummer und eine fortlaufende Nummerierung enthalten.

Leistungs- oder Abflussprinzip?

Die Frage, ob der Vermieter bei der Abrechnung der Betriebskosten nach dem sogenannten Leistungsprinzip abrechnen muss oder ob er auch nach dem sogenannten Abflussprinzip abrechnen darf, war bislang heftig umstritten.

Beim Abflussprinzip (Ausgabenrechnung) sind die im Abrechnungszeitraum getätigten Zahlungen anzusetzen, unabhängig davon, ob die zugrunde liegenden Leistungen im Abrechnungszeitraum auch verbraucht oder in Anspruch genommen wurden. Beim Leistungsprinzip dürfen dagegen nur die Kosten angesetzt werden, die im Abrechnungszeitraum auch tatsächlich verbraucht oder in Anspruch genommen wurden.

Entgegen der Auffassung der überwiegenden Zahl der Mietgerichte hat der BGH mit Urteil vom 20.2.2008 (VIII ZR 49/07) entschieden, dass der Vermieter gegenüber dem Mieter auch nach dem Abflussprinzip abrechnen und die Kosten in Rechnung stellen darf, mit denen er vom Leistungserbringer oder vom Verwalter im Abrechnungszeitraum belastet worden ist. So darf der Vermieter die an einen Wasserversorger geleisteten Zahlungen anteilig auf den Mieter umlegen, auch wenn die Zahlungen zum Teil noch für den Wasserverbrauch des Vorjahres bestimmt waren. Den Vorschriften der §§ 556 ff. BGB ist nämlich nicht zu entnehmen, dass der Gesetzgeber den Vermieter auf eine bestimmte zeitliche Zuordnung der Betriebskosten festlegen wollte.

Der Vermieter muss somit nicht den Gesamtverbrauch zum Jahresende ablesen oder schätzen und die Abrechnungen des Wasserversorgers auf die einzelnen Kalenderjahre aufteilen. Der damit verbundene zusätzliche Aufwand ist für den Vermieter nicht zumutbar und wird von den schutzwürdigen Interessen des Mieters auch nicht gefordert.

Offen gelassen hat der BGH die Frage, ob der Vermieter in besonders gelagerten Ausnahmefällen, beispielsweise bei einem Mieterwechsel, nach Treu und Glauben (§ 242 BGB) gehindert sein könnte, Betriebskosten nach dem Abflussprinzip abzurechnen (BGH, Urteil vom 20.2.2008, VIII ZR 49/07).

Anders ist die Rechtslage bei der Abrechnung der Heizungs- und Warmwasserkosten. Da nach dem Wortlaut des § 7 Abs. 2 HeizKV zu den in der Heizkostenabrechnung ansetzbaren Heizkosten nur die Kosten der verbrauchten Brennstoffe gehören, dürfen nur die im Abrechnungszeitraum tatsächlich verbrauchten Brennstoffe abgerechnet werden („Leistungsprinzip“); nicht aber die vom Vermieter, z. B. an das Energieversorgungsunternehmen oder den Öllieferanten gezahlten Kosten.

Eine Abrechnung nach dem Abflussprinzip ist daher im Anwendungsbereich der Heizkostenverordnung nicht zulässig (BGH, Urteil vom 1.2.2012, VIII ZR 156/11, WuM 2012, 143). Eine Heizkostenabrechnung ist daher inhaltlich fehlerhaft, wenn in ihr nicht die Kosten der im Abrechnungszeitraum verbrauchten Brennstoffe umgelegt wurden, sondern die Kosten des am Ende des Abrechnungszeitraums nachgetankten Brennstoffs (BGH, Beschluss vom 14.2.2012, VIII ZR 260/11, GE 2012, 823).

Wie wirkt sich eine vom Mieter während des Abrechnungsjahres vorgenommene Mietminderung auf die Betriebskostenabrechnung aus?

Bemessensgrundlage für eine Mietminderung ist die Bruttomiete einschließlich aller Betriebskosten (BGH, Urteil vom 6.4.2005, XII ZR 225/03, WuM 2005, 384). Der Mieter kann daher auch Betriebskostenvorauszahlungen entsprechend mindern. Unbeschadet dessen kann eine Mietminderung vom Vermieter sowohl ausschließlich auf die Nettomiete angerechnet werden als auch anteilig auf die Nettomiete und die Betriebskostenvorauszahlung (BGH, Urteil vom 13.4.2011, VIII ZR 223/10). Im letztgenannten Fall ist jedoch der Jahresbetrag der geschuldeten Betriebskosten zu reduzieren, d. h., der Vermieter muss diese Minderung in der nachfolgenden Betriebskostenabrechnung berücksichtigen und den Abrechnungsbetrag, also die Summe aller Betriebskosten, entsprechend reduzieren, da der Mieter andernfalls bei reduzierten Vorauszahlungen eine höhere Nachzahlung leisten müsste und damit den finanziellen Vorteil seiner Minderung wieder verlieren würde. Dementsprechend muss zunächst der endgültige Abrechnungsbetrag ohne Minderung ermittelt und dann um die Minderungsquote reduziert werden.

Für das rechnerische Gesamtergebnis spielt es keine Rolle, ob der monatliche Minderungsbetrag ausschließlich auf die Nettomiete angerechnet wird oder eine anteilige Anrechnung der Mietminderung sowohl auf die Nettomiete als auch auf die Betriebskostenvorauszahlung stattfindet. Die Praktikabilität und Übersichtlichkeit sprechen jedoch dafür, dass der Vermieter den Minderungsbetrag ausschließlich bei der Nettomiete verbucht (BGH, Urteil vom 13.4.2011, a. a. O.).

Welche Unterlagen muss der Vermieter vorlegen?

Der Vermieter (von preisfreiem Wohnraum) ist grundsätzlich nicht verpflichtet, der Abrechnung Fotokopien der Abrechnungsbelege (z. B. Rechnungen, Gebührenbescheide) beizufügen. Er kann den Mieter auf die Einsichtnahme in die Belege verweisen, um zusätzlichen Aufwand durch Anfertigung von Kopien zu vermeiden. Ein Anspruch des Mieters auf Überlassung von Kopien kommt nur ausnahmsweise in Betracht, wenn ihm die Einsichtnahme in die Unterlagen in den Räumen des Vermieters nicht zugemutet werden kann (BGH, Urteil vom 8.3.2006, VIII ZR 78/05, WuM 2006, 200). Dies gilt auch dann, wenn der Vermieter dem Mieter in der Vergangenheit Kopien übersandt hatte. Eine solche „Gefälligkeit" begründet keine vertragliche Verpflichtung für die Zukunft (BGH, Urteil vom 13.9.2006, VIII ZR 71/06, WuM 2006, 618).

Ein Anspruch des Mieters auf Überlassung von Kopien kann ausnahmsweise bestehen, wenn der Ort der Belegeinsicht nicht in zumutbarer Weise und in angemessener Zeit mit öffentlichen Verkehrsmitteln zu erreichen ist, der in einer entfernt liegenden Stadt wohnende Vermieter sich trotz Aufforderung des Mieters weigert, die Belege am Ort des Mietobjekts zur Verfügung zu stellen oder Mieter und Vermieter heillos zerstritten sind.

Der Mieter kann grundsätzlich Einsicht in die Originalbelege verlangen. Ausdrucke von gescannten Originalbelegen stehen dem Original gleich, wenn eine Verfälschung aufgrund von technischen und administrativen Hürden in den internen Arbeitsabläufen praktisch ausgeschlossen werden kann.

Das Einsichtsrecht des Mieters ist auch nicht auf das bloße Betrachten der Belege beschränkt. Der Mieter darf sich Notizen machen und auch Abschriften (handschriftlich oder mithilfe eines Laptops) anfertigen. Ferner ist der Mieter nach einem neuen Urteil des AG München berechtigt, die Belege abzufotografieren oder einzuscannen (z. B. mittels eines Handscanners), da der Mieter damit nur die fortschreitenden technischen Möglichkeiten nutzt und das Fotografieren bzw. Einscannen nicht anders behandelt werden kann als das unstreitig zulässige Anfertigen von handschriftlichen Notizen oder Abschriften (AG München, Teilurteil vom 21.9.2009, 412 C 34593/08, NJW 2010, 78).

Die Einsichtnahme hat grundsätzlich beim Vermieter oder dessen Beauftragtem, etwa dem Hausverwalter oder einem Rechtsanwalt, zu erfolgen. Nur aus wichtigem Grund, etwa bei Krankheit des Mieters, persönlicher Feindschaft der Parteien oder bei großer Entfernung, kann der Mieter ausnahmsweise die Vorlage an einem anderen Ort verlangen (§ 811 Abs. 1 Satz 2 BGB).

Das Verlangen des Mieters zur Vorlage an einem — ausnahmsweise von ihm zu bestimmenden — Ort kann der Vermieter dadurch erfüllen, dass er dem Mieter Kopien übersendet, wobei er dies von der vorherigen Erstattung der Kosten für die Anfertigung der Kopien und deren Übersendung abhängig machen kann.

Das Ersuchen des Mieters auf Einsichtnahme und Fertigen von Kopien muss sich auf vorhandene und hinreichend genau bezeichnete Unterlagen beziehen, die ohne nennenswerten Verwaltungsaufwand bereitgehalten und ohne Störung des Betriebsablaufs der Verwaltung eingesehen und fotokopiert werden können. Gewährt der Vermieter dem Mieter allerdings nicht ausreichend Zeit zur Einsicht in die der Betriebskostenabrechnung zugrunde liegenden Originalbelege oder fehlen verschiedene Belege, gilt die Belegeinsicht als verweigert mit der Folge, dass der Mieter einzelne Abrechnungspositionen auch pauschal bestreiten darf.

Die Einsichtnahme kann nicht aus Datenschutzgründen verweigert werden, da der Mieter auch Daten anderer Mieter des Anwesens einsehen darf, wenn dies erforderlich ist, um die eigene Abrechnung nachvollziehbar überprüfen zu können, beispielsweise ob die Gesamtkosten des Hauses korrekt auf die einzelnen Mieter verteilt wurden. Besonders schutzwürdige Daten können vom Vermieter unkenntlich gemacht werden.

Die Verweigerung der Belegeinsicht durch den Vermieter stellt eine Verletzung einer vertraglichen Nebenpflicht dar und führt dazu, dass ein Saldo aus der Betriebskostenabrechnung gerichtlich nicht durchsetzbar ist; ferner kann der Mieter Klage auf Einsichtnahme erheben.

Wie werden Betriebskosten verteilt?

Vermieter und Mieter können den Umlageschlüssel für die Betriebskosten grundsätzlich frei vereinbaren, beispielsweise die Abrechnung nach dem Anteil der Wohnflächen oder nach Kopfzahlen. Ausnahme: Die Kosten für Heizung und Warmwasser müssen nach den Bestimmungen der Heizkostenverordnung verteilt werden (siehe Stichwort „Heizkostenverordnung“). Fehlt eine solche Vereinbarung, sind die Betriebskosten nach dem gesetzlichen Flächenmaßstab, d. h. nach dem Anteil der Wohnflächen umzulegen (§ 556a Abs. 1 BGB).

TIPP

Der Umlageschlüssel kann aber auch konkludent, d. h. schlüssig vereinbart worden sein, so z. B. wenn die Parteien jahrzehntelang einverständlich einen bestimmten Umlagemaßstab verwendet haben (vgl. BGH, Beschluss vom 2.11.2005, VIII ZR 52/05, WuM 2005, 774).

Betriebskosten, die von einem erfassten Verbrauch, etwa durch Wasserzähler, oder einer erfassten Verursachung, beispielsweise durch separate Müllgefäße, abhängen, sind nach einem Maßstab umzulegen, der dem unterschiedlichen Verbrauch oder der unterschiedlichen Verursachung Rechnung trägt. Der Vermieter ist somit verpflichtet, verbrauchsabhängig abzurechnen, wenn der Verbrauch erfasst wird und nichts anderes vereinbart ist. Allerdings hat der Mieter keinen zivilrechtlichen Anspruch auf Einbau von Geräten zur Verbrauchserfassung, etwa durch Kaltwasseruhren.

Bei Eigentumswohnungen ist eine Verteilung nach Miteigentumsanteilen („Tausendstel") unzulässig, wenn im Mietvertrag eine Verteilung der Betriebskosten nach der Wohn- oder Nutzfläche vereinbart ist. Dies gilt auch dann, wenn die Hausverwaltung gegenüber den Wohnungseigentümern nach Miteigentumsanteilen abrechnet.

TIPP

Bei der Vermietung von Eigentumswohnungen ist darauf zu achten, dass mit dem Mieter derselbe Verteilerschlüssel vereinbart wird, der für die Verteilung der Betriebskosten zwischen den Wohnungseigentümern maßgeblich ist.

Bei dem Flächenmaßstab handelt es sich um einen gesetzlichen Umlagemaßstab. Daher kann eine Abrechnung nach dem Flächenmaßstab — trotz unterschiedlicher Belegungszahlen in einzelnen Wohnungen — grundsätzlich nicht als unbillig angesehen werden. Gleiches gilt, wenn sich in einem Gebäude Wohnungen mit sehr unterschiedlichen Größen befinden. Auch in diesem Fall haben die Mieter der großen Wohnung keinen Anspruch auf Änderung des Umlagemaßstabs.

Unstreitig ermessensfehlerhaft ist die Umlage der Betriebskosten von Kfz-Stellplätzen auch auf Wohnungsmieter, die keinen Stellplatz gemietet haben. Allerdings handelt es sich insofern um einen bloßen inhaltlichen Fehler, der nicht zur Unwirksamkeit der gesamten Betriebskostenabrechnung führt und vom Gericht korrigiert werden kann (BGH, Beschluss vom 13.12.2011, VIII ZR 286/10, WuM 2012, 98).

Ein häufiger Fehler in Betriebskostenabrechnungen betrifft den anzugebenden Umlageschlüssel (Verteilung der Betriebskosten nach m^2, Kopfzahlen oder Miteigentumsanteilen). Dabei ist eine Betriebskostenabrechnung nach Personenzahl — anteilig von der Gesamtpersonenzahl des Anwesens —, die als Bruchteil in der Abrechnung angegeben ist, nachvollziehbar und wirksam, wenn sie aus der Sicht eines durchschnittlich gebildeten, juristisch und betriebswirtschaftlich nicht geschulten Mieters begreifbar ist. Gleiches gilt für eine Betriebskostenabrechnung nach Wohnfläche anteilig von der Gesamtwohnfläche des Anwesens (BGH, Beschluss vom 18.1.2011, VIII ZR 89/10, WuM 2011, 367).

Auch die Angabe des Verteilerschlüssels in Prozentzahlen ist allgemein verständlich und bedarf daher keiner zusätzlichen Erläuterung (BGH, Beschluss vom 13.12.2011, VIII ZR 286/10, WuM 2012, 98).

Die Abgrenzung zwischen formellen und materiellen Fehlern richtet sich danach, ob der durchschnittliche Mieter in der Lage ist, die Art des Verteilerschlüssels der einzelnen Kostenpositionen zu erkennen und den auf ihn entfallenden Anteil an den Gesamtkosten rechnerisch nachzuprüfen. Dies ist nicht möglich z. B. bei Angabe eines unverständlichen Umlageschlüssels (so bereits BGH, Urteil vom 9.4.2008, VIII ZR 84/07, WuM 2008, 351). Insofern handelt es sich daher um einen schweren formellen Fehler mit der Folge, dass ein Saldo aus der Betriebskostenabrechnung nicht fällig ist und die Abrechnung auch nur innerhalb der Abrechnungsfrist korrigiert werden kann (z. B. „HB-KOSTE“, womit Kosten der Hausbetreuung gemeint sein sollen).

Anders ist die Rechtslage, wenn der Umlageschlüssel zwar verständlich ist, aber von dem vertraglich vereinbarten abweicht.

Eine solche Abweichung ist vom Mieter unschwer zu erkennen und stellt daher keinen formellen, sondern lediglich einen materiellen (inhaltlichen) Fehler der Abrechnung dar, der auch nach Ablauf der gesetzlichen Abrechnungsfrist korrigiert werden kann (BGH, Urteil vom 19.11.2008, VIII ZR 295/07, WuM 2009, 42).

Abrechnung bei gemischt genutzten Gebäuden

Die Abrechnung in einem Anwesen mit Gewerbe- und Wohnräumen mit einem einheitlichen Verteilerschlüssel ist grundsätzlich nicht unbillig, da die gewerbliche Mitbenutzung eines Hauses nicht zwangsläufig zur Entstehung höherer Betriebskosten führt. Ein Vorwegabzug der Kosten, die auf die in einem gemischt genutzten Gebäude befindlichen Gewerbeflächen entfallen, ist daher jedenfalls dann nicht geboten, wenn die Kosten hinsichtlich aller oder einzelner Betriebskostenarten nicht zu einer ins Gewicht fallenden Mehrbelastung der Wohnraummieter führen (BGH, Urteil vom 8.3.2006, VIII ZR 78/05, WuM 2006, 200). Dagegen ist ein Vorwegabzug aus Billigkeitsgründen erforderlich, wenn die Gewerbenutzung bei der Abrechnung nach dem Flächenmaßstab, d. h. pro m^2 Fläche, zu einer erheblichen Mehrbelastung der Wohnungsmieter führt. Darauf, ob zur Abrechnungseinheit nur einzelne gewerbliche Nutzer gehören oder ob der gewerblich genutzte Flächenanteil überwiegt, kommt es nicht an, da die Kosten pro m^2 Fläche maßgeblich sind (BGH, Urteil vom 13.10.2010, VIII ZR 46/10).

Ein Vorwegabzug kann aber veranlasst sein, wenn in den Gewerberäumen ein weit überhöhter Verbrauch entsteht. Dies kann möglicherweise bezüglich der Wasserkosten in einem Friseur- oder Waschsalon oder bezüglich der Müllgebühren bei einem Schnellimbiss der Fall sein, wohl kaum aber in einem Büro.

Der Vermieter ist nicht verpflichtet, verschiedene Nutzergruppen (z. B. Wohnung und Gewerbe) durch jeweils gesonderte Zähler zu erfassen. Für den Bereich der Abrechnung von Kosten für Wasser, Abwasser und Niederschlagswasser gibt es nämlich keine der Bestimmungen des § 5 Abs. 2 HeizKV entsprechende Vorschrift zur Vorerfassung von Nutzergruppen. Darüber hinaus ist eine generelle Verbrauchserfassung für Wasserkosten gesetzlich nicht vorgeschrieben. Der Verbrauch in den Wohneinheiten kann daher in der Weise ermittelt werden, dass der mittels Zwischenzähler gemessene Verbrauch eines gewerblichen Mieters von dem Gesamtverbrauch abgezogen wird. Mit dem Vorwegabzug für gewerbliche Mieter trägt der Vermieter dem unterschiedlichen Verbrauch in einer Gewerbeeinheit einerseits und den Wohneinheiten andererseits ausreichend Rechnung. Etwas anderes gilt nur dann, wenn dies vereinbart ist (BGH, Urteil vom 25.11.2009, V ZR 69/09, WuM 2010, 35).

Rechnet der Vermieter über die Betriebskosten eines gemischt genutzten Anwesens nach dem Flächenmaßstab ab, ohne einen Vorwegabzug der auf die Gewerbeflächen entfallenen Kosten vorzunehmen, trägt der Mieter die Darlegungs- und Beweislast dafür, dass die in den gewerblich genutzten Räumen anfallenden Betriebskosten zu einer erheblichen Mehrbelastung der Wohnraummieter führen und deshalb ein Vorwegabzug geboten ist. Hinsichtlich der dafür erforderlichen Informationen kann der Mieter Auskunft vom Vermieter und Einsicht in die der Abrechnung zugrunde liegenden Belege verlangen (BGH, Urteil vom 25.10.2006, VIII ZR 251/05, WuM 2006, 684). Bezüglich der Behauptung, dass durch die gewerbliche Nutzung erhebliche Mehrkosten pro m^2 entstehen, ist hinsichtlich der einzelnen Betriebskosten zu differenzieren und auf die konkreten Gegebenheiten des Gebäudekomplexes einerseits und die Art der gewerblichen Nutzung andererseits abzustellen; die in einem Betriebskostenspiegel ausgewiesenen Durchschnittskosten sind insofern nicht maßgeblich (BGH, Urteil vom 11.8.2010, VIII ZR 45/10, WuM 2010, 627).

In einem gemischt genutzten Gebäude gehört die Vornahme eines Vorwegabzugs für die gewerbliche Nutzung nicht zu den an eine Abrechnung zu stellenden Mindestanforderungen, sondern betrifft (nur) deren materielle Richtigkeit. Die Abrechnung ist daher nicht aus formellen Gründen unwirksam, wenn der Vermieter den gesetzlich vorgeschriebenen Vorwegabzug unterlässt. Dies gilt auch bei der Betriebskostenabrechnung für eine preisgebundene Wohnung (z. B. Sozialwohnung) in einem gemischt genutzten Gebäudekomplex (BGH, Urteil vom 7.12.2011,

VIII ZR 118/11, NJW-RR 2012, 215). Wird jedoch ein Vorwegabzug vorgenommen, genügt die Abrechnung auch bei preisgebundenem Wohnraum nicht den an sie zu stellenden formellen Anforderungen, wenn nur die um einen Vorwegabzug bereinigten Gesamtkosten ausgewiesen werden, da es dann an der erforderlichen Angabe der Gesamtkosten fehlt (BGH, Urteil vom 7.12.2011, a. a. O.).

Bei Vornahme eines Vorwegabzugs genügt es daher nicht, dem Mieter in der Betriebskostenabrechnung nur die insoweit schon bereinigten Kosten mitzuteilen.

Insofern setzt eine formelle ordnungsgemäße Betriebskostenabrechnung voraus, dass dem Mieter auch dann die Gesamtkosten von bestimmten Betriebskostenpositionen wie Grundsteuer oder Wasser mitgeteilt werden, wenn einzelne auf Gewerberäume entfallene Kostenteile nicht umlagefähig sind. Dem Mieter muss ersichtlich sein, ob und in welcher Höhe nicht umlagefähige Kosten vorab abgesetzt worden sind. Dies gilt auch für sogenannte gemischte Kosten, die Kostenteile enthalten, die nicht zu den Betriebskosten gehören. Wird beispielsweise der Hausmeister auch für Verwaltungsaufgaben entlohnt, ist in der Abrechnung darzustellen, in welchem Umfang die Gesamtkosten des Hausmeisters um den darin enthaltenen und nicht umlagefähigen Verwaltungskostenanteil gekürzt worden sind (BGH, Urteil vom 7.12.2011, VIII ZR 118/11, WuM 2012, 22).

Fehlt es an einer solchen Offenlegung, liegt ein formeller Fehler der Abrechnung vor, der zu ihrer Unwirksamkeit führt.

Werden dem Vermieter Betriebskosten für eine bestimmte Wohnung jedoch von einem Dritten (z. B. den Stadtwerken) in Rechnung gestellt, genügt es nach einem neuen Urteil das BGH, wenn der Vermieter diese Rechnung an den Mieter weiterleitet. Wird z. B. der Wasserverbrauch in einer Wohnung durch Ablesung der dort installierten Zähler ermittelt, ist eine Betriebskostenabrechnung auch dann formell ordnungsgemäß, wenn der Vermieter die Wasserrechnung der Stadtwerke und den Gebührenbescheid der Gemeinde über das entsprechende Schmutzwasser nicht formal in die Betriebskostenabrechnung einstellt, sondern die ihm (von Stadtwerken und Gemeinde) erteilten Rechnungen an den Mieter weiterleitet (BGH, Urteil vom 16.4.2008, VIII ZR 75/07).

Wie werden leer stehende Wohnungen behandelt?

Der Vermieter trägt das Vermietungs- und damit das Leerstandsrisiko. Daher hat der Vermieter die auf die leer stehenden Wohnungen entfallenen Betriebskosten grundsätzlich selbst zu tragen. Dies gilt nicht nur für verbrauchsunabhängige Betriebskosten wie Grundsteuer, Versicherung oder Hausmeister, sondern auch für verbrauchsabhängige Betriebskosten wie Wasser oder Müll, die wegen fehlender Erfassung des Verbrauchs der einzelnen Mieter (keine Zwischenzähler, keine einzelnen Müllgefäße) nach der Wohnfläche abgerechnet werden.

Auch bei Abrechnung der Betriebskosten nach der Personenzahl muss ein Wohnungsleerstand berücksichtigt werden, um auf diese Weise eine angemessene Beteiligung des Vermieters an den Kosten des Leerstands zu erreichen. Insofern ist es zulässig, für Kosten, deren Höhe nicht von der Anzahl der im Abrechnungsobjekt wohnenden Personen abhängt (verbrauchsunabhängige Kosten, z. B. Grundsteuer, Gemeinschaftsantenne, Versicherung, Hausmeister) auch für die Zeiten des Leerstands eine fiktive Person anzusetzen (BGH, Beschluss vom 8.1.2013, VIII ZR 180/12, NZM 2013, 264). Auch bei verbrauchsabhängigen Kosten (z. B. Wasser gemäß Wasserzähler) ist eine Aufteilung nach Grundkosten und Verbrauchskosten denkbar, sodass der Vermieter im Hinblick auf den Leerstand nur mit einem Teil der Grundkosten belastet wird, während die übrigen Grundkosten — wie auch die verbrauchsabhängig erfassten Kosten — von den Mietern getragen werden. Bei geringfügigem Leerstand kann von einer Berücksichtigung auch ganz abgesehen werden. Letztlich ist die Frage, ob und wie weit die Betriebskostenabrechnung einen Leerstand einzelner Wohnungen im Mietshaus aus Gründen der Billigkeit berücksichtigen muss, nach den Umständen des Einzelfalls zu entscheiden (BGH, Beschluss vom 8.1.2013, a. a. O.).

Wie kann der Umlageschlüssel geändert werden?

Grundsätzlich kann der Umlageschlüssel nur mit Zustimmung des Mieters geändert werden. Eine einseitige Änderung des vertraglich vereinbarten Umlageschlüssels durch den Vermieter ist ausnahmsweise zulässig, wenn der Vermieter bestimmte Betriebskosten künftig nach dem erfassten unterschiedlichen Gebrauch oder der erfassten unterschiedlichen Verursachung umlegen will wie beispielsweise nach Einbau von Kaltwasserzählern in jede Wohnung oder Bereitstellung von separaten Müllgefäßen für jede Wohnung (§ 556a Abs. 2 BGB).

Ferner kann der Vermieter nach einem neuen Urteil des BGH in diesem Fall auch die Abrechnungsart umstellen, in dem er den Mieter zum Abschluss eines gesonderten Vertrages mit dem Versorger auffordert. Auch wenn der Mieter den Abschluss eines solchen Vertrages verweigert, muss er die vollen Kosten seines Wasserverbrauchs tragen. Die Aufforderung des Vermieters an den Mieter, nunmehr einen direkten Vertrag mit dem Versorger abzuschließen, genügt den Anforderungen des § 556a

Abs. 2 BGB für die Umstellung des bisherigen Umlageschlüssels (z. B. nach der Wohnfläche) auf den abgelesenen Einzelverbrauch. Dementsprechend muss der Vermieter die Wasserkosten auch nicht mehr formal in die Betriebskostenabrechnung einstellen, sondern darf die Rechnung des Versorgers an den Mieter schlicht weiterleiten (BGH, Urteil vom 16.4.2008, VIII ZR 75/07, WuM 2008, 350).

Als mögliche Rechtsgrundlagen für einen Anspruch auf Änderung kommen auch die Bestimmungen über die Störung der Geschäftsgrundlage (§ 313 BGB) und der allgemeine Grundsatz von Treu und Glauben (§ 242 BGB) in Betracht (so BGH Urteil vom 31.5.2006, VIII ZR 129/05, WuM 2006, 440). Eine unzumutbare Störung der Geschäftsgrundlage kann bei einem dauerhaften Leerstand mehrerer Wohnungen in einem Anwesen gegeben sein, nicht dagegen bei einem Leerstand geringen Umfangs oder kurzer Dauer.

Bei Gebäuden, die zulässigerweise zu einer Abrechnungseinheit zusammengefasst wurden, ist in der Betriebskostenabrechnung die Auflistung der Einzelgebäude regelmäßig nicht erforderlich. Informationen, aus welchen Gebäuden die Abrechnungseinheit besteht, gehören nämlich nicht zu den Mindestanforderungen an eine Betriebskostenabrechnung. Auch ohne diese zusätzlichen Informationen kann der Mieter anhand der aus der Abrechnung ersichtlichen Gesamtkosten, der angesetzten Gesamtfläche sowie der in der Abrechnung eingestellten eigenen Wohnfläche gedanklich und rechnerisch nachvollziehen, wie der ihm in Rechnung gestellte Kostenanteil ermittelt worden ist. Ausreichend ist daher eine Zusammenstellung der Gesamtkosten, die Angabe — und falls erforderlich auch die Erläuterung — des Verteilerschlüssels, die Berechnung des Mieteranteils und der Abzug der Vorauszahlungen (BGH, Beschluss vom 14.2.2012, VIII ZR 207/11, GE 2012, 954).

Der Vermieter muss wirtschaftlich handeln

Nach dem Grundsatz der Wirtschaftlichkeit (§ 556 Abs. 3 Satz 1, 2. Halbsatz BGB) muss der Vermieter im Rahmen eines gewissen Ermessensspielraums möglichst wirtschaftlich, d. h. mit Blick auf ein angemessenes Kosten-Nutzen-Verhältnis, vorgehen. Ein Verstoß gegen den Grundsatz der Wirtschaftlichkeit kann möglicherweise vorliegen, wenn die Betriebskosten des Anwesens — ohne Vorliegen konkreter Besonderheiten — weit über dem durchschnittlichen Satz liegen.

TIPP

Macht der Mieter einen Verstoß gegen das Wirtschaftlichkeitsgebot geltend, muss er konkret vortragen, von welchem Anbieter der Vermieter die Leistung hätte preisgünstiger beziehen können (BGH, Urteil vom 13.6.2007, VIII ZR 78/06, WuM 2007, 393). Erst dann ist der Vermieter beweispflichtig dafür, dass ein vertretbares Kosten-Nutzen-Verhältnis vorliegt, d. h., dass er wirtschaftlich und sparsam gehandelt hat und mit der Betriebskostenbelastung des Mieters dem Grundsatz der Wirtschaftlichkeit genügt hat.

Allein der Hinweis des Mieters auf einen überregionalen Betriebskostenspiegel (z. B. „Betriebskostenspiegel für Deutschland" des Deutschen Mieterbunds), der niedrigere Betriebskosten ausweist, genügt nicht den prozessualen Darlegungsanforderungen an den Mieter, da überregional auf empirischer Basis ermittelte Betriebskostenzusammenstellungen angesichts der je nach Region und Kommune unterschiedlichen Kostenstruktur im Einzelfall keine Aussagekraft zukommt. Auf die in solchen Betriebskostenspiegeln pauschalierten Betriebskostenwerte unter Außerachtlassung technischer, objektbezogener, jahreszeitlicher sowie regionaler Besonderheiten kann ein Verstoß gegen das Wirtschaftlichkeitsgebot daher nicht gestützt werden (BGH, Urteil vom 6.7.2011, VIII 340/10).

Ein nachgewiesener Verstoß gegen das Wirtschaftlichkeitsgebot führt dazu, dass die entsprechende Betriebskostenposition nicht mit den tatsächlichen Kosten, sondern nur mit ihrem durchschnittlichen Satz in die Betriebskostenabrechnung eingestellt werden darf.

Abrechnungsfristen beachten!

Dem Mieter ist die Abrechnung über die von ihm geleisteten Vorauszahlungen spätestens bis zum Ablauf des zwölften Monats nach Ende des Abrechnungszeitraums mitzuteilen, d. h., sie muss dem Mieter innerhalb dieser Frist zugehen. Ist der Abrechnungszeitraum das Kalenderjahr, muss dem Mieter die Abrechnung für das Kalenderjahr 2009 spätestens am 31.12.2010 zugehen.

Nach Ablauf dieser Frist kann der Vermieter keine Nachforderungen mehr geltend machen, es sei denn, er hat die verspätete Betriebskostenabrechnung nicht zu vertreten, beispielsweise weil ihm noch keine Belege vorgelegen haben.

Nach einem neuen Urteil des BGH vom 21.1.2009 genügt die lediglich rechtzeitige Absendung der Abrechnung an den Mieter nicht.

Die Beweislast für den rechtzeitigen Zugang beim Mieter trägt der Vermieter. Dabei begründet die rechtzeitige Aufgabe eines Briefes bei der Post keinen Anscheinsbeweis dafür, dass der Brief dem Mieter auch rechtzeitig, d. h. innerhalb der Abrechnungsfrist, zugegangen ist.

Bei Versendung der Abrechnung durch die Post ist diese als Erfüllungsgehilfe des Vermieters anzusehen, dessen eventuelles Fehlverhalten sich der Vermieter (gemäß § 278 BGB) zurechnen lassen muss. Nur wenn die Post an der verzögerten Zustellung oder an dem Verlust der Postsendung kein Verschulden trifft (z. B. bei einem Poststreik), hat auch der Vermieter die verzögerte Zustellung nicht zu vertreten (BGH, Urteil vom 21.1.2009, VIII ZR 107/08).

Zustellung durch Boten

Eine Betriebskostenabrechnung, die erst kurz vor Ablauf der gesetzlichen Abrechnungsfrist erstellt werden konnte, sollte dem Mieter durch Boten, der den Inhalt des Schriftstücks kennen muss, zugestellt werden. Im Streitfalle ist der Bote Zeuge dafür, wann er die Abrechnung dem Mieter übergeben oder in dessen Briefkasten eingeworfen hat.

Bote kann jede (möglichst volljährige) Person sein, die nicht Vertragspartner ist. Bei Zustellung durch den Boten trägt das Original des Schreibens über der Anschrift des Empfängers den Vermerk: „zugestellt durch Boten". Auf der Durchschrift bestätigt der Bote durch seine Unterschrift, dass er das Original dieses Schriftstücks durchgelesen und am (Datum) um (Uhrzeit) in den Briefkasten der Wohnung (Adresse) eingeworfen hat.

Abrechnung bei Geschäftsräumen

Bei einem Mietverhältnis über Geschäftsräume ist der Vermieter zur Abrechnung über die Betriebskosten, auf die der Mieter Vorauszahlungen geleistet hat, innerhalb einer angemessenen Frist verpflichtet. Diese Frist endet regelmäßig zum Ablauf eines Jahres nach Ende des Abrechnungszeitraums. Allerdings ist diese Frist bei gewerblichen Mietverhältnissen keine Ausschlussfrist. § 566 Abs. 3 Satz 3 BGB, der für die Wohnraummiete den Ausschluss von Betriebskostennachforderungen anordnet, die der Vermieter später als zwölf Monate nach Ablauf des Abrechnungszeitraums verlangt, ist auf die Geschäftsraummiete nicht analog anwendbar (BGH, Urteil vom 27.1.2010, XII ZR 22/07).

Bei nicht fristgerechter Abrechnung kann der Mieter die Zahlung weiterer Vorschüsse auf die Betriebskosten so lange verweigern, bis ihm Abrechnung erteilt ist. Dagegen ist der Mieter nicht zur Zurückbehaltung der Grundmiete berechtigt.

Bei einem noch bestehenden Mietverhältnis ist der Mieter auch nicht zur Rückforderung seiner Vorauszahlungen berechtigt, da er durch sein Zurückbehaltungsrecht hinsichtlich der künftigen Vorauszahlungen hinreichend geschützt ist. Anders ist die Rechtslage, wenn das Mietverhältnis bereits beendet ist, da dem Mieter dann das Druckmittel des Zurückbehaltungsrechts fehlt. In diesem Fall muss der Mieter nicht zuerst auf Erteilung einer Abrechnung klagen, sondern kann die geleisteten Vorauszahlungen sogar in voller Höhe zurückverlangen (BGH, Urteile vom 9.3.2005, VIII ZR 57/04, WuM 2005, 337 und 29.3.2006, VIII ZR 191/05, ZMR 2006, 672).

Allerdings besteht dieses Rückforderungsrecht des Mieters auch bei beendetem Mietverhältnis nur für Vorauszahlungen, hinsichtlich derer der Mieter während der Dauer des Mietverhältnisses nicht die Möglichkeit hatte, den Abrechnungsanspruch durch Geltendmachung eines Zurückbehaltungsrechts an den laufenden Vorauszahlungen durchzusetzen. Kein Anspruch auf Rückzahlung besteht daher für Vorauszahlungen, für die die Abrechnungsfrist noch während des Mietverhältnisses abgelaufen war. Insoweit ist der Mieter nicht schutzbedürftig, da er während des Mietverhältnisses die Möglichkeit hatte, die laufenden Vorauszahlungen einzubehalten und so auf den Vermieter Druck zur Erteilung der geschuldeten Abrechnung auszuüben (BGH, Urteil vom 26.9.2012, VIII ZR 315/11).

Unabhängig davon kann der Mieter seinen Anspruch auf Abrechnung der Betriebskosten im Wege einer Klage durchsetzen.

Nach Ablauf der Jahresfrist kann der Vermieter eine Betriebskostenabrechnung nicht mehr zum Nachteil des Mieters korrigieren. Dies gilt namentlich auch dann, wenn das Ergebnis der erteilten Abrechnung ein Guthaben des Mieters ist (so bereits BGH, Urteil vom 12.12.2007, VIII ZR 190/06, WuM 2008, 150). Die gesetzlichen Abrechnungs- und Ausschlussfristen dienen der Abrechnungssicherheit für den Mieter und sollen Streit vermeiden. Dieser Zweck würde verfehlt, wenn der Vermieter einen Abrechnungsfehler nach Ablauf der Abrechnungsfrist noch zum Nachteil des Mieters korrigieren könnte. Daher ist eine nachträgliche Korrektur der Abrechnung grundsätzlich auch dann ausgeschlossen, wenn der Vermieter zugunsten des Mieters irrtümlich höhere als die tatsächlich erbrachten Vorauszahlungen angesetzt und deshalb zu Unrecht ein Guthaben des Mieters oder eine zu geringe Nachforderung errechnet hat.

Dies gilt auch für einen bereicherungsrechtlichen Rückforderungsanspruch des Vermieters wegen eines versehentlich zu hoch angesetzten Vorauszahlungsbetrags. Der Vermieter kann aufgrund der Präklusionswirkung des § 556 Abs. 3 Satz 3 BGB einen irrtümlich errechneten Guthabenbetrag aus einer Betriebskostenabrechnung nicht vom Mieter zurückfordern oder gegen einen Kautionsrückzahlungsanspruch des Mieters aufrechnen (BGH, Beschluss vom 3.5.2011, VIII ZR 139/10, WuM 2011, 421).

Allerdings kann es dem Wohnungsmieter nach Treu und Glauben verwehrt sein, den Vermieter nach Ablauf der Abrechnungsfrist an einem für den Mieter offensichtlichen, d. h. auf den ersten Blick erkennbaren Versehen (z. B. bei der Zusammenstellung der geleisteten Betriebskostenvorauszahlungen) festzuhalten, wenn der Vermieter das Versehen kurz nach Ablauf der Abrechnungsfrist korrigiert hat (BGH, Urteil vom 30.3.2011, VIII ZR 133/10, WuM 2011, 370).

Der Anspruch des Mieters auf Vornahme der Abrechnungen wird zwölf Monate nach Ende der Abrechnungsperiode fällig und unterliegt der dreijährigen Verjährung. Für die Abrechnungsperiode 2010 wurde der Anspruch des Mieters auf Abrechnung am 31.12.2011 fällig. Er verjährt daher am 31.12.2014. Innerhalb der Jahresfrist ist der Vermieter zur Berichtigung der Abrechnung und Geltendmachung weiterer Forderungen berechtigt, beispielsweise für Betriebskosten, für die bei Abrechnung noch keine Rechnung vorgelegen hat.

Gerät der Vermieter mit der Erstellung der Betriebskostenabrechnung in Verzug und wird dem Mieter daher ein Betriebskostenguthaben verspätet ausbezahlt, hat der Mieter von Geschäftsräumen keinen Anspruch auf gesetzliche Verzugszinsen. Der Anspruch des Mieters auf Rückerstattung zu viel bezahlter Betriebskosten wird nämlich erst mit der Erteilung einer formell ordnungsgemäßen Abrechnung fällig. Auf § 288 Abs. 1 BGB, wonach eine Geldschuld während des Verzugs mit 5 % über den Basiszinssatz zu verzinsen ist, kann sich der Mieter nicht berufen, da der Vermieter nur eine fristgerechte Abrechnung schuldet und damit keine Geldschuld im Sinne von § 288 Abs. 1 BGB. Außerdem ist der Mieter vor den Folgen einer verspäteten Abrechnung durch die Möglichkeit, in einem laufenden Mietverhältnis die Zahlung weiterer Betriebskostenvorauszahlungen zu verweigern und bei einem beendeten Mietverhältnis unmittelbar die Rückzahlung der geleisteten Vorauszahlungen verlangen zu können, ausreichend geschützt (BGH, Urteil vom 5.12.2012, XII ZR 44/11). Die Begründung des BGH für die Ablehnung einer Verzinsungspflicht wird auch für die Wohnraummiete zu gelten haben. Eine entsprechende Entscheidung des BGH liegt jedoch noch nicht vor.

TIPP

Betriebskostenabrechnungen sollten äußerst sorgfältig unter Umständen nach rechtlicher Beratung und ferner so rechtzeitig erstellt werden, dass eventuell Mängel noch innerhalb der Jahresfrist behoben werden können.

Wie lange kann der Mieter Einwendungen gegen die Abrechnung erheben?

Bei der Abrechnung der Betriebskosten muss nicht nur der Vermieter die gesetzlichen Abrechnungsfristen (spätestens zwölf Monate nach Ende des Abrechnungszeitraums, § 556 Abs. 3 Satz 2 BGB) beachten. Auch der Mieter muss eventuelle Einwendungen gegen die Abrechnung spätestens bis zum Ablauf des 12. Monats nach Zugang einer formell ordnungsgemäßen Abrechnung dem Vermieter mitteilen. Dazu gehört nach zwei neuen Urteilen des BGH auch der Einwand, dass der Vermieter Betriebskostenpositionen abredewidrig abgerechnet hat, weil sie nach dem Mietvertrag durch eine Teilinklusivmiete oder eine Pauschale abgegolten sind.

Der Mieter muss dem Vermieter daher innerhalb von zwölf Monaten nach Erhalt einer Betriebskostenabrechnung mitteilen, dass einzelne in der Abrechnung enthaltene Betriebskosten mit der im Mietvertrag vereinbarten Pauschale bzw. durch eine Teilinklusivmiete abgegolten sind und somit in der Abrechnung nicht angesetzt werden dürfen (BGH, Urteil vom 12.1.2011, VIII ZR 148/10).

Dies gilt auch dann, wenn der Mieter die der Sache nach gleiche Einwendung zu Recht (z. B. vertragswidrige Umlegung von bestimmten Betriebskosten) bereits gegenüber einer früheren Betriebskostenabrechnung geltend gemacht hat, da der Mieter gemäß § 556 Abs. 3 Satz 5 BGB eine Einwendung, die er gegenüber einer Betriebskostenabrechnung für ein bestimmtes Jahr erheben will, dem Vermieter innerhalb von zwölf Monaten ab Zugang dieser Abrechnung mitteilen muss. Die Beanstandung einer früheren Betriebskostenabrechnung macht eine solche Mitteilung nicht grundsätzlich entbehrlich (BGH, Urteil vom 12.5.2010, VIII ZR 185/09).

Nach Fristablauf kann der Mieter Einwendungen nicht mehr geltend machen, d. h. er ist trotz einer anderslautenden mietvertraglichen Vereinbarung zur Zahlung der angesetzten Kosten verpflichtet, es sei denn, er hat die verspätete Geltendmachung nicht zu vertreten (§ 556 Abs. 3 Satz 6 BGB, BGH, Urteil vom 10.10.2007, VIII ZR 279/06, WuM 2007, 694 und 5.3.2008, VIII ZR 80/07, WuM 2008, 283).

Mit der Vorlage einer fehlerhaften Betriebskostenabrechnung genügt der Vermieter nicht seinen Pflichten, sodass der Mieter immer eine neue Betriebskostenabrechnung fordern kann. Daraus folgt, dass Voraussetzung für den Beginn der Einwendungsfrist zulasten des Mieters die Vorlage einer zumindest formell ordnungsgemäßen Betriebskostenabrechnung durch den Vermieter ist, da anderenfalls der Mieter für erst später überlassene Abrechnungen rechtlos gestellt wäre (BGH, Urteil vom 8.12.2010, VIII ZR 27/10).

Kann der Mieter hohe Nachzahlungen verweigern?

Der Vermieter ist grundsätzlich nicht verpflichtet, Vorauszahlungen auf die umlegbaren Nebenkosten so zu kalkulieren, dass sie in etwa kostendeckend sind. Der Geltendmachung einer hohen Nachforderung steht daher grundsätzlich nicht entgegen, dass die sich aus der Abrechnung ergebende Nachforderung den Vorauszahlungsbetrag wesentlich übersteigt (BGH, Urteile vom 11.2.2004, VIII ZR 195/03, WuM 2004, 201 und 28.4.2004, XII ZR 21/02, ZMR 2004, 653). Eine Pflichtverletzung des Vermieters bei der Vereinbarung von Vorauszahlungen wäre ausnahmsweise nur dann zu bejahen, wenn besondere Umstände vorliegen, beispielsweise der Vermieter bei Vertragsschluss die Angemessenheit der Nebenkosten ausdrücklich zugesichert oder diese bewusst zu niedrig bemessen hat, um den Mieter über den Umfang der tatsächlichen Mietbelastung zu täuschen und ihn auf diese Weise zur Begründung des Mietverhältnisses zu veranlassen.

Nach dieser Rechtsprechung gibt es keine Obergrenze für den Anspruch des Vermieters auf Nachzahlung von Betriebskosten, die durch Vorauszahlungen nicht gedeckt sind. Der Vermieter kann vom Mieter die tatsächlichen Betriebskosten grundsätzlich auch dann verlangen, wenn diese die Vorauszahlungsbeträge erheblich übersteigen.

Kommt der Mieter mit der Nachzahlung in Verzug, ist der Vermieter nicht zur fristlosen Kündigung des Mietverhältnisses berechtigt, da eine Nachforderung aus der jährlichen Betriebskostenabrechnung nicht als Miete im Sinne des § 543 Abs. 2 Nr. 3 BGB anzusehen ist.

Zur Begleichung der Nachforderung ist dem Mieter eine angemessene Frist von zwei bis drei Wochen einzuräumen, die ihm eine Überprüfung der Abrechnung ermöglicht. Danach kann der Vermieter seine Forderung einschließlich des Verzugsschadens mit Zinsen und Kosten der Rechtsverfolgung durch Mahnbescheid oder Klage geltend machen.

Keine Erläuterungspflicht des Vermieters bei Schwankungen

Unabhängig davon, ob die Betriebskosten nach Flächenanteilen oder nach dem individuellen Verbrauch abgerechnet werden, ist der Vermieter nicht zu einer Erläuterung verpflichtet, wenn eine Abrechnung im Vergleich zu den Vorjahren starke Schwankungen aufweist.

Weisen z. B. bei einer Betriebskostenabrechnung nach Flächenanteilen die Flächenwerte für aufeinanderfolgende Abrechnungsjahre Unterschiede auf, deren Grund für den Mieter nicht ohne Weiteres erkennbar ist, ist die Abrechnung trotzdem formell ordnungsgemäß. Gleiches gilt, wenn abgelesene Verbrauchswerte im Vergleich zu anderen Abrechnungszeiträumen auffällige Schwankungen zeigen. Ob die angesetzten Flächen- und Verbrauchswerte tatsächlich zutreffen, berührt nach einem neuen Urteil des BGH allein die materielle (inhaltliche), nicht aber die formelle Richtigkeit der Abrechnung.

Solche materiellen (inhaltlichen) Fehler haben keinen Einfluss auf die Ordnungsmäßigkeit der Abrechnung. Daher hindern sie auch nicht die Fälligkeit eines Nachzahlungsbetrags, der sich aus der Abrechnung ergibt. Somit bedarf es zur Herbeiführung der Fälligkeit keiner Erteilung einer korrigierten Abrechnung (OLG Düsseldorf, Urteil vom 30.3.2006, 10 U 143/05, DWW 2006, 238; BGH, Urteil vom 28.5.2008, VIII ZR 261/07).

Welche Einwendungen kann der Mieter geltend machen?

Der Mieter muss Einwände gegen die Angaben in der Betriebskostenabrechnung in substanziierter Art vortragen. Ein pauschales Bestreiten der Richtigkeit der Abrechnung genügt nicht. Dazu muss der Mieter konkret zu den einzelnen Abrechnungsposten Stellung beziehen und seine Bedenken gegen die Berechtigung der Abrechnung plausibel legen, etwa dass die entsprechende Position gemäß den mietvertraglichen Vereinbarungen nicht umlagefähig ist oder nach Einsicht in die Unterlagen festgestellt wurde, dass der angesetzte Betrag zu hoch ist.

Dementsprechend darf der Mieter die Zahlung der Nachforderung nur insoweit verweigern, als er in substanziierter Art und Weise Fehler vortragen kann. Zu einer vollständigen Verweigerung der Zahlung ist der Mieter nur berechtigt, wenn die Abrechnung insgesamt fehlerhaft oder unschlüssig und nicht nachvollziehbar ist.

Der Anspruch des Vermieters auf Nachzahlung von Betriebskosten verjährt nach drei Jahren (§ 195 BGB). Diese Verjährungsfrist beginnt mit dem Schluss des Jahres zu laufen, in welchem der Anspruch entstanden ist. Entstanden ist der Anspruch nach Zugang einer nachvollziehbaren Abrechnung und Ablauf einer angemessenen Zeit (circa zwei bis drei Wochen) zur Nachprüfung.

Der Vermieter kann sich bei der Betriebskostenabrechnung jedoch die Nachberechnung einzelner Positionen vorbehalten, soweit er ohne Verschulden an einer rechtzeitigen Abrechnung gehindert ist, z. B. wegen einer zu erwartenden rückwirkenden Neufestsetzung der Grundsteuer durch das Finanzamt. Die Verjährung der sich aus der Neuberechnung ergebenden Forderung beginnt dann nicht vor Kenntnis des Vermieters von den anspruchsbegründenden Umständen (hier: Zugang des Grundsteuerbescheids) zu laufen. Allerdings muss der Vermieter die Nachberechnung alsbald nach Wegfall des Hindernisses, in der Regel innerhalb einer Frist von drei Monaten (hier: ab Zugang des Grundsteuerbescheids), vornehmen (BGH, Urteil vom 12.12.2012, VIII ZR 264/12).

Vor der Verjährung kann nach der Rechtsprechung des BGH bei Vorliegen von ganz besonderen Gründen eine Verwirkung des Nachzahlungsanspruchs eintreten, z. B. wenn der Vermieter mehrere Jahre lang (hier: in den drei vorangegangenen Jahren) Nachforderungen aus den Betriebskostenabrechnungen verjähren ließ und nicht gerichtlich geltend gemacht hat. Aus der Tatsache, dass der Vermieter keine Bemühungen unternimmt, seine Forderungen aus den Vorjahren durchzusetzen, d. h. gerichtlich zu verfolgen, kann sich beim Mieter über die Jahre der Eindruck verfestigen, dass seine Beanstandungen Erfolg hatten und der Vermieter zwar Betriebskostenabrechnungen vorlegt, aber die daraus folgenden Forderungen auf sich beruhen lässt und nicht gerichtlich durchsetzen wird (BGH, Beschluss vom 21.2.2012, VIII ZR 146/11).

TIPP

Hat der Mieter eine Nachforderung des Vermieters trotz Ablauf der gesetzlichen Abrechnungsfrist gezahlt, kann er die Zahlung aus ungerechtfertigter Bereicherung (§ 812 BGB) zurückfordern, da er diese dann ohne Rechtsgrund geleistet hat und in der Zahlung auch kein deklaratorisches Schuldanerkenntnis des Mieters gesehen werden kann, wenn er in Unkenntnis der Ausschlussfristen gezahlt hat (BGH, Urteil vom 18.1.2006, VIII ZR 94/05, WuM 2006, 150).

Solche Rückforderungsansprüche des Mieters wegen überzahlter Betriebskosten verjähren bei fortbestehenden Mietverhältnissen ebenfalls in der regelmäßigen Verjährungsfrist von drei Jahren (§ 195 BGB).

Kann eine Abrechnung angefochten werden?

Der Vermieter von Wohnraum kann eine unrichtige Abrechnung innerhalb der gesetzlichen Abrechnungsfrist (§ 556 Abs. 3 Satz 2, 3 BGB) nachträglich korrigieren und dem Mieter eine neue Abrechnung zustellen, wenn z. B. aus Versehen zu geringe Beträge angesetzt oder Positionen übersehen wurden.

Dies gilt auch dann, wenn die Korrektur zulasten des Mieters geht und der Vermieter das sich aus der ursprünglichen fehlerhaften Abrechnung ergebende Guthaben dem Mieter bereits vorbehaltlos ausgezahlt bzw. dessen Konto gutgeschrieben hat. Die durch das am 1.9.2001 in Kraft getretene Mietrechtsreformgesetz eingeführten Abrechnungs- und Einwendungsfristen des § 556 Abs. 3 BGB gewährleisten nämlich, dass die Mietvertragsparteien nach überschaubarer Zeit Klarheit über ihre Verpflichtungen aus einem abgeschlossenen Abrechnungszeitraum erlangen. Angesichts dessen rechtfertigt die bloße Zahlung des sich aus der Abrechnung ergebenden Guthabens noch nicht die Annahme eines Schuldanerkenntnisses, das den in der Abrechnung genannten Endbetrag verbindlich werden lässt (BGH, Urteil vom 12.1.2011, VIII ZR 296/09).

ARBEITSHILFE ONLINE

RECHTS-CHECK: Betriebskostenabrechnung

Wer bei der Betriebskostenabrechnung alles richtig machen will, sollte den folgenden Check Schritt für Schritt durchgehen und überprüfen, ob alle aufgeführten Punkte beachtet wurden.

Wurden die Betriebskostenvorauszahlungen für das Abrechnungsjahr überprüft?
Ja ☐ Nein ☐
Wenn ja, wann? ....

Wurde die Auflistung für die umlegbaren Ausgabenpositionen vorgenommen?
Ja ☐ Nein ☐
Wenn ja, wann? ....

Wurde der vereinbarte Verteilerschlüssel überprüft?
Ja ☐ Nein ☐
Wenn ja, wann? ....

Wurde die Aufstellung der Gesamtkosten vorgenommen?
Ja ☐ Nein ☐
Wenn ja, wann? ....

Ist die Abstimmung der Ausgabenbelege erfolgt?
Ja ☐ Nein ☐
Wenn ja, wann? ....

Wurde die Verteilung auf die einzelnen Einheiten durchgeführt?
Ja ☐ Nein ☐
Wenn ja, wann? ....

Ist die Kontrolle der Kostenverteilung durch eine zweite Person erfolgt?
Ja ☐ Nein ☐
Wenn ja, wann und durch wen? ....

Ist die Betriebskostenabrechnung abschließend fertiggestellt?
Ja ☐ Nein ☐
Wenn ja, wann? ....

Ist der Versand der Betriebskostenabrechnung an die Mieter erfolgt?
Ja ☐ Nein ☐
Wenn ja, wann? ....

Ist mit dem Mieter/den Mietern ein Termin für die Belegeinsichtnahme vereinbart?
Ja ☐ Nein ☐
Wenn ja, wann/welcher Termin? ....

Ist die Sollstellung der Abrechnungssalden in der Buchhaltung erfolgt?
Ja ☐ Nein ☐
Wenn ja, wann? ....

Haben Sie die Betriebskosten ausgewertet?
Ja ☐ Nein ☐
Wenn ja, wann? ....

Wurde der Abrechnungssaldo ausgeglichen?
Ja ☐ Nein ☐
Wenn ja, wann? ....

Gab es Rückfragen seitens der Mieter?
Ja ☐ Nein ☐
Wenn ja, welche? ....

ARBEITSHILFE ONLINE

MUSTER: Betriebskostenabrechnung

[Absender]
[Straße Hausnummer]
[PLZ Ort]
[Ort, Datum]

[Empfänger]
[Straße Hausnummer]
[PLZ Ort]

Betreff: Abrechnung der Betriebskosten gemäß § 556 Abs. 3 BGB

Sehr geehrte Frau ....,
sehr geehrter Herr ....,

gemäß § 556 Abs. 3 BGB ist über die von Ihnen geleisteten Abschlagszahlungen auf die Betriebskosten jährlich abzurechnen.
Die auf Ihre Wohnung entfallenden anteiligen Betriebskosten für den Zeitraum vom .... bis .... errechnen sich wie folgt:

Allgemeine Angaben zum Objekt:

Gesamtwohnfläche:	.... m^2
Wohnfläche der Wohnung:	.... m^2
Gesamtzahl der Wohnungen:	.... Stück
Gesamtmiteigentumsanteil des Objekts:	............../1.000
Miteigentumsanteil der Wohnung:	............../1.000

Betriebskosten der Mieträume, auf die Abschlagszahlungen geleistet wurden	Kosten im gesamten Jahreszeitraum in Euro	Umlageschlüssel (z. B. m^2; Miteigentumsanteile, Anzahl der Wohnungen)	Anteilige Kosten pro Jahr in Euro
1. Laufende öffentliche Lasten	....	....	....
2. Wasserversorgung	....	....	....
3. Entwässerung	....	....	....
4. Aufzug	....	....	....
5. Straßenreinigung und Müllbeseitigung	....	....	....
6. Gebäudereinigung	....	....	....

7.	Gartenpflege	....	....	....
8.	Beleuchtung	....	....	....
9.	Schornsteinreinigung (sofern nicht in den Heizkosten enthalten)	....	....	....
10.	Versicherung	....	....	....
11.	Hauswart	....	....	....
12.	Gemeinschafts-antenne/Breitbandnetz	....	....	....
13.	Waschmaschine	....	....	....
14.	Sonstige Betriebskosten	....	....	....

Zwischensumme

Hiervon entfällt auf den Abrechnungszeitraum ein Anteil von .... Monaten ./. 12 Monate .... Euro

Heizungs- und Warmwasserkosten im Abrechnungszeitraum gemäß anliegender Heizkostenabrechnung .... Euro

Summe der Betriebskosten Ihrer Mieträume .... Euro

Hierauf haben Sie Abschlagszahlungen in Höhe von geleistet .... Euro

Es errechnet sich ein Guthaben/eine Nachzahlung von .... Euro

Das Guthaben wird Ihnen auf Ihr Konto erstattet. Die Nachzahlung bitten wir bei der nächsten Mietzahlung zusätzlich zu entrichten. Die Abrechnungsbelege können nach Terminvereinbarung eingesehen werden.
Mit freundlichen Grüßen

....
(Ort, Datum)

....
(Unterschriften)

ACHTUNG

Prüfen Sie Punkt für Punkt, ob alle wichtigen Anforderungen der Betriebskostenabrechnung in Ihrer Aufstellung erfüllt wurden. Beachten Sie auch, dass die Umrechnung auf die entsprechende Wohnungsgröße stimmt und Sie dem Mieter Gelegenheit geben, in die Belege und Abrechnungen Einsicht zu nehmen. Ist dies aus zeitlichen oder räumlichen Gründen nicht möglich, legen Sie der Abrechnung Kopien bei.

BEISPIEL: So könnte der ausgefüllte Check aussehen

Wurden die Betriebskostenvorauszahlungen für das Abrechnungsjahr überprüft?
Ja ☑ Nein ☐
Wenn ja, wann? 25.2.

Wurde die Auflistung für die umlegbaren Ausgabenpositionen vorgenommen?
Ja ☑ Nein ☐
Wenn ja, wann? 25.2.

Wurde der vereinbarte Verteilerschlüssel überprüft?
Ja ☑ Nein ☐
Wenn ja, wann? 13.3.

Wurde die Verteilung auf die einzelnen Einheiten durchgeführt?
Ja ☑ Nein ☐
Wenn ja, wann? 13.3.

Ist die Kontrolle der Kostenverteilung durch eine zweite Person erfolgt?
Ja ☑ Nein ☐
Wenn ja, wann? 14.3. durch Herrn Fischer

Ist der Versand der Betriebskostenabrechnung an die Mieter erfolgt?
Ja ☑ Nein ☐

Ist mit dem Mieter/den Mietern ein Termin für die Belegeinsichtnahme vereinbart?
Ja ☑ Nein ☐
Wenn ja, wann? 15.3. für den 30.3.

Ist die Sollstellung der Abrechnungssalden in der Buchhaltung erfolgt?
Ja ☑ Nein ☐

Gab es Rückfragen seitens der Mieter?
Ja ☑ Nein ☐
Wenn ja, welche? Umlage bezüglich der Neuanschaffung der Mülltonnen

Bürgschaft

Die Mietvertragsparteien können als Sicherheitsleistung anstelle einer Kaution auch die Stellung einer Bürgschaft durch den Mieter vereinbaren. Durch den Bürgschaftsvertrag verpflichtet sich der Bürge gegenüber dem Vermieter, für die Erfüllung der Verbindlichkeiten des Mieters einzustehen.

In der Regel wird der Bürgschaftsvertrag mit einer Bank geschlossen, jedoch kann die Bürgschaft auch von jedem Dritten geleistet werden, beispielsweise vom Vater für seinen studierenden Sohn.

Welche Formalien müssen eingehalten werden?

Die Bürgschaft bedarf der Schriftform (§ 766 BGB). Für die Verpflichtung des Bürgen ist der jeweilige Bestand der Hauptverbindlichkeit maßgebend.

Durch ein Rechtsgeschäft, das der Hauptschuldner (Mieter) nach der Übernahme der Bürgschaft vornimmt, wird die Verpflichtung des Bürgen nicht erweitert (§ 767 Abs. 1 Satz 3 BGB). Daher umfasst eine Mietbürgschaft nur die Miete für die Dauer der vereinbarten Mietzeit einschließlich einer bereits bei Bürgschaftsübernahme vorgesehenen Verlängerung und einschließlich einer eventuellen Nutzungsentschädigung nach Ablauf der Mietzeit. Nicht umfasst von der Bürgschaft ist beispielsweise die Miete für die Zeit einer stillschweigenden Verlängerung des Mietverhältnisses oder einer zwischen den Parteien vereinbarten Vertragsfortsetzung. Insofern müsste die Bürgschaft ausdrücklich erweitert werden.

Der Bürge kann die dem Mieter zustehenden Einreden geltend machen. Er kann dem Anspruch des Vermieters etwa auch die Einrede der Verjährung der Hauptforderung entgegenhalten.

Hierin liegt ein Nachteil der Bürgschaft gegenüber einer Barkaution. Bei einer Barkaution kann der Vermieter nämlich gegen den Kautionsrückzahlungsanspruch des Mieters auch mit verjährten Ansprüchen aufrechnen (§ 215 BGB).

Ferner muss der Vermieter grundsätzlich erst versuchen, seine Forderungen beim Mieter zu realisieren, da der Bürge die Zahlung verweigern kann, solange nicht der Vermieter eine Zwangsvollstreckung gegen den Mieter ohne Erfolg versucht hat (sogenannte Einrede der Vorausklage, § 771 BGB).

TIPP

Zu empfehlen ist der Abschluss einer „selbstschuldnerischen Bürgschaft". In diesem Fall verzichtet der Bürge auf die Einrede der Vorausklage, sodass der Vermieter sofort den Bürgen in Anspruch nehmen kann und nicht erst gegen den Mieter als Hauptschuldner vorgehen muss.

Ferner sollte vereinbart werden, dass die Bürgschaft, wie bei der Kaution, auch verjährte Forderungen des Vermieters sichert und die Bürgschaft vom Bürgen nicht vor vollständiger Rückgabe mit der Mietsache oder einer bestimmten Zeit danach beendet werden kann.

Einschränkungen bei Wohnungsmietverhältnissen

Auch für Bürgschaften gilt § 551 BGB, wonach die Höhe der Sicherheit auf das Dreifache der Monatsmiete beschränkt ist. Eine unbeschränkte Bürgschaft ist jedoch nicht insgesamt unwirksam, sondern bleibt bis zur Höhe einer dreifachen Monatsmiete wirksam.

Eine Vereinbarung, wonach der Mieter zusätzlich zu einer Barkaution eine Bürgschaft stellen muss, ist unzulässig, wenn und soweit beide Sicherheiten zusammen betragsmäßig die Summe von drei Monatsmieten überschreiten.

Eine Ausnahme von diesem Grundsatz besteht nach einem Urteil des BGH (Urteil vom 7.6.1990, IX ZR 16/90, NJW 1990, 2380), wenn der Dritte – im vorliegenden Fall der Vater des eine Wohnung suchenden Studenten – von sich aus und unaufgefordert dem Vermieter eine Bürgschaft für den Fall des Vertragsschlusses zusagt, nachdem von diesem der Abschluss bereits einmal abgelehnt worden ist. In diesem Fall hatte der Vermieter keine Bürgschaft verlangt, sie wurde ihm vielmehr vom Vater des Mietinteressenten angeboten, um Bedenken des Vermieters gegen die Bonität seines Sohnes auszuräumen.

Nach Auffassung des BGH widerspricht es nicht dem Schutzzweck des § 551 BGB, wenn Eltern für ihre Kinder – anstelle einer Anmietung im eigenen Namen – von sich aus eine Bürgschaft anbieten. Dies gilt zumindest dann, wenn mit einer solchen Bürgschaft erkennbar keine besonderen Belastungen für den Mieter verbunden sind. Anderenfalls kann die Haftung eines Dritten nur dadurch begründet werden, dass er selbst als Vertragspartner den Mietvertrag mit unterschreibt.

Ferner findet die gesetzliche Begrenzung der Sicherheit auf drei Monatsmieten keine Anwendung auf eine Sicherheit, z. B. eine Bürgschaft, die dem Vermieter von einem Dritten gewährt wird, um eine dem Mieter drohende Kündigung wegen Zahlungsverzugs abzuwenden (BGH, Urteil vom 10.4.2013, VIII ZR 397/12).

Mit der gesetzlichen Begrenzung auf drei Monatsmieten soll Erschwerungen für den Abschluss eines Mietvertrags entgegengewirkt werden, die in mobilitätshemmender Weise von hohen Kautionsforderungen ausgehen könnten. Diese dem Schutz des Mieters dienende Begrenzung würde jedoch in ihr Gegenteil verkehrt und in erster Linie den Mieter benachteiligen, wenn der Vermieter auch zur Abwendung einer drohenden Kündigung keine wirksame zusätzliche Sicherheit vereinbaren dürfte und sich daher zur fristlosen Kündigung des Mietverhältnisses wegen Zahlungsverzugs veranlasst sähe. Darauf, ob der Bürge eine derartige Sicherheit unaufgefordert beigebracht oder der Vermieter eine zusätzliche Sicherheit verlangt hat, kommt es nicht an (BGH, a. a. O.).

Eigentümerwechsel

Bei einem Eigentümerwechsel, beispielsweise durch Tod des Vermieters oder Verkauf oder Zwangsversteigerung der Wohnung beziehungsweise des Anwesens, tritt der Rechtsnachfolger kraft Gesetzes in das Mietverhältnis ein.

Er ist an alle mit dem Mieter getroffenen Vereinbarungen gebunden und hat keinen Anspruch auf den Abschluss eines neuen Mietvertrags oder auf sich ändernde oder zusätzliche Vereinbarungen. Schließt der Mieter mit dem Rechtsnachfolger jedoch freiwillig einen neuen Mietvertrag ab, ist dieser in vollem Umfang wirksam.

Im Falle der Veräußerung des Grundstücks nach Überlassung an den Mieter tritt der Erwerber anstelle des Vermieters in die sich aus dem Vertrag ergebenden Rechte und Pflichten ein. Veräußert ist das Grundstück, wenn der Erwerber Eigentümer geworden ist. Dies ist noch nicht bei Abschluss des notariellen Kaufvertrags, sondern erst dann der Fall, wenn der Käufer als Eigentümer im Grundbuch eingetragen ist.

TIPP

Weder die in einem Grundstückskaufvertrag aufgenommene Bestimmung, wonach Besitz, Nutzen und Lasten an einem bestimmten Tag auf den Käufer übergehen, noch die Eintragung einer Auflassungsvormerkung führt den Wechsel auf der Vermieterseite herbei, sondern erst die Eintragung des Eigentums ins Grundbuch (BGH, WuM 1989, 141).

Wird eine Gesellschaft bürgerlichen Rechts (GbR), die Eigentümerin eines Mehrfamilienhauses und Vermieterin der Wohnungen dieses Anwesens ist, unter Bildung von Wohnungseigentum und Eintragung der einzelnen Gesellschafter als Eigentümer der jeweils zugewiesenen Wohnungen auseinandergesetzt, tritt der neue Eigentümer in die sich während der Dauer seines Eigentums aus dem Mietverhältnis ergebenden Rechte und Pflichten ein (BGH, Urteil vom 23.11.2011, VIII ZR 74/11, WuM 2012, 31).

Solange der Eigentumsübergang nicht vollzogen ist, bleibt der Verkäufer Vermieter. Der Käufer kann in diesem Stadium weder ein Mietverhältnis kündigen noch eine Mieterhöhungserklärung abgeben. Ferner kann der Käufer vor Grundbucheintragung auch keinen Mietaufhebungsvertrag und keinen Räumungsvergleich ohne Mitwirkung des Verkäufers schließen. Der Käufer kann im Stadium zwischen Vertragsabschluss und Eintragung ein Mieterhöhungsverlangen nur im Namen des Verkäufers stellen.

Eine Kündigung, beispielsweise wegen Eigenbedarfs, die der Käufer vor seiner Eintragung ins Grundbuch und damit vor seinem Eintritt in den Mietvertrag erklärt, ist unwirksam.

Dagegen wird eine Kündigung des Verkäufers vor Verkauf der Mietsache durch den Verkauf nicht unwirksam. Der Käufer tritt vielmehr in die durch die Kündigung begründeten Vermieterrechte ein, wird also auch Inhaber des Rückgabeanspruchs (§ 546 Abs. 1 BGB). Eine Ausnahme von diesem Grundsatz macht die Rechtsprechung bei Kündigungen wegen Eigenbedarfs und wegen Hinderung der wirtschaftlichen Verwertbarkeit. Begründet wird dies damit, dass gerade durch den Verkauf der Wohnung das Erlangensinteresse wegfällt.

Kauf bricht nicht Miete

Im Zeitpunkt der Vollendung des Eigentumserwerbs, also der Eintragung ins Grundbuch, tritt der Käufer anstelle des Verkäufers mit allen Rechten und Pflichten in das bestehende Mietverhältnis ein (§ 566 BGB). Der Abschluss eines neuen Mietvertrags zwischen dem Käufer und dem Mieter ist nicht erforderlich und kann auch nur im Einvernehmen, also mit Zustimmung des Mieters, erfolgen. Ein Rechtsanspruch des Käufers auf Abschluss eines neuen Mietvertrags besteht nicht. Der Käufer kann auch nicht verlangen, dass der Mieter neben der Miete nunmehr auch die anfallenden Betriebskosten trägt, wenn im Vertrag eine Bruttomiete (Inklusivmiete) vereinbart ist, in der alle Betriebskosten enthalten sind.

TIPP

Vor Erwerb einer vermieteten Wohnung sollte daher auch der bestehende Mietvertrag eingehend geprüft werden, da der Käufer grundsätzlich an alle das Mietverhältnis betreffende Vereinbarungen zwischen dem ehemaligen Eigentümer und dem Mieter gebunden bleibt.

So ist der Grundstückserwerber auch an die generell erteilte Erlaubnis zur Untervermietung eines Teils einer Wohnung gebunden, ebenso ist dem Grundstückserwerber das auf besonderen Umständen beruhende Vertrauen des Mieters, nicht vor Ablauf einer bestimmten Zeit gekündigt zu werden, zuzurechnen. Ferner muss sich der Grundstückserwerber die widerspruchslose Hinnahme einer Mietminderung durch den Voreigentümer über eine längere Zeit zurechnen lassen und kann nachträglich die Berechtigung zur Minderung nicht mehr bestreiten.

Ein Übergang von Ansprüchen auf den neuen Eigentümer findet nur dann nicht statt, wenn es sich um höchstpersönliche Rechte und Pflichten handelt, die nach dem Rechtsübergang auf der Vermieterseite ihren Inhalt verlieren würden.

BEISPIEL

Haben der ehemalige Eigentümer und der Mieter eine Beschränkung der Kündigungsmöglichkeit des Vermieters (z. B. Ausschluss oder Erschwerung der Kündigung wegen Eigenbedarfs) vereinbart, handelt es sich nicht um eine höchstpersönliche, sondern um eine allgemeine Abrede, die nicht an die Person des Vermieters gebunden ist und dann auch zulasten eines Käufers wirkt. Dementsprechend gehen im Fall des Verkaufs einer Genossenschaftswohnung die in dem Nutzungsvertrag vereinbarten Kündigungsbeschränkungen auf den Erwerber über und gelten auch dann fort, wenn über das Vermögen der Genossenschaft in der Folgezeit das Insolvenzverfahren eröffnet wird (BGH, Beschluss vom 21.2.2012, VIII ZR 250/11).

Etwas anderes gilt nur dann, wenn aus der Vereinbarung der generelle Wille der Vertragsschließenden zu entnehmen ist, dass sie die Kündigungsbeschränkung zeitlich bis zur Veräußerung der Wohnung begrenzen und damit den Übergang der vereinbarten Mieterschutzrechte zulasten eines Wohnungskäufers ausschließen wollten.

Einen Anspruch auf Zahlung der Miete hat der Käufer gegenüber dem Mieter nur für Mieten, die nach dem Erwerb fällig geworden sind. Vor seiner Eintragung als Eigentümer im Grundbuch kann der Käufer vom Mieter Zahlung der Miete nur verlangen, wenn der Kaufvertrag eine Abtretungsvereinbarung enthält, beispielsweise dass die Rechte aus dem Mietvertrag mit Besitzübergabe auf den Käufer übergehen sollen. In diesem Fall ist es unschädlich, dass der Käufer die Vermieterstellung erst mit der Eintragung ins Grundbuch erhält. Dem Mieter entstehen dadurch keine Nachteile, da er sämtliche Gegenrechte auch gegenüber dem neuen Gläubiger (Käufer) geltend machen kann (§ 404 BGB; BGH Urteil vom 2.7.2003, XII ZR 34/02, ZMR 2003, 732). Auch sonstige Rückstände aus der Zeit des Voreigentümers kann der Käufer nur verlangen, wenn sie ihm abgetreten worden sind.

Gleiches gilt auch für Schadenersatzansprüche gegen den nach Beendigung des Mietverhältnisses ausgezogenen Mieter, etwa wegen unterbliebener Endrenovierung und Wiederherstellung des früheren Zustands der Mieträume. Diese Ansprüche stehen dem Vermieter (= Verkäufer) und nicht dem Käufer zu, wenn sie bereits vor dem Eigentumswechsel entstanden und fällig geworden sind (BGH, WuM 1989, 141). Der Käufer sollte sich daher vom Verkäufer vertraglich eventuelle Ersatzansprüche gegen den Mieter abtreten lassen.

Was ist bei Mängeln in der verkauften Wohnung zu beachten?

Liegt in der Mietwohnung ein Mangel vor und befindet sich der Verkäufer mit der Beseitigung des Mangels in Verzug, beispielsweise weil er den begründeten Mangel trotz Fristsetzung durch den Mieter nicht beseitigt hat, kann der Mieter seine Schadenersatzansprüche etwa für Kosten zur Beseitigung des Mangels nach Eigentumsübergang gegenüber dem Käufer geltend machen. Die Mieterschutzvorschrift des § 566 BGB, wonach der Käufer mit allen Rechten und Pflichten in den Mietvertrag eintritt, erfordert nach Auffassung der Rechtsprechung, dass der Mieter seine Ansprüche bei Fälligkeit der Person gegenüber geltend machen kann, die zu diesem Zeitpunkt Vermieter ist, da er nur gegen deren laufende Mietforderung ggf. auch aufrechnen könnte (BGH, Urteil vom 9.2.2005, VIII ZR 22/04, WuM 2005, 201). Daher verliert der Mieter sein Zurückbehaltungsrecht an der rückständigen Miete gegenüber dem Verkäufer auch dann, wenn der Mangel bereits vor der Veräußerung entstanden ist. Vom Zeitpunkt der Veräußerung an ist nämlich der Käufer und nicht mehr der Verkäufer zur Beseitigung des Mangels verpflichtet, sodass es für das Leistungsverweigerungsrecht des Mieters gegenüber dem Mietzahlungsanspruch des Verkäufers an dem notwendigen Gegenanspruch fehlt. Der Mieter kann deshalb bis zu der nunmehr vom Käufer geschuldeten Mängelbeseitigung die von diesem zu fordernde Miete zurückhalten. Für den Käufer stellt dies keine unbillige Benachteiligung dar, da sich dieser bei Abschluss des Kaufvertrags die notwendigen Informationen beschaffen und ggf. den Verkäufer in Regress nehmen kann.

Verjährung von Mieteransprüchen erst ab Kenntnis der Eintragung

Der Mieter ist berechtigt, eine Einrichtung wegzunehmen, mit der er die Mietsache versehen hat (§ 539 Abs. 2 BGB). Einrichtung ist eine Sache, die mit der Mietsache verbunden und dazu bestimmt ist, dem Zweck der Mietsache zu dienen (so bereits BGH, 101, 37, z. B. Lichtanlagen, Badeeinrichtungen, Wandschränke, Waschbecken, umpflanzbare Sträucher und Bäume im Garten).

Bei einem Verkauf des Grundstücks bzw. der Wohnung geht das Mietverhältnis kraft Gesetz (§ 566 BGB) auf den Käufer über. Das Mietverhältnis mit dem bisherigen Vermieter (Verkäufer) ist daher beendet. Ansprüche des Mieters auf Wegnahme einer Einrichtung oder auf Ersatz von Aufwendungen gehen aber grundsätzlich nicht auf den neuen Eigentümer über. Der Anspruch kann daher nur gegenüber demjenigen geltend gemacht werden, der im Zeitpunkt der Aufwendung Vermieter war.

Gegenüber dem ausscheidenden Vermieter beträgt die Verjährungsfrist für solche Ansprüche des Mieters lediglich sechs Monate (§ 548 Abs. 2 BGB).

Allerdings beginnt die Verjährungsfrist für solche Ansprüche des Mieters gegen den Verkäufer (seinen ehemaligen Vermieter) erst mit der Kenntnis des Mieters von der Eintragung des Käufers im Grundbuch zu laufen. Nicht ausreichend ist die allgemeine Kenntnis des Mieters vom Verkauf. Denn auch dann muss der Mieter nach Auffassung des BGH nicht mit einer baldigen Eintragung in das Grundbuch rechnen, da sich diese auch verzögern kann. Ferner ist der Mieter nicht verpflichtet, entsprechende Erkundigungen einzuziehen (BGH, Urteil vom 28.5.2008, VIII ZR 133/07, MDR 2008, 850).

Welche Ansprüche bestehen zwischen Käufer und Verkäufer?

Von den Ansprüchen des Käufers gegen den Mieter zu unterscheiden sind die Ansprüche des Käufers gegen den Verkäufer, beispielsweise auf Erstattung der vom Mieter gezahlten Mieten. Diese Ansprüche bestimmen sich nicht zwingend nach dem Zeitpunkt des Eigentumsübergangs, sondern vorrangig nach den Vereinbarungen im Kaufvertrag über den Übergang von Besitz, Nutzen (= Mieten) und Lasten. Diese Vereinbarung wirkt nur zwischen Verkäufer und Käufer und bedeutet grundsätzlich keine Abtretung der Mietzahlungsansprüche. Dies hat zur Folge, dass der Mieter bis zur Umschreibung des Eigentums im Grundbuch an den Verkäufer zahlen kann und der Käufer lediglich einen Anspruch gegen den Verkäufer auf Erstattung hat.

Was passiert beim Verkauf mit der Kaution?

Hat der Mieter des veräußerten Wohnraums dem Vermieter für die Erfüllung seiner Pflichten Sicherheit (z. B. Kaution oder Bürgschaft) geleistet, tritt der Erwerber in die dadurch begründeten Rechte und Pflichten ein (§ 566a Satz 1 BGB). Dies bedeutet, dass der Mieter bei Mietende die geleistete Sicherheit einschließlich der darauf entfallenen Zinsen in jedem Fall vom Erwerber zurückverlangen kann, unabhängig davon, ob der Erwerber die Sicherheit seinerseits beim Eigentumswechsel auch tatsächlich erhalten hat (§ 566a Satz 1 BGB).

Gleiches gilt für den Ersteher einer Wohnung in der Zwangsversteigerung. Auf ihn geht die Verpflichtung zur Rückzahlung der Mietsicherheit an den Mieter kraft Gesetzes auch dann über, wenn der insolvent gewordene Voreigentümer die vom Mieter erhaltene Mietsicherheit nicht getrennt von seinem sonstigen Vermögen angelegt hatte. Mit dem Zuschlag geht somit die Kautionsrückzahlungspflicht zugunsten des Mieters auf den Ersteher über, unabhängig davon, ob dieser beim Schuldner Rückgriff nehmen kann. Das Risiko der Insolvenz des Voreigentümers trägt nach der gesetzlichen Wertung der Immobilienerwerber (BGH, Urteil vom 7.3.2012, XII 13/10, NJW 2012, 1353).

Diese seit 1.9.2001 geltende Neuregelung findet nach einem neuen Urteil des BGH jedoch keine Anwendung, wenn zwar der dingliche Erwerb des Mietobjekts (Eintragung ins Grundbuch) erst nach dem Inkrafttreten der Neuregelung am 1.9.2001 erfolgt ist, das diesem Erwerb zugrunde liegende schuldrechtliche Rechtsgeschäft (notarieller Kaufvertrag) jedoch bereits vor diesem Zeitpunkt abgeschlossen worden ist. Es entspricht nämlich dem Willen des Gesetzgebers, das berechtigte Vertrauen eines Grundstückserwerbers zu schützen, die an den Veräußerer gezahlte Kaution nur unter den in § 572 BGB a. F. genannten Voraussetzungen erstatten zu müssen. Daher verbleibt es in diesem Fall bei der Anwendbarkeit der alten Regelung (§ 572 BGB a. F.), wonach eine an den Vorvermieter (Veräußerer) geleistete Mietkaution vom Erwerber nur dann zurückzugewähren ist, wenn der Erwerber die Kaution seinerseits vom Veräußerer auch erhalten hat (BGH, Urteil vom 9.3.2005, VIII ZR 381/03, WuM 2005, 404; BGH, Urteil vom 24.6.2009, XII ZR 145/07, NZM 2009, 615).

Beim Erwerb der Wohnung vor dem 1.9.2001 gilt weiterhin die alte Fassung des § 572 Satz 2 BGB, wonach eine an den Vorvermieter (Verkäufer) geleistete Mietkaution vom Erwerber nur dann zurückzugewähren ist, wenn der Erwerber die Kaution seinerseits vom Veräußerer erhalten hat (KG, Urteil vom 9.3.2005, VIII ZR 381/03, WuM 2005, 404). Die Darlegungs- und Beweislast dafür, dass die geleistete Mietkaution dem Erwerber auch tatsächlich ausgehändigt worden ist, trägt der Mieter (BGH, Urteil vom 28.9.2005, VIII ZR 372/04, WuM 2005, 718).

Diese Grundsätze gelten auch für Geschäftsräume, die vor dem 1.9.2001 erworben wurden (BGH, Urteil vom 16.11.2005, VIII ZR 124/03, NZM 2006, 179).

Erwerber, die vermieteten Wohnraum nach Inkrafttreten des § 566a BGB erworben haben, haften nach § 566a BGB auch dann, wenn zuvor – noch unter Geltung des § 572 BGB a. F. – weitere Veräußerungsgeschäfte getätigt worden sind und die Kaution in der Kette der vorangegangenen Vermieter nicht weitergeleitet worden ist. § 566a BGB setzt nämlich keine ununterbrochene Kautionskette in der Weise voraus, dass bei einer Folge von Veräußerungsgeschäften, die teils vor und teils nach der neuen Regelung liegen, auch unter der Geltung der Neuregelung erwerbende Vermieter für die Rückzahlung der an den ursprünglichen Vermieter gezahlten Kaution nur dann haften, wenn sämtliche früheren Vermieter einer entsprechenden Haftung ausgesetzt waren.

Erwerber, die vor Inkrafttreten des § 566a BGB Eigentümer geworden sind, haften weiterhin nur unter den Voraussetzungen des § 572 BGB a. F. Erwerber, die erst danach Eigentümer geworden sind, haften dagegen nach § 566a BGB (BGH, Urteil vom 1.6.2011, VIII ZR 304/10).

Diesem Haftungsrisiko kann der Vermieter dadurch begegnen, dass er bei Abschluss des Kaufvertrags dafür Sorge trägt, dass ihm entweder die Kaution ausgehändigt oder dies bei der Preisgestaltung berücksichtigt wird.

Kann der Mieter die Sicherheit vom Erwerber nicht zurückerlangen, etwa weil dieser zwischenzeitlich in Vermögensverfall geraten ist, ist der Veräußerer gegenüber dem Mieter weiterhin zur Rückzahlung verpflichtet (§ 566a Satz 2 BGB). Jedoch ist der Mieter nach Treu und Glauben gehalten, zunächst den Erwerber als den gegenwärtigen Mietvertragspartner in Anspruch zu nehmen, solange dies nicht aussichtslos erscheint.

TIPP

Der Verkäufer sollte dieses mit seiner späteren Inanspruchnahme durch den Mieter verbundene Risiko bereits im Kaufvertrag durch entsprechende Abreden absichern, beispielsweise durch eine Bankbürgschaft des Käufers.

Eine Haftung des Käufers ist jedoch ausgeschlossen, wenn der Verkäufer die Kaution auf Verlangen oder mit Zustimmung des Mieters an den Käufer weitergegeben hat.

Hat der Mieter jedoch im Rahmen der Beendigung einer früher bestehenden Zwangsverwaltung formularmäßig der Übertragung der Kaution an den neuen Eigentümer und der Entlassung des Zwangsverwalters aus der „bürgenähnlichen" Haftung zugestimmt, kann er trotzdem nach Beendigung des Mietverhältnisses die Kaution gemäß § 566a Satz 2 BGB vom Veräußerer verlangen, wenn er die dem Erwerber übertragene Barkaution wegen bestehender Kontopfändungen von diesem nicht erlangen kann. Eine solche formularmäßige Erklärung des Mieters führt nämlich ohne ausdrückliche Abbedingung des § 566a Satz 2 BGB nicht zur Entlassung des veräußernden Vermieters aus der Haftung (BGH, Urteil vom 23.1.2013, VIII ZR 143/12, WuM 2013, 172).

Der Erwerber kann vom Veräußerer die Aushändigung der Sicherheit verlangen. Dieser kann die Kaution jedoch zurückhalten, soweit er Ansprüche gegen den Mieter hat, für welche die Sicherheit haftet.

BEISPIEL

Eine Eigentumsübergabe tritt am 15.9. eines Jahres ein. Der Mieter schuldet noch die Miete für den Monat August des gleichen Jahres. Der Veräußerer kann in diesem Fall eine an ihn vom Mieter geleistete Sicherheit in Anspruch nehmen.

Die Veräußerung des Grundstücks und der damit verbundene Wechsel in der Vermieterstellung gibt dem Mieter kein Recht, die Sicherheit zurückzufordern. Umgekehrt hat aber auch der Erwerber grundsätzlich keinen Anspruch gegen den Mieter auf erneute Leistung einer im Mietvertrag vereinbarten Kaution, da der Mieter mit der Leistung der Kaution an den Veräußerer seine vertragliche Verpflichtung bereits erfüllt hat und der Erwerber kraft Gesetzes (§ 566a Satz 1 BGB) auch in die Rechte und Pflichten aus der Kaution eintritt.

Etwas anderes gilt nur dann, wenn der neue Vermieter auf die Kaution nur mit Zustimmung des Mieters zugreifen kann (z. B. bei einem an den ehemaligen Vermieter persönlich verpfändeten Kautionskonto) und der Mieter der Übertragung auf den neuen Vermieter nicht zustimmt. In diesem Fall ist der Mieter nach dem Grundsatz von Treu und Glauben (§ 242 BB) verpflichtet, an der Übertragung auf den neuen Vermieter mitzuwirken. Dadurch entstehen ihm auch keine Nachteile, da er bei einer Zustimmung zur Übertragung auf den neuen Vermieter seinen Anspruch auf subsidiäre Haftung des ehemaligen Vermieters (§ 566a Satz 2 BGB; s. o.) auch nicht verliert (BGH, Urteil vom 7.12.2011, VIII ZR 206/10, WuM 2012, 21).

Hat der Mieter die vertraglich vereinbarte Kaution dagegen noch nicht an den Verkäufer geleistet und hat dieser keine offenen Ansprüche an den Mieter, geht der Anspruch auf Zahlung der Kaution auf den Erwerber über, da dieser gemäß §§ 566 Abs. 1, 578 BGB in den vor Eigentumsübergang entstandenen und fälligen Anspruch des Verkäufers auf Leistung der Kaution durch den Mieter eintritt. Die Verpflichtung zur Leistung der vereinbarten, aber noch nicht erbrachten Kaution ist als mietrechtlich zu qualifizieren, da sie der Sicherung von Ansprüchen des Vermieters aus dem Mietverhältnis dient und deshalb untrennbar mit dem Mietverhältnis verbunden ist. Der Erwerber tritt daher anstelle des Veräußerers in den Anspruch auf Leistung der Kaution ein (BGH, Urteil vom 25.7.2012, XII ZR 22/11, MDR 2012, 1082).

Wer muss die Betriebskosten abrechnen?

Geht das Eigentum einer Wohnung während des Abrechnungszeitraums der Betriebskosten (z. B. 1.1. bis 31.12.) auf den Käufer über (z. B. am 1.4.2008), ist der Käufer zur Abrechnung der Betriebskosten für den gesamten Abrechnungszeitraum verpflichtet – nicht nur für den Zeitraum ab Eigentumsübergang (hier: 1.4.2008). Entsprechend stehen ihm auch eventuelle Nachzahlungsansprüche gegen den Mieter zu. Allerdings muss er dem Mieter auch ein mögliches Guthaben auszahlen (BGH, Urteil vom 14.9.2000, III ZR 211/99, WuM 2000, 609).

Der Verkäufer ist gegenüber dem Mieter weder berechtigt noch verpflichtet, eine Zwischenabrechnung für den Zeitraum bis zum Eigentumsübergang (hier: vom 1.1. bis 31.3.2008) zu erstellen. Der Verkäufer muss an der Abrechnung gegenüber dem Mieter mitwirken, indem er dem Käufer eine Abrechnung für seine Eigentumszeit (hier: vom 1.1. bis 31.3.2008) übergibt, welche dieser in die dem Mieter zu erteilende Jahresabrechnung einarbeiten kann.

Dagegen ist der Käufer nicht zur Erstellung einer noch ausstehenden Betriebskostenabrechnung für einen vorangegangenen Abrechnungszeitraum (hier: 1.1. bis 31.12.2007) verpflichtet, da dieser Abrechnungszeitraum zum Zeitpunkt des Eigentumsübergangs bereits vollständig verstrichen war. Über diesen Zeitraum muss der Verkäufer abrechnen und ein eventuelles Saldo gegenüber dem Mieter ausgleichen. Unerheblich ist, dass der Anspruch auf Rück- oder Nachzahlung von Betriebskosten erst mit Erteilung der Betriebskostenabrechnung und daher in diesem Fall erst nach Eigentumswechsel fällig wird (BGH, Urteil vom 3.12.2003, VIII ZR 168/03, WuM 2004, 94).

Diese Grundsätze gelten auch bei gewerblichen Mietverhältnissen (BGH, Beschluss vom 29.9.2004, XII ZR 148/02, ZMR 2005, 37).

Ferner gelten diese Grundsätze unabhängig davon, wie der Ausgleich zwischen dem Käufer und dem Verkäufer zu erfolgen hat. Insofern sind die Regelungen des notariellen Kaufvertrags über den Zeitpunkt des Übergangs von Besitz, Nutzen und Lasten einschlägig. Bis zu diesem Zeitpunkt trägt der Verkäufer die Lasten, danach der Käufer.

Was ändert sich beim Nießbrauch?

Bei Bestellung eines Nießbrauchs durch den Eigentümer und Vermieter nach Überlassung der Wohnung an den Mieter tritt im Augenblick der Nießbrauchsbestellung der Nießbraucher anstelle des Eigentümers in den Mietvertrag ein. Von diesem Zeitpunkt an hat der Nießbraucher kraft Gesetz Anspruch auf die Miete. Veräußert der Eigentümer und Vermieter das Grundstück und behält sich den Nießbrauch vor (z. B. der Eigentümer des vermieteten Grundstücks überträgt das Eigentum auf seine Tochter, behält sich aber den Nießbrauch auf Lebenszeit vor), greifen die §§ 566 ff. BGB nicht, weil sich an der Identität des Vermieters nichts ändert: Bisher war er als Eigentümer Vermieter, nun ist er als Nießbraucher Vermieter.

Vermieterwechsel bei Zwangsversteigerung

Außer beim Tod des Vermieters und der rechtsgeschäftlichen Veräußerung des Grundstücks tritt ein Vermieterwechsel bei der Zwangsversteigerung des Grundstücks ein. Der Ersteher wird im Zeitpunkt des Zuschlags im Zwangsversteigerungsverfahren Eigentümer des Grundstücks (§ 90 Abs. 1 ZVG) und tritt mit allen Rechten und Pflichten in das bestehende Mietverhältnis ein (§ 57 ZVG). Ab dem Zeitpunkt der Zustellung des Beschlusses an den Mieter, durch den die Zwangsversteigerung angeordnet wird, kann der Mieter nicht mehr mit befreiender Wirkung an den Vermieter leisten (§ 57b ZVG).

Einrichtungen

Im Gegensatz zu baulichen Änderungen überschreitet der Mieter mit dem Anbringen einer Einrichtung, beispielsweise vom Mieter verlegte Teppichböden, Badezimmereinrichtungen, Beleuchtungskörper oder Wandschränke, grundsätzlich nicht den vertragsgemäßen Gebrauch der Mietsache. Eine vorherige Zustimmung des Vermieters ist daher nicht erforderlich.

Dies gilt auch für die Erneuerung von Einrichtungen durch den Mieter, also die Erneuerung von Wasserhahn oder Waschbecken. Der Mieter ist daher erst bei Beendigung des Mietverhältnisses zur Herstellung des ursprünglichen Zustandes verpflichtet und muss während der Dauer des Mietverhältnisses die ausgebaute, dem Vermieter gehörende Einrichtung auch nicht an diesen herausgeben.

Das Anbringen einer Einrichtung geschieht bei einem Mietverhältnis in der Regel nur zu einem vorübergehenden Zweck. Daher gehören Einrichtungen, unabhängig davon, ob eine feste Verbindung mit dem Gebäude besteht, nicht zu den wesentlichen Bestandteilen eines Gebäudes und bleiben Eigentum des Mieters.

Darf der Mieter die Einrichtungen wieder wegnehmen?

Das Wegnahmerecht des Mieters besteht daher unabhängig davon, ob mit der Entfernung eine Beschädigung der Einrichtung und der Mietsache zwangsläufig verbunden ist. Einen Schaden an der Mietsache muss der Mieter im Rahmen seiner Verpflichtung zur Herstellung des ursprünglichen Zustandes ersetzen.

Das Wegnahmerecht verjährt in sechs Monaten (§ 548 Abs. 2 BGB). Nach Eintritt der Verjährung kann der Vermieter das Recht zum Besitz als dauernde Einrede geltend machen und schuldet dem Mieter keine Nutzungsentschädigung.

Das Wegnahmerecht des Mieters kann der Vermieter durch Zahlung einer angemessenen Entschädigung abwenden, wenn nicht der Mieter ein berechtigtes Interesse an der Wegnahme hat, beispielsweise wenn die Einrichtung nicht mehr im Handel erhältlich ist (§ 552 Abs. 1 BGB). Im Falle der Veräußerung des Grundstücks steht die Abwendungsbefugnis auch dem Käufer zu. Mit der Erklärung, die Abwendungsbefugnis ausüben zu wollen, muss der Vermieter gleichzeitig die angemessene Entschädigung anbieten. Sie bemisst sich nach dem Zeitwert (Anschaffungs- und Einrichtungskosten abzüglich eines Abschlages für die bisherige Abnutzung entsprechend der voraussichtlichen Lebensdauer).

Wegnahmerecht bei Einbauküche?

Die Frage, ob eine durch einen Mieter eingebrachte Einbauküche als Zubehör anzusehen und damit bei Auszug in dem Mietobjekt zu belassen ist, richtet sich nach einem Urteil des BGH nach den regional unterschiedlichen Gegebenheiten sowie nach der Zweckbestimmung durch den Mieter. Für diese Zweckbestimmung ist nach Auffassung des BGH maßgeblich, ob lediglich eine vorübergehende Benutzung der Einbauküche für die Wohnung begründet wurde. Insofern kann eine vom Mieter eingebrachte, aus serienmäßig hergestellten Einzelteilen zusammengesetzte Einbauküche grundsätzlich nicht als „Zubehör" angesehen und daher vom Mieter bei Beendigung des Mietverhältnisses wieder ausgebaut werden (so bereits BGH, NJW-RR 1990, 586; OLG Düsseldorf, WuM 1995, 146). Dagegen ist für den Fall, dass die Küche aus Mitteln des Grundstückseigentümers beschafft und eingebaut wurde, die dauerhafte Zubehöreigenschaft zu bejahen (BGH, Urteil vom 20.11.2008, IX ZR 180/07).

Wird in die zu vermietende Wohnung vom Mieter auf eigene Kosten eine Einbauküche eingebaut, sollte in den Mietvertrag eine klare schriftliche Vereinbarung aufgenommen werden, wie bei Beendigung des Mietverhältnisses mit der Küche zu verfahren ist. Dies können die Parteien grundsätzlich frei regeln. Z. B. kann vereinbart werden, dass der Mieter bei Beendigung des Mietverhältnisses zum Entfernen der Küche und zur Herstellung des ursprünglichen Zustands verpflichtet ist oder der Mieter auf sein Wegnahmerecht gegen Zahlung einer Ablöse durch den Vermieter in Höhe des Zeitwertes verzichtet, wobei dann aber durch dessen Bestimmung (durch Sachverständigengutachten oder Festlegung bestimmter Abschreibungssätze, z. B. 10 % pro Jahr) festgelegt werden sollte.

TIPP

Da nicht nur ein Wegnahmerecht, sondern auch eine Wegnahmepflicht des Mieters besteht (§ 546 BGB), kann der Vermieter darauf bestehen, dass der Mieter seiner Verpflichtung zur Wegnahme nachkommt und den ursprünglichen Zustand wiederherstellt (§ 258 BGB), falls keine Einigung über eine Ablöse zustande kommt.

Der Vermieter kann die Wegnahme so lange untersagen, bis ihm für einen damit verbundenen Schaden ausreichend Sicherheit geleistet ist.

Eine vertragliche Vereinbarung, durch die das Wegnahmerecht des Mieters entschädigungslos ausgeschlossen wird, ist nur wirksam, wenn es sich nicht um Wohnraum, sondern beispielsweise um Geschäftsräume handelt.

Bei Vermietung von Wohnräumen ist der Ausschluss des Wegnahmerechts nur wirksam, wenn ein angemessener Ausgleich vorgesehen ist (§ 552 Abs. 2 BGB). Dieser kann, muss jedoch nicht unbedingt in Geld bestehen. Denkbar sind auch andere Ausgleichsleistungen, etwa eine langfristige Vertragsdauer oder eine Ermäßigung der Miete. Allerdings muss sich aus der zugrunde liegenden Vereinbarung ergeben, dass damit die Gegenleistung für den Ausschluss des Wegnahmerechts erbracht ist.

Energieausweis

Für Neubauten ist die Erstellung eines Energieausweises bereits seit Inkrafttreten der EnEV am 1.2.2002 vorgeschrieben. Für den Gebäudebestand ergibt sich eine entsprechende Verpflichtung der Haus- und Wohnungseigentümer seit 1.10.2007 aus der Neufassung der Energieeinsparverordnung. Danach ist ein Energieausweis bei Verkauf und Neuvermietung oder Verpachtung eines Gebäudes bzw. einer Wohnung erforderlich.

Wird ein Gebäude oder eine Wohnung weder verkauft noch neu vermietet und werden auch keine Mittel aus staatlichen Förderprogrammen für energetische Sanierungen in Anspruch genommen, muss auch kein Energieausweis erstellt werden.

Welche Gebäude benötigen keinen Energieausweis?

Anwesen, die unter Denkmalschutz stehen (Baudenkmäler), sind von der Ausweispflicht ausgenommen. Ferner provisorische Gebäude mit einer Nutzungsdauer von bis zu zwei Jahren, Wohngebäude, die für eine Nutzungsdauer von weniger als vier Monaten jährlich bestimmt sind, sowie Gebäude mit bis zu 50 m^2 Nutzfläche (§ 1 Abs. 2, § 16 Abs. 4 EnEV).

Ab wann ist ein Energieausweis erforderlich?

Für Wohngebäude, die bis 31.12.1965 fertiggestellt worden sind, ist der Energieausweis ab 1.7.2008, für neuere Wohngebäude ab 1.1.2009, für Nichtwohngebäude, beispielsweise Geschäftshäuser, ab 1.7.2009 erforderlich.

Die Energieeinsparverordnung unterscheidet zwischen dem Verbrauchsausweis und dem Bedarfsausweis.

In dem — relativ einfachen und kostengünstig zu erstellenden — Verbrauchsausweis wird lediglich der tatsächliche Heizenergieverbrauch des Gebäudes in den letzten drei Jahren dokumentiert. Aus den Heizkostenabrechnungen oder den

Rechnungen der Energielieferanten wird der — von witterungs- und nutzungsbedingten Schwankungen bereinigte — Heizenergieverbrauch pro m^2 Fläche ermittelt und (in KWh) in den Verbrauchsausweis aufgenommen.

Bei dem wesentlich aufwendigeren und entsprechend teureren Bedarfsausweis wird der Energiebedarf des Gebäudes errechnet. Dazu muss der energetische Zustand des Gebäudes festgestellt werden, insbesondere die Wärmedämmwerte der Bauteile, unter anderem Außenwände, Fenster, Keller- und Speicherdecken, sowie die energetische Qualität der Heizungsanlage. Aus diesen Faktoren wird dann der theoretische Heizenergiebedarf des Gebäudes errechnet.

Die Ausweise enthalten auf vier Seiten die wesentlichen Gebäudedaten, den „Vergleichsbalken“ (Energielabel) sowie Vergleichswerte und ggf. Modernisierungsempfehlungen.

Der Aussteller kann die benötigten Gebäudedaten vor Ort selbst erheben oder sich diese vom Eigentümer übermitteln lassen (§ 17 Abs. 5 EnEV).

Welcher Ausweis ist besser?

Der verbrauchsorientierte Ausweis hat den Vorteil, dass der zu erwartende Energieverbrauch anhand der Heizkostenabrechnungen der letzten drei Jahre ermittelt wird und diese Daten dem Eigentümer, der Hausverwaltung oder dem Abrechnungsunternehmen häufig bereits vorliegen. Der Energieausweis kann daher sehr kostengünstig erstellt werden. Nachteil: Der gemessene Verbrauch wird vom Nutzerverhalten beeinflusst. Ferner zeigt der Verbrauchsausweis nicht eventuelle energetische Schwachstellen des Gebäudes auf.

Hier liegt der Vorteil der bedarfsorientierten Variante. Zur Ermittlung eines realitätsnahen Verbrauchs muss aber die energetische Struktur zahlreicher Bauteile des Gebäudes, insbesondere Außenwände, Fenster oder Dach sowie auch die Heizungs- und Warmwasserbereitungsanlage, sorgfältig untersucht werden. Liegen keine Kenntnisse über die verwendeten Baustoffe, die Schichtdicken und die Anlagentechnik vor, kommt es zur Errechnung eines realitätsfernen Energiebedarfs. Kritisch werden daher Angebote von Ausstellern gesehen werden müssen, die Bedarfsausweise zu günstigen Pauschalpreisen anbieten, dabei allerdings keine Prüfung des Gebäudes vor Ort durchführen, sondern sich die notwendigen Angaben auf umfangreichen Fragebögen vom Hauseigentümer oder der Verwaltung übermitteln lassen. Dies ist gemäß § 17 Abs. 5 EnEV zwar zulässig und reduziert die Kosten für den Ausweis. Allerdings ist zu befürchten, dass Angaben zu energetisch relevanten Bauteilen eines Hauses durch den Hauseigentümer selbst oder den Verwalter — in der Regel bautechnische Laien — zu einer hohen Fehlerquote und damit zur Ausstellung von Ausweisen mit unzutreffendem Inhalt führen.

Die Berechnung eines realitätsnahen Energiebedarfs wird in der Regel die Untersuchung des Gebäudes durch einen Fachmann, d. h. durch den Aussteller oder einen qualifizierten Bevollmächtigten, voraussetzen.

Aufgrund des unterschiedlichen Aufwands, der unter anderem von der Größe, Bauweise und dem Zustand des Gebäudes abhängt, wird der Aussteller die Kosten für einen Bedarfsausweis wohl auf Stundenbasis abrechnen müssen oder jedenfalls ein Pauschalangebot nur für ein konkretes Gebäude unterbreiten können.

TIPP

Für Hauseigentümer, die lediglich ihre künftige gesetzliche Verpflichtung beim Verkauf oder der Vermietung des Hauses erfüllen und in absehbarer Zeit keine energetisch relevanten Maßnahmen durchführen wollen, ist die Ausstellung eines preisgünstigen Verbrauchsausweises, ggf. auch auf „Vorrat", durchaus sinnvoll.

Nach dem Ergebnis einer im Auftrag des Bundesministeriums für Verkehr, Bau und Stadtentwicklung (BMVBS) im Jahr 2010 durchgeführten Studie ist die Fehleranfälligkeit bei Bedarfsausweisen deutlich höher als bei Verbrauchsausweisen. Nur 29 % der geprüften Bedarfsausweise konnten den Energiebedarf eines Gebäudes annähernd zutreffend darstellen. Dagegen lagen bei Verbrauchsausweisen mit 66 % mehr als doppelt so viele innerhalb der zulässigen Toleranz. Verbrauchsausweise wichen auch nur maximal 26 % von dem tatsächlichen Energiebedarf ab. Dagegen wurde bei einzelnen Bedarfsausweisen eine Abweichung von bis zu 108 % festgestellt.

Für Eigentümer, die wissen wollen, wo die energetischen Schwachstellen ihres Hauses liegen und welche Energiesparmaßnahmen sinnvoll sind, ist die Erstellung eines Verbrauchsausweises nicht ausreichend, da dieser insofern keine Aussage trifft. In diesem Fall empfiehlt sich eine individuelle Energieberatung.

Wie lange gilt ein Energieausweis?

Beide Varianten des Energieausweises gelten zehn Jahre ab Ausstellungsdatum. Auch bei Änderungen am Gebäude muss grundsätzlich kein neuer Ausweis ausgestellt werden.

TIPP

Hauseigentümer sollten sich im eigenen Interesse einen neuen Ausweis ausstellen lassen, wenn bauliche Maßnahmen am Gebäude, etwa neue Fenster, Montage einer Wärmedämmung oder Verbesserungen an der Heizungsanlage, zu einer Verbesserung des energetischen Zustands führen, der in dem Energieausweis dokumentiert werden kann.

Erfahrungsgemäß fragen immer mehr Kauf- und Mietinteressenten nicht nur nach dem Kaufpreis oder der Nettomiete, sondern auch nach dem Energieverbrauch des Objekts. Dieser Trend wird sich künftig angesichts weiter steigender Energiepreise verstärken. Der Energieverbrauch oder -bedarf des Gebäudes wird daher zunehmend Einfluss auf die Marktchancen eines Objekts gewinnen.

Unbefristetes Wahlrecht

Eigentümer von Gebäuden mit mehr als vier Wohnungen haben unabhängig vom Alter des Gebäudes ein zeitlich unbefristetes Wahlrecht zwischen den beiden Varianten des Energieausweises.

Gleiches gilt für Eigentümer von Ein-, Zwei-, Drei- und Vierfamilienhäusern, für die der Bauantrag nach dem 1.11.1977 gestellt worden ist. Ebenso für ältere Gebäude, wenn sie zwischenzeitlich entsprechend den Anforderungen der ersten Wärmeschutzverordnung energetisch saniert worden sind.

Mieter muss Daten zur Verfügung stellen

Dem Eigentümer liegen die Verbrauchsdaten jedoch nicht vor, wenn nicht er, sondern der Mieter Vertragspartner des Energielieferanten ist, z. B. bei Gasetagenheizungen in einem Mehrfamilienhaus oder bei einer vom Mieter betriebenen Gas- oder Ölzentralheizung in einem Einfamilienhaus.

In diesem Fall ist der Mieter aber verpflichtet, dem Vermieter die für die Erstellung eines Verbrauchsausweises benötigten Verbrauchsdaten zur Verfügung zu stellen. Dies stellt eine Nebenpflicht aus dem Mietvertrag dar. Der Mieter kann die Übermittlung der Daten nicht unter Berufung auf das Bundesdatenschutzgesetz verweigern, da durch die Übermittlung keine persönlichen Daten preisgegeben werden und ferner das Interesse des Vermieters an der Erstellung eines Energieausweises mit relativ geringem finanziellem Aufwand das eventuelle Interesse des Mieters an einer Auskunftsverweigerung überwiegt (LG Karlsruhe, Beschluss vom 20.2.2009, 9 S 523/08).

Befristetes Wahlrecht

Eigentümer von Gebäuden mit bis zu vier Wohnungen, für die der Bauantrag vor dem 1.11.1977 gestellt worden ist und die noch nicht energetisch saniert wurden, endete die Wahlfreiheit am 30.9.2008. Nach diesem Termin ist für die Eigentümer solcher Gebäude zwingend der aufwendige Bedarfsausweis vorgeschrieben.

Gebäudebezogene Ausstellung

Ein Energieausweis kann nur für das Gebäude, nicht für einzelne Wohnungen ausgestellt werden (§ 17 Abs. 3 Satz 1 EnEV). Eine Ausnahme besteht nur für den Fall, dass ein nicht unerheblicher Teil des Gebäudes nicht für Wohnzwecke oder wohnähnliche Zwecke genutzt wird. Insofern sind die Ausweise für den Wohngebäudeteil und für den Nichtwohngebäudeteil zu erstellen.

Bei einer Wohnungseigentümergemeinschaft ist die Hausverwaltung verpflichtet, die Ausstellung eines Energieausweises in Auftrag zu geben. Der einzelne Wohnungseigentümer hat gegen die Eigentümergemeinschaft einen Anspruch auf rechtzeitige Bereitstellung des Ausweises. Die Kosten sind von der Eigentümergemeinschaft zu tragen.

Wer darf einen Energieausweis ausstellen?

Energieausweise für Bestandsgebäude dürfen gemäß § 21 EnEV von Personen mit baufachlicher Qualifikation ausgestellt werden, d. h. unter anderem von Architekten, Ingenieuren, Kaminkehrern und Handwerksmeistern mit entsprechender Qualifikation. Listen über ausstellungsberechtigte Personen werden von den jeweiligen Kammern (z. B. Architekten-, Ingenieur-, Handwerkskammer) geführt. Dort können Hauseigentümer nachfragen, ob der Anbieter des Ausweises ausstellungsberechtigt ist.

Welche Ansprüche haben Mieter und Mietinteressenten?

Bei einer Neuvermietung muss den Interessenten der Energieausweis lediglich „zugänglich gemacht" werden (§ 16 Abs. 2 EnEV). Dies bedeutet, dass der Mietinteressent weder die Aushändigung des Ausweises noch eine Kopie verlangen kann. Der Interessent muss sich lediglich Kenntnis vom Inhalt des Ausweises verschaffen können. Ausreichend wäre dabei auch ein Aushang im Treppenhaus anlässlich einer Wohnungsbesichtigung.

Als Interessenten gelten nur Personen, die als künftige Mieter oder Käufer tatsächlich infrage kommen. Ein Einsichtsrecht für andere Personen sieht die EnEV nicht vor.

TIPP

Bei Abschluss des Mietvertrags sollte sich der Vermieter vom Mieter durch dessen Unterschrift bestätigen lassen, dass diesem der Energieausweis zugänglich gemacht worden ist oder der Mieter hierauf verzichtet hat.

Der Mieter kann auf den im Energieausweis genannten Werten keine Ansprüche auf Mietminderung wegen eines Mangels der Mietsache geltend machen, wenn die tatsächlichen Verbrauchswerte die im Energieausweis ausgewiesenen Werte übersteigen, da der Energieausweis gemäß § 5a Satz 3 EnEG lediglich der Information dient.

Der Vermieter sollte den Energieausweis aber keinesfalls zur Anlage oder zum Bestandteil des Mietvertrags machen, da die Angaben in diesem Fall als zugesicherte Eigenschaft gewertet werden könnten, die bei Abweichungen möglicherweise zu Ansprüchen des Mieters führen.

Bei bereits bestehenden Mietverhältnissen kann der Mieter nicht nachträglich die Vorlage eines Energieausweises verlangen.

Vorgeschrieben ist ein Aushang jedoch nur bei Gebäuden mit mehr als 1.000 m^2 Nutzfläche, in denen Behörden und sonstige Einrichtungen für eine große Anzahl von Menschen öffentliche Dienstleistungen erbringen und die deshalb von Menschen häufig aufgesucht werden (§ 16 Abs. 3 EnEV).

Wer den Energieausweis vorsätzlich oder fahrlässig nicht, nicht vollständig oder nicht rechtzeitig zugänglich macht, handelt ordnungswidrig und kann mit Bußgeld bis zu 15.000 Euro belegt werden (§ 27 Abs. 2 Nr. 1 EnEV).

Können die Kosten für den Energieausweis umgelegt werden?

Die für die Erstellung des Energieausweises aufgewendeten Kosten stellen keine Betriebskosten im Sinne der Betriebskostenverordnung dar und können daher nicht auf den Mieter umgelegt werden.

Die Kosten können lediglich bei den Einkünften aus Vermietung und Verpachtung steuermindernd als Werbungskosten angesetzt werden.

TIPP

Selbstnutzer können versuchen, die Kosten in der Steuererklärung als „haushaltsnahe Dienstleistung" anzusetzen. Insofern ist derzeit aber noch ungeklärt, ob die Finanzverwaltung oder die Finanzgerichte dies anerkennen.

Ersatzmieter

Ein Mieter, der in ein bestehendes Mietverhältnis als Ersatz für einen ausscheidenden Mieter eintritt, wird als Ersatzmieter oder Nachmieter bezeichnet. Ein Rechtsanspruch des Mieters, dass der Vermieter das Mietverhältnis mit einem Ersatz- oder Nachmieter fortführt, besteht nur dann, wenn der Mietvertrag eine Nachmieterklausel enthält.

Enthält der Mietvertrag keine Nachmieterklausel, besteht für den Vermieter grundsätzlich keine Verpflichtung, den Mieter vorzeitig aus dem Mietverhältnis zu entlassen. Die Stellung von zumutbaren Ersatzmietern durch den Mieter ändert daran nichts.

Bei Fehlen einer solchen Klausel ist der Vermieter nur ausnahmsweise nach den von der Rechtsprechung zum Grundsatz von Treu und Glauben entwickelten Grundsätzen verpflichtet, an der vorzeitigen Aufhebung des Mietverhältnisses durch Abschluss eines Mietaufhebungsvertrags mitzuwirken, wenn das berechtigte Interesse des Mieters an der vorzeitigen Aufhebung dasjenige des Vermieters am Bestand des Vertrages ganz erheblich überragt.

Ausdrücklich genannt werden in der Rechtsprechung folgende Gründe: schwere Krankheit des Mieters, beruflich bedingter Ortswechsel, Aufnahme in ein Altenheim, wesentliche Vergrößerung oder Verkleinerung der Familie. Nicht ausreichend ist allein der Wunsch des Mieters nach Bezug einer besseren, billigeren oder verkehrsgünstigeren Wohnung, da der Mieter in diesem Fall das Interesse an der Wohnung aufgrund seiner freien Entscheidung und nicht aufgrund von nicht zu vertretenden Umständen verloren hat. Relevant können daher nur Gründe sein, die außerhalb des Einflussbereiches des Mieters liegen.

In die Interessenabwägung zwischen den Interessen des Mieters an der Aufhebung des Mietvertrags und den Interessen des Vermieters am Bestand des Mietverhältnisses ist auch die Restlaufzeit des Mietvertrags mit einzubeziehen. Sofern diese nur noch verhältnismäßig kurz ist (z. B. drei Monate), braucht der Vermieter in der Regel keinen Ersatzmieter akzeptieren. Gleiches gilt auch bei einer längeren Restlaufzeit (hier: sieben Monate), wenn anzunehmen ist, dass dem Nachmieter im Räumungsverfahren erhebliche Räumungsfristen gewährt würden. Selbst bei einer Restlaufzeit von 16 Monaten ist es nicht in jedem Fall unbillig, den Mieter bis zum Mietende am Vertrag festzuhalten (so z. B. LG Braunschweig, DWW 2000, 56).

Entsprechend muss ein Nachmieter nicht akzeptiert werden, wenn es bei einem unbefristeten Mietverhältnis lediglich um die Einhaltung der kurzen gesetzlichen Kündigungsfrist von drei Monaten geht. Hier ist dem Mieter zumutbar, den ordentlichen Weg der Beendigung des Mietverhältnisses durch Kündigung seinerseits zu bestreiten, sodass er gegen den Vermieter keinen Anspruch auf Vertragsaufhebung zu einem früheren Zeitpunkt hat.

Welche Nachmieter muss der Vermieter akzeptieren?

Hat der Mieter nach den oben genannten Grundsätzen erhebliche Gründe außerhalb seines Einflussbereiches dargelegt, besteht ein Anspruch auf vorzeitige Entlassung aus dem Mietvertrag, wenn einer der vorgeschlagenen Nachmieter für den Vermieter zumutbar und geeignet ist.

Der Nachmieter muss nach seinen persönlichen und wirtschaftlichen Verhältnissen Gewähr dafür bieten, dass der Vermieter nicht schlechter gestellt wird, als es bei ordnungsgemäßer Vertragserfüllung durch den bisherigen Mieter der Fall wäre.

Ferner muss der Ersatzmieter bereit sein, die bestehenden Vertragsbedingungen unverändert zu akzeptieren. Ist dies nicht der Fall, liegt es im Belieben des Vermieters, den Ersatzmieter abzulehnen oder eigene Interessenten in die Vertragsverhandlungen einzubringen, wobei dadurch eintretende Verzögerungen des Mieterwechsels zulasten des ausscheidenden Mieters gehen.

Der Vermieter ist grundsätzlich auch berechtigt, mit dem Ersatzmieter neue Vertragsbedingungen auszuhandeln. Er darf jedoch nicht die Aufnahme von Vertragsgesprächen durch unzumutbare Forderungen erschweren.

Entsprechendes gilt, wenn sich der Vermieter vorbehaltlos zu einer vorzeitigen Vertragsaufhebung bereit erklärt hat. Dem Vermieter ist es zwar auch dann nicht verwehrt, marktgerechte Bedingungen mit dem künftigen Mieter auszuhandeln, jedoch müssen sich diese im Vergleich zum Ausgangsmietvertrag in angemessenem Rahmen halten. Der Vermieter oder seine Hausverwaltung darf den Vertragsabschluss mit einem potenziellen Nachmieter nicht durch unangemessene Bedingungen vereiteln. Andernfalls muss sich der Vermieter so behandeln lassen, als wäre das Mietverhältnis einvernehmlich zum Zeitpunkt der möglichen Anmietung durch den Nachmieter beendet worden.

Für die Ablehnung eines vorgeschlagenen Nachmieters muss der Vermieter objektive Gründe vortragen können. Fernliegende Befürchtungen, bloße persönliche Antipathien oder eine objektiv nicht begründete negative Einstellung des Vermieters zu bestimmten Mieterkreisen müssen unberücksichtigt bleiben.

Der Vermieter kann daher einen alleinstehenden Nachmieter mit Kind nicht deshalb ablehnen, weil er Beschwerden anderer Mieter über möglichen Kinderlärm befürchtet. Die Behauptung, Kinder würden grundsätzlich Lärmbelästigungen verursachen, stellt eine unzulässige Verallgemeinerung und damit keinen objektiven Ablehnungsgrund dar (BGH, Urteil vom 22.1.2003, VIII ZR 244/02, NZM 2003, 277). Ferner kann der Vermieter einen Nachmieter auch nicht allein deshalb ablehnen, weil es sich um einen ausländischen Staatsangehörigen handelt. Ebenso steht der objektiven Eignung eines Nachmieters dessen kulturelle Herkunft grundsätzlich nicht entgegen.

Dagegen kann ein wichtiger Grund für die Ablehnung vorliegen, wenn der Ersatzmieter keine vergleichbare wirtschaftliche Sicherheit wie der bisherige Mieter bietet. Dies ist beispielsweise dann der Fall, wenn anstelle von zwei gesamtschuldnerisch haftenden Mietern ein Ersatzmieter allein eintreten soll und einer der ausscheidenden Mieter nicht bereit ist, für die gesamte restliche Vertragslaufzeit eine Bürgschaft zu stellen. Auf Verlangen des Vermieters muss der Nachmieter seine Solvenz nachweisen, anderenfalls kann ihn der Vermieter wegen Unzumutbarkeit ablehnen.

Der Vermieter muss auch keinen Mietinteressenten akzeptieren, der die Wohnung zu wesentlichen Teilen gewerblich nutzen will. Ferner kann der Vermieter einen vorgeschlagenen Ersatzmieter ablehnen, wenn sich der Mieter mit der Zahlung der Miete in Verzug befindet. Auf die Mietkaution muss sich der Vermieter insofern nicht verweisen lassen.

Ein Ersatzmieter, der die genannten Voraussetzungen erfüllt, muss dem Vermieter konkret benannt oder angeboten werden. Unter mehreren Bewerbern hat der Vermieter die freie Auswahl.

TIPP

Der Mieter kann nicht verlangen, dass der Vermieter eine bestimmte Person als Nachfolger annimmt, beispielsweise weil ihm diese die höchste Ablösesumme für seine Ein- oder Umbauten bezahlt.

Dem Vermieter steht – auch ohne ausdrückliche Erklärung – eine angemessene Nachforschungs- und Überlegungsfrist zu, innerhalb der er durch Einziehung von Erkundigungen prüfen kann, ob der vorgeschlagene Ersatzmieter akzeptabel ist oder ob er die Mieträume anderweitig vermieten will. Die Länge dieser Frist bestimmt sich nach den Umständen des Einzelfalls und kann bis zu drei Monate betragen. Vor Ablauf dieser Frist ist eine vorzeitige Beendigung des Mietverhältnisses ausgeschlossen und der Mieter in jedem Fall zur Fortzahlung der Miete verpflichtet.

Ist der Vermieter an der Stellung von Ersatzmietern durch den Mieter nicht interessiert und beabsichtigt er, selbst einen neuen Mieter zu suchen, kann er von seinem Mieter zumindest die Einhaltung der gesetzlichen Kündigungsfrist von drei Monaten verlangen, da der Mieter diese Frist auch bei Kündigung eines unbefristeten Vertrages einhalten müsste und bei einem vorzeitigen Ausscheiden aus einem befristeten Vertrag nicht verlangen kann, bessergestellt zu werden.

Diese Ausführungen zur Pflicht des Vermieters, einen zumutbaren und geeigneten Ersatzmieter zu akzeptieren, gelten nur dann, wenn der Mietvertrag eine entsprechende Klausel enthält oder der Mieter aus Gründen, die er nicht zu vertreten hat und die außerhalb seines Einflussbereiches liegen, aus dem Vertrag ausscheiden muss. Will der Mieter aus anderen Gründen vorzeitig aus dem Mietverhältnis entlassen werden, besteht darauf ein Anspruch selbst dann nicht, wenn die vorgeschlagenen Ersatzmieter für den Vermieter zumutbar und geeignet wären.

Der Mieter ist auch bei einer Betriebsaufgabe des gewerblichen Mieters, beispielsweise wegen Alters oder aus gesundheitlichen Gründen, nicht verpflichtet, den Betriebsnachfolger als Nachmieter zu akzeptieren. Dies würde den Vermieter in seiner Freiheit, Verträge zu schließen, in unangemessener Weise beschränken (so OLG München, Urteil vom 18.10.2002, 21 U 2900/02, NZM 2003, 23).

Auch wenn sich der Vermieter mit einem Nachmieter einverstanden erklärt hat, ist es ihm grundsätzlich nicht verwehrt, sich gegen mögliche Schäden als Folge des Mieterwechsels rechtlich abzusichern. Lehnt der Mieter etwa auf Verlangen des Vermieters eine Bonitätsprüfung und eine Selbstauskunft des von ihm vorgeschlagenen Nachmieters ab, sodass ein Mietvertrag nicht zustande kommt, rechtfertigt dies keine fristlose Kündigung des Mietverhältnisses durch den Mieter.

Was tun bei eigenmächtigem Auszug des Mieters?

Zieht der Mieter ohne Rücksicht auf den weiter bestehenden Mietvertrag endgültig aus und zahlt keine Miete mehr, kann der Vermieter die Räume weitervermieten. Er ist nicht gezwungen, den ursprünglichen Mieter aus dem Vertrag zu entlassen, jedoch sollte er dem Mieter in diesem Fall den Zweck der Weitervermietung (Schadensminderung) mitteilen und den Mieter auf den Fortbestand seiner Haftung hinweisen.

Bei einer Vermietung zu einer niedrigeren — jedoch dem erzielbaren Marktpreis entsprechenden — Miete ist der Mieter zur Zahlung der Mietdifferenz verpflichtet. Dies gilt unabhängig davon, ob sich der Mieter (im Interesse der Schadensminderung) mit der Weitervermietung einverstanden erklärt hat.

Vermietet der Vermieter die Mieträume weiter und bezahlt der neue Mieter keine Miete, ist der alte Mieter zur Weiterzahlung der Miete verpflichtet. Er kann vom Vermieter lediglich die Abtretung der Ansprüche gegen den neuen Mieter verlangen.

Nimmt der Vermieter jedoch die Räume nach vorzeitigem Auszug des Mieters vorbehaltlos in Besitz und führt darin Umbau- oder Modernisierungsarbeiten aus, entfällt der Mietzahlungsanspruch. Eine andere Beurteilung ist möglich, wenn die Räume vom Vermieter nur vorübergehend in Besitz genommen wurden und dem Mieter jederzeit zurückgegeben werden können, wenn dieser den Besitz wieder ausüben will. In diesem Fall entfällt der Anspruch des Vermieters auf Fortzahlung der Miete nicht.

Vereinbarungen über den Eintritt eines Nachmieters

Will der Vermieter dem Mieter entgegenkommen und ihn trotz Fehlen eines entsprechenden Rechtsanspruchs vorzeitig aus dem Mietverhältnis entlassen, kann dies entweder durch eine Eintrittsvereinbarung zwischen allen Beteiligten (Vermieter, alter Mieter, neuer Mieter) oder durch Abschluss eines Mietaufhebungsvertrags zwischen dem Vermieter und dem alten Mieter erfolgen.

TIPP

Der Abschluss eines schriftlichen Mietaufhebungsvertrags mit dem alten Mieter und der Abschluss eines neuen Mietvertrags mit dem Nachfolger ist aus Gründen der Rechtsklarheit, etwa bezüglich der Fristen für die Kündigung oder Durchführung von Schönheitsreparaturen, einer Eintrittsvereinbarung vorzuziehen.

Will der Vermieter nicht das Risiko eines Leerstands der Räume und des Ausfalls tragen, ist zu empfehlen, einen Aufhebungsvertrag unter der aufschiebenden Bedingung zu schließen, dass ein neuer Mieter die Räume anmietet. Das Risiko eines erfolgreichen Verlaufs des Folgemietvertrags verbleibt jedoch beim Vermieter.

Wirksam ist eine Formularklausel in einem auf Wunsch des Mieters abgeschlossenen Mietaufhebungsvertrag, die den Mieter verpflichtet, für den erhöhten Verwaltungs- und Vermietungsaufwand infolge der vorzeitigen Vertragsauflösung eine Pauschalabgeltung in Höhe von einer Monatsmiete (Nettokalt) ohne besonderen Nachweis des Vermieters zu zahlen (OLG Hamburg, RE vom 17.4.1990, DWW 1990, 174).

Unwirksam ist dagegen folgende bereits im Mietvertrag enthaltene Formularklausel: „Sollte das Mietverhältnis auf Wunsch des Mieters vor Ablauf der Vertragszeit oder der gesetzlichen Fristen einverständlich beendet werden, zahlt der Mieter als pauschale Abgeltung der Kosten der vorzeitigen Beendigung des Mietverhältnisses an den Vermieter den Betrag der zuletzt vereinbarten Kaltmiete für einen Monat." Diese Klausel ist nach Auffassung der Rechtsprechung unwirksam, da sie im Gegensatz zur erstgenannten Klausel dem Mieter konkludent den Nachweis abschneidet, dass dem Vermieter infolge der vorzeitigen Beendigung des Mietverhältnisses Kosten überhaupt nicht oder nur in geringerer Höhe entstanden sind (OLG Karlsruhe, Beschluss vom 15.2.2000, DWW 2000, 128).

Garage

Wird eine Garage zusammen mit einer Wohnung vermietet, etwa dadurch, dass sie im Wohnraummietvertrag unter den vermieteten Räumlichkeiten angeführt wird, liegt nach der Rechtsprechung ein sogenanntes einheitliches Mietverhältnis über Wohnraum und Garage vor. Dies hat zur Folge, dass die Garage rechtlich wie Wohnraum behandelt wird. Gleiches gilt, wenn die Garage zusammen mit dem Wohnraum ohne Erwähnung im Mietvertrag überlassen wird.

In diesem Fall ist die Garage nur zusammen mit dem Wohnraum unter Einhaltung der Kündigungsschutzvorschriften kündbar. Auch die Miete kann in diesem Fall für die Garage nicht separat, d. h. isoliert erhöht werden. Dies gilt auch dann, wenn die Garagenmiete unter der ortsüblichen Miete liegt. Eine Erhöhung ist in diesem Fall nur zusammen mit der Wohnungsmiete möglich. Die Begründung der Mieterhöhung muss sich daher auf Wohnung und Garage beziehen, wobei die verlangte Miete die ortsübliche Miete für diese Wohnung mit Garage nicht übersteigen darf.

Einheitliches Mietverhältnis

Ein einheitliches Mietverhältnis liegt grundsätzlich auch dann vor, wenn der Vermieter einer Wohnung seinem Mieter nach Jahren auch eine auf dem Hausgrundstück gelegene Garage vermietet und eine ausdrückliche Einbeziehung in den bisherigen Mietvertrag nicht erfolgt ist. Auch eine gesonderte Ausweisung der Miete für die Garage im Wohnungsmietvertrag ändert nichts an der Einheitlichkeit des Mietverhältnisses. In diesem Fall kann die Garage beispielsweise nicht wegen Eigenbedarfs gekündigt werden.

TIPP

Anders ist die Rechtslage, wenn die Vermietung der Garage durch einen separaten Garagenmietvertrag erfolgt, wonach die Vermietung unabhängig von dem Bestand des Wohnraummietverhältnisses erfolgt. Insofern handelt es sich auch bei gleichzeitiger Überlassung von Wohnraum und Garage und selbst beim räumlichen oder funktionellen Zusammenhang zwischen der Wohnung und der Garage um rechtlich selbstständige Verträge, wenn die Parteien getrennte Vertragsformulare mit jeweilig ausgewiesener Miete und unterschiedlichen Laufzeiten und Kündigungsregeln verwenden. Insofern kann bereits

die Vereinbarung unterschiedlicher Kündigungsfristen für den Parteiwillen sprechen, einen selbstständigen Garagenmietvertrag abschließen zu wollen. Auch ein vom Wohnungsmietvertrag abweichender Zahlungstermin für die Garagenmiete (z. B. Mitte oder Ende des Monats anstatt am dritten Werktag) kann darauf hindeuten, dass ein rechtlich selbstständiger, d. h. eigenständiger Garagenmietvertrag abgeschlossen wurde.

Auch wenn die Garage auf einem anderen Grundstück liegt, ergibt sich aus diesem Umstand, dass der Parteiwille auf den Abschluss eines selbstständigen Mietvertrags für die hinzugemietete Garage gerichtet war. Die gilt auch dann, wenn die Garage zeitgleich mit der Wohnung angemietet und die Anmietung der Garage sogar mündlich zugesagt, im schriftlichen Wohnungsmietvertrag aber nicht erwähnt wurde (BGH, Urteil vom 12.10.2011, VIII ZR 251/10).

Ein erkennbarer, auf den Abschluss eines eigenständigen Garagenmietvertrags gerichteter Parteiwille liegt auch vor, wenn die Vertragsparteien des Wohnungs- und des Garagenmietvertrags nicht identisch sind (z. B. Wohnungsmietvertrag mit Herrn und Frau X, Garagenmietvertrag nur mit Herrn X als Mieter).

Eine Formularklausel, wonach der Garagenmietvertrag rechtlich und wirtschaftlich selbstständig und unabhängig von dem Bestand eines anderen Mietvertrags, beispielsweise über eine Wohnung, sein soll, ist wirksam.

Kein Kündigungsschutz, kein Schutz vor Mieterhöhungen

Die Eigenständigkeit des Garagenmietvertrags hat zur Folge, dass eine separate Kündigung der Garage wie bei Geschäftsräumen ohne Angabe von Gründen möglich ist. Wurden keine abweichenden Vereinbarungen getroffen, kann das Mietverhältnis, wenn die Miete nach Monaten oder längeren Zeitabschnitten bemessen ist, spätestens am dritten Werktag eines Kalendermonats zum Ablauf des übernächsten Monats gekündigt werden (§ 580a Abs. 1 BGB). Die verlängerte Kündigungsfrist (§ 580a Abs. 2 BGB, sechs Monate) gilt nicht für Garagen, da es sich bei Garagen nicht um Geschäftsräume im Sinne dieser Vorschrift handelt.

TIPP

Bei Vorliegen rechtlich selbstständiger Verträge unterliegt die Mieterhöhung auch nicht den Vorschriften des § 558 BGB und kann im Wege der Änderungskündigung durchgesetzt werden. Dabei wird der Vertrag vom Vermieter fristgerecht gekündigt werden, verbunden mit dem Angebot auf Abschluss eines neuen Mietvertrags mit einer höheren Miete. Einer Begründung bedarf es nicht. Ein Muster hierzu steht als Arbeitshilfe online zur Verfügung.

ARBEITSHILFE ONLINE

Kein Anspruch auf Garage/Stellplatz

Ein Wohnungsmietvertrag begründet keine (Neben-)Pflicht des Vermieters, seinem Mieter zusätzlich zu den angemieteten Wohnräumen einen Garagenstellplatz zur Verfügung zu stellen. Etwas anderes kann nur im Fall einer entsprechenden besonderen Vereinbarung im Wohnungsmietvertrag gelten. Auch eine vom Vermieter verwaltungsintern geführte Liste von Mietern, die sich für einen Garagenstellplatz interessieren, begründet keine Rechte der dort aufgeführten Mieter. Vielmehr ist es allein Sache des Mieters, für einen Stellplatz zu sorgen. Der Vermieter handelt somit nicht willkürlich, wenn er in freiem Ermessen selbst bestimmt, mit wem er einen Mietvertrag über einen Stellplatz abschließt (BGH, Beschluss vom 31.8.2010, VIII ZR 268/09, WuM 2010, 678).

Heizkostenverordnung

Die seit 1.1.2009 geltende Neufassung der Heizkostenverordnung regelt die Verteilung der Betriebskosten der Heizungs- und Warmwasserversorgungsanlage eines Anwesens auf die einzelnen Nutzer. Sie gilt nicht bei Versorgung mit Einzelöfen, Etagenheizungen oder sonstigen dezentralen Heizungen sowie dann, wenn die Anlage nur eine Wohneinheit versorgt (z. B. Zentralheizung eines Einfamilienhauses).

Ist die Verordnung anwendbar, gehen ihre Bestimmungen grundsätzlich rechtsgeschäftlichen Vereinbarungen beispielsweise im Mietvertrag oder der Teilungserklärung bei Wohnungseigentum vor.

Nur in den folgenden Ausnahmefällen können die Beteiligten wirksame abweichende Vereinbarungen treffen:

- bei Gebäuden mit nicht mehr als zwei Wohnungen, wobei eine der Vermieter selbst bewohnt (§ 2),
- bei Gemeinschaftsräumen, die einer Verbrauchserfassungspflicht unterliegen (§ 4 Abs. 3 Satz 2, z. B. Schwimmbad, Sauna) richtet sich die Verteilung der Kostenanteile nach den Parteivereinbarungen (§ 6 Abs. 3 Satz 2),
- bei einer Kostenaufteilung gemäß § 9b auf Vor- und Nachmieter bei Mieterwechsel,
- bei Vereinbarungen über einen höheren verbrauchsabhängigen Kostenanteil als 70 % (§§ 7 Abs. 1, 8 Abs. 1).

Erfassungspflicht des Hauseigentümers

Der Gebäudeeigentümer muss den anteiligen Verbrauch der Nutzer an Wärme und Warmwasser erfassen und die Räume mit Ausstattungen zur Verbrauchserfassung versehen (§ 4).

Bei Anmieten oder Leasen der Geräte durch den Vermieter darf dieser die Kosten auf den Mieter umlegen, wenn er den Mietern die dadurch entstehenden Kosten mitgeteilt und die Mehrheit der Mieter innerhalb eines Monats nach Zugang der Mitteilung nicht widersprochen hat (§ 4 Abs. 2).

Widerspricht die Mehrheit der Mieter der Anmietung, kann der Vermieter seine Aufwendungen umlegen, indem er die Geräte kauft und den Kaufpreis nach § 559 BGB (Erhöhung der Jahresmiete um 11 % der aufgewendeten Kosten) auf die Miete umlegt.

Ausnahmen

Ausgenommen von der Pflicht zur Verbrauchserfassung sind gemeinschaftlich genutzte Räume wie Treppenhäuser, Flure oder Abstellräume, soweit sie nicht einen nutzungsbedingt hohen Wärme- oder Warmwasserverbrauch haben, was beispielsweise bei Schwimmbad oder Sauna der Fall ist.

Soweit der Verbrauch der Gemeinschaftsräume nicht erfasst wird, sind die insgesamt zu verteilenden Kosten im Verhältnis des erfassten Verbrauchs dieser Räume zum erfassten Gesamtverbrauch aufzuteilen. Der so ermittelte Kostenanteil der Gemeinschaftsräume wird dann auf die einzelnen Nutzer nach rechtsgeschäftlichen Bestimmungen verteilt (z. B. Mietvertrag, Vereinbarungen der Wohnungseigentümer, Benutzer usw.).

Zur Erfassung des anteiligen Wärmeverbrauchs sind Wärmezähler oder Heizkostenverteiler, zur Erfassung des anteiligen Warmwasserverbrauchs Wärmezähler oder andere geeignete Ausstattungen zu verwenden.

Insofern ist der Vermieter nicht verpflichtet, die technisch optimale Lösung zu wählen und beispielsweise statt Verdunsterröhrchen elektrische Heizkostenverteiler einzubauen. Bei Heizkostenverteilern nach dem Verdunstungsprinzip kann davon ausgegangen werden, dass sie derzeit noch den anerkannten Regeln der Technik entsprechen.

Der Wohnungsnutzer ist zur Duldung aller für die Verbrauchserfassung erforderlichen Maßnahmen verpflichtet. Dies gilt auch für die Installation eines zusätzlichen Messgeräts zur Schließung einer vorhandenen Lücke bei der Erfassung des Wärmeverbrauchs in der Wohnung (hier: zusätzlicher Heizkostenverteiler zur Messung der vom Fallrohr des Heizungsstrangs abgegebenen Wärme sowie Umprogrammierung von bereits vorhandenen Heizkostenverteilern; BGH, Urteil vom 12.5.2010, VIII ZR 170/09, WuM 2010, 427).

Diese Duldungspflicht des Mieters besteht nicht nur bei der Erstausstattung der Mieträume mit Heizkostenverteilern und beim Austausch defekter Geräte, sondern bezieht sich auch auf den Austausch noch funktionsfähiger Geräte gegen moderne Systeme. Dementsprechend ist der Mieter verpflichtet, auch den Austausch von funktionsfähigen Geräten (z. B. von Verdunstungsgeräten) gegen funkbasierte Ablesegeräte zu dulden (BGH, Urteil vom 28.9.2011, VIII ZR 326/10, NZM 2011, 804).

Wie werden die Kosten verteilt?

Der Gebäudeeigentümer muss die Kosten der Versorgung mit Wärme und Warmwasser auf der Grundlage der Verbrauchserfassung auf die einzelnen Nutzer verteilen (§ 6 Abs. 1 HeizKV). Dabei sind die Kosten zumindest zu 50 %, höchstens zu 70 % auf den erfassten Verbrauch zu verteilen.

Zwingender Verteilerschlüssel

In diesem Bereich (50 bis 70 %) kann der Gebäudeeigentümer den Abrechnungsmaßstab grundsätzlich frei wählen.

Eine Einschränkung dieses Wahlrechts bestimmt die am 1.1.2009 in Kraft getretene Neufassung des § 7 Abs. 1 HeizKV: In Gebäuden, die das Anforderungsniveau der Wärmeschutzverordnung vom 16.8.1994 (BGBl I, S. 2121) nicht erfüllen, die mit einer Öl- oder Gasheizung versorgt werden und in denen die frei liegenden, d. h. nicht in der Wand verlegten Leitungen der Wärmeverteilung überwiegend gedämmt sind, hat der Gebäudeeigentümer kein Wahlrecht. Insofern sind zwingend 70 % der Kosten nach dem erfassten Wärmeverbrauch der Nutzer zu verteilen.

Sind die Leitungen dagegen ungedämmt, kann der Verbrauchskostenanteil individuell nach den anerkannten Regeln der Technik bestimmt werden, da in diesen Fällen der Wärmeverlust über die Leitungen so groß ist, dass ein sparsames Nutzerverhalten keinen Effekt bringt.

Ob diese Voraussetzungen vorliegen, ist im Zweifel durch eine Fachkraft abzuklären. Die übrigen Kosten sind nach der Wohn- oder Nutzfläche oder nach dem umbauten Raum zu verteilen. Es kann auch die Wohn- oder Nutzfläche oder der umbaute Raum nur der beheizten Räume zugrunde gelegt werden.

TIPP

Verbrauchsabhängiger Kostenanteil

Wirksam sind nach § 10 der HeizKV rechtsgeschäftliche Vereinbarungen, die einen höheren verbrauchsabhängigen Kostenanteil als 70 % vorsehen. Eine Vereinbarung, wonach die Abrechnung nach Heizkostenverteilern erfolgt, ist dahin gehend auszulegen, dass die Kosten zu 100 % nach dem Verbrauch zu verteilen sind. Eine solche Vereinbarung ist wirksam.

Mitteilung der Ablesewerte an den Nutzer

Dem Nutzer soll innerhalb eines Monats das Ergebnis der Ablesung (z. B. der Heizkostenverteiler oder Wärmezähler) mitgeteilt werden, wenn das Ableseergebnis nicht über einen längeren Zeitraum in den Räumen des Nutzers gespeichert ist und von diesem selbst abgerufen werden kann. Dies ist der Fall z. B. bei Heizkostenverteilern mit nur einer Verdunsterampulle oder bei elektronischen Geräten ohne Speicherung.

Bei Speicherung des Ableseergebnisses (z. B. dadurch, dass die Vorjahresampulle im Gerät verbleibt) ist keine Mitteilung erforderlich.

Warmwasserzähler sind von der Mitteilungspflicht generell ausgenommen (§ 6 Abs. 1 HeizKV).

Änderung des Abrechnungsmaßstabes

Seit der Neufassung der Heizkostenverordnung kann der Gebäudeeigentümer den Abrechnungsmaßstab (sowohl für Heiz- als auch für Warmwasserkosten) vor jedem Abrechnungszeitraum neu festlegen, wenn ein sachgerechter Grund vorliegt. Dies ist der Fall, wenn der bisherige Abrechnungsmaßstab zu unbilligen Ergebnissen führt, z. B. wenn die Kostenverteilung bei objektiver Betrachtung die unterschiedlichen Interessen der Betroffenen nicht in einen angemessenen Ausgleich bringt, weil einzelne Nutzer übervorteilt oder ohne sachlichen Grund benachteiligt werden. Eine bloße Kostenungerechtigkeit reicht jedoch nicht aus (§ 6 Abs. 4 Nr. 3 HeizKV).

Die Änderung des Abrechnungsmaßstabes muss den Nutzern vor Beginn des neuen Abrechnungszeitraums mitgeteilt werden.

Kosten einer Verbrauchsanalyse

Die Kosten einer Verbrauchsanalyse zählen nunmehr zu den umlagefähigen Heizkosten. Eine solche Verbrauchsanalyse sollte insbesondere die Entwicklung der Kosten für die Heizwärme- und Warmwasserversorgung der vergangenen drei Jahre wiedergeben (§ 7 Abs. 2 HeizKV) und den Nutzer damit in die Lage versetzen, sein Verbrauchsverhalten zeitnah und energiesparend zu ändern.

Eichkosten
Im Zuge der Neufassung der Heizkostenverordnung wurde diese der bereits am 1.1.2004 in Kraft getretenen Betriebskostenverordnung angepasst, wonach auch die Eichkosten für Wärmezähler ausdrücklich als Betriebskosten umlagefähig sind (§ 7 Abs. 2 HeizKV).

Ermittlung des Warmwasserenergieverbrauchs
Derzeit wird der Brennstoffverbrauch der zentralen Warmwasserversorgungsanlage bei sogenannten verbundenen Anlagen, d. h. bei Anlagen, die Heizwasser (z. B. für die Heizkörper) und Warmwasser (Brauchwasser) gleichzeitig bereiten, pauschal mit 18 % am Gesamtverbrauch angesetzt. Dies ist nur noch bis 31.12.2013 zulässig. Ab diesem Zeitpunkt muss die auf die zentrale Warmwasserversorgungsanlage entfallende Wärmemenge mit einem Wärmezähler gemessen werden (§ 9 Abs. 2 HeizKV). Der Energiebedarf für das Warmwasser wird damit von der energetischen Qualität der Gebäudehülle und der Anlagentechnik entkoppelt.
Eine Befreiungsmöglichkeit besteht nur dann, wenn die Wärmemenge nur mit einem unzumutbar hohen Aufwand gemessen werden kann.

Erneuerung von alten Erfassungsgeräten
Alte Heizkostenverteiler, die vor dem 1.7.1981 eingebaut wurden sowie alte Warmwasserkostenzähler, die vor dem 1.1.1987 eingebaut wurden, verlieren ihre Rechtsgültigkeit und müssen bis spätestens 31.12.2013 durch neue Geräte ersetzt werden.

---

§ 9a HeizKV regelt die Verteilung der Heiz- und Warmwasserkosten, wenn der tatsächliche Verbrauch wegen Geräteausfalls oder aus anderen zwingenden Gründen wie beispielsweise der Unzugänglichkeit der Wohnung an drei aufeinanderfolgenden Terminen in einem Abrechnungszeitraum nicht erfasst werden konnte. Dies gilt auch bei einem Ablesefehler, der nicht korrigiert werden kann, etwa weil die erhobenen Daten überschrieben wurden. Dies stellt einen Umstand dar, der einem Geräteausfall gleichzusetzen ist. Auf die Frage, wer den Umstand verschuldet oder zu vertreten hat, kommt es nicht an (BGH, Urteil vom 16.11.2005, VIII ZR 373/04, WuM 2005, 776). Auch Heizkörperverkleidungen können zu einer unrichtigen Verbrauchserfassung und damit zur Unverwertbarkeit der Ableseergebnisse führen, sodass auch insofern ein Fall des § 9a gegeben sein kann.

Kann der Verbrauch aus diesen Gründen nicht ordnungsgemäß erfasst werden, ist er vom Gebäudeeigentümer auf der Grundlage des Verbrauchs der betroffenen Räume in vergleichbaren früheren Abrechnungszeiträumen oder des Verbrauchs vergleichbarer anderer Räume im jeweiligen Abrechnungszeitraum zu ermitteln.

Zur Kürzung der Heizkosten nach § 12 ist der Mieter in diesen Fällen nicht berechtigt, da eine Schätzung keine nicht verbrauchsabhängige Abrechnung im Sinne von § 12 darstellt.

Kann der am Heizkörper abgelesene Messwert aus zwingenden physikalischen Gründen nicht dem tatsächlichen Verbrauchswert entsprechen, obliegt es dem eine Nachzahlung fordernden Vermieter, im Rahmen seiner Darlegungslast den Verbrauch nach § 9a Abs. 1 HeizKV zu ermitteln. Anderenfalls ist der Vermieter auf die verbrauchsunabhängige Abrechnung nach § 12 HeizKV unter Abzug von 15 % beschränkt. Eine Schätzung des Mindestbetrags durch das Gericht nach § 287 ZPO ist nicht möglich (BGH, Beschluss vom 5.3.2013, VIII ZR 310/12, WuM 2013, 305).

Was ist bei einem Mieterwechsel zu tun?

Bei einem Mieterwechsel innerhalb eines Abrechnungszeitraums regelt § 9b die Verteilung der Kosten auf den Vor- und Nachmieter. Der Gebäudeeigentümer muss eine Ablesung der Zähler (Zwischenablesung) vornehmen. Gleiches gilt für die Zwischenabrechnung.

Die anfallenden Kosten wie die vom Abrechnungsunternehmen in Rechnung gestellte „Nutzerwechselgebühr" können nicht als Betriebskosten auf die Mieter umgelegt werden. Insofern handelt es sich begrifflich nicht um Betriebskosten, da diese nicht „laufend" (im Sinne von § 556 Abs. 1 Satz 2 BGB) entstehen, sondern lediglich einmal, nämlich im Zusammenhang mit dem Auszug des Mieters. Somit stellen die Kosten nicht umlagefähige Kosten der Verwaltung dar. Zulässig ist aber eine anderweitige vertragliche Vereinbarung (BGH, Urteil vom 14.11.2007, VIII ZR 19/07). Im Mietvertrag sollte daher eine ausdrückliche Vereinbarung über die Tragung der Kosten bei einem Nutzerwechsel aufgenommen werden.

Ist eine Zwischenablesung nicht möglich oder lässt sie wegen des Zeitpunkts des Nutzerwechsels aus technischen Gründen keine hinreichend genaue Ermittlung der Verbrauchsanteile zu, sind die gesamten Kosten nach den für die üblichen Kosten geltenden Maßstäben (nach Gradtagszahlen oder zeitanteilig) aufzuteilen.

Ausnahmen und Befreiungen

Ausnahmen und Befreiungen sind in folgenden Fällen möglich, wenn die Anwendung der Verordnung aus technischen, wirtschaftlichen oder Praktikabilitätsgründen nicht vertretbar, problematisch oder uneffektiv wäre (§ 11):

Daher sind die §§ 3 bis 7 HeizKV, soweit sie sich auf die Versorgung mit Wärme beziehen, nicht anzuwenden:

1. (nur für nach dem 1.1.2009 beginnende Abrechnungszeiträume)
   in Gebäuden, die einen Heizwärmebedarf von weniger als 15 kWh/m^2 im Jahr aufweisen. Diese besonders energieeffizienten Gebäude (Passiv- oder Niedrigenergiehäuser) werden von der Verbrauchserfassungspflicht ausgenommen, da die Kosten für eine Verbrauchserfassung und eine verbrauchsabhängige Abrechnung in der Regel höher sind als die nur noch sehr geringen Einsparmöglichkeiten durch das Nutzerverhalten. Diese Befreiung gilt jedoch nicht für die Pflicht zur Abrechnung der Warmwasserkosten.
2. für Räume, bei denen das Anbringen der Ausstattung, die Erfassung des Wärmeverbrauchs oder die Verteilung der Kosten des Wärmeverbrauchs nicht oder nur mit unverhältnismäßig hohen Kosten möglich ist, z. B. bei Warmluftheizungen oder Heizkörpern, die technisch nicht mit für sie geeigneten Messgeräten ausgestattet werden können (z. B. nicht regulierbare Zentralheizkörper; BGH, Urteil vom 8.10.2003, VIII ZR 67/03, WuM 2003, 699). Unverhältnismäßig hohe Kosten liegen vor, wenn diese nicht durch Einsparungen, die in der Regel innerhalb von zehn Jahren erzielt werden können, erwirtschaftet werden können (§ 11 Abs. 1 Nr. 1b HeizKV in der seit 1.1.2009 geltenden Fassung). Die Unverhältnismäßigkeit des Kostenaufwands ist dabei aufgrund eines Vergleichs der Kosten für die Installierung der Messgeräte zuzüglich des Mess- und Abrechnungsaufwandes mit der möglichen Einsparung von Energiekosten festzustellen (BGH, ZMR 1991, 170). Sind die zu erwartenden Einsparungen beim Warmwasserverbrauch (vgl. LG Hamburg, WuM 1992, 490: ca. 10 %) geringer als der Aufwand für Anbringung und laufenden Unterhalt der Zähler, liegt eine Unverhältnismäßigkeit vor (BayObLG, WuM 1989, 451). Für die Feststellung der Unverhältnismäßigkeit der Kosten ist ein Vergleichszeitraum von zehn Jahren maßgeblich (LG Berlin, Urteil vom 29.4.2003, 64 S 46/903, ZMR 2003, 679).
   Heizkörperverkleidungen stellen keinen technischen Hinderungsgrund dar, der einer Montage von Erfassungsgeräten entgegenstehen würde (LG Hamburg, WuM 1992, 259).

Eine sogenannte Einrohrheizung schließt die verbrauchsabhängige Abrechnung der Heizkosten nicht aus, da die Wärmeabgabe durch die Einrohrringleitung der Grundversorgung der Wohnung zugutekommt und die Heizkostenverordnung nicht vorschreibt, dass nur solche verbrauchsabhängigen Kosten in die Heizkostenabrechnung eingestellt werden dürfen, die auch vom Mieter beeinflussbar, d. h. regulierbar sind (AG Neukölln, Urteil vom 15.2.2001, 3 C 351/00 WuM 2003, 325; AG Halle, Urteil vom 24.6.2005, 105 C 2907/04, ZMR 2006, 536).

3. für Räume, die vor dem 1.7.1981 bezugsfertig geworden sind und in denen der Nutzer den Wärmeverbrauch nicht beeinflussen kann, beispielsweise bei bestimmten Einrohrsystemen und ausschließlich zentral gesteuerten Fußbodenheizungen.
4. für Alters-, Pflege-, Studenten- und Lehrlingswohnheime sowie vergleichbare Gebäude, bei denen wegen der besonderen Nutzung regelmäßig keine üblichen Mietverträge abgeschlossen werden.
5. für die Kosten des Betriebs der dazugehörigen Hausanlagen, soweit sie im Fall der Lieferer-Nutzer-Direktabrechnung vom Gebäudeeigentümer gesondert abgerechnet werden.
6. für Räume in Gebäuden, die überwiegend versorgt werden mit Wärme aus Anlagen zur Rückgewinnung von Wärme oder aus Wärmepumpen oder Solaranlagen oder mit Wärme aus Anlagen der Kraft-Wärme-Koppelung oder aus Anlagen zur Verwertung von Abwärme, sofern der Wärmeverbrauch des Gebäudes nicht erfasst wird.
7. in sonstigen Fällen, in denen die nach Landesrecht zuständige Stelle wegen besonderer Umstände von den Anforderungen dieser Verordnung befreit hat, um einen unangemessenen Aufwand oder sonstige unbillige Härten zu vermeiden.

Ansprüche des Mieters

Der Nutzer ist berechtigt, vom Gebäudeeigentümer die Erfüllung der Verpflichtung zur Ausstattung und Erfassung der Kosten zu verlangen (§ 4 Abs. 4).

TIPP

Bei nicht verbrauchsabhängiger Abrechnung entgegen den Vorschriften der Verordnung hat der Mieter das Recht, den auf ihn entfallenden Anteil um 15 % zu kürzen (§ 12 Abs. 1). Dies gilt nicht, wenn die Erfassungsgeräte lediglich nicht richtig funktioniert haben und der Verbrauch aus diesem Grund geschätzt werden musste.

Ein Kürzungsrecht ist auch ausgeschlossen, wenn der Mieter vor Mietabschluss bei Besichtigung der Wohnung klar erkennen konnte, dass die Räume noch nicht mit Geräten zur Heizkostenerfassung ausgestattet waren. Ferner kann der Mieter das Kürzungsrecht nicht mehr geltend machen, wenn er nach Abrechnung der Heizkosten den Saldo ungekürzt ausgeglichen hat.

Dieses Kürzungsrecht des Mieters ist zwingendes Recht und kann daher nicht durch eine vertragliche Vereinbarung ausgeschlossen werden, wie beispielsweise dadurch, dass sich die Parteien mit einer vom individuellen Verbrauch unabhängigen Abrechnung der Heizkosten allein nach dem Anteil der Wohnflächen einverstanden erklären.

Kaution

Eine Kaution kann vom Mieter nur aufgrund einer vertraglichen Vereinbarung verlangt werden, da gesetzliche Vorschriften über eine Verpflichtung des Mieters zur Leistung einer Kaution nicht existieren.

Wurden etwa im Mietvertrag keine vertraglichen Vereinbarungen über die Leistung einer Sicherheit durch den Mieter getroffen, besteht kein Rechtsanspruch des Vermieters auf Abschluss einer ergänzenden Vereinbarung über die Zahlung einer Kaution durch den Mieter. Dementsprechend besteht auch kein Rechtsanspruch auf Erhöhung einer vom Mieter vertragsgemäß geleisteten Kaution.

Eine Ausnahme von diesem Grundsatz besteht, wenn nach dem Tod des Mieters dessen Ehegatte in das Mietverhältnis eintritt (§ 563 BGB) oder das Mietverhältnis mit den überlebenden Mietern fortgesetzt wird (§ 563a BGB). In diesen Fällen kann der Vermieter von diesen Personen eine Sicherheitsleistung nach Maßgabe des § 551 BGB verlangen, wenn der verstorbene Mieter keine Sicherheit geleistet hatte (§ 563b Abs. 3 BGB).

Der Anspruch des Vermieters auf Stellung einer Kaution verjährt in der regelmäßigen dreijährigen Verjährungsfrist (§ 195 BGB).

Sowohl bei frei finanziertem als auch bei preisgebundenem Wohnraum dient die Kaution ausschließlich der Sicherung von Forderungen des Vermieters aus dem konkreten Mietverhältnis. Dieser Zweckbindung sowie dem Treuhandcharakter der Mietkaution ist – mangels anderweitiger ausdrücklicher Vereinbarungen – ein stillschweigendes Aufrechnungsverbot im Hinblick auf Forderungen zu entnehmen, die nicht aus dem konkreten Mietverhältnis stammen. Daher kann der Vermieter gegen den Anspruch des Mieters auf Kautionsrückzahlung z. B. nicht mit Forderungen gegen den Mieter aus einem anderen Mietverhältnis aufrechnen. Dies gilt auch dann, wenn die Kaution am Ende des Mietverhältnisses nicht für Forderungen des Vermieters aus dem konkreten Mietverhältnis benötigt wird (BGH, Urteil vom 11.7.2012, VIII ZR 36/12).

Wie hoch darf die Kaution sein?

Bei Wohnungsmietverhältnissen darf die Sicherheitsleistung des Mieters höchstens das Dreifache der Monatsmiete ohne die als Pauschale oder Vorauszahlung ausgewiesenen Betriebskosten betragen.

Darüber hinausgehende Beträge kann der Mieter trotz Bestehens einer entsprechenden Vereinbarung zurückfordern, da er sie „rechtsgrundlos" im Sinne der §§ 812 ff. BGB geleistet hat.

Die Verjährungsfrist für diesen Rückforderungsanspruch des Mieters beginnt mit der Zahlung der überhöhten Kaution, d. h., unabhängig von der Beendigung des Mietverhältnisses und der Rückgabe der Mietsache verjährt der Bereicherungsanspruch des Mieters nach drei Jahren seit Ablauf des Jahres, in dem der Mieter den überschießenden Betrag gezahlt hat. Der Verjährungsbeginn setzt auch nicht voraus, dass dem Mieter die Regelung des § 551 Abs. 1 und 4 BGB (Begrenzung auf maximal drei Monatsmieten) bekannt ist (BGH, Urteil vom 1.6.2011, VIII ZR 91/10, WuM 2011, 469).

Maßgeblich ist insofern die vereinbarte Miete. Vorübergehende Mietminderungen wegen behebbarer Mängel bleiben außer Betracht. Die geminderte Miete ist nur dann Bemessensgrundlage, wenn der Mangel nicht behebbar und die Minderung daher dauerhaft ist, beispielsweise bei Flächenabweichungen von mehr als 10 % (BGH, Urteil vom 20.7.2005, VIII ZR 347/04, WuM 2005, 573).

Der Mieter ist berechtigt, die Kaution in drei gleichen monatlichen Teilleistungen zu erbringen. Die erste Teilleistung ist zu Beginn des Mietverhältnisses fällig (§ 551 Abs. 2 Satz 1 und 2 BGB).

Eine Vertragsklausel, die den Mieter nach ihrem Wortlaut in unzulässiger Weise zur vollständigen Zahlung der Kaution bei Beginn des Mietverhältnisses verpflichtet, ist nur hinsichtlich dieser Fälligkeitsregelung unwirksam. Hinsichtlich der grundsätzlichen Verpflichtung des Mieters zur Leistung der Kaution (in drei Raten) bleibt die Klausel wirksam, sodass der Mieter auch in diesem Fall nicht berechtigt ist, eine bereits gezahlte Kaution vom Vermieter zurückzufordern (BGH, Urteil vom 25.6.2003, VIII ZR 344/02, WuM 2003, 495).

Rechte des Vermieters bei Nichtzahlung der Kaution

Zahlt der Mieter die vereinbarte Kaution nicht, kann der Vermieter auf Erfüllung klagen oder den Anspruch durch einen gerichtlichen Mahnbescheid geltend machen.

Strittig war bisher, ob der Vermieter von Wohnräumen bei Nichtzahlung der vertraglich vereinbarten Kaution zur fristlosen Kündigung des Mietverhältnisses berechtigt ist. Dies ist jetzt durch das Mietrechtsänderungsgesetz vom 11.3.2013 (BGBl I, S. 434 ff.) geregelt. Danach liegt ein wichtiger Grund für die außerordentliche fristlose Kündigung des Vermieters auch dann vor, wenn der Mieter mit der Zahlung der vereinbarten Kaution mit einem Betrag in Verzug ist, der der zweifachen Monatsmiete entspricht (ohne Vorauszahlungen bzw. Pauschalen für Betriebskosten). Der Mieter muss also die zweite und dritte Kautionsrate spätestens mit der zweiten und dritten monatlichen Mietzahlung leisten (§ 551 Abs. 2 Satz 3 BGB n. F.). Vor der Kündigung muss der Vermieter weder eine Frist für Abhilfe setzen noch eine Abmahnung aussprechen (§ 569 Abs. 2a BGB n. F.).

Entsprechend der Heilungsmöglichkeiten einer fristlosen Kündigung wegen Zahlungsverzugs mit der Miete kann der Mieter auch eine fristlose Kündigung wegen Verzugs mit der Kautionszahlung unwirksam machen, wenn der Mieter spätestens bis zum Ablauf von zwei Monaten nach Eintritt der Rechtshängigkeit des Räumungsanspruchs (Zustellung der Räumungsklage) den Rückstand vollständig ausgleicht oder eine öffentliche Stelle (z. B. das Sozialamt) sich dazu verbindlich verpflichtet.

Das neue Kündigungsrecht wegen Zahlungsverzugs mit der Kaution besteht jedoch nur bei Mietverhältnissen, die nach Inkrafttreten des Mietrechtsänderungsgesetzes am 1.5.2013 abgeschlossen worden sind.

Bei gewerblichen Mietverhältnissen wurde ein Kündigungsrecht des Vermieters bereits von der Rechtsprechung des BGH (Urteil vom 21.3.2007, XII ZR 36/05, NZM 2007, 400) bejaht.

In einem Mietvertrag über gewerbliche Räume ist auch eine auflösende Bedingung, wonach der Vertrag bei Eintritt von bestimmten Umständen, beispielsweise bei Nichtzahlung der Kaution, automatisch endet, nicht grundsätzlich wegen einer unangemessenen Benachteiligung des Mieters unwirksam.

Eine fristlose Kündigung wegen Nichtzahlung der vereinbarten Kaution kann aber nur innerhalb einer angemessenen Frist ausgesprochen werden (§ 314 Abs. 3 BGB). Ist seit Kenntnis des Vermieters von dem Vertragsverstoß (hier: Nichtzahlung der Kaution) ein längerer Zeitraum vergangen (hier: zehn Monate), kann eine fristlose Kündigung nicht mehr auf diesen Umstand gestützt werden, da sie dann nicht mehr innerhalb angemessener Frist erfolgt (OLG Koblenz, Beschluss vom 3.6.2011, 2 U 793/10, MDR 2011, 1162).

Ein Verpächter kann bei fortbestehendem Sicherungsinteresse auch noch nach Beendigung der Pacht die vereinbarte Barkaution verlangen. Dasselbe gilt für den Kautionsanspruch des Wohnungsvermieters, da kein Rechtsgrund dafür ersichtlich ist, den Vermieter von Wohnraum hinsichtlich der Kaution nur deswegen, weil der Vertrag beendet ist, auf den in seinen tatsächlichen und rechtlichen Voraussetzungen häufig umstrittenen Anspruch selbst zu verweisen (BGH, Beschluss vom 22.11.2011, VIII ZR 65/11, WuM 2012, 97).

TIPP

Wegen Mängeln an der Mietsache steht dem Mieter kein Zurückbehaltungsrecht an der Kaution zu, da er durch seine Rechte auf Mietminderung und Schadenersatz ausreichend geschützt ist.

Wie muss die Kaution angelegt werden?

Der Vermieter muss die Kaution getrennt von seinem Vermögen bei einem Kreditinstitut zu dem für Spareinlagen mit dreimonatiger Kündigungsfrist üblichen Zinssatz anlegen (§ 551 Abs. 3 Satz 1 und 3 BGB). Für Mietverhältnisse, die vor Inkrafttreten des § 550b BGB a. F. am 1.1.1983 vereinbart wurden, gilt die Anlagepflicht nicht. Hier ist der Vermieter nicht verpflichtet, die geleistete Kaution nachträglich getrennt von seinem Vermögen anzulegen.

Nach einem Urteil des BGH kann der Mieter von Wohnraum die Zahlung der Mietkaution davon abhängig machen, dass ihm der Vermieter ein insolvenzfestes Konto nennt. Sinn und Zweck der Regelung des § 551 Abs. 3 BGB ist, die Kaution vom Vermögen des Vermieters zu trennen und so vor einem Zugriff von dessen Gläubigern zu schützen. Dieser Schutz muss von Anfang an bestehen. Müsste der Mieter die Kaution zunächst in bar übergeben oder auf ein nicht insolvenzfestes Vermieterkonto überweisen, würde eine vom Gesetz nicht gewollte Schutzlücke entstehen.

Verweigert der Mieter die Kautionszahlung mangels eines insolvenzfesten Vermieterkontos, liegt kein Zahlungsverzug vor (BGH, Urteil vom 13.10.2010, VIII ZR 98/10, WuM 2010, 752).

Die Ausführungen des BGH sind allerdings schwer mit dem Gesetzestext des § 551 BGB vereinbar, wonach der Vermieter die ihm vom Mieter „überlassene Geldsumme" insolvenzfest anlegen muss. Der Wortlaut des Gesetzes geht daher gerade nicht davon aus, dass der Mieter das Geld nur auf ein insolvenzfestes Konto überweisen muss.

Inhaber des Kautionskontos sollte in jedem Fall der Vermieter sein. Abzuraten ist aus den Erfahrungen der Praxis von einer Anlage des Kautionsbetrags auf einem Konto, das vom Mieter geführt und dem Vermieter lediglich verpfändet wird. In diesem Fall haben Vermieter bei Unstimmigkeiten mit dem Mieter bei Beendigung des Mietverhältnisses (z. B. wegen Schäden in der Wohnung) oftmals Schwierigkeiten, auf die Kaution zuzugreifen, wenn der Mieter der Auszahlung des Kautionsbetrags widerspricht.

Dies zeigt ein neues Urteil des LG Darmstadt. Danach kann der Mieter durch eine einstweilige Verfügung den strittigen Zugriff des Vermieters auf die Sicherheit abwenden, selbst dann, wenn der Vermieter nach dem Inhalt der Verpfändungsvereinbarung der Bank gegenüber allein verfügungsbefugt ist und die Bank nach Ablauf einer bestimmten Frist die Kaution auch ohne den Nachweis der Fälligkeit an den Vermieter auszahlen müsste (LG Darmstadt, Beschluss vom 11.9.2007, 25 S 135/07, WuM 2008, 726).

Eine andere Auffassung vertritt das OLG Karlsruhe in einem neuen Beschluss. Danach setzt der Zugriff des Vermieters auf die Kaution nicht voraus, dass die Ansprüche unstreitig sind. Nach Beendigung des Mietverhältnisses hat die Kaution nämlich nicht nur Sicherungs- sondern auch Verwertungsfunktion, d. h., Zweck der Kaution ist auch, dem Vermieter nach Beendigung des Mietverhältnisses die Möglichkeit zu geben, sich wegen noch bestehender Ansprüche auf einfache Weise befriedigen zu können. Dieser Zweck würde vereitelt, wenn der Vermieter zunächst die Klärung streitiger Ansprüche in einem Rechtsstreit herbeiführen müsste.

Ausreichend ist daher, dass der Vermieter eine Abrechnung über die von ihm geltend gemachten Ansprüche aufstellt und diese mit der Mietsicherheit verrechnet. Falls der Vermieter zu Unrecht, d. h. wegen nicht gerechtfertigter Forderungen, auf die Mietsicherheit zugreift, ist der Mieter auf seinen Rückforderungsanspruch angewiesen (OLG Karlsruhe, Beschluss vom 18.8.2008, 8 W 34/08, ZMR 2009, 120).

Ferner drohen dem Vermieter bei einem verpfändeten Sparbuch nach einem neuen Urteil des BGH Nachteile auch dann, wenn über das Vermögen der Bank das Insolvenzverfahren eröffnet wird. In diesem Fall kann dem Mieter zwar ein Entschädigungsanspruch nach den §§ 3, 4 des Einlagensicherungs- und Anlegerentschädigungsgesetzes (EAEG) in Höhe von 90 % seiner Einlage zustehen (maximal 20.000 Euro, §§ 3, 4 EAEG). Da es sich bei diesem gesetzlichen Entschädigungsanspruch aber um einen eigenständigen Anspruch des Mieters handelt, setzt sich das an der ursprünglichen Sparforderung bestehende Pfandrecht des Vermieters nicht am Entschädigungsanspruch des Mieters fort.

Der Vermieter müsste den Mieter somit auf Wiederauffüllung der Kaution in Anspruch nehmen, was nur umsetzbar ist, wenn nicht auch der Mieter in der Zwischenzeit zahlungsunfähig geworden ist (BGH, Urteil vom 18.3.2008, XI ZR 454/06, NZM 2008, 456).

Die Anlage auf einem Sonderkonto des Vermieters bewirkt, dass dem Mieter bei Insolvenz des Vermieters ein Aussonderungsrecht zusteht und er im Falle der Zwangsvollstreckung gegen den Vermieter die Drittwiderspruchsklage erheben kann.

Der Vermieter muss nicht für jeden Mieter ein separates Kautionskonto führen. Die Anlage auf ein als Sonderkonto bezeichnetes Konto zusammen mit Kautionen aus anderen Mietverhältnissen genügt. Der Mieter kann vom Vermieter den Nachweis der gesetzeskonformen Anlage der Kaution verlangen.

TIPP

Seit Inkrafttreten der Mietrechtsreform am 1.9.2001 können die Parteien auch andere Anlageformen vereinbaren, beispielsweise um höhere Erträge (Zinsen oder Dividenden) zu erwirtschaften. Das Risiko trägt dabei jede Partei selbst, sodass bei einer Minderung oder bei Verlust des eingesetzten Kapitals weder der Vermieter vom Mieter eine Auffüllung der Sicherheit noch der Mieter vom Vermieter Schadenersatz oder eine Mindestverzinsung verlangen kann.
Die Anlagepflicht gilt auch für den Zwangsverwalter einer Mietwohnung; selbst dann, wenn der Vermieter die Kaution nicht an den Zwangsverwalter ausgezahlt hat (so bereits BGH, Urteil vom 11.3.2009, VIII ZR 184/08, WuM 2009, 289).
Nach einem weiteren Urteil des BGH steht dem Mieter gegenüber dem an die Stelle des Vermieters getretenen Zwangsverwalter ein Zurückbehaltungsrecht an der laufenden Miete bis zur Höhe der geleisteten Kaution nebst Zinsen zu, bis der Zwangsverwalter die ordnungsgemäße Anlage der Mietsicherheit nachgewiesen hat. Dies gilt auch dann, wenn der Zwangsverwalter unstreitig den vom Mieter geleisteten Kautionsbeitrag vom Vermieter nicht ausgehändigt be-

kommen hat, da der Zwangsverwalter gemäß § 152 ZVG vollständig in sämtliche Rechte und Pflichten des Vermieters eintritt (BGH, Urteil vom 23.9.2009, VIII ZR 336/08).

Ein Verstoß gegen die Anlagepflicht kann nicht nur zivilrechtliche Ansprüche des Mieters begründen, sondern auch den Straftatbestand der Untreue (§ 266 StGB) erfüllen. Allerdings bewirkt die Einzahlung der vom Mieter geleisteten Kaution auf ein Girokonto, das dem Zugriff eventueller Gläubiger des Vermieters ausgesetzt ist, nach einem neuen Beschluss des BGH nicht ohne Weiteres eine (vollendete) Untreue. Eine Strafbarkeit setzt vielmehr voraus, dass dem Mieter dadurch ein Vermögensnachteil im Sinne des § 266 StGB entstanden ist. Dementsprechend kommt es darauf an, inwieweit nach den Vermögensverhältnissen des Vermieters die naheliegende Gefahr besteht, dass von Dritten auf dieses Konto zugegriffen wird. Nur soweit aufgrund der Gesamtumstände eine solche Gefahr besteht, liegt eine zu einer Minderbewertung führende Vermögensgefährdung vor. Der Tatbestand der Untreue setzt somit voraus, dass bereits zu diesem Zeitpunkt eine drohende Überschuldung des Vermieters bzw. der vermietenden Gesellschaft bestand, die einen Zugriff der Gläubiger erwarten ließ.

Bei gewerblichen Mietverhältnissen ist eine getrennte Anlage nicht vorgeschrieben. Haben die Parteien daher eine besondere Sicherung nicht ausdrücklich vereinbart, kann von einer sogenannten Vermögensbetreuungspflicht des Vermieters, die Voraussetzung für die Verwirklichung des Tatbestands der Untreue ist, nicht ausgegangen werden (BGH, Beschluss vom 2.4.2008, 5 StR 354/07, NJW 2008, 1827).

Umgekehrt kann sich auch der Mieter wegen Untreue strafbar machen, wenn er nach außen hin allein über den auf einem Sparbuch auf seinen Namen angelegten Kautionsbetrag verfügen kann und die Überweisung auf sein Privatkonto veranlasst.

Wem stehen die Zinsen zu?

Die gesamten Erträge aus der Geldanlage stehen in vollem Umfang dem Mieter zu. Der Mieter hat diese Erträge als Einkünfte aus Kapitalvermögen zu versteuern. Provisionen oder sonstige Vorteile, die der Vermieter vom Kreditinstitut für die Anlage der Kaution erhält, muss er nicht an den Mieter weitergeben.

Ist der Mieter Kontoinhaber, lautet das Sparbuch mit Verpfändungserklärung also auf den Namen des Mieters, kann er durch Erteilung eines Freistellungsauftrages verhindern, dass von den anfallenden Zinsen die Zinsabschlagsteuer abgezogen wird.

Ist der Vermieter Kontoinhaber, kann weder der Vermieter noch der Mieter einen solchen Freistellungsauftrag erteilen. Hier gilt nach den Richtlinien der Finanzverwaltung Folgendes:

Hat der Vermieter ein für das Kreditinstitut als Treuhandkonto erkennbares Sparkonto eröffnet und weiß das Kreditinstitut, wer der Treugeber (= Mieter) ist, hat es die Steuerbescheinigung auf den Namen des Mieters auszustellen. Der Vermieter hat dem Mieter die Steuerbescheinigung zur Verfügung zu stellen (§ 34 Abs. 1 und 3 AO), damit er die Zinsen versteuern und den einbehaltenen Zinsabschlag auf seine Einkommensteuer anrechnen lassen kann.

Hat das Kreditinstitut von dem Treuhandverhältnis Kenntnis, ohne zu wissen, ob der Kontoinhaber Anspruch auf die Zinsen hat, ist die Steuerbescheinigung auf den Namen des Kontoinhabers (= Vermieter) auszustellen und mit dem Vermerk „Treuhandkonto" zu versehen. Auch hier hat der Vermieter dem Mieter die Steuerbescheinigung zur Verfügung zu stellen.

Werden die Mietkautionen mehrerer Mieter auf demselben Konto angelegt, ist der Vermieter als Vermögensverwalter verpflichtet, gegenüber dem für ihn zuständigen Finanzamt eine Erklärung zur einheitlichen und gesonderten Feststellung der Einkünfte aus Kapitalvermögen der Mieter abzugeben.

TIPP

Die Erträge, also die Kautionszinsen, dienen der Erhöhung der Sicherheit. Der Mieter hat daher keinen Anspruch auf Auszahlung der Erträge. Dies gilt auch für die über den mietvertraglich vereinbarten Zinsfuß hinausgezogenen Zinsen.

Ausnahmen von der Verzinsungspflicht

Bei Mietverhältnissen, die vor dem 1.1.1983 abgeschlossen worden sind, besteht eine Verzinsungspflicht nur dann, wenn dies entweder ausdrücklich vereinbart oder eine Regelung über die Verzinsung nicht getroffen wurde. Wurde die Verzinsung vor dem 1.1.1983 durch Vertrag ausdrücklich ausgeschlossen, muss die Kaution nicht verzinst werden, auch nicht für die Zeit nach dem 1.1.1983 (Art. 229 § 3 Abs. 8 EGBGB). Strittig ist, ob dies nur bei individuell formulierten Verträgen oder auch bei Verzinsungsausschlüssen in alten Formularmietverträgen gilt. Ein Anspruch des Mieters auf Zahlung von Zinsen besteht jedenfalls dann nicht, wenn der Verzinsungsausschluss in einzelvertraglicher Form, etwa als hand- oder maschinenschriftlicher Zusatz erfolgte.

Eine Verzinsungspflicht besteht ferner nicht bei Vermietung von Wohnraum in einem Studenten- oder Jugendwohnheim (§ 551 Abs. 3 Satz 5 BGB).

Wann muss die Kaution abgerechnet und zurückgezahlt werden?

Zur Abrechnung der Kaution und Auszahlung des verbleibenden Teils ist der Vermieter erst nach Beendigung des Mietverhältnisses und Rückgabe der Mietsache verpflichtet.

TIPP

Der Mieter ist nicht berechtigt, die Bezahlung der Miete zu verweigern und den Vermieter vor Beendigung des Mietverhältnisses auf die Verrechnung der letzten Mieten mit der Kaution zu verweisen. Der Vermieter kann trotz bestehender Kaution die vollständige Miete durch Klage oder Mahnbescheid geltend machen und unter gewissen Voraussetzungen das Mietverhältnis kündigen.

Wie viel Zeit dem Vermieter zur Abrechnung der Kaution zuzubilligen ist, hängt vom Einzelfall ab. Üblicherweise ist eine Überlegungs- und Prüfungsfrist von drei bis sechs Monaten nach Beendigung des Mietverhältnisses anzusetzen. In besonders gelagerten Einzelfällen kann der Vermieter auch berechtigt sein, die Kaution oder einen Teil der Kaution länger als sechs Monate einzubehalten, beispielsweise wenn er die Betriebskostenabrechnung ohne Verschulden nicht innerhalb dieses Zeitraums erstellen kann, etwa weil ihm noch keine Belege vorliegen. Insofern darf der Vermieter wegen einer kalkulierbaren Betriebskostennachforderung einen angemessenen Teil der Mietkaution bis zum Ablauf der ihm zustehenden Abrechnungsfrist für Betriebskosten einbehalten. Die Angemessenheit eines Einbehalts richtet sich nach den im Zeitpunkt der Vertragsbeendigung ersichtlichen Umständen. Fehlt es an hinreichenden Anhaltspunkten aus früheren Abrechnungen für eine Schätzung eines aus der ausstehenden Abrechnung zu erwartenden Nachzahlungsbetrags, ist es angemessen, einen Betrag etwa der dreifachen monatlichen Vorauszahlung zugrunde zu legen (Sternel, Mietrecht, 4. Aufl., Rn. II 396). Dies folgt daraus, dass der Anspruch auf Rückgewähr der Kaution nur insoweit besteht, als feststeht, dass dem Vermieter keine Ansprüche mehr zustehen und mangels anderer Anhaltspunkte nach der Lebenserfahrung Nachzahlungen in einem Umfang von 25 % der Vorauszahlungen grundsätzlich als möglich angesehen werden müssen (KG Berlin, Beschluss vom 19.4.2012, 8 W 24/12, MDR 2013, 510).

Vor Ablauf der Abrechnungsfrist ist der Rückzahlungsanspruch des Mieters grundsätzlich nicht fällig. Der Mieter ist somit nicht berechtigt, die Rückgabe der Schlüssel von der sofortigen Auszahlung der Kaution abhängig zu machen.

Der Anspruch des Mieters auf Abrechnung der Kaution verjährt drei Jahre nach Entstehen des Rückzahlungsanspruchs, d. h. drei Jahre nachdem es dem Vermieter möglich gewesen wäre, über noch offene Ansprüche, zu deren Sicherheit die Kaution dient, abzurechnen.

Zur Abrechnung und Rückzahlung einer an den Verkäufer geleisteten Kaution durch den Wohnungskäufer siehe Stichwort „Eigentümerwechsel".

TIPP

Vor Rückzahlung der Kaution sollte der Vermieter den Zustand der Mietsache genau prüfen. Hat der Vermieter das Mietobjekt bei Beendigung des Mietverhältnisses nämlich vorbehaltlos abgenommen und die Auszahlung der Kaution zugesagt, kann darin die schlüssige Erklärung zu sehen sein, dass keine weiteren Forderungen aus dem Mietverhältnis bestehen. Entsprechend verliert der Vermieter möglicherweise noch bestehende Ansprüche, wenn diese bereits vor der Auszahlung erkennbar waren.
Der Anspruch des Mieters auf Rückzahlung der Kaution unterliegt der regelmäßigen Verjährungsfrist von drei Jahren (§§ 195, 199 Abs. 1 BGB). Diese beginnt mit der Fälligkeit des Rückforderungsanspruchs des Mieters zu laufen.
Der Lauf der Verjährungsfrist kann gemäß § 204 Abs. 1 BGB z. B. durch einen Mahnbescheid oder die Erhebung einer Zahlungsklage gehemmt werden. Nicht ausreichend für eine Hemmung der Verjährung ist nach einem neuen Urteil des BGH die Erhebung einer Klage auf Feststellung durch den Vermieter, dass der Anspruch des Mieters nicht besteht (negative Feststellungsklage). Dies gilt auch dann, wenn sich der Gläubiger (hier: Mieter) gegen eine solche Klage des Vermieters verteidigt. Zur Hemmung der Verjährung ist nämlich erforderlich, dass der Mieter die Feststellung oder Durchsetzung seines Anspruchs aktiv betreibt. Die bloße Verteidigung des Mieters gegen eine negative Feststellungsklage des Vermieters kann dem nicht gleichgestellt werden, weil sich der Mieter dann auf die Abwehr der gegen ihn gerichteten Klage beschränkt und gerade nicht versucht, seinen Anspruch durchzusetzen (BGH, Urteil vom 15.8.2012, XII ZR 86/11).

Der Anspruch auf Rückzahlung der Kaution kann vom Mieter auch verwirkt werden. Dies ist der Fall, wenn der Vermieter aufgrund der vorliegenden Umstände davon ausgehen kann, dass der Mieter etwaige Ansprüche nicht mehr geltend machen wird, etwa wenn nach Auszug des Mieters aus der Wohnung drei Jahre vergangen sind und die Parteien die ehemals bestehenden Auseinandersetzungen über die Renovierungspflichten des Mieters und die Rückzahlung der Kaution durch den Vermieter völlig eingestellt hatten.

Wie ist über die Kaution abzurechnen?

ARBEITSHILFE ONLINE

In der Kautionsabrechnung ist der vom Mieter geleistete Kautionsbetrag zuzüglich der Kautionszinsen anzusetzen. Ein Muster hierzu steht als Arbeitshilfe online bereit.

In Abzug können sämtliche Gegenforderungen des Vermieters aus dem Mietverhältnis gebracht werden, beispielsweise Schadenersatzansprüche wegen Schäden an der Mietsache oder unterlassener Schönheitsreparaturen. Insofern hat sich in der Praxis bewährt, bereits der Kautionsabrechnung Kopien der Kostenvoranschläge und der Rechnungen von entsprechenden Fachfirmen, etwa des Sanitärfachbetriebs über die Kosten der Erneuerung des vom Mieter beschädigten Waschbeckens, beizufügen.

TIPP

Zum Nachweis der Höhe des vom Mieter zu ersetzenden Schadens ist grundsätzlich der Kostenvoranschlag einer Fachfirma ausreichend. Der Mieter oder dessen Haftpflichtversicherung kann die Bezahlung der Kosten nicht von der Vorlage einer Reparaturkostenrechnung abhängig machen, da es dem geschädigten Vermieter nach ständiger Rechtsprechung freisteht, ob er den Schaden auf Basis der sogenannten fiktiven Reparaturkosten, beispielsweise gemäß einem Kostenvoranschlag, oder auf Basis der tatsächlichen Reparaturkosten, beispielsweise gemäß einer Reparaturkostenrechnung, abrechnen will. Wird die Höhe der im Kostenvoranschlag ausgewiesenen Reparaturkosten bestritten, muss diese ggf. durch gerichtliche Beweissicherung festgestellt werden. Ferner ist der Vermieter in der Verwendung des Schadenersatzbetrags frei und muss diesen nicht zur Reparatur der Mietsache verwenden (vgl. z. B. BGH, NJW 1990, 2376).

Hat der Mieter bei der Wohnungsabnahme bereits zum Ausdruck gebracht, dass er sein Verschulden an dem Schaden bestreiten wird (z. B. durch die Behauptung, es liege normaler Verschleiß und kein unsachgemäßer Gebrauch vor), sollte der Kostenvoranschlag oder die Rechnung der Fachfirma auch eine konkrete Stellungnahme über die Ursache des Schadens enthalten. Gleiches gilt für die Frage der Ordnungsgemäßheit von Schönheitsreparaturen oder anderen vom Mieter durchgeführten Maßnahmen oder baulichen Veränderungen.

Eine solche fachkundige Stellungnahme kann oftmals zur Überzeugung des Mieters führen und eine kostenintensive Ausweitung des Streits über die Ursache des Schadens oder der Qualität der Arbeiten etwa durch gerichtliche Beweissicherung vermeiden.

Sofern der Mieter nicht zum Ersatz des Neuwerts, sondern nur zum Ersatz des Zeitwerts der beschädigten Sache verpflichtet ist (z. B. bei Beschädigung eines fünf Jahre alten Teppichbodens), sollte die Abrechnung auch eine nachvollziehbare Ermittlung des Zeitwerts enthalten. Dies kann in Form einer vergleichenden Gegenüberstellung der normalen durchschnittlichen Nutzungsdauer der beschädigten Sache mit dem Alter der Sache zum Zeitpunkt der Beendigung des Mietverhältnisses und dem daraus zu ermittelnden Zeitwert geschehen.

BEISPIEL

Neuwert des beschädigten Teppichbodens einschließlich Verlegekosten: 1.000 Euro
Durchschnittliche Nutzungsdauer: zehn Jahre
Alter im Zeitpunkt der Beendigung des Mietverhältnisses: drei Jahre
Zeitwert: 1.000 Euro — 30 % = 700 Euro

Von dem Kautionsbetrag können auch rückständige Mieten sowie bisher nicht geleistete Nachzahlungen aus bereits durchgeführten Betriebskostenabrechnungen abgezogen werden.

Steht bei Beendigung des Mietverhältnisses eine Abrechnung der Betriebskosten etwa für das laufende Jahr noch aus und ist unter Berücksichtigung der Höhe der Betriebskosten der vergangenen Jahre mit einer Nachzahlung durch den Mieter zu rechnen, kann der voraussichtliche Nachzahlungsbetrag zuzüglich eines angemessenen Sicherheitszuschlags wegen zu erwartender Kostensteigerungen einbehalten werden. Insofern kann der entsprechende Teilbetrag der Kosten auch länger als sechs Monate einbehalten werden, wenn dem Vermieter mangels Vorliegen der entsprechenden Belege und Bescheide eine Abrechnung zu einem früheren Zeitpunkt nicht möglich ist (vgl. BGH, NJW 1987, 2372).

Ergibt die Kautionsabrechnung einen Saldo zugunsten des Mieters, sollte dem Mieter das Guthaben möglichst umgehend ausgezahlt oder auf sein Konto überwiesen werden.

Bei einem Saldo zugunsten des Vermieters, d. h., wenn die Gegenforderungen des Vermieters den Kautionsbetrag einschließlich Zinsen übersteigen, ist dem Mieter eine angemessene Frist zur Zahlung zu setzen.

Zu beachten ist, dass Ansprüche des Vermieters wegen Veränderungen oder Verschlechterungen der Mietsache bereits nach sechs Monaten ab Rückgabe der Mietsache verjähren (§ 548 BGB) und diese Verjährungsfrist durch schriftliche Anmahnungen des Saldos nicht unterbrochen wird.

TIPP

Bei drohender Verjährung der Ansprüche sollte ohne weiteren Schriftverkehr ein Mahnbescheid beantragt, Klage auf Zahlung des Saldos erhoben oder ein selbstständiges Beweisverfahren (Beweissicherung § 204 Abs. 1 Nr. 7 BGB) beantragt werden, um den Eintritt der Verjährung zu verhindern oder zu hemmen.

Kündigung des Mietverhältnisses

Bei einem Mietverhältnis über Wohnraum muss die Kündigung schriftlich erfolgen (§ 568 Abs. 1 BGB). Dagegen ist die Kündigung eines Mietverhältnisses über Räume, die nicht zu Wohnzwecken vermietet wurden, wie Geschäftsräume, grundsätzlich formlos, also auch mündlich möglich, wenn nicht vertraglich eine andere Form, etwa die Schriftform, vereinbart wurde.

Was ist bei einer Kündigung zu beachten?

Bei der Kündigung durch einen Bevollmächtigten, also einen Hausverwalter, Rechtsanwalt oder Haus- und Grundbesitzerverein, muss das Kündigungsschreiben einen klaren Hinweis auf das Vertretungsverhältnis enthalten. Dies ist möglich durch die Formulierung: „Namens und in Vollmacht des Vermieters Herrn X kündige ich das Mietverhältnis über die Räume ...".

TIPP

Gemäß § 174 BGB ist die Kündigung unwirksam, wenn der Bevollmächtigte eine Vollmachtsurkunde nicht vorgelegt hat und der andere die Kündigung aus diesem Grund unverzüglich, d. h. ohne schuldhaftes Zögern (§ 121 BGB), zurückweist. In der Regel wird die Zurückweisung innerhalb einer Woche, maximal aber innerhalb von zwei Wochen erfolgen müssen.

Dies bedeutet, dass eine Kündigung ohne Vorlage einer Vollmachtsurkunde zwar nicht unwirksam ist, der Kündigungsempfänger jedoch die Möglichkeit der Zurückweisung der Kündigung hat und die Kündigung daher unwirksam wird, wenn der Kündigungsempfänger die Kündigung aus diesem Grund unverzüglich zurückweist.

Die Erklärung muss eindeutig sein

Aus der Kündigungserklärung muss sich eindeutig und unzweifelhaft der Wille erkennen lassen, das Mietverhältnis beenden zu wollen. Das Wort „Kündigung" muss zwar nicht verwendet werden, ist zum Ausschluss von Zweifeln jedoch unbedingt zu empfehlen.

Die Umdeutung einer unwirksamen fristlosen Kündigung in eine ordentliche Kündigung ist grundsätzlich zulässig, wenn für den Empfänger zweifelsfrei erkennbar ist, dass der Kündigende das Mietverhältnis auf jeden Fall beenden will.

Kündigung durch eine Personenmehrheit

Bei Personenmehrheiten (z. B. Erbengemeinschaft auf der Vermieterseite, Ehegatten auf der Mieterseite) ist die Kündigung grundsätzlich von allen an alle zu richten, d. h. die Kündigungserklärung hat sowohl als Adressat als auch als Absender sämtliche Vertragspartner zu enthalten und ist von allen Absendern zu unterzeichnen.

Auch bei einer Aktiengesellschaft (AG) muss die Kündigung von allen Vorstandsmitgliedern unterzeichnet werden oder eine Unterschrift den Hinweis enthalten, dass der Unterzeichner auch die Vorstandsmitglieder vertritt, die nicht unterzeichnet haben (so BGH, Urteil vom 4.11.2009, XII ZR 86/07, GE 2010, 53 zum Vertragsabschluss durch eine AG).

Bruchteilseigentümer können ein Mietverhältnis über das gemeinschaftliche Grundstück wirksam mit Stimmenmehrheit kündigen, wenn sich die Kündigung als Maßnahme einer ordnungsgemäßen Verwaltung gemäß § 745 Abs. 1 Satz 1 BGB darstellt (BGH, Urteil vom 20.10.2010, XII ZR 25/09, MDR 2010, 1442). Dementsprechend können bei einer Erbengemeinschaft die Erben ein Mietverhältnis über eine zum Nachlass gehörende Sache wirksam mit Stimmenmehrheit (§§ 2038 Abs. 2 Satz 1 in Verbindung mit 745 Abs. 1 BGB) kündigen, wenn sich die Kündigung als Maßnahme ordnungsgemäßer Nachlassverwaltung darstellt (BGH, Urteil vom 11.11.2009, XII ZR 210/05; 6 E 2010, 57).

Ist ein Mieter unbekannt verzogen, helfen entsprechende Empfangsvollmachten, wonach sich die Mieter gegenseitig zur Entgegennahme von Willenserklärungen bevollmächtigen. Diese sind auch in Formularmietverträgen wirksam (siehe beispielsweise § 14 Abs. 2 des Formularmietvertrags für Wohnraum des Haus- und Grundbesitzervereins München und Umgebung e. V.).

TIPP

Empfangsvollmachten, wonach sich die Mieter zur Entgegennahme von Erklärungen von Kündigungen bevollmächtigen, können etwa im Mietvertrag wirksam vereinbart werden. Diese Klausel erspart dem Vermieter zwar die Zustellung der Kündigung an jeden einzelnen Mieter, nicht jedoch, diese an alle Mieter zu adressieren. Dagegen können sich Mieter jedenfalls formularvertraglich nicht zur Abgabe von Kündigungserklärungen bevollmächtigen.

Angabe des Beendigungstermins

Im Kündigungsschreiben sollte in jedem Fall der Beendigungstermin unter Einhaltung der jeweiligen Kündigungsfrist genannt sein. Verzögert sich der Zugang der Kündigung unvorhergesehen über den dritten Werktag eines Monats hinaus, berührt dies die Wirksamkeit der Kündigung nicht, vielmehr wirkt diese dann zum nächsten zulässigen Termin.

Widerspruch gegen die Vertragsfortsetzung

Nach § 545 Satz 1 BGB tritt trotz Kündigung des Mietverhältnisses zu einem bestimmten Zeitpunkt eine Verlängerung des Mietverhältnisses auf unbestimmte Zeit ein, wenn der Mieter den Gebrauch der Mietsache nach Ablauf der Mietzeit fortsetzt und keine der Parteien ihren entgegenstehenden Willen binnen zwei Wochen dem anderen Teil erklärt. Für den Vermieter beginnt die Frist mit dem Zeitpunkt, in dem er von der Fortsetzung der Nutzung der Mietsache Kenntnis erlangt.

Der Ausschluss dieser Fortsetzungsfiktion des § 545 BGB ist zulässig und kann schon im Formularmietvertrag enthalten sein (so bereits BGH, Urteil vom 15.5.1991, NJW 1991, 1750; siehe § 2 Abs. 3 des Mietvertrags des Haus- und Grundbesitzervereins München und Umgebung e. V.).

Ferner ist auch ein bereits in der Kündigung erklärter Widerspruch gegen eine stillschweigende Vertragsfortsetzung wirksam. Eines zeitlichen Zusammenhangs mit der Vertragsbeendigung bedarf es nicht, da es im Rahmen des § 545 BGB entscheidend darauf ankommt, ob nach den Gesamtumständen für den Mieter aus früheren Erklärungen des Vermieters dessen eindeutiger Wille gegen eine Vertragsfortsetzung erkennbar wird. Dies ist bei einem im Kündigungsschreiben ausdrücklich enthaltenen Widerspruch gegen die Fortführung des Mietvertrags regelmäßig der Fall (BGH, Urteil vom 21.4.2010, VIII ZR 184/09, WuM 2010, 418).

Die Kündigungsgründe

Bei der ordentlichen Kündigung von Wohnraum muss der Vermieter nach § 573 Abs. 3 BGB im Kündigungsschreiben die Kündigungsgründe angeben. Andernfalls ist die Kündigung unwirksam und kann auch nicht durch Nachschieben von Gründen geheilt werden, sondern muss — unter erneuter Einhaltung der Kündigungsfrist — nochmals durchgeführt werden.

TIPP

Im Kündigungsschreiben sind sämtliche Gründe, die als berechtigtes Interesse des Vermieters für die ausgesprochene Kündigung berücksichtigt werden sollen, grundsätzlich auch dann nochmals anzugeben, wenn sie dem Mieter bereits zuvor mündlich oder schriftlich mitgeteilt worden sind (BayObLG vom 14.7.1981, Allg Reg 32/81, DWW 1981, 234, vom 17.12.1984, RE-Miet 6/84, WuM 1985, 50).

Da erfahrungsgemäß die Mehrzahl der Kündigungen nicht am Fehlen der Kündigungsgründe, sondern an einer unzureichenden Form der Kündigung scheitern, ist dringend zu empfehlen, im Kündigungsschreiben sämtliche für eine Beendigung des Mietverhältnisses sprechende Umstände möglichst ausführlich, verständlich und substanziiert darzustellen.

Dies gilt auch für die außerordentliche, befristete Kündigung von Wohnraum durch den Vermieter, da auch für diese Art der Kündigung – mit Ausnahme der Kündigung gegenüber Erben des Mieters (§ 564 BGB) – die §§ 573 und 573a BGB entsprechend gelten (§ 573d Abs. 1 BGB).

Auch bei der außerordentlichen fristlosen Kündigung ist der zur Kündigung führende wichtige Grund im Sinne des § 543 Abs. 1 BGB (z. B. Zahlungsverzug) anzugeben (§ 569 Abs. 4 BGB). An diese Begründung dürfen jedoch keine zu hohen und übertrieben formalistischen Anforderungen gestellt werden.

BEISPIEL

Wird wegen häufigen Lärmstörungen gekündigt, genügt es aber nicht, wenn die Kündigung lediglich mit „ständig ruhestörendem Lärm“ begründet wird. Vielmehr müssen die Störungen im Kündigungsschreiben nach Art, Zeitpunkt und Dauer konkretisiert werden. Das gilt auch dann, wenn die Kündigungsgründe dem Mieter schon vor Ausspruch der Kündigung anderweitig bekannt waren, z. B. weil sie ihm mündlich oder schriftlich mitgeteilt wurden. Bei einer auf eine Vielzahl einzelner Vertragsverletzungen gestützten Kündigung müssen die einzelnen Vertragsverletzungen ebenfalls substanziiert dargelegt werden. Ferner ist die vorausgegangene Abmahnung in die Kündigung aufzunehmen.

Die vorstehenden Ausführungen gelten nicht für Mietverhältnisse über Geschäftsräume. Im Kündigungsschreiben brauchen daher Gründe selbst dann nicht genannt zu werden, wenn solche tatsächlich vorliegen müssen wie bei der außerordentlichen Kündigung.

Bei der ordentlichen Kündigung von Wohnraum soll der Vermieter den Mieter auf die Möglichkeit, die Form und die Frist des Widerspruchs nach den §§ 574–574b BGB rechtzeitig hinweisen (§ 568 Abs. 2 BGB). Dies kann formfrei und bereits im Kündigungsschreiben erfolgen. Der Hinweis muss noch vor Ablauf der Zweimonatsfrist des § 574b Abs. 2 Satz 1 BGB und so lange vorher erteilt werden, dass der Mieter noch angemessene Zeit überlegen, einen Widerspruch abfassen und fristgerecht zuleiten kann. Andernfalls berührt dies zwar nicht die Wirksamkeit der Kündigung, jedoch kann der Widerspruch bis zum Schluss des ersten Termins im Räumungsrechtsstreit erklärt werden (§§ 220 ZPO, 574b Abs. 2 Satz 2 BGB). Diese Vorschrift gilt nicht für

1. Wohnraum, der nur zum vorübergehenden Gebrauch vermietet ist,
2. Wohnraum, der Teil der vom Vermieter selbst bewohnten Wohnung ist und den der Vermieter überwiegend mit Einrichtungsgegenständen auszustatten hat, sofern der Wohnraum dem Mieter nicht zum dauernden Gebrauch mit seiner Familie oder mit Personen überlassen ist, mit denen er einen auf Dauer angelegten gemeinsamen Haushalt führt,
3. Wohnraum, den eine juristische Person des öffentlichen Rechts oder ein anerkannter privater Träger der Wohlfahrtspflege angemietet hat, um ihn Personen mit dringendem Wohnungsbedarf zu überlassen, wenn sie den Mieter bei Vertragsschluss auf die Zweckbestimmung des Wohnraums und die Ausnahme von den genannten Vorschriften hingewiesen hat.

Zustellung der Kündigung

Die Kündigung muss dem Kündigungsempfänger zugehen (§ 130 Abs. 1 BGB). Dies ist der Fall, wenn sie so in den Bereich des Empfängers gelangt ist, dass dieser unter normalen Verhältnissen die Möglichkeit hat, vom Inhalt der Erklärung Kenntnis zu nehmen (BGH, Urteil vom 13.2.1980, VIII ZR 5/79, NJW 1980, 990). Einer Annahme durch den Kündigungsempfänger bedarf es nicht.

Zum Bereich des Empfängers gehören auch die von ihm zur Entgegennahme von Erklärungen bereitgehaltenen Einrichtungen wie der Briefkasten. Ist ein solcher nicht vorhanden, kann die Zustellung auch durch Anheften des Schreibens an die Eingangstür oder mittels Durchschieben unter der Tür bewerkstelligt werden. Die Kenntnisnahme muss möglich und nach der Verkehrsanschauung zu erwarten sein.

Unerheblich ist, ob und wann der Empfänger tatsächlich Kenntnis genommen hat, da es ausschließlich auf die Möglichkeit der Kenntnisnahme ankommt.

Einem Zugang der Erklärung steht auch nicht entgegen, dass der Empfänger wegen Urlaub, Krankheit oder sonstiger Abwesenheit nicht in der Lage ist, vom Inhalt der Erklärung Kenntnis zu nehmen, da er Zugangshindernissen aus seinem Bereich durch geeignete Vorkehrungen begegnen muss, beispielsweise bei längerer Abwesenheit einen Bevollmächtigten bestellen oder die Nachsendung der Post veranlassen muss.

Die Erklärung gilt auch dann als zugegangen, wenn der Empfänger die Annahme unberechtigt verweigert (BGH, Urteil vom 27.10.1982, V ZR 24/82, NJW 1983, 929). Berechtigt wäre die Annahmeverweigerung etwa bei unzureichender oder fehlender Frankierung oder Adressierung.

Kann ein Einschreibebrief wegen Abwesenheit des Empfängers nicht zugestellt werden und hinterlässt der Postbote einen Benachrichtigungszettel mit der Aufforderung, das Einschreiben bei der Post abzuholen, bewirkt dies nach ständiger Rechtsprechung nicht den Zugang des Einschreibens (BGH, Urteil vom 26.11.1997, VIII ZR 22/97, NJW 1998, 976). Das Einschreiben geht erst dann zu, wenn es bei der Post abgeholt wird. Holt der Empfänger das Einschreiben nicht ab, gilt es nach dem Grundsatz von Treu und Glauben (§ 242 BGB) nur dann als fristgerecht zugegangen, wenn der Empfänger mit dem Zugang von rechtserheblichen Erklärungen rechnen musste (z. B. aufgrund einer vorausgegangenen Kündigung oder Mieterhöhung).

Bei vorübergehender Abwesenheit muss der Empfänger für eine Zugangsmöglichkeit an seinem gewöhnlichen Wohn- und Geschäftssitz sorgen. Auf die durch Nachsendung verursachte Zugangsverspätung kann er sich nicht berufen.

Wird der Zugang oder der Zeitpunkt des Zugangs bestritten, trifft die Beweislast für den Zugang oder den rechtzeitigen Zugang den Erklärenden, wobei weder für normale Postsendungen noch für Einschreiben ein Beweis des ersten Anscheins besteht, dass eine zur Post gegebene Sendung den Empfänger auch erreicht hat.

Nachgewiesen werden kann der Zugang durch Sendung per Einschreiben mit Rückschein, da auf dem Rückschein, den der Absender wieder erhält, das Datum des Zugangs und die Unterschrift des Empfängers (Empfangsbestätigung) vermerkt sind. Diese Form der Zustellung kann jedoch zu erheblichen Zeitverzögerungen (z. B. bei Abwesenheit des Empfängers) führen.

TIPP

Eine Zustellung durch Gerichtsvollzieher (§ 132 Abs. 1 BGB) oder Boten ist ratsam, wenn eine Verzögerung der Zustellung zu Nachteilen führen würde, etwa bei einem drohenden Fristablauf.

Ein Bote kann jede (möglichst volljährige) Person sein, die nicht Vertragspartner ist. Bei Zustellung durch einen Boten trägt das Original über der Anschrift des Empfängers den Vermerk „Zugestellt durch Boten". Auf der Durchschrift bestätigt der Bote durch seine Unterschrift, dass er das Original dieses Schriftstücks durchgelesen und am (Datum) um (Uhrzeit) in den Briefkasten der Wohnung (Adresse) eingeworfen hat.

Der Bote muss den Inhalt des zuzustellenden Schriftstücks kennen und dieses so in den Bereich des Empfängers bringen, dass dieser die Möglichkeit hat, vom Inhalt der Erklärung Kenntnis zu nehmen (BGHZ 67, 275, BAG vom 8.12.1983, 2 AZR 337/82, NJW 1984, 1651). Wirft der Bote des Vermieters das Schriftstück, dessen Inhalt ihm bekannt ist, in den Briefkasten des Mieters ein, gilt dieses grundsätzlich auch dann als zugegangen, wenn der Empfänger wegen Abwesenheit nicht in der Lage war, vom Inhalt der Erklärung Kenntnis zu nehmen (vgl. OLG Hamm vom 30.7.1981, 8 Ta 87/81, MDR 1981, 965).

Die Zustellung durch einen Boten ist daher insbesondere dann zu empfehlen, wenn damit zu rechnen ist, dass der Empfänger die Annahme des Schriftstücks verweigern wird. Gleiches gilt, wenn der Empfänger die Annahme bereits verweigert hat und das Schriftstück daher von der Post zurückgesandt wurde. Im Streitfall ist der Bote Zeuge dafür, dass und wann ein Schriftstück zugestellt wurde.

TIPP

Von der Zustellung durch sogenannte „Einwurf-Einschreiben" muss derzeit noch abgeraten werden. Höchstrichterlich ist derzeit noch nicht entschieden, ob der Absender damit im Streitfall den Zugang des Schriftstücks nachweisen kann, wenn der Empfänger dies bestreitet.

Zurücknahme und Widerruf einer Kündigung

Die Kündigung als einseitige, empfangsbedürftige Willenserklärung wird im Zeitpunkt des Zugangs wirksam (§ 130 Abs. 1 Satz 1 BGB), es sei denn, dem Empfänger geht vorher oder gleichzeitig ein Widerruf zu (§ 130 Abs. 1 Satz 2 BGB).

Ein Widerruf oder eine Rücknahme nach Zugang ist nicht möglich. Eine solche Erklärung kann daher unter Berücksichtigung aller Umstände des Einzelfalls lediglich als Angebot zur Fortsetzung des Mietvertrags oder zur Neubegründung eines Mietverhältnisses zu den ursprünglichen Bedingungen gewertet werden, das jedoch einer zumindest schlüssigen Annahme durch den anderen bedarf.

Unzulässige Teilkündigungen

Die Kündigung sowohl durch den Vermieter als auch durch den Mieter muss sich immer auf das gesamte Mietverhältnis erstrecken. Grundsätzlich unzulässig ist die Teilkündigung eines einheitlichen Mietverhältnisses wie beispielsweise die Kündigung von zwei Zimmern einer Vierzimmerwohnung, die Kündigung einer Garage, wenn ein einheitliches Mietverhältnis über Wohnraum und Garage vorliegt, die Kündigung des Gartens bei einem Einfamilienhaus, die Kündigung von Neben- oder Zubehörräumen wie Speicher-, Kellerabteil oder Waschküche.

Eine Ausnahme von dem Grundsatz der Unzulässigkeit der Teilkündigung beinhaltet § 573b BGB: Danach kann der Vermieter nicht zum Wohnen bestimmte Nebenräume (z. B. Speicher- oder Kellerräume) oder Teile eines Grundstücks (z. B. den Garten) ohne ein berechtigtes Interesse im Sinne des § 573 BGB kündigen, wenn er die Kündigung auf diese Räume oder Grundstücksteile beschränkt und sie dazu verwenden will, Wohnraum zum Zweck der Vermietung zu schaffen oder den neu zu schaffenden und den vorhandenen Wohnraum mit Nebenräumen oder Grundstücksteilen auszustatten.

Im Übrigen kann eine teilweise Beendigung des Mietverhältnisses nicht einseitig durch Kündigung, sondern nur einvernehmlich durch Abschluss eines Mietaufhebungsvertrags erfolgen.

Verzicht auf das ordentliche Kündigungsrecht

Mieter, Vermieter oder auch beide Parteien können für einen bestimmten Zeitraum auf ihr ordentliches Kündigungsrecht verzichten. Ein Verzicht durch den Mieter hat für den Vermieter den Vorteil, dass ein nochmaliger kurzfristiger Mieterwechsel vermieden wird. Ein Verzicht des Vermieters stellt für den Mieter sicher, dass er für eine bestimmte Zeit in der Wohnung bleiben kann, ohne eine ordentliche Kündigung des Vermieters, z. B. wegen Eigenbedarfs, befürchten zu müssen. Für die Wirksamkeit eines Kündigungsverzichtes kommt es in erster Linie darauf an, ob der Verzicht individuell oder formularmäßig vereinbart worden ist.

Ein individueller Kündigungsverzicht liegt grundsätzlich nur dann vor, wenn er von den Parteien zur Disposition gestellt bzw. ausgehandelt wurde, was in der Regel eine Gegenleistung der jeweils anderen Partei voraussetzt.

Von einer Formularmäßigkeit wird in der Rechtsprechung bereits dann ausgegangen, wenn der Vermieter beabsichtigt, eine bestimmte vertragliche Regelung (z. B. einen Kündigungsverzicht) mehrfach zu verwenden. In diesem Fall wird bereits die erste Verwendung nicht mehr als individuell, sondern als formularvertraglich angesehen – unabhängig davon, ob sie in vorgedruckter Form (z. B. im Formularmietvertrag) oder in sonstiger Weise (hand- oder maschinenschriftlich, per PC) abgefasst ist. Gleiches gilt, wenn die fragliche Klausel lediglich eine Leerstelle für die Eintragung einer Zahl vorsieht, der Vermieter diese Zahl (Dauer des Verzichts) selbst einträgt und dem Mieter nur Gelegenheit zur Lektüre und Prüfung gibt. Dies stellt nach Auffassung des BGH kein „Aushandeln" dar, das Voraussetzung für eine individuelle Vereinbarung ist.

Ein individuell vereinbarter Kündigungsverzicht ist, sofern er wirksam zustande gekommen ist, uneingeschränkt wirksam, d. h. ohne zeitliche Beschränkung und auch dann, wenn der Verzicht einseitig durch den Mieter erklärt worden ist (BGH, Urteil vom 22.12.2003, VIII ZR 81/03, WuM 2004, 157).

Dagegen ist ein einseitiger formularmäßiger Kündigungsverzicht des Mieters unwirksam (BGH, Urteil vom 19.11.2008, VIII ZR 30/08, WuM 2009, 47), es sei denn, der Kündigungsausschluss wurde zusammen mit einer (nach § 557a BGB zulässigen) Staffelmiete vereinbart und seine Dauer beträgt nicht mehr als vier Jahre seit Abschluss der Staffelmietvereinbarung (BGH, Urteile vom 23.11.2005, VIII ZR 154/04, WuM 2006, 67 und 12.11.2008, VIII ZR 270/07, WuM 2009, 459).

Aber auch ein beiderseitiger formularvertraglicher Kündigungsverzicht kann nur für einen Zeitraum von maximal vier Jahren vereinbart werden (BGH, Urteil vom 6.4.2005, VIII ZR 27/04, WuM 2005, 346).

Dabei ist der Zeitraum zwischen Vertragsabschluss (nicht der Mietbeginn, der in der Regel etwas später liegt) und dem Zeitpunkt entscheidend, zu dem der Mieter den Mietvertrag erstmals beenden kann (BGH, Urteil v. 8.12.2010, VIII ZR 86/10).

Unwirksam ist daher eine Formulierung, wonach der Mieter erst nach Ablauf von vier Jahren kündigen darf, d. h., der Mieter an den Mietvertrag vier Jahre zuzüglich seiner gesetzlichen Kündigungsfrist von drei Monaten gebunden bleibt.

BEISPIEL

Abschluss des Mietvertrags: 10.3.2012
Mietbeginn: 1.4.2012

- Kündigungsverzicht unwirksam, wenn Kündigung erst am 1.4.2016 erklärt werden kann, da die Vertragsbindung dann vier Jahre zuzüglich drei Monate (gesetzliche Kündigungsfrist) beträgt.
- Kündigungsverzicht auch unwirksam, wenn Kündigung zum 1.4.2016 erklärt werden kann. Auch hier beträgt die Vertragsbindung mehr als vier Jahre, da diese vom Zeitpunkt des Vertragsabschlusses (10.3.2012) gerechnet werden muss.
- Kündigungsverzicht wirksam, wenn Kündigung erstmals zum 29.2.2016 erfolgen kann (vier Jahre zwischen Vertragsabschluss und Beendigung des Mietverhältnisses werden nicht überschritten).

Die Formulierung des Kündigungsverzichts darf auch nicht missverständlich sein und insbesondere keine Auslegung dahingehend zulassen, dass der Verzicht auch für eine außerordentliche fristlose Kündigung gilt. In diesem Fall wäre der gesamte Kündigungsverzicht unwirksam. Eine Vertragsklausel, wonach die Mietvertragsparteien für eine definierte Zeit bis zur Obergrenze von vier Jahren wechselseitig auf ihr „Recht zur Kündigung" verzichten, versteht auch der verständige, juristisch nicht vorgebildete Mieter nicht (auch) dahingehend, dass zugleich mit dem Recht zur ordentlichen Kündigung auch das Recht zur außerordentlichen Kündigung des Mietvertrags ausgeschlossen sein soll. Trotz des Verzichts auf das „Kündigungsrecht" ist damit unzweifelhaft nur die ordentliche Kündigung gemeint. Eine Vereinbarung dieses Inhalts ist nicht mehrdeutig und daher wirksam (BGH, Urteil vom 23.11.2011, VIII ZR 120/11, NJW 2012, 521).

Eine Ausnahme bezüglich der maximalen Dauer eines Kündigungsverzichts von vier Jahren besteht nach einem neuen Urteil des BGH bei der Vermietung von Studentenzimmern, die in einem für Studenten konzipierten Haus am Studienort gelegen sind. Hier kann bereits ein — auch beiderseitiger — formularvertraglicher Kündigungsausschluss für zwei Jahre unwirksam sein, da einem Studenten ein besonderes Maß an Mobilität und Flexibilität zuzubilligen ist und er auf Unwägbarkeiten des Studienverlaufs und ausbildungsbedingte Erfordernisse angemessen reagieren können muss. Das Interesse des Vermieters, die Fluktuation innerhalb des Mietobjekts gering zu halten und ein Mietende innerhalb des Semesters zu vermeiden, um nahtlose Anschlussvermietungen sicherzustellen, wiegt nach Auffassung des BGH weniger stark als die Interessen von Studenten, die oftmals nach wenigen Monaten feststellen, dass das begonnene Studium nicht das richtige für sie ist oder weil in späteren Ausbildungsphasen ein Auslandsaufenthalt sinnvoll ist oder sogar erforderlich wird (BGH, Urteil vom 15.7.2009, VIII ZR 307/08).

Bei Überschreitung des Zeitraums von vier Jahren, z. B. weil eine Kündigung des Mieters erst „nach Ablauf von vier Jahren" möglich sein soll, ist der Kündigungsverzicht insgesamt unwirksam; der Kündigungsverzicht bleibt also nicht mit der höchstzulässigen Laufzeit von vier Jahren erhalten mit der Folge, dass der Mieter mit der gesetzlichen Kündigungsfrist von drei Monaten kündigen kann (BGH, Urteil vom 2.3.2011, VIII ZR 163/10).

TIPP

Ein Kündigungsverzicht sollte immer nur einen Zeitraum von höchstens vier Jahren (Ausnahme: Studentenwohnungen) umfassen, da der Vermieter den ihm obliegenden Beweis des „Aushandelns" eines längeren Zeitraums in aller Regel nicht erbringen kann.

Bei einem Kündigungsverzicht über einen längeren Zeitraum als ein Jahr gelten ferner strenge Formerfordernisse.

Nach einem neuen Beschluss des BGH ist der Verzicht auf die ordentliche Kündigung über einen längeren Zeitraum als einem Jahr auch bei Mietverträgen von unbestimmter Dauer nur wirksam, wenn er schriftlich abgeschlossen wurde. Gemäß § 550 BGB muss zwar nur ein Mietvertrag von längerer Dauer als einem Jahr schriftlich abgeschlossen werden (andernfalls gilt er als Mietvertrag von unbestimmter Dauer), jedoch findet § 550 BGB entsprechende Anwendung, wenn die Parteien zwar keine bestimmte Laufzeit vereinbart, die ordentliche Kündigung aber über ein Jahr hinaus ausgeschlossen haben (BGH, Beschluss vom 9.7.2008, XII ZR 117/06, ZMR 2008, 883).

Abwehr unberechtigter Kündigungen

Bei einer z. B. wegen Fehlen des Kündigungsgrunds unberechtigten Kündigung tritt die Gestaltungswirkung der Beendigung des Mietverhältnisses nicht ein. Die unberechtigte Kündigung des Mietverhältnisses stellt — unabhängig davon, ob sie vom Mieter oder Vermieter ausgesprochen wird — eine positive Vertragsverletzung des Mietvertrags dar und verpflichtet den Kündigenden zum Schadenersatz, wenn er schuldhaft gehandelt hat und dem Gekündigten ein Schaden entstanden ist, z. B. in Form von Anwaltskosten zur Abwehr der unberechtigten Kündigung. Insofern ist grundsätzlich auch nicht zu beanstanden, wenn sich der Gekündigte anwaltlicher Hilfe bedient und nicht abwartet, ob der Kündigende die Kündigung auch durchsetzt.

Kündigungsfristen

Kündigungsfristen sind nur bei unbefristeten, d. h. auf unbestimmte Zeit abgeschlossenen Mietverhältnissen relevant. Dagegen können Mietverhältnisse, die auf bestimmte Zeit abgeschlossen worden sind (Zeitmietverträge), während der Vertragslaufzeit nur außerordentlich, nicht aber ordentlich, also auch nicht unter Einhaltung der gesetzlichen Kündigungsfristen gekündigt werden.

Die Kündigungsfrist beginnt mit dem Zugang der Kündigung zu laufen (§§ 130 bis 132 BGB).

TIPP

§ 193 BGB, wonach an die Stelle eines Samstags, Sonn- oder Feiertags der nächste Werktag tritt, wenn an einem bestimmten Tag oder innerhalb einer Frist eine Kündigung zu erklären oder eine Leistung (z. B. Räumung) zu bewirken ist und der bestimmte Tag oder der letzte Tag der Frist auf einen Samstag, Sonn- oder Feiertag fällt, gilt nicht für gesetzliche Kündigungsfristen, da für sie kein bestimmter Tag vorgesehen ist und sie dem Gekündigten zu seinem Schutz ungekürzt zur Verfügung stehen müssen (BGH, Urteil vom 17.2.2005, III ZR 172/04, WuM 2005, 247).

BEISPIEL

Soll mit einer Frist von sechs Monaten zum 30.9. gekündigt werden, muss die Kündigung dem Empfänger spätestens am 31.3. zugehen, auch wenn dieser Tag ein Samstag, Sonn- oder Feiertag ist. Eine Verlängerung über den 31.3. hinaus bis zum nächsten Werktag findet entgegen § 193 BGB nicht statt. Entsprechendes gilt, wenn das Ende des Mietverhältnisses auf einen Sonn- oder Feiertag fällt. Das Mietverhältnis verlängert sich in diesem Fall nicht bis zum nächsten Werktag. Jedoch wird die Räumungsverpflichtung erst am nächsten Werktag fällig mit der Folge, dass der Mieter für diese Zeit keine Nutzungsentschädigung zahlen muss.

Dagegen ist § 193 BGB anwendbar, wenn eine Karenzzeit kraft Gesetz (§ 580a Abs. 1 Nr. 3 und § 573c Abs. 1 BGB: „spätestens am dritten Werktag eines Kalendermonats“) oder Vereinbarung gilt und der dritte Tag auf einen Samstag, Sonn- oder Feiertag fällt. Ist die Miete spätestens „am dritten Werktag des jeweiligen Kalendermonats“ zu zahlen oder eine Kündigung dem Vertragspartner „bis zum dritten Werktag“ zuzustellen, und fällt der letzte Tag dieser Karenzzeit auf einen Samstag, ist die Zahlung der Miete oder der Zugang der Kündigung am nächsten Werktag, d. h. am Montag, noch fristgerecht. Gleiches gilt, wenn der letzte Tag der Frist auf einen Sonn- oder Feiertag fällt (§ 193 BGB).

Fällt dagegen der erste oder zweite Tag der Karenzzeit auf einen Samstag, ist dieser als normaler Werktag anzusehen und mitzuzählen, da der Samstag dann nicht „der letzte Tag der Frist" im Sinne von § 193 BGB ist (BGH, Urteil vom 27.4.2005, VIII ZR 206/04).

Fällt der erste Tag eines Monats auf den Samstag, gilt dieser als erster Werktag, der darauf folgende Montag als zweiter Werktag und der Dienstag (Fristablauf) als dritter Werktag. Der Grundsatz, wonach der Samstag als Werktag anzusehen ist, ergibt sich ferner aus der arbeitsrechtlichen Bestimmung des Bundesurlaubsgesetzes.

Bei einem Mietverhältnis über Wohnraum gelten folgende Kündigungsfristen: Sind seit Überlassung des Wohnraums noch keine fünf Jahre vergangen, ist die ordentliche Kündigung spätestens am dritten Werktag eines Kalendermonats zum Ablauf des übernächsten Monats zulässig (z. B. spätestens am dritten Werktag im Februar zum 30.4.), d. h., die Kündigungsfrist beträgt für beide Parteien drei Monate (§ 573c Abs. 1 Satz 1 BGB).

Mit dem Mietrechtsreformgesetz wurden sogenannte asymmetrische, d. h. ungleiche Kündigungsfristen für Vermieter und Mieter eingeführt. Danach verlängert sich die Frist nur für den Vermieter nach fünf und acht Jahren seit der Überlassung des Wohnraums um jeweils drei Monate (§ 573c Abs. 1 Satz 2 BGB). Dies bedeutet, dass die Kündigungsfrist für den Vermieter ab einer Mietdauer von fünf Jahren sechs Monate und ab acht Jahren neun Monate beträgt, während es für den Mieter auch in diesen Fällen bei einer Kündigungsfrist von drei Monaten verbleibt.

Diese Fristen verlängern sich für den Vermieter um weitere drei Monate, wenn er von seinem Sonderkündigungsrecht im Zweifamilienhaus Gebrauch macht (§ 573a Abs. 1 Satz 2 BGB).

Die Verlängerung der Kündigungsfristen gilt nicht, wenn das Mietverhältnis unter Einhaltung der gesetzlichen Frist vorzeitig (außerordentlich) gekündigt werden kann (§§ 573d Abs. 2, 575a Abs. 3 BGB).

Für Wohnraum, der Teil einer vom Vermieter selbst bewohnten Wohnung ist und den der Vermieter überwiegend mit Einrichtungsgegenständen auszustatten hat, gilt die Sonderregelung des § 573c Abs. 3 BGB, wenn der Wohnraum dem Mieter nicht zum dauernden Gebrauch mit seiner Familie oder mit Personen überlassen ist, mit denen er einen auf Dauer angelegten gemeinsamen Haushalt führt. Danach ist die Kündigung spätestens am 15. eines Monats zum Ablauf dieses Monats zulässig (14-tägige Kündigungsfrist).

TIPP

Bei einem Mietverhältnis über Wohnraum sind alle zum Nachteil des Mieters abweichenden Vereinbarungen unwirksam (§ 573c Abs. 4 BGB), z. B. die Vereinbarung von kürzeren Fristen für den Vermieter oder von längeren Fristen für den Mieter.

Eine kürzere Kündigungsfrist kann nur dann vereinbart werden, wenn der Wohnraum nur zu vorübergehendem Gebrauch vermietet worden ist (§ 573c Abs. 2 BGB). Ein Vermieterwechsel, z. B. infolge eines Verkaufs, hat keinen Einfluss auf die Berechnung der Kündigungsfristen, da der neue Vermieter mit allen Rechten und Pflichten in das bestehende Mietverhältnis eintritt.

Für die Berechnung der Dauer des Mietverhältnisses ist der Zeitpunkt des Zugangs der Kündigung und nicht der Kündigungstermin entscheidend.

Wird die Kündigungsfrist nicht eingehalten, ist die Kündigung zu diesem Termin zwar unwirksam, kann jedoch in eine Kündigung zum nächsten zulässigen Termin umgedeutet werden (§ 140 BGB).

Bei einem Mietverhältnis über Geschäftsräume ist die ordentliche Kündigung spätestens am dritten Werktag eines Kalendervierteljahres zum Ablauf des nächsten Kalendervierteljahres zulässig, also spätestens am dritten Werktag im Juli zum 31.12., d. h., die Kündigungsfrist beträgt für beide Parteien sechs Monate zum Quartalsende (§ 580a Abs. 2 BGB). Diese Kündigungsfrist gilt auch bei der außerordentlichen befristeten Kündigung von Geschäftsräumen (§ 580a Abs. 4 BGB).

Die Kündigungsfrist des § 580a BGB ist abdingbar, d. h., es kann eine kürzere, längere oder auch für die Parteien unterschiedliche Frist vereinbart werden. Die Karenzzeit des § 580a BGB („spätestens am dritten Werktag") ist für eine vereinbarte längere Frist entsprechend anwendbar.

Bei einem Mietverhältnis über Grundstücke und Räume, die keine Geschäftsräume sind (z. B. Garage), ist die Kündigung spätestens am dritten Werktag eines Kalendermonats zum Ablauf des übernächsten Monats (z. B. am dritten Werktag im Februar zum 30.4.) zulässig, wenn die Miete nach Monaten oder längeren Zeitabschnitten bemessen ist (§ 580a Abs. 1 BGB).

Zusätzliche Kündigungssperrfristen

Wurde an den vermieteten Wohnräumen nach Überlassung an den Mieter Wohnungseigentum begründet („Umwandlung") und das Wohnungseigentum veräußert, kann sich der Erwerber auf Eigenbedarf erst nach Ablauf von drei Jahren seit der Veräußerung berufen (Kündigungssperrfrist, § 577a Abs. 1 BGB).

Diese Frist beträgt bis zu zehn Jahre, wenn die ausreichende Versorgung der Bevölkerung mit Mietwohnungen zu angemessenen Bedingungen in einer Gemeinde oder einem Teil einer Gemeinde besonders gefährdet ist und die Landesregierung von ihrer Ermächtigung Gebrauch gemacht hat, diese Gebiete sowie die Frist durch Rechtsverordnung für die Dauer von jeweils höchstens zehn Jahren zu bestimmen (§ 577a Abs. 2 BGB).

Nach einem Urteil des BGH sind die Vorschriften über die Kündigungssperrfrist auch dann anzuwenden, wenn keine Umwandlung in Wohnungseigentum, sondern eine Realteilung erfolgt; so z. B. wenn vermietete Reihenhäuser durch Realteilung des Gesamtgrundstücks in einzelne selbstständige Grundstücke aufgeteilt werden. Die Interessenlage ist nämlich in beiden Fällen der Rechtsänderung im Wesentlichen gleich. Aus Sicht des Mieters macht es keinen Unterschied, ob das von ihm gemietete Reihenhaus in Wohnungseigentum umgewandelt oder durch reale Teilung Bestandteil eines selbstständigen Grundstücks wird. In beiden Fällen steht dem Mieter nach einem Verkauf ein neuer Vermieter gegenüber, der sich — soweit die sonstigen Voraussetzungen gegeben sind — auf Eigenbedarf berufen könnte (BGH, Urteil vom 28.5.2008, VIII ZR 126/07).

Diese Rechtsprechung, wonach Kündigungssperrfristen zulasten des Erwerbers auch dann einzuhalten sind, wenn ein Grundstück, das mit zu Wohnzwecken vermieteten Einfamilienhäusern (Reihenhäusern) bebaut ist, real geteilt wird, ist nicht verfassungswidrig, da diese Rechtsprechung nicht die Grenzen richterlicher Rechtsfortbildung überschreitet und insbesondere mit Art. 3 Abs. 1 und Art. 14 Abs. 1 GG (Gleichheitsgrundsatz, Eigentumsgrundrecht) vereinbar ist (BVerfG, Beschluss vom 4.4.2011, 1 BvR 1803/08, NJW 2011, 1723).

Seit Inkrafttreten des Mietrechtsänderungsgesetzes vom 11.3.2013 (BGBl I, S. 434 ff.) am 1.5.2013 sind die Vorschriften über die Kündigungssperrfrist auch beim Erwerb eines vermieteten Anwesens durch eine Personenmehrheit (z. B. Gesellschaft bürgerlichen Rechts, GbR) anzuwenden, wenn diese zwar keine Aufteilung in Wohneigentum vornimmt, jedoch wegen Eigenbedarfs eines Miteigentümers kündigt. Eine Ausnahme besteht nur dann, wenn die Gesellschafter oder Erwerber derselben Familie oder demselben Haushalt angehören oder vor Überlassung des Wohnraums an den Mieter Wohneigentum bereits begründet war (§ 577a Abs. 1a BGB).

Eine zusätzliche Kündigungssperrfrist muss nicht eingehalten werden, wenn das Wohnungseigentum bereits vor Überlassung an den Mieter begründet war oder wenn nur eine Teilung, aber keine Weiterveräußerung vorgenommen wurde (z. B. der Eigentümer eines Mietshauses wandelt die Wohnungen in Eigentumswohnungen um und kündigt dann einem Mieter wegen Eigenbedarfs für seinen Sohn).

Vor Abfassung der Kündigung einer umgewandelten Wohnung sollte daher bei der zuständigen Gemeinde- oder Stadtverwaltung angefragt werden, ob in dem betreffenden Gebiet eine verlängerte Kündigungssperrfrist gilt.

Ist in den Fällen des § 577a Abs. 1 BGB die Sperrfrist einzuhalten, beginnt sie mit der Eintragung des ersten Erwerbers des (nach Überlassung des Wohnraums an den Mieter begründeten und sodann veräußerten) Wohnungseigentums im Wohnungsgrundbuch. Weitere Erwerber treten in diese Frist ein (§ 566 BGB), für sie beginnt die Frist nicht neu zu laufen (BayObLG vom 24.11.1981, Allg Reg 64/81, NJW 1982, 451).

TIPP

Eine Kündigung des Erwerbers wegen Eigenbedarfs kann erst nach Ablauf der Sperrfrist und somit nicht zu deren Ablauf ausgesprochen werden. Für die nach Ablauf der Frist ausgesprochene Kündigung gelten die gesetzlichen Fristen.
Da der Gesetzgeber die Einhaltung einer zusätzlichen Sperrfrist nur für die Kündigungstatbestände Eigenbedarf (§ 573 Abs. 2 Nr. 2 BGB) und Hinderung der wirtschaftlichen Verwertbarkeit (§ 573 Abs. 2 Nr. 3 BGB) vorgeschrieben hat, gilt keine Sperrfrist, wenn der Wohnungskäufer die Kündigung auf andere berechtigte Interessen im Sinne von § 573 Abs. 1 BGB stützt. Die Vorschriften über die Sperrfrist sind nach Auffassung des BGH in diesem Fall weder direkt noch analog anwendbar.
Eigenbedarf liegt begrifflich nur dann vor, wenn der Vermieter (hier: Wohnungskäufer) die Wohnung für sich oder seine Familien- oder Haushaltsangehörigen benötigt. Wird die Wohnung dagegen für eine andere Person (z. B. für eine Betreuungsperson) benötigt, die weder zur Familie noch zum Haushalt des Vermieter gehört, liegt begrifflich kein Eigenbedarf, sondern ein allgemeines berechtigtes Interesse an der Kündigung (gemäß § 573 Abs. 1 BGB) vor, für die keine Kündigungssperrfrist gilt.
Dies bedeutet, dass auch bei einer Kündigung, die vom Erwerber z. B. wegen Betriebsbedarfs (zur Unterbringung eines Arbeitnehmers oder eines objektiv notwendigen Hausmeisters) erfolgt, keine Kündigungssperrfrist einzuhalten ist, ebenso nicht bei einer Kündigung wegen schuldhafter Vertragsverletzung durch den Mieter gemäß § 573 Abs. 2 Nr. 1 BGB (BGH, Urteil vom 11.3.2009, VIII ZR 127/08).

Die Kündigungsmöglichkeiten des Mieters

Grundsätzlich zu unterscheiden ist zwischen der ordentlichen und der außerordentlichen Kündigung. Während bei der ordentlichen Kündigung die jeweiligen gesetzlichen Fristen einzuhalten sind, soweit nicht vertraglich andere Fristen wirksam vereinbart wurden, kann die außerordentliche Kündigung fristlos oder unter Einhaltung der kurzen gesetzlichen Mindestfrist von drei Monaten (§ 575a Abs. 3 BGB) erfolgen.

Ordentliche Kündigung durch den Mieter

Der Mieter kann das Mietverhältnis ohne Angabe von Gründen kündigen. Er muss lediglich die Formalien und die Kündigungsfristen einhalten. Eine ordentliche Kündigung ist aber ausgeschlossen, wenn der Mietvertrag auf bestimmte Zeit abgeschlossen ist (§ 542 Abs. 2 BGB – Zeitmietvertrag), der Mieter für einen bestimmten Zeitraum auf sein ordentliches Kündigungsrecht verzichtet hat oder wenn bei einem Mietvertrag für längere Zeit als ein Jahr das Schriftformerfordernis der §§ 550, 578 BGB nicht beachtet wurde und der Mietvertrag daher zwar für unbestimmte Zeit geschlossen gilt, jedoch frühestens zum Ablauf eines Jahres nach Überlassung der Mietsache gekündigt werden kann.

Außerordentliche Kündigung durch den Mieter

Durch eine außerordentliche Kündigung kann in den gesetzlich vorgesehenen Fällen auch ein Mietverhältnis von bestimmter Dauer vorzeitig beendet werden.

Zu unterscheiden ist zwischen der außerordentlichen fristlosen Kündigung, die ohne Einhaltung einer Kündigungsfrist erfolgen kann und mit Zugang beim Vermieter wirksam wird, und der außerordentlichen befristeten Kündigung unter Einhaltung der gesetzlichen Kündigungsfrist. Diese beträgt bei Wohnraum 3 Monate (§§ 573d Abs. 2, 575a Abs. 3 BGB), bei Geschäftsräumen sechs Monate zum Quartalsende (§ 580a Abs. 2, 4 BGB).

Außerordentliche fristlose Kündigung aus wichtigem Grund

Der Mieter kann das Mietverhältnis gemäß § 543 Abs. 1 BGB aus wichtigem Grund fristlos kündigen. Ein wichtiger Grund liegt vor, wenn dem Mieter unter Berücksichtigung aller Umstände des Einzelfalls, insbesondere eines Verschuldens des Vermieters und unter Abwägung der beiderseitigen Interessen, die Fortsetzung des Mietverhältnisses bis zum Ablauf der Kündigungsfrist oder bis zur sonstigen Beendigung des Mietverhältnisses nicht zugemutet werden kann.

Voraussetzung für die Kündigung ist somit nicht in erster Linie ein schuldhaftes Verhalten des Vermieters, sondern die Unzumutbarkeit für den Mieter. Dies kann der Fall sein, wenn das gegenseitige Vertrauensverhältnis so nachhaltig zerrüttet ist, dass ein gedeihliches Zusammenwirken der Vertragspartner nicht mehr zu erwarten ist und dem Mieter die Fortsetzung des Vertrags auch bei Anlegung eines strengen Maßstabs nicht mehr zuzumuten ist.

TIPP

Eine Unzumutbarkeit liegt grundsätzlich nicht vor, wenn das Mietverhältnis ordentlich gekündigt werden kann und ein Abwarten bis zum Ablauf der Kündigungsfrist oder bis zum Ende des Mietverhältnisses (beim befristeten Mietvertrag) zumutbar erscheint.

Der Mieter kann sein Recht zur außerordentlichen fristlosen Kündigung aus wichtigem Grund verwirken. Dies ist der Fall, wenn er nahezu ein Jahr zuwartet, bis er seine Kündigung auf ein vertragswidriges Verhalten des Vermieters stützt (OLG Düsseldorf vom 16.2.2006, 10 U 116/05, DWW 2006, 196).

Die fristlose Kündigung wegen Nichtgewährens oder Entziehens des vertragsgemäßen Gebrauchs (§ 543 Abs. 2 Nr. 1 BGB)

Ein wichtiger Grund im Sinne des § 543 Abs. 1 BGB, der den Mieter zur fristlosen Kündigung berechtigt, liegt vor, wenn ihm der vertragsgemäße Gebrauch der vermieteten Sache ganz oder zum Teil nicht rechtzeitig gewährt oder wieder entzogen wird. Dies kann sich unter anderem ergeben aus dem Vorliegen eines erheblichen Sach- oder Rechtsmangels. Beispiele:

- Ein anderer Wohnungseigentümer fordert den Mieter unter Androhung gerichtlicher Schritte auf, die mietvertraglich vereinbarte Nutzung der Wohnung zu bestimmten Zwecken wegen Verstoßes gegen die Teilungserklärung zu unterlassen (OLG Düsseldorf vom 8.7.1998, 10 U 159/97, ZMR 1999, 24; BGH vom 24.1.2001, XII ZR 213/98, ZMR 2001, 344).

- Ferner aus der Erfüllungsverweigerung durch den Vermieter, z. B. vereinbarte Umbauarbeiten vorzunehmen (OLG Köln vom 18.12.1996, 27 U 17/96, ZMR 1997, 230) oder die vertraglich vereinbarte Untervermietung zu gestatten (OLG Düsseldorf vom 19.4.1994, 24 U 160/93, WuM 1995, 585).
- Einer behördlichen Anordnung (z. B. baurechtlich unzulässige Benutzung der Mietsache).
- Einer erheblichen Abweichung der tatsächlichen von der vertraglich vereinbarten Wohnfläche. Eine Unterschreitung von mehr als 10 % ist nach einem Urteil des BGH jedenfalls als erheblich anzusehen, da in diesem Fall ein Mangel der Mietsache gegeben ist, der zur Folge hat, dass dem Mieter der vertragsgemäße Gebrauch der Mietsache nicht gewährt wird.
  Allerdings kann der Mieter das Recht zur fristlosen Kündigung des Mietvertrags verwirken, z. B. wenn er bei Mietbeginn oder danach erkennt, dass die tatsächliche Wohnfläche die im Mietvertrag angegebene um mehr als 10 % unterschreitet, ohne dies zeitnah zum Anlass für eine fristlose Kündigung zu nehmen (BGH, Urteil vom 29.4.2009, VIII ZR 142/08).
  Dieses Urteil macht wiederum deutlich, dass die Angabe einer Wohnfläche im Mietvertrag nicht nur überflüssig ist, sondern für den Vermieter auch zu erheblichen Rechtsnachteilen führen kann.
- Fehlende Genehmigung zur Zweckentfremdung (KG Berlin vom 1.4.2004, 8 U 219/03), auch wenn teilgewerbliche Nutzung der Wohnung vereinbart war (KG Berlin vom 7.12.1998, 8 U 2746/97, NZM 1999, 708).
- Dauernde Behinderung der Ein- und Ausfahrt bei einem Kfz-Einstellplatz (LG Köln vom 19.12.1974, 1 S 211/74, WuM 1976, 29).
- Prostitution im Wohnhaus (AG Köln vom 25.3.2002, 22 C 324/01, WuM 2003, 145).
- Eigenmächtige Inbesitznahme und Renovierung einer vom Mieter nicht mehr benutzten Wohnung durch den Vermieter (AG Braunschweig vom 26.6.2002, 117 C 4321/01, ZMR 2003, 499).
- Unangenehme Gerüche, z. B. Nikotingeruch oder Zigarettenrauch, jedoch nur bei erheblicher Belastung, da sich in Mehrfamilienhäusern Immissionen aus anderen Wohnungen nie vollständig ausschließen lassen und diese den vertraglichen Gebrauch nicht zwingend beeinträchtigen (AG München vom 6.7.2005, 423 C 24115/04).
- Anmietung der Räume von einem nicht verfügungsberechtigten Vermieter, wenn der wahre Berechtigte nicht bereit ist, dem Mieter die Mietsache zu den mit dem (nichtberechtigten) Vermieter vereinbarten Konditionen nutzen zu lassen. Nicht erforderlich ist, dass der (berechtigte) Eigentümer seine Rechte tatsächlich durchsetzt oder gerichtlich geltend macht. Schon die mündliche Ankündigung kann für den Mieter Anlass genug sein, den Gebrauch zu unterlassen oder aufzugeben (BGH, Urteil vom 10.7.2008, IX ZR 128/07, ZMR 2008, 883).

- Ferner auch ein behördliches Verbot, das den Mieter an der Ausübung seiner vertraglichen Rechte hindert (z. B. Betreiben einer Gaststätte). So sind z. B. die zum Betrieb einer Gaststätte vermieteten Räume mangelhaft, wenn die Erteilung einer Gaststättenerlaubnis wegen der Nichteinhaltung der Schallschutzbestimmungen versagt wird (KG Berlin vom 7.10.2002, 8 U 139/01, MDR 2003, 622).

Jedoch kann sich der Mieter nicht auf eine Nichtgewährung oder Entziehung des vertragsgemäßen Gebrauchs berufen, solange die zuständige Behörde eine unzulässige Nutzung der Mietsache duldet (OLG München vom 28.6.1996, 21 U 6071/95, ZMR 1996, 496; OLG Nürnberg vom 16.7.1998, 8 U 197/98, NZM 1999, 419); so auch BGH, Urteil vom 16.9.2009, VIII ZR 275/08, NJW 2009, 3421, wonach öffentlich-rechtliche Nutzungsbeschränkungen vermieteter Wohnräume (z. B. im Keller oder Dachgeschoss), die nicht als Wohnraum genutzt werden dürfen, den Mieter nicht zur Mietminderung berechtigen, wenn deren Nutzbarkeit mangels Einschreiten der zuständigen Behörden nicht eingeschränkt ist. Gleiches muss für das Recht des Mieters zur fristlosen Kündigung gelten.

Ferner kann der Mieter zur außerordentlichen fristlosen Kündigung eines gewerblichen Mietverhältnisses nach § 543 Abs. 1 BGB berechtigt sein, wenn der Vermieter gegenüber Dritten Behauptungen aufstellt, die geeignet sind, den Gewerbebetrieb des Mieters nachhaltig zu beeinträchtigen, oder versucht, durch missfällige Äußerungen und Verdächtigungen den Geschäftsbetrieb des Mieters zu diffamieren, z. B. durch nicht belegte Behauptungen, der Mieter betreibe in den für einen Wellnessbetrieb angemieteten Räumen eine Sekte oder einen „verdeckten Puff" (BGH, Urteil vom 15.9.2010, XII ZR 188/08).

Gleiches gilt, wenn der Vermieter umfassende Modernisierungsmaßnahmen ankündigt (hier: Grundsanierung mit Aufstockung des Gebäudes), zu dessen Duldung der Mieter von gewerblichen Räumen (hier: Praxis für Neurologie und Psychiatrie) nicht verpflichtet ist, weil infolge der angekündigten umfangreichen Sanierungs-, Um- und Ausbaumaßnahmen während neun Monaten der Verlust des Patientenstamms zu erwarten ist. Steht angesichts der Ankündigung des Vermieters und dessen Verhaltens während der Verhandlungen über den Abschluss eines Mietaufhebungsvertrags gegen Ausgleichszahlung bereits vor Beginn der Bauarbeiten fest, dass der Vermieter die angekündigten Maßnahmen ohne Berücksichtigung der Belange des Mieters umsetzen wird, kann der Mieter bereits zu diesem Zeitpunkt außerordentlich kündigen und muss nicht zuwarten, bis der Gebrauchsentzug durch Beginn der Bauarbeiten eingetreten ist (BGH, Urteil vom 31.10.2012, XII ZR 126/11, NJW 2013, 223).

Das Kündigungsrecht des Mieters ist ausgeschlossen, wenn nur ein unwesentlicher Mangel oder eine unerhebliche Beeinträchtigung vorliegt (Hans. OLG Hamburg vom 12.4.2005, 4 U 162/04, ZMR 2005, 855).

Ob die Beeinträchtigung erheblich ist, bestimmt sich nach den Vereinbarungen der Parteien über die individuelle Beschaffenheit des Mietobjekts. Insofern können zur Abgrenzung zu unerheblichen Beeinträchtigungen die für die Mietminderung geltenden Grundsätze herangezogen werden, so der BGH vom 4.5.2005, XII ZR 254/01 (NZM 2005, 500). Eine Kündigung des Mieters ist auch ausgeschlossen, wenn er den Mangel überwiegend selbst zu vertreten hat, z. B. infolge eines Brands (vgl. BGH, Urteil vom 14.4.1976, VIII ZR 288/74, BGHZ 66, 349).

Ausgeschlossen ist das Kündigungsrecht auch bei Kenntnis oder grob fahrlässiger Unkenntnis der konkreten Umstände durch den Mieter (§§ 543 Abs. 4, 536b BGB). Ferner kann der Mieter wegen Mängeln, die im Übergabeprotokoll vermerkt sind, kein Kündigungsrecht in Anspruch nehmen, wenn er das Mietobjekt vorbehaltlos entgegengenommen hat (OLG Hamburg vom 12.4.2005, 4 U 162/04, ZMR 2005, 855).

TIPP

Eine Kündigung wegen Nichtgewährens oder Entziehens des vertragsgemäßen Gebrauchs ist erst zulässig, wenn der Vermieter eine ihm von dem Mieter bestimmte angemessene Frist hat verstreichen lassen, ohne Abhilfe zu schaffen (§ 543 Abs. 3 BGB). In dem Abhilfeverlangen müssen die einzelnen Mängel konkret bezeichnet sein, sodass der Vermieter erkennen kann, welche Arbeiten er ausführen muss (OLG Naumburg vom 30.6.1999, 6 U 92/98, WuM 2000, 246). Allein die Mängelanzeige (§ 536c BGB) stellt kein Abhilfeverlangen dar.

Die Bestimmung einer Frist ist nicht erforderlich, wenn die sofortige Kündigung aus besonderen Gründen unter Abwägung der beiderseitigen Interessen gerechtfertigt ist (§ 543 Abs. 3 Satz 2 Nr. 2 BGB), z. B. mehrfache fehlgeschlagene Reparaturversuche an der Heizung während der kalten Jahreszeit oder mehrfacher Heizungsausfall in der Wohnungseigentumsanlage aufgrund einer Stromabschaltung durch das Elektrizitätswerk nach offenen Rechnungen, wenn Wiederholungen zu befürchten sind.

Weiterhin dann, wenn eine Frist offensichtlich keinen Erfolg verspricht (§ 543 Abs. 3 Satz 2 Nr. 1 BGB), z. B. weil der Vermieter die Abhilfe ernsthaft und endgültig verweigert (BGH, Urteil vom 22.10.1975, VIII ZR 160/74, NJW 1976, 796).

Bestreitet der Vermieter die Zulässigkeit der erfolgten Kündigung, weil er den Gebrauch der Sache rechtzeitig gewährt oder vor dem Ablauf der Frist die Abhilfe bewirkt habe, trifft ihn die Beweislast (§ 543 Abs. 4 Satz 2 BGB). Ferner muss der Vermieter ggf. die Kenntnis oder grob fahrlässige Unkenntnis des Mieters, z. B. vom Mangel, beweisen.

Dagegen hat der Mieter das Vorliegen der Mängel, das Setzen einer angemessenen Abhilfefrist oder eine erfolglose Abmahnung sowie im Fall der Kündigung ohne Fristsetzung die entsprechenden Voraussetzungen zu beweisen.

TIPP

Bei der Wohnraummiete ist eine Vereinbarung, durch die das Kündigungsrecht ausgeschlossen oder eingeschränkt wird, unwirksam (§ 569 Abs. 5 BGB).

Die fristlose Kündigung wegen Gesundheitsgefährdung

Ist eine Wohnung oder ein anderer zum Aufenthalt von Menschen bestimmter Raum so beschaffen, dass seine Benutzung mit einer erheblichen Gesundheitsgefährdung verbunden ist, liegt für den Mieter ein wichtiger Grund vor, der ihn zur außerordentlichen fristlosen Kündigung berechtigt. Dies ist nach objektiven Maßstäben zu beurteilen, nicht nach den subjektiven Einschätzungen oder dem Gesundheitszustand des Einzelnen. Dies bedeutet, dass der Mieter nicht zur Kündigung nach § 569 Abs. 1 BGB berechtigt ist, wenn die Gesundheitsgefährdung lediglich auf einer besonderen Empfindlichkeit oder Anfälligkeit des Mieters, z. B. bei einer Allergie gegen bestimmte Stoffe, beruht.

Infrage kommen erhebliche Feuchtigkeitseinwirkungen, unzureichende Beheizung, andauernde üble Gerüche, Rauchgase aus einem Schornstein, andauernder starker Lärm, gefährliche Beschaffenheit von Fußböden, Treppen, Geländer, dauerhafte Funktionslosigkeit der Brandschutzeinrichtungen bei vermieteten Lagerräumen für Möbel, bauseits bedingter Schimmelpilzbefall der Wohnung, bauseits bedingte erhöhte Konzentration der Raumluft mit Formaldehyd, Lindan oder PCP-Pentachlorphenol, Raumtemperaturen über 26 °C über einen längeren Zeitraum (hier: 45 Tage in vermieteter Drogerie) in einem durchschnittlichen Sommer.

TIPP

Für die Beurteilung einer Gesundheitsgefährdung kommt es nicht auf die Verhältnisse und Anschauungen bei Vertragsabschluss, sondern auf die jeweils aktuellsten Erkenntnisse (z. B. Grenzwerte des Bundesgesundheitsamts) an (BVerfG vom 4.8.1998, 1 BvR 1711/94, WuM 1998, 657). Daher kann der Mieter vom Vermieter auch nicht wegen der Besorgnis einer Gesundheitsgefährdung die Einstellung des Betriebs eines Mobilfunksenders verlangen, wenn die maßgeblichen Grenzwerte eingehalten sind.

Sind die Voraussetzungen für eine fristlose Kündigung gegeben, kann der Mieter diese selbst dann aussprechen, wenn er die gefahrbringende Beschaffenheit bei Abschluss des Vertrags gekannt oder auf die Geltendmachung der ihm wegen dieser Beschaffenheit zustehenden Rechte verzichtet hat.

Das Kündigungsrecht ist jedoch ausgeschlossen, wenn der Mieter die gefahrbringende Beschaffenheit selbst verschuldet hat, z. B. die Schimmelschäden durch unzureichendes Heizen oder Lüften entstanden sind. Das Gleiche gilt, wenn der Mieter die Abhilfe schuldhaft vereitelt hat. Ferner kann die Verletzung der Anzeigepflicht (§ 536c Abs. 1 BGB) das Kündigungsrecht ausschließen.

Die Kündigung ist grundsätzlich erst zulässig, wenn der Mieter dem Vermieter zuvor eine angemessene Abhilfefrist (§ 543 Abs. 3 Satz 1 BGB) gesetzt oder eine Abmahnung erteilt hat (BGH, Urteil vom 18.4.2007, VIII ZR 182/06, WuM 2007, 319). Eine Fristsetzung ist nur dann nicht erforderlich, wenn einer der Ausnahmetatbestände des § 543 Abs. 3 Satz 2 BGB vorliegt, d. h. eine Fristsetzung oder Abmahnung offensichtlich keinen Erfolg verspricht oder die sofortige Kündigung aus besonderen Gründen unter Abwägung der beiderseitigen Interessen gerechtfertigt ist. Dies kann der Fall sein, wenn der Vermieter einen zur außerordentlichen Kündigung berechtigten Mangel (z. B. gesundheitsgefährdender Schimmel in der Mietwohnung) über mehrere Instanzen, in denen über die Beseitigung des Mangels gestritten wurde, grundsätzlich in Abrede gestellt hat. Eine erneute Fristsetzung vor Ausspruch der Kündigung wäre dann „sinnlose Förmelei" (BGH, Urteil vom 13.6.2007, VIII ZR 281/06, NZM 2007, 561). Strittig ist, ob in den Fällen, in denen mit der Fristsetzung nicht die Kündigung, sondern eine andere Maßnahme (z. B. Ersatzvornahme oder Klage auf Beseitigung des Mangels) angedroht wurde, die Kündigung wegen eines darin liegenden widersprüchlichen Verhaltens erst nach erfolglosem Ablauf einer neuen Abhilfefrist erklärt werden kann (so beispielsweise OLG Hamm, NJW-RR 1991, 1035).

Das Vorliegen der Voraussetzungen der Ausnahmetatbestände ist vom Mieter darzulegen und zu beweisen (LG Stendal, Urteil vom 24.3.2005, 22 S 140/04, ZMR 2005, 624). Ferner kann der Mieter nach dem Grundsatz von Treu und Glauben (§ 242 BGB) verpflichtet sein, mit der Kündigung zuzuwarten, wenn der Mangel (hier: Gasgeruch) schon seit längerer Zeit besteht und der Vermieter eine kurzfristige Prüfung und Abhilfe zugesagt hat (KG Berlin vom 1.10.2001, 8 U 3861/00, GE 2001, 1539).

Die Kündigung des Mieters ist auch nur wirksam, wenn sie eine Begründung enthält (§ 569 Abs. 4 BGB; BGH vom 22.6.2005, VIII ZR 326/04, WuM 2005, 584).

Die fristlose Kündigung wegen Störung des Hausfriedens durch den Vermieter

Kann dem Mieter infolge einer nachhaltigen Störung des Hausfriedens durch den Vermieter die Fortsetzung des Mietverhältnisses nicht zugemutet werden, liegt ein wichtiger Grund im Sinne von § 543 Abs. 1 BGB vor, der den Mieter zur fristlosen Kündigung des Mietverhältnisses berechtigt (§§ 569 Abs. 2, 543 Abs. 1 BGB). Insofern kommen Sachverhalte infrage, die von der Rechtsprechung zum § 554a BGB a. F. entschieden wurden, z. B.

- standhafte Weigerung des Vermieters, gegen in erheblichem Maße störende Mitbewohner vorzugehen,
- beharrliche Weigerung, Mängel zu beseitigen (LG Heidelberg vom 9.6.1976, 3 S 2/75, WuM 1977, 200),
- unerlaubtes Eindringen des Vermieters in die Mieträume. Nicht aber, wenn der Mieter vor Beendigung eines befristeten Mietvertrags die Wohnung verlassen und praktisch leer geräumt hat und der Vermieter diese zusammen mit Kauf- oder Mietinteressenten betritt,
- Unredlichkeiten des Vermieters bei der Abrechnung von Nebenkosten, z. B. durch den Versuch, nicht entstandene Kosten abzurechnen.

Die außerordentliche befristete Kündigung durch den Mieter

In den nachfolgend angeführten Fällen kann der Mieter ein Mietverhältnis unter Einhaltung der gesetzlichen Frist vorzeitig, d. h. vor Ablauf der Vertragszeit, kündigen. Diese beträgt bei Wohnraum drei Monate (§§ 573d Abs. 2, 575a Abs. 3 BGB), bei Geschäftsräumen sechs Monate zum Quartalsende (§ 580a Abs. 2, 4 BGB).

Die vorzeitige Kündigung wegen Verweigerung der Untervermieterlaubnis (§ 540 BGB)

Der Mieter kann das Mietverhältnis unter Einhaltung der gesetzlichen Frist kündigen, wenn der Vermieter die Erlaubnis zur Untervermietung der Räume zur sonstigen Gebrauchsüberlassung, z. B. zur Weitervermietung an einen Dritten, verweigert, sofern nicht in der Person des Untermieters oder des Dritten ein wichtiger Grund vorliegt (§ 540 Abs. 1 Satz 2 BGB). Dies gilt sowohl für Wohnraum- als auch für Geschäftsraummietverhältnisse. Entsprechend hat der Mieter keinen Anspruch auf Erteilung einer generellen, nicht personenbezogenen Untervermieterlaubnis (KG Berlin vom 11.6.1992, 8 RE-Miet 1946/92, DWW 1992, 240, WuM 1992, 350).

Um dem Vermieter die Prüfung zu ermöglichen, ob in der Person des Dritten ein wichtiger Grund für die Verweigerung der Erlaubnis vorliegt, hat der Mieter den Dritten namentlich zu benennen und dem Vermieter vorzustellen.

Fehlen in der Anfrage des Mieters die erforderlichen Informationen des Vermieters oder verlangt der Mieter die Erlaubnis zur generellen Untervermietung, stellt die Tatsache, dass sich der Vermieter nicht innerhalb der vom Mieter gesetzten angemessenen Frist äußert, keine Verweigerung der Erlaubnis und damit keinen Kündigungsgrund für den Mieter dar. Verweigert der Vermieter allerdings generell und von vornherein die Erlaubnis zur Untervermietung, besteht ausnahmsweise ein Recht des Mieters zur außerordentlichen Kündigung ohne Benennung eines konkreten Untermieters.

Die Frage, ob ein wichtiger Grund vorliegt, ist nach objektiven Kriterien zu entscheiden. Ein wichtiger Grund liegt insbesondere vor, wenn der vorgeschlagene Untermieter einen Mietgebrauch beabsichtigt, der dem Mieter selbst nicht gestattet ist (BGH, Urteil vom 11.1.1984, VIII ZR 237/82, NJW 1984, 1031). Dies ist der Fall bei einer Änderung des Gebrauchszwecks der Mieträume (z. B. Tierarztpraxis statt Zahnarztpraxis), ebenso bei einer Sortimentsänderung in einem Ladengeschäft, ferner wenn die Räume einer Mehrzahl von Untermietern überlassen werden sollen, eine übermäßige Abnutzung der Räume oder eine erhebliche Schmälerung vorhandener Sicherheiten aus dem Vermieterpfandrecht zu erwarten ist (BGH, Urteil vom 24.5.1995, XII ZR 172/94, NJW 1995, 2034) oder Störungen des Hausfriedens konkret zu besorgen sind, weil es sich bei dem Dritten um einen Alkoholiker oder einschlägigen Straftäter handelt.

Dagegen ist die bloße Ausländereigenschaft oder die Tatsache, dass eine nicht eheliche Lebensgemeinschaft gebildet werden soll, grundsätzlich kein wichtiger Grund.

Dieses außerordentliche Kündigungsrecht soll dem Mieter, dem die Erlaubnis zur Untervermietung vom Vermieter aus nicht in der Person des Untermieters liegenden Gründen verweigert wurde, aus der Zwangslage befreien, die sich für den Mieter aus dem weiteren Festhalten an dem Mietvertrag ergeben würde. Gegen den Sinn und Zweck des außerordentlichen Kündigungsrechts verstößt es aber, wenn der vom Mieter vorgeschlagene Untermieter gar nicht beabsichtigt, in die Wohnung einzuziehen bzw. die Geschäftsräume zu übernehmen. Die Ausübung des Kündigungsrechts durch den Mieter ist daher rechtsmissbräuchlich (§ 242 BGB), wenn der (angebliche) Untermieter vom Mieter nur präsentiert wurde in der Erwartung, dass der Vermieter die Untervermietung generell ablehnen wird und damit das außerordentliche Kündigungsrecht des Mieters auslöst (BGH, Urteil vom 11.11.2009, VIII ZR 294/08).

Die vorzeitige Kündigung beim Tod des Mieters (§§ 563, 563a, 564 BGB)

Beim Tod des Mieters ist zu unterscheiden, ob der Mietvertrag nur mit dem Verstorbenen oder mit mehreren Personen abgeschlossen worden war. War ein Wohnungsmietvertrag nur mit dem Verstorbenen abgeschlossen, tritt der Ehegatte, der mit dem Mieter einen gemeinsamen Haushalt führt, in das Mietverhältnis ein.

Ist dies nicht der Fall oder ist ein Ehegatte nicht vorhanden, treten andere Familienangehörige, die mit dem Mieter einen gemeinsamen Haushalt führen (z. B. Kinder), oder Personen, die mit dem Mieter einen auf Dauer angelegten gemeinsamen Haushalt führen (z. B. Lebensgefährte), in das Mietverhältnis ein (§ 563 Abs. 1, 2 BGB). Diese Personen können innerhalb eines Monats, nachdem sie vom Tod des Mieters Kenntnis erlangt haben, dem Vermieter erklären, dass sie das Mietverhältnis nicht fortsetzen wollen. In diesem Fall gilt der Eintritt als nicht erfolgt. Sind mehrere Personen in das Mietverhältnis eingetreten, kann jeder die Erklärung für sich abgeben (§ 563 Abs. 3 BGB).

War der Wohnungsmietvertrag mit mehreren Personen abgeschlossen, beispielsweise wenn der Mietvertrag vom Ehe- oder Lebenspartner oder Lebensgefährten mitunterzeichnet ist, wird das Mietverhältnis mit den Überlebenden fortgesetzt. Diese können das Mietverhältnis innerhalb eines Monats, nachdem sie vom Tod des Mieters Kenntnis erlangt haben, außerordentlich mit der gesetzlichen Frist (drei Monate, § 575a Abs. 3 BGB) kündigen (§ 563a Abs. 2 BGB).

Treten beim Tod des Mieters keine der oben genannten Personen in das Mietverhältnis ein, und wird es auch nicht mit den überlebenden Mietern fortgesetzt, so wird das Mietverhältnis kraft Gesetz (§ 564 Satz 1 BGB) mit dem (oder den) Erben fortgesetzt. Dieser kann das Mietverhältnis innerhalb eines Monats außerordentlich mit der gesetzlichen Frist kündigen, nachdem er vom Tod des Mieters und davon Kenntnis erlangt hat, dass ein Eintritt in das Mietverhältnis oder dessen Fortsetzung nicht erfolgt sind (§ 564 Satz 2 BGB).

Bei einer Erbengemeinschaft kann eine wirksame Kündigung nur durch alle Miterben gemeinsam erfolgen.

Die vorzeitige Kündigung des Mieters nach einer Mieterhöhung (§ 561 BGB)

Bei einer Mieterhöhung bis zur ortsüblichen Vergleichsmiete oder wegen einer Modernisierung kann der Mieter bis zum Ablauf des zweiten Monats nach dem Zugang der Erklärung des Vermieters das Mietverhältnis außerordentlich zum Ablauf des übernächsten Monats, d. h. zum Ablauf des vierten Monats, der dem Mieterhöhungsverlangen folgt, kündigen (§ 561 Satz 1 BGB). Kündigt der Mieter, tritt die Mieterhöhung nicht ein (§ 561 Satz 2 BGB).

Bei einer Erhöhung wegen gestiegener Betriebskosten (§ 560 BGB) besteht kein Recht des Mieters zur außerordentlichen Kündigung.

Die vorzeitige Kündigung bei Staffelmiete (§ 557a Abs. 3 BGB)

Bei einer Staffelmiete kann der Mieter auch ein auf bestimmte Zeit abgeschlossenes Mietverhältnis vorzeitig kündigen, frühestens jedoch zum Ablauf von vier Jahren seit Abschluss der Staffelmietvereinbarung (§ 557a Abs. 3 Satz 2 BGB). Der 4-Jahres-Zeitraum beginnt – wie sich aus dem klaren Wortlaut der gesetzlichen Regelung ergibt – bereits mit Abschluss der Staffelmietvereinbarung, in der Regel zum Zeitpunkt des Mietvertragsabschlusses, zu laufen und nicht erst mit Bezug der Wohnung (BGH, Urteil vom 29.6.2005, VIII ZR 344/04, WuM 2005, 319).

Das Kündigungsrecht des Mieters ist jedoch nicht auf den Zeitpunkt des Ablaufs der Vierjahresfrist beschränkt. Der Mieter kann auch nach Ablauf der Vierjahresfrist selbst dann noch kündigen, wenn er weitere Mieterhöhungen aufgrund der Staffelmietvereinbarung akzeptiert hat.

Die vorzeitige Kündigung bei baulichen Maßnahmen des Vermieters (§ 554 Abs. 3 Satz 2 BGB)

Hat der Vermieter den Mieter zur Duldung von Modernisierungsmaßnahmen aufgefordert, ist der Mieter berechtigt, bis zum Ablauf des Monats der auf den Zugang der Mitteilung folgt, zum Ablauf des nächsten Monats zu kündigen. Geht die Mitteilung also dem Mieter am 13.5. zu, kann er bis spätestens 30.6. zum 31.7. kündigen.

Das Kündigungsrecht besteht nicht bei sogenannten Bagatellmaßnahmen, die nur mit einer unerheblichen Einwirkung auf die vermieteten Räume verbunden sind und nur zu einer unerheblichen Mieterhöhung führen. Dies ist bei Außenarbeiten (Dach, Fassade) und einer Mieterhöhung nicht über 5 % der Fall. Dagegen liegt keine Bagatellmaßnahme mehr vor, wenn die angekündigte Mieterhöhung aufgrund der Außenarbeiten, die zum Zweck der Energieeinsparung durchgeführt werden, 16,88 Euro beträgt (LG Köln vom 28.10.2004, 2 O 113/04, NZM 2005, 742).

Vorzeitige Kündigung bei Eröffnung des Insolvenzverfahrens über das Vermögen des Mieters

Der Insolvenzverwalter kann das Mietverhältnis ohne Rücksicht auf die vereinbarte Vertragsdauer unter Einhaltung der gesetzlichen Frist kündigen oder vom Vertrag zurücktreten, wenn dem Mieter die Räume zur Zeit der Eröffnung des Verfahrens noch nicht überlassen waren. Der Verwalter muss dem Vermieter auf dessen Verlangen binnen zwei Wochen erklären, ob er vom Vertrag zurücktreten will. Unterlässt er dies, verliert er das Rücktrittsrecht (§ 109 Abs. 2 InsO).

Die vorzeitige Kündigung eines Vertrags über mehr als 30 Jahre (§ 544 BGB)

Wird ein Mietvertrag für länger als 30 Jahre geschlossen, kann nach Ablauf von 30 Jahren nach Überlassung der Mietsache jede Partei das Mietverhältnis unter Einhaltung der gesetzlichen Frist kündigen. Das Kündigungsrecht gilt nur bei Verträgen von bestimmter Dauer über 30 Jahre, nicht aber für Mietverhältnisse von unbestimmter Dauer, die bereits über 30 Jahre laufen.

Die Kündigung durch den Vermieter

Der Vermieter von Wohnraum kann — von wenigen Ausnahmen abgesehen — das Mietverhältnis nur dann kündigen, wenn er ein berechtigtes Interesse an der Beendigung des Mietverhältnisses hat (§ 573 BGB). Eine Ausnahme besteht nur für bestimmte Arten von Mietverhältnissen (§§ 549 Abs. 2 573a, b BGB).

Die Kündigungsvorschrift des § 573 BGB gilt ferner nicht für Mietverhältnisse über Räume, die zu anderen als Wohnzwecken vermietet sind. Diese können ohne Vorliegen eines berechtigten Interesses gekündigt werden. Zur Verhinderung einer Umgehung dieses Bestandsschutzes durch Abschluss von zeitlich begrenzten Mietverträgen können Zeitmietverträge nur unter bestimmten Voraussetzungen abgeschlossen werden (§ 575 BGB).

TIPP

Diese Bestimmungen sind vertraglich nicht abänderbar und gelten daher selbst dann, wenn der Mietvertrag ausdrücklich erleichterte Kündigungsvoraussetzungen für den Vermieter vorsehen sollte. Die Formulierung „insbesondere" in § 573 Abs. 2 BGB bedeutet aber, dass die in Nr. 1 bis 3 genannten Gründe nicht abschließend sind und auch andere — gleichwertige — Gründe ein berechtigtes Interesse darstellen können.

Schuldhafte Vertragsverletzungen durch den Mieter

Ein berechtigtes Interesse des Vermieters an der Beendigung des Mietverhältnisses liegt vor, wenn der Mieter seine vertraglichen Verpflichtungen schuldhaft nicht unerheblich verletzt hat (§ 573 Abs. 2 Nr. 1 BGB), etwa durch Zahlungsrückstände oder -verzögerungen, Belästigungen und Störungen des Hausfriedens oder vertragswidrigen Gebrauch der Mietsache. Diese Kündigung ist daher auch bei einer schuldhaften Vertragsverletzung geringeren Gewichts möglich, die für sich genommen noch nicht zur fristlosen Kündigung berechtigen würde. Ein Muster hierzu steht als Arbeitshilfe online zur Verfügung.

ARBEITSHILFE ONLINE

Praktisch relevant ist dies insbesondere bei Vorliegen von Mietrückständen. Während der Vermieter zur außerordentlichen fristlosen Kündigung (gemäß § 543 Abs. 2 Nr. 3 BGB) erst dann berechtigt ist, wenn der Mieter mit zwei Monatsmieten in Verzug ist, liegt für den Vermieter ein Grund zur ordentlichen Kündigung des Mietverhältnisses bereits dann vor, wenn der Rückstand eine Monatsmiete übersteigt und die Verzugsdauer mindestens einen Monat beträgt. Ein solcher Rückstand stellt nach der Rechtsprechung des BGH eine nicht unerhebliche Verletzung der Zahlungspflicht durch den Mieter dar, die den Vermieter zur ordentlichen Kündigung des Mietverhältnisses berechtigt (BGH, Urteil vom 10.10.2012, VIII ZR 107/12).

Ferner kann eine Verletzung von vertraglichen Verpflichtungen auch durch Zahlungsrückstände oder -verzögerungen erfolgen, beispielsweise bei einem Rückstand mit Betriebskostenvorauszahlungen in Höhe von insgesamt mehr als zwei Monatsmieten (BGH, Urteil vom 25.10.2006, VIII ZR 102/06), Belästigungen und Störungen des Hausfriedens, vertragswidrigem Gebrauch der Mietsache, z. B. durch Vernachlässigung und unbefugte Gebrauchsüberlassung. Ein Muster hierzu findet sich bei den Arbeitshilfen online.

ARBEITSHILFE ONLINE

Statt der fristlosen Kündigung wegen Zahlungsverzugs oder laufend unpünktlicher Zahlung kann der Vermieter auch ordentlich nach § 573 Abs. 1 BGB kündigen. In diesem Fall kann er bei Berechnung der Zahlungsrückstände auch z. B. Nachforderungen aus Betriebskostenabrechnungen mit einbeziehen, da § 573 BGB im Gegensatz zu § 543 Abs. 2 Nr. 3 BGB keine Beschränkung auf periodisch wiederkehrende Leistungen enthält.

TIPP

Die ordentliche Kündigung wegen Zahlungsverzugs nach § 573 Abs. 2 Nr. 1 BGB kann der Mieter auch nicht durch nachträgliche Zahlung unwirksam machen, da die für die fristlose Kündigung geltende Vorschrift des § 569 Abs. 3 Nr. 2 BGB („Schonfrist") nicht analog auf die ordentliche Kündigung anwendbar ist (BGH, Urteil vom 16.2.2005, VIII ZR 6/04).

Allerdings kann sich der Mieter gegenüber der ordentlichen Kündigung — anders als bei der fristlosen Kündigung — auf eine unverschuldete Zahlungsfähigkeit infolge unvorhergesehener wirtschaftlicher Engpässe berufen, ferner kann die Nachzahlung der Miete ein etwaiges Fehlverhalten des Mieters und das Maß seines Verschuldens abmildern (BGH, a. a. O.).

Allerdings lässt eine Mietzahlung, die deutlich außerhalb der Schonfrist (§ 569 Abs. 3 Nr. 2 BGB) erfolgt (hier: neun Monate nach Ausspruch der Kündigung), eine Pflichtverletzung des Mieters, die den Vermieter zur ordentlichen Kündigung des Mietverhältnisses berechtigt hat, nicht in einem für den Mieter milderen Licht erscheinen (BGH, Urteil vom 10.10.2012, VIII ZR 107/12, NZM 2013, 20).

Die Kündigung nach § 573 Abs. 2 Nr. 1 BGB wegen laufender unpünktlicher Mietzahlungen setzt zwar nicht zwingend eine vorherige, erfolglose Abmahnung dieser Zahlungsweise mit Hinweis auf die bevorstehende Kündigung voraus (OLG Oldenburg vom 18.7.1991, 5 UH 2/91, WuM 1991, 467), jedoch neigt die Rechtsprechung dazu, bei leichteren Verstößen (geringe Verspätung, geringer Rückstand) eine Erheblichkeit erst dann anzunehmen, wenn das vertragswidrige Verhalten trotz Abmahnung fortgesetzt wird. Eine vorherige Abmahnung des Mieters ist daher in jedem Fall ratsam. Ein Muster hierzu steht als Arbeitshilfe online bereit.

ARBEITSHILFE ONLINE

Ein vertragswidriger Gebrauch, z. B. durch unbefugte Gebrauchsüberlassung oder Vernachlässigung der Mietsache, stellt unstreitig einen Kündigungsgrund nach § 573 BGB dar, wenn die Voraussetzungen des § 543 Abs. 2 Nr. 2 BGB für eine fristlose Kündigung erfüllt sind.

Belästigungen des Vermieters und Störungen des Hausfriedens, z. B. laufende Ruhestörungen durch Lärm, Gerüche oder Verletzungen der Hausordnung stellen ebenfalls Vertragsverletzungen im Sinne des § 573 Abs. 2 Nr. 1 BGB dar. Infrage kommen auch Verstöße gegen mietvertragliche Vereinbarungen, z. B. gegen ein vertraglich vereinbartes Rauchverbot. Rauchen in der Mietwohnung gehört zwar nach überwiegender Meinung grundsätzlich zum vertragsgemäßen Gebrauch der Mietsache, durch individuelle Vereinbarung kann jedoch ein Rauchverbot vereinbart werden. Verstößt der Mieter trotz Abmahnung weiter gegen diese Vereinbarung, stellt dies einen Grund zur ordentlichen Kündigung des Mietverhältnisses dar.

Eine erhebliche Vertragsverletzung kann auch bereits dann vorliegen, wenn der Mieter Schäden in einem Umfang verursacht (z. B. durch Haustiere oder infolge unterlassener Pflege der Mietsache), zu deren Behebung die Kaution nicht ausreichen wird. Gleiches gilt, wenn der Mieter ohne Zustimmung des Vermieters gefährliche Haustiere, z. B. Kampfhunde, hält und dadurch eine Beeinträchtigung der Nachbarschaft durch bedrohliches Verhalten der Tiere oder infolge nachlässiger Beaufsichtigung eintritt.

Eine erhebliche Vertragsverletzung liegt ebenfalls vor, wenn der Mieter trotz Verurteilung (z. B. zur Unterlassung bestimmter Handlungen, Einhaltung der Hausordnung) dem Urteilsspruch nicht nachkommt. Die Verletzung der vertraglichen Pflichten durch den Mieter muss schuldhaft, d. h. vorsätzlich oder fahrlässig (§ 276 Abs. 1 Satz 1 BGB) erfolgt sein. Das Verschulden eines Dritten, dem der Mieter den Gebrauch der Mietsache überlassen hat, z. B. des Untermieters, hat der Mieter selbst dann zu vertreten, wenn der Vermieter die Erlaubnis zur Überlassung erteilt hat (§ 540 Abs. 2 BGB).

TIPP

Bei einer Kündigung wegen Vertragsverletzungen muss bereits im Kündigungsschreiben das beanstandete Verhalten des Mieters zeitlich, örtlich und sachlich konkret angegeben werden (Ort, Datum, Uhrzeit, Art der Vertragsverletzung). Ist der Kündigung eine Abmahnung vorausgegangen, muss sich aus dem Kündigungsschreiben auch ergeben, welche Vertragsverletzungen der Mieter nach dem Zugang der Abmahnung begangen hat.

Kündigung wegen Eigenbedarf

Eigenbedarf (§ 573 Abs. 2 Nr. 2 BGB) liegt vor, wenn der Vermieter die Räume als Wohnung für sich, seine Familienangehörigen oder Angehörige seines Haushalts benötigt. Benötigt der Vermieter die Räume nur teilweise für Wohnzwecke, überwiegend aber für gewerbliche bzw. freiberufliche Zwecke (z. B. Architekturbüro), kann der Vermieter die Kündigung zwar nicht auf Eigenbedarf gemäß § 573 Abs. 2 Nr. 2 BGB, aber auf ein allgemeines berechtigtes Interesse im Sinne von § 573 Abs. 1 BGB stützen, da der Wunsch des Vermieters, seine Wohnung überwiegend für eigene berufliche Zwecke zu nutzen, im Hinblick auf die durch Art. 12 GG geschützte Berufsfreiheit grundsätzlich zu beachten ist. Das allgemeine berechtigte Interesse des Vermieters nach § 573 Abs. 1 BGB ist nicht geringer zu bewerten als der in § 573 Abs. 2 Nr. 2 geregelte Eigenbedarf des Vermieters (BGH, Beschluss vom 5.10.2005, VIII ZR 127/05, WuM 2005, 779). Durch die Formulierung „insbesondere" in § 573 Abs. 2 BGB kommt zum Ausdruck, dass die Aufzählung dort nicht abschließend ist und § 573 Abs. 1 BGB auch dann als Generalklausel anwendbar bleibt, wenn die besonderen Kündigungstatbestände des § 573 Abs. 2 BGB (z. B. Eigenbedarf) nicht vorliegen (LG Braunschweig, Beschluss vom 16.9.2009, 6 S 301/09).

Daher kann auch dann, wenn der Vermieter die vermietete Wohnung ausschließlich für seine berufliche Tätigkeit oder die eines Familienangehörigen (hier: Anwaltskanzlei für die Ehefrau) nutzen will, ein berechtigtes Interesse an der Beendigung des Mietverhältnisses gemäß § 573 Abs. 1 BGB vorliegen. Dieses berechtigte Interesse ist aufgrund der verfassungsrechtlich geschützten Berufsfreiheit nicht geringer zu bewerten als der in § 573 Abs. 2 Nr. 2 BGB gesetzlich geregelte Eigenbedarf des Vermieters zu Wohnzwecken (BGH, Urteil vom 26.9.2012, VIII ZR 330/11, WuM 2013, 47).

Bei einer Mehrheit von Vermietern genügt es, wenn der Eigenbedarf für einen von ihnen besteht. Zu den Familienangehörigen zählen Kinder, Enkel, Ehegatte, Geschwister (BGH, Urteil vom 9.7.2003, VIII ZR 276/02, DWW 2003, 258), sowie die Kinder

der Geschwister, d. h. Neffen und Nichten (BGH, Urteil vom 27.1.2010, VIII ZR 159/09), Eltern und Großeltern, Schwiegerkinder, Schwiegereltern, Stiefkinder, Pflegekinder und Pflegeeltern. Die generelle Beschränkung des Begriffs der „Familienangehörigen" nur auf Verwandte in gerader Linie wäre eine unzulässige Einschränkung des Verfügungsrechts des Vermieters (OLG Braunschweig, Urteil vom 1.11.1993, 1 W 26/93, WuM 1993, 731).

Entfernte Verschwägerte und Verwandte, z. B. Schwager, gehören nur dann zu den Familienangehörigen, wenn besondere Umstände vorliegen, die eine enge Bindung des Vermieters zu dieser Person ergeben oder der Vermieter ihnen rechtlich oder zumindest moralisch zur Gewährung von Unterhalt oder Fürsorge verpflichtet ist und sich daraus eine Verantwortlichkeit des Vermieters für den Wohnbedarf des Angehörigen ergibt. Dementsprechend kann nach einem neuen Urteil des BGH der Vermieter Eigenbedarf auch für seinen Schwager geltend machen, wenn ein besonders enger Kontakt besteht (BGH, Beschluss vom 3.3.2009, VIII ZR 247/08, WuM 2009, 294). Angehörige seines Haushalts sind Personen, die der Vermieter bereits vor Ausspruch der Kündigung auf Dauer in seine Wohnung aufgenommen hat. Dazu zählen jedenfalls der Lebenspartner oder -gefährte, dessen Kinder und Pflegekinder sowie Hilfspersonen.

Ein „Benötigen" der vermieteten Räume (§ 573 Abs. 2 Nr. 2 BGB) ist gegeben, wenn der Vermieter vernünftige und nachvollziehbare Gründe für die Inanspruchnahme der Wohnräume für sich oder eine begünstigte Person hat (BGH, Urteil vom 20.1.1988, VIII ARZ 4/87, DWW 1988, 78). Dies ist der Fall,

1. wenn ein volljähriges Kind des Vermieters, das noch bei seinen Eltern wohnt, zwecks Gründung eines eigenen Hausstands in die vermietete Wohnung einziehen will. In der Kündigung wegen Eigenbedarf für ein volljähriges Kind, das (erstmals) einen eigenen Hausstand gründen will, braucht nur dies ausgeführt zu werden. In diesem Fall ist es nicht erforderlich, die zur Zeit der Kündigung bestehenden konkreten Wohnverhältnisse des Kindes darzustellen. Ferner müssen Umstände, die dem Mieter bereits zuvor mitgeteilt wurden oder ihm sonst bekannt sind, im Kündigungsschreiben nicht wiederholt werden (BGH, Urteil vom 6.7.2011, VIII ZR 317/10).
2. wenn ein Mieter eine vermietete Wohnung zum Selbstbezug gekauft hat (BVerfG, Urteil vom 11.11.1993, 1 BvR 696/93, WuM 1993, 729).
3. wenn der Vermieter eine Wohnung als Altersruhesitz erworben hat (vgl. beispielsweise LG Kiel, Urteil vom 31.1.1991, 1 S 267/89, WuM 1991, 490). Allerdings bedarf es einer eingehenden Begründung der Kündigung, wenn der in einem eigenen Einfamilienhaus wohnende Vermieter eine wesentlich kleinere Eta-

genwohnung als Altersruhesitz nutzen will. Insofern ist auch darzulegen, ob die gekündigte Wohnung lediglich als Zweitwohnung genutzt werden soll (LG München I, Urteil vom 25.7.2001, 14 S 2887/01, NZM 2002, 340).

4. wenn sich durch Bezug der Wohnung die Entfernung zum Arbeitsplatz oder der Betriebsstätte des Vermieters erheblich verkürzt (BVerfG, Urteil vom 20.5.1999, 1 BvR 29/99, NZM 1999, 659).
5. wenn nur in der vermieteten Wohnung die Möglichkeit zur Schaffung eines notwendigen Arbeitszimmers besteht (LG Heidelberg, Urteil vom 15.1.1993, 5 S 208/92, WuM 1994, 682).
6. wenn der Vermieter eine bisher nicht in seinem Haushalt lebende Hausgehilfin oder Pflegerin mit eigenem Wohnraum versorgen will; Voraussetzung ist lediglich, dass für die Beschäftigung einer solchen Person ein Bedürfnis vorliegt und ihre Unterbringung im Haus oder in der Nähe der Vermieterwohnung aus persönlichen, wirtschaftlichen oder sonstigen Gründen geboten ist (LG Potsdam, Urteil vom 3.11.2005, 11 S 146/05, WuM 2006, 44; LG Karlsruhe, Urteil vom 25.8.1994, 5 S 185/94, DWW 1995, 144). Gleiches gilt, wenn der Wohnraum für die künftige Pflegeperson eines Angehörigen des Vermieters benötigt wird, auch wenn die Pflegeperson bislang nicht zum Hausstand des Angehörigen gehört hat (LG Potsdam, a. a. O.).
7. wenn der Vermieter eine im Erdgeschoss liegende Wohnung kündigen will, weil er aufgrund seines Gesundheitszustands seine im oberen Geschoss liegende Wohnung nur noch mit Mühe erreichen kann (LG Karlsruhe, a. a. O.).
8. wenn der Vermieter die Scheidung von seiner Ehefrau beabsichtigt und trennungsbedingt in die vermietete Wohnung einziehen will (LG Köln, Urteil vom 22.8.1996, 1 S 27/96, WuM 1997, 48).
9. wenn der Vermieter jedem seiner beiden Kinder ein eigenes, abgeschlossenes Zimmer zur Verfügung stellen will (LG Hamburg, Urteil vom 26.10.1990, 307 S 231/90, WuM 1991, 38).
10. wenn der Vermieter einen Angehörigen, z. B. seinen Bruder, in die Wohnung aufnehmen will, dies aber nur in der größeren, vermieteten Wohnung möglich ist (LG Hamburg, a. a. O.).
11. wenn der Vermieter zwei Wohnungen – die selbst genutzte und die vermietete Nachbarwohnung – zusammenlegen will (BVerfG vom 23.12.1993, 1 BvR 853/93, DWW 1994, 75; zur Zusammenlegung von Wohnungen vgl. auch BVerfG, Urteil vom 14.2.1989, 1 BvR 308/88, WuM 1989, 114).

Auch der Wunsch nach einer größeren, günstiger geschnittenen oder gelegenen oder besser ausgestatteten Wohnung kann ein berechtigtes Interesse an der Kündigung darstellen (vgl. LG Landau, Urteil vom 17.3.1992, 1 S 243/91, WuM 1993, 678).

TIPP

Auch eine Nutzung der Wohnung nur für begrenzte Zeit kann jedenfalls dann einen Eigenbedarf begründen, wenn sie für „mehrere Jahre“ beabsichtigt ist (BayObLG, Urteil vom 23.3.1993, RE-Miet 6/92, WuM 1993, 252; vgl. hierzu LG München I, Urteil vom 21.7.1993, 14 S 11776/92, WuM 1993, 677: mindestens drei Jahre).

Auch bei der Nutzung als Zweitwohnung wird Eigenbedarf grundsätzlich nur dann anerkannt, wenn dem Vermieter andernfalls erhebliche Nachteile drohen. Der Mieter kann verlangen, dass das Gericht seinen Einwänden nachgeht und insbesondere prüft, ob:

- der Selbstnutzungswunsch ernsthaft verfolgt wird,
- eine Alternativwohnung vorhanden ist,
- der geltend gemachte Wohnbedarf weit überhöht ist.

Der Selbstnutzungswunsch, d. h. die Einzugsabsicht, muss ernsthaft verfolgt werden. Zweifel an der Ernsthaftigkeit des Nutzungswunschs können sich z. B. aus einem früher vorgetäuschten Eigenbedarf ergeben. Zeitweise Verkaufsabsichten des Vermieters sprechen dagegen nicht per se gegen die beabsichtigte Selbstnutzung, wenn der Vermieter berechtigte Zweifel haben durfte, ob er die vermietete Wohnung in absehbarer Zeit selbst nutzen kann.

Wendet der Mieter gegen den geltend gemachten Eigenbedarf ein, der Vermieter könne ebenso gut eine andere in seinem Eigentum stehende, frei werdende oder frei gewordene Wohnung (Alternativwohnung) nutzen, kommt es darauf an, ob die Räume im konkreten Einzelfall nach Größe, Lage und Zuschnitt geeignet sind, den Wohnbedarf ohne wesentliche Abstriche gegenüber der gekündigten Wohnung zu befriedigen. Ferner hat das Gericht die Lebensplanung des Eigentümers oder desjenigen, für den Eigenbedarf geltend gemacht wird, zu respektieren. Daher muss sich der Vermieter nicht auf eine Alternativwohnung verweisen lassen, wenn die gekündigte Wohnung erheblich größer ist. So muss sich ein jung verheiratetes Ehepaar, das in eine 74 m^2 große Dreizimmerwohnung einziehen will, nicht auf eine deutlich kleinere Zweizimmerwohnung verweisen lassen (BVerfG, Urteil vom 7.11.1990, a. a. O.). Zu akzeptieren ist ferner, wenn der Vermieter im Hinblick auf die beabsichtigte Eheschließung und die Verwirklichung des Kinderwunsches eine 150 m^2 große Fünfzimmerwohnung beziehen will und die 100 m^2 große Alternativwohnung für zu klein hält (BVerfG, Urteil vom 2.2.1994, 1 BvR 1422/93, NJW 1994, 995).

Eine Inanspruchnahme der Alternativwohnung durch den Vermieter kann vom Mieter nicht verlangt werden,

- wenn diese ungünstiger liegt (z. B. zum Arbeitsplatz oder zur Vermieterwohnung bei Benötigung einer Pflegekraft),
- wenn sich aus der Alternativwohnung wesentlich höhere Mieteinnahmen erzielen lassen,
- wenn es sich um eine Wohnung anderer Art, z. B. um eine Dachgeschosswohnung handelt, in der die vorhandene Wohnfläche durch Dachschrägen und Stützpfeiler beeinträchtigt und die Aufstellung der bisher eingelagerten Möbel des Vermieters nur eingeschränkt möglich ist,
- wenn die Alternativwohnung bereits vor dem Auftreten des Eigenbedarfs dem allgemeinen Wohnungsmarkt nicht zur Verfügung gestanden hatte, z. B. weil sie zur Vermietung als Ferienwohnung bestimmt war (BVerfG, Urteil vom 3.10.1989, 1 BvR 558/89, DWW 1990, 16),
- wenn sich die frei gewordene Wohnung anders als die gekündigte Wohnung nicht mit weiteren Räumen des Anwesens verbinden lässt und somit den gestiegenen Wohnbedarf des Vermieters nicht erfüllen kann oder der Eigenbedarf erst nach Weitervermietung der freien Wohnung entstanden ist (BVerfG, Urteil vom 10.7.1992, 1 BvR 1614/91, WuM 1992, 513).

TIPP

Sofern die frei gewordene Alternativwohnung für den Vermieter ungeeignet ist, muss diese unter bestimmten Voraussetzungen dem gekündigten Mieter angeboten werden. Dies gilt jedenfalls dann, wenn im selben Hausanwesen nach Zugang der Kündigung eine andere Wohnung frei geworden ist und keine Umstände vorliegen, die eine Neubegründung eines Mietverhältnisses mit dem gekündigten Mieter als unzumutbar erscheinen lassen (OLG Karlsruhe vom 27.1.1993, 3 RE-Miet 2/92, DWW 1993, 40).

Entsprechend hat nunmehr auch der BGH entschieden, dass sich die Anbietpflicht des Vermieters räumlich nur auf leer stehende oder frei werdende Wohnungen im selben Haus oder in derselben Wohnanlage erstreckt. Eine Anbietpflicht für eine dem Vermieter gehörende, aber mehrere Kilometer entfernte Wohnung hat der BGH ausdrücklich abgelehnt. Wohnungen des Vermieters in demselben Stadt- oder Ortsteil kommen daher (entgegen der Auffassung des LG Berlin, ZMR 1999, 825) als Ersatzwohnung nicht infrage. Ferner ist die Anbietpflicht auf vergleichbare Wohnungen aus dem Bestand des Vermieters beschränkt. Insofern ist aber z. B. eine Vergleichbarkeit einer frei werdenden Zweizimmerwohnung von circa 60 m^2 mit der gekündigten Einzimmerwohnung von circa 40 m^2 Größe nicht von vornherein ausgeschlossen (BGH, Urteil vom 13.10.2010, NJW 2010, 3775). Dagegen kommt es für die Anbietpflicht nicht darauf an, ob die Wohnung für den Mieter objektiv geeignet ist (z. B. wegen beschwerlicher Treppen), da der Vermieter diese Entscheidung dem Mieter überlassen muss (AG Mainz vom 20.10.2006, 87 C 288/05, WuM 2007, 74).

Zeitlich ist die Anbietpflicht begrenzt bis zum Ende des Mietverhältnisses. Dies bedeutet, dass dem Mieter nur eine bis zu diesem Zeitpunkt frei werdende Wohnung angeboten werden muss. Andernfalls – so der BGH – würde derjenige Mieter privilegiert, der auch nach dem Ende des Mietverhältnisses in der Wohnung bleibt und es auf einen lang andauernden Rechtsstreit ankommen lässt. Der BGH verneint daher ausdrücklich eine Anbietpflicht für Wohnungen, die erst während des Räumungsprozesses frei werden (BGH, Urteil vom 9.7.2003, VIII ZR 311/02, 276/02, WuM 2003, 463, 464). Dies gilt nach einem weiteren Urteil des BGH auch dann, wenn die Alternativwohnung bereits kurze Zeit nach Ende des gekündigten Mietverhältnisses frei wird. Hat der Vermieter das Mietverhältnis wegen Eigenbedarfs z. B. zum 28.2.2006 gekündigt und kündigt in demselben Haus ein Mieter eine vergleichbare Wohnung (Alternativwohnung) zum 31.3.2006, musste der Vermieter diese Wohnung dem gekündigten Mieter nicht anbieten (BGH, Urteil vom 4.6.2008, VIII ZR 292/07).

Zur ordnungsgemäßen Erfüllung der Anbietpflicht muss der Vermieter den Mieter über die wesentlichen Bedingungen der Anmietung wie Größe und Ausstattung der Wohnung sowie die Mietkonditionen informieren. Dies gilt, wie der BGH bereits entschieden hatte, aber nur für vergleichbare Wohnungen, die im selben Haus oder in derselben Wohnanlage innerhalb der Kündigungsfrist frei werden (BGH, Urteil vom 13.10.2010, VIII ZR 78/10, WuM 2010, 757).

Das Angebot zum Abschluss eines Mietvertrags über die frei werdende Wohnung muss zu angemessenen Bedingungen erfolgen, d. h. zu den bisher für die Vermietung der Alternativwohnung geltenden oder zu den ortsüblichen oder im betreffenden Anwesen üblichen Bedingungen. Erfüllt der Vermieter diese Obliegenheit nicht, kann der Mieter die Räumung der Wohnung mit dem Einwand des Rechtsmissbrauchs verweigern.

Dies gilt auch, wenn der Vermieter die Wohnung nicht anbietet, weil er irrig glaubt, diese sei durch den beauftragten Makler schon vermietet worden. Eine Anbietpflicht besteht nicht, wenn

- besondere Umstände die Neubegründung eines Mietverhältnisses mit dem gekündigten Mieter als unzumutbar erscheinen lassen, z. B. bei vertragswidrigem Verhalten des Mieters,
- die frei werdende Wohnung bereits seit längerer Zeit einem Dritten versprochen ist,

- der Mieter das Vertrauensverhältnis durch sein Verhalten erschüttert hat,
- Mieter und Vermieter verfeindet sind und die Alternativwohnung im persönlichen Lebens- und Wohnbereich des Vermieters gelegen ist,
- der Vermieter die leer stehende Wohnung dem allgemeinen Wohnungsmarkt nicht mehr zur Verfügung stellen wollte (BVerfG vom 23.11.1993, 1 BvR 904/93, NJW 1994, 435). Gleiches gilt, wenn die im Haus frei werdenden Räumlichkeiten nicht als Wohnung, sondern zu gewerblichen Zwecken genutzt worden sind. Auch in diesem Fall verletzt der wegen Eigenbedarfs kündigende Vermieter nicht die ihm obliegende Anbietpflicht von Alternativräumen, wenn er diese dem Mieter nicht anbietet (BGH, Urteil vom 21.12.2011, VIII ZR 166/11, NJW-RR 2012, 341).

TIPP

Eigenbedarfskündigungen sind von den Gerichten oftmals als rechtsmissbräuchlich angesehen worden, wenn ein weit überhöhter Wohnbedarf geltend gemacht wird.

Allerdings unterliegt diese Prüfung verfassungsrechtlichen Grenzen (vgl. BVerfG, Urteile vom 18.1.1988, 1 BvR 787/87, ZMR 1988, 129 und vom 23.11.1993, 1 BvR 904/93, DWW 1994, 44). Danach unterliegt es der alleinigen, sich aus dem Eigentumsrecht ergebenden Befugnis des Vermieters, zu bestimmen, welchen Wohnbedarf er für sich und seine Angehörigen als angemessen ansieht. Voraussetzung für eine Eigenbedarfskündigung ist daher nicht, dass der Vermieter bisher unzureichend untergebracht ist. Daher kann der Mieter gegen die Kündigung auch nicht einwenden, die bisherige Wohnung des Vermieters sei ausreichend.

Auch die Gerichte sind insbesondere nicht berechtigt, ihre Vorstellungen von angemessenem Wohnen verbindlich an die Stelle der Vorstellungen und der Lebensplanung des Eigentümers zu setzen (BVerfG, Urteil vom 23.11.1993, a. a. O.). Vielmehr müssen sie die Argumente des Vermieters für die Inanspruchnahme des Wohnraums ausreichend würdigen und können einen überhöhten Wohnbedarf nur aus objektiven Gründen aufgrund tatsächlicher Feststellungen im Einzelfall annehmen. So darf das Gericht z. B. den Eigenbedarf des Vermieters nicht mit dem formelhaften Hinweis verneinen,

- eine 65 m^2 große Dreizimmerwohnung sei groß genug für einen Zweipersonenhaushalt (BVerfG, Urteil vom 19.3.1993, 1 BvR 1714/92, WuM 1994, 130) oder
- eine 150 m^2 große Fünfzimmerwohnung stelle zwingend einen überhöhten Wohnbedarf für ein unverheiratetes Paar dar (BVerfG, Urteil vom 2.2.1994, 1 BvR 1422/93, NJW 1994, 995; vgl. auch BVerfG, Urteil vom 30.6.1994, 1 BvR 2048/93,

NJW 1994, 2605, wonach die Gerichte grundsätzlich auch akzeptieren müssen, dass der Vermieter mit seiner Lebensgefährtin eine 156 m^2 große Fünfzimmerwohnung beziehen will).

- Entsprechend müssen die Mietgerichte auch akzeptieren, dass
- der Vermieter seiner Tochter und deren Lebensgefährten eine 150 m^2 große Fünfzimmerwohnung zur Realisierung der beabsichtigten Familiengründung und des Kinderwunsches überlässt (BVerfG, Urteil vom 20.2.1995, 1 BvR 665/94, WuM 1995, 260),
- der Vermieter wegen seiner selbstständigen Tätigkeit ein Arbeitszimmer benötigt,
- für die Betreuung seines Kindes ein Au-pair-Mädchen in seinen Haushalt aufnehmen will,
- zusätzliche Flächen für die Unterbringung einer Sammlung benötigt (vgl. BVerfG, Urteil vom 31.1.1994, 1 BvR 1465/93, NJW 1994, 994),
- der Vermieter Wohn- und Arbeitsstätte im selben Haus haben und eine repräsentative Wohnung besitzen will, um dort Geschäftspartner in wohnlicher Atmosphäre bewirten zu können (BVerfG, Urteil vom 30.6.1994, a. a. O.),
- der Vermieter seinem 36-jährigen berufstätigen Sohn ein 168 m^2 großes Einfamilienhaus zur Verfügung stellen will (LG Köln, Urteil vom 30.6.1993, 10 S 118/93, WuM 1995, 110),
- der Vermieter eine Vierzimmerwohnung seinem Sohn und dessen Lebensgefährtin überlassen will (LG Kassel, Urteil vom 19.4.1989, 1 S 9/89, WuM 1989, 416),
- eine Dreizimmerwohnung mit 75 m^2 einer Einzelperson überlassen werden soll (LG Hamburg, Urteil vom 17.6.1994, 311 S 93/93, WuM 1994, 683),
- eine 107 m^2 große Wohnung der studierenden Tochter (BVerfG, Urteil vom 23.8.1990, 1 BvR 440/90, WuM 1990, 470) oder eine 92 m^2 große Wohnung dem studierenden Sohn überlassen werden soll, insbesondere dann, wenn damit auch Kostenvorteile verbunden sind, z. B. weil die Miete, die der Sohn derzeit bezahlt, höher ist als die der gekündigten Wohnung oder der Vermieter die Möglichkeit hat, den Sohn zu besuchen und dort zu übernachten und damit Hotelkosten einsparen kann (LG Potsdam, Urteil vom 23.12.2004, 11 S 125/04, GE 2004, 187).

Auch die Kündigung eines Mietobjekts mit 432 m^2 Wohnfläche ist nicht rechtsmissbräuchlich (§ 242 BGB), wenn der Vermieter im Kündigungsschreiben vernünftige und nachvollziehbare Gründe für den geltend gemachten Eigenbedarf anführt (LG Hamburg, Urteil vom 24.4.2003, 307 S 127/02, ZMR 2004, 39 unter ausdrücklichem Hinweis auf die Entscheidung des BVerfG, Urteil vom 20.2.1995, 1 BvR 665/94, NJW 1995, 1480, wonach die Gerichte bei einer derartigen Sachlage nicht berechtigt sind, abweichende Vorstellungen vom angemessenen Wohnen verbindlich an die Stelle der Lebensplanung des Eigentümers zu setzen). Dagegen wurde von den Mietgerichten weit überhöhter Wohnbedarf angenommen,

- wenn der Vermieter zusammen mit seinem kleinen Kind eine 250 m^2 große Siebenzimmerwohnung beansprucht (BVerfG, Urteil vom 8.1.1985, 1 BvR 792/83, WuM 1985, 75),
- wenn eine Vierzimmerwohnung einer 22-jährigen Studentin überlassen werden soll (LG Frankfurt/M., Urteil vom 23.2.1990, 2/17 S 345/89, WuM 1990, 479; vgl. auch LG München I, Urteil vom 9.5.1990, 14 S 23134/89, WuM 1990, 346),
- ferner bei Überlassung einer 105 m^2 großen Dreizimmerwohnung zur alleinigen Nutzung an eine 18-jährige Schülerin (LG Bremen, Urteil vom 26.9.1991, 2 S 324/91, WuM 1992, 20),
- bei Überlassung einer 84 m^2 großen Penthouse-Wohnung zur alleinigen Nutzung an eine 19-jährige Auszubildende (LG Bremen, Urteil vom 4.8.1994, 2 S 246/94, WuM 1994, 541).

TIPP

Der Vermieter sollte bereits im Kündigungsschreiben sämtliche Umstände vortragen, die für die Inanspruchnahme des Wohnraums und gegen den Vorwurf eines überhöhten Wohnbedarfs sprechen.

Eine Kündigung wegen Eigenbedarfs kann gegen den Grundsatz von Treu und Glauben verstoßen, wenn sie aus Gründen erfolgt, die schon bei Abschluss des Mietvertrags vorlagen. Der Vermieter setzt sich zu seinem eigenen Verhalten in Widerspruch, wenn er die Wohnung auf unbestimmte Zeit vermietet, obwohl er entweder entschlossen ist oder zumindest erwägt, in absehbarer Zeit die Wohnung oder einen Teil davon selbst in Gebrauch zu nehmen. Er soll dem Mieter, der mit einer längeren Mietdauer rechnet, die mit jedem Umzug verbundenen Belastungen dann nicht zumuten, wenn er ihn über die Absicht oder zumindest die Aussicht begrenzter Mietdauer nicht aufklärt. Daher hat der Vermieter eine Aufklärungspflicht, wenn für die künftige Entstehung eines Eigenbedarfs bereits bei Vertragsabschluss greifbare Anhaltspunkte bestehen, aufgrund derer der Vermieter den künftigen Eigenbedarf ernsthaft für möglich halten musste.

Allerdings dürfen die Anforderungen an eine zureichende Bedarfsvorschau durch den Vermieter von den Gerichten nicht überspannt werden. So ist z. B. eine Eigenbedarfskündigung nicht wegen einer bei Begründung des Mietverhältnisses schon absehbaren Eigenbedarfslage unwirksam, wenn zur Familie des Vermieters Kinder oder Heranwachsende (z. B. Enkelkinder) gehören, von denen der Vermieter nicht weiß, wann sie sich vom elterlichen Haushalt lösen und an welchem Ort sie selbstständig leben wollen. Schließt der Vermieter bei dieser Sachlage einen Mietvertrag auf unbestimmte Zeit, kann ihm bei einer Kündigung wegen Eigenbedarfs für eine dieser Personen nicht entgegengehalten werden, die nunmehr eingetretene Situation wäre für ihn absehbar gewesen und er hätte daher nur einen befristeten

Mietvertrag schließen dürfen (LG Mannheim, Beschluss vom 31.5.1990, 4 S 54/90, DWW 1990, 309; vgl. auch LG Stuttgart, Urteil vom 1.3.1989, 5 S 315/88, WuM 1989, 249).

Dementsprechend ist auch eine Kündigung wegen Eigenbedarfs bereits drei Jahre nach Vertragsschluss nicht rechtsmissbräuchlich, wenn der Eigenbedarf (z. B. des Kindes oder Enkels) erst nach Vertragsschluss aufgrund einer Änderung der beruflichen oder familiären Verhältnisse des Begünstigten entstanden ist und zuvor nicht absehbar war. Dies gilt auch dann, wenn dem Mieter bei Vertragsabschluss mündlich mitgeteilt wurde, dass ein Eigenbedarf nicht in Betracht kommt, allenfalls ein Verkauf des Anwesens; der Begünstigte dann aber aufgrund einer Änderung seiner Lebensplanung das Anwesen zusammen mit seiner Partnerin beziehen will (BGH, Urteil vom 20.3.2013, VIII ZR 233/12).

Die Gründe für den Eigenbedarf müssen spätestens bei Beendigung des Mietverhältnisses mit einiger Sicherheit vorliegen. Ein Vorliegen bereits im Zeitpunkt des Zugangs der Kündigung kann nicht gefordert werden. Daher kann eine Eigenbedarfskündigung auch schon vor der Geburt eines Kindes mit dem dadurch bedingten erhöhten Wohnbedarf begründet werden (vgl. BayObLG, Urteil vom 2.3.1982).

Liegt Eigenbedarf vor, steht es dem Vermieter frei, welchem von mehreren Mietern seines Hauses er kündigt (BayObLG, Urteil vom 2.3.1982, Allg Reg 115/81, NJW 1982, 1159).

Soziale Belange muss der Vermieter hierbei nicht berücksichtigen (BGH, Urteil vom 20.1.1988, VIII ARZ 4/87, NJW 1988, 904). Demgegenüber kann sich der gekündigte Mieter nicht darauf berufen, dass einem anderen Mieter hätte gekündigt werden müssen. Seine Belange sind vielmehr nur auf seinen Widerspruch hin und erst im Rahmen des § 574 BGB zu berücksichtigen (BGH, Urteil vom 6.7.1994, VIII ARZ 2/94, WuM 1994, 452).

Im Kündigungsschreiben muss der Vermieter sämtliche für den Eigenbedarf sprechende Gründe detailliert anführen. Dies gilt selbst dann, wenn dem Mieter die Gründe bereits bekannt sind. Die bloße Wiedergabe des Gesetzestextes genügt den Anforderungen an die Begründungspflicht nicht. Der Mieter muss zum frühestmöglichen Zeitpunkt Klarheit über seine Rechtsposition bekommen und die Erfolgsaussichten eines Vorgehens gegen die Kündigung abschätzen können (BVerfG vom 8.4.1994, 1 BvR 2149/93, ZMR 1994, 252). Kommt der Vermieter dieser Begründungspflicht nicht nach, ist die Kündigung trotz objektiven Vorliegens der Eigenbedarfsvoraussetzungen aus formalen Gründen unwirksam.

Das Kündigungsschreiben muss Angaben über die Person enthalten (Name, Alter, Anschrift), für die Eigenbedarf geltend gemacht wird (LG München I vom 27.3.1991, 14 S 20307/90, WuM 1991, 490). Ferner muss ein konkreter Lebenssachverhalt geschildert werden, auf den das berechtigte Interesse an der Erlangung der Wohnung gestützt wird. Dies bedeutet, dass insbesondere die derzeitigen Wohnverhältnisse des Berechtigten geschildert sowie sämtliche Vorteile vorgetragen werden müssen, die mit dem Bezug der gekündigten Wohnung verbunden sind (BayObLG vom 14.7.1981, DWW 1981, 234), z. B. Größe, Ausstattung, Lage, Arbeitsplatznähe, wirtschaftliche Belastung, gesundheitliche Gründe und anderes (vgl. BVerfG, Urteile vom 20.10.1988, 1 BvR 1247/88, WuM 1989, 483 und 18.7.1988, 1 BvR 783/88, WuM 1989, 484).

Die bloße Angabe des Wortes „Eigenbedarf" ist nicht ausreichend, ebenso wenig Formulierungen wie z. B. „Die Wohnung wird für die 24-jährige Tochter benötigt" (LG Göttingen, Urteil vom 7.2.1990, 5 S 129/89, NJW-RR 1990, 592) oder „Die Tochter des Vermieters will mit ihrem Partner die Wohnung beziehen" (LG Gießen, Urteil vom 10.10.1990, 1 S 326/90, WuM 1991, 39).

Kündigt der Vermieter allerdings, weil er nicht länger selbst zur Miete, sondern im eigenen Haus wohnen will, muss er im Kündigungsschreiben nicht auch die derzeitigen Wohnverhältnisse der Familienangehörigen und der sonstigen Personen darlegen, die mit ihm in die gekündigten Räume einziehen werden, da es in diesem Fall unerheblich ist, ob diese Personen im Eigentum oder zur Miete wohnen (BVerfG, Urteil vom 23.11.1993, 1 BvR 697/93, NJW 1994, 311; vgl. dazu auch BVerfG, Urteil vom 11.11.1993, 1 BvR 696/93, WuM 1993, 729). Verfügt der Vermieter über keine anderen vergleichbaren freien, frei werdenden oder gekündigten Wohnungen, in denen der Eigenbedarf in gleicher Weise realisiert werden kann, sollte der Mieter im Kündigungsschreiben auch darüber informiert werden.

TIPP

Wurde die Wohnung in vermietetem Zustand erworben und haben der ehemalige Eigentümer und der Mieter eine Beschränkung der Kündigungsmöglichkeit des Vermieters vereinbart (z. B. Ausschluss oder Erschwerung der Kündigung wegen Eigenbedarfs), wirkt diese Beschränkung auch zulasten des Käufers (§ 566 BGB; OLG Karlsruhe, Urteil vom 21.1.1985, 3 RE-Miet 8/84, ZMR 1985, 123).

Etwas anderes gilt nur dann, wenn aus der Vereinbarung der generelle Wille der Vertragsschließenden zu entnehmen ist, dass sie die Kündigungsbeschränkung zeitlich bis zur Veräußerung der Wohnung begrenzen und damit den Übergang der vereinbarten Mieterschutzrechte zulasten eines Wohnungskäufers ausschließen wollten (OLG Karlsruhe a. a. O.).

Ein Verzicht des Vermieters auf bestimmte Kündigungsgründe, z. B. auf das Recht, wegen Eigenbedarfs zu kündigen, bedarf gemäß § 550 Satz 1 BGB der Schriftform, wenn der Verzicht für mehr als ein Jahr gelten soll (BGH, Urteil vom 4.4.2007, VIII ZR 223/06, NJW 2007, 1742).

Das Schriftformerfordernis erfasst auch eine vertragliche Auswechslung des Mietgegenstands und gilt daher auch dann, wenn durch Austausch des Mietobjekts ein neues Mietverhältnis begründet wird und die Parteien lediglich die Fortgeltung der Bestimmungen des vorherigen Mietverhältnisses ohne Einhaltung der Schriftform vereinbaren (BGH, Beschluss vom 24.1.2012, VIII ZR 235/11, GE 2012, 686).

Ein Kündigungsverzicht muss grundsätzlich von allen Vertragsparteien unterschrieben werden. Wird die Vereinbarung über den Ausschluss der Kündigung (z. B. wegen Eigenbedarfs) nur von dem Ehemann der Mieterin ohne Vertretungszusatz unterzeichnet, ist die Schriftform des § 550 BGB nicht gewahrt mit der Folge, dass die Vereinbarung nach der Rechtsprechung des BGH unwirksam ist. Eine Gerichtsentscheidung, die ohne eingehende Begründung und Auseinandersetzung mit Rechtsprechung und Schrifttum davon abweicht, ist willkürlich und damit verfassungswidrig (BerlVerfGH, Beschluss vom 29.11.2011, VerfGH 8/10, GE 2012, 121).

Die Rechtskraft eines Urteils, mit der die Räumungsklage des Vermieters nach einer Eigenbedarfskündigung abgewiesen wurde, steht einer Entscheidung über eine neue Klage nach einer neuen Eigenbedarfskündigung nicht entgegen (so bereits BVerfG, Urteil vom 30.9.2003, 1 BvR 2388/02, NJW 2003, 3759). Dies gilt auch dann, wenn die Kündigung, auf die sich der Vermieter in dem neuen Prozess stützt, vor der letzten mündlichen Verhandlung des Vorprozesses erklärt worden ist (BGH, Beschluss vom 17.1.2012, VIII ZR 171/11, WuM 2012, 152).

Fallen die in der Eigenbedarfskündigung geltend gemachten Gründe nachträglich weg (z. B. weil die begünstigte Person inzwischen eine andere Wohnung bezogen hat oder verstorben ist), ist der Vermieter verpflichtet, den Mieter davon zu unterrichten und auf dessen Verlangen das Mietverhältnis fortzusetzen. Allerdings besteht diese Mitteilungspflicht nur bis zum Ablauf der Kündigungsfrist, d. h. bis zu dem Zeitpunkt, zu dem das Mietverhältnis endet (BGH, Urteil vom 9.11.2005, VIII ZR 339/04, WuM 2005, 782; bestätigt durch BVerfG, Urteil vom 18.4.2006, 1 BvR 31/06, WuM 2006, 300). Das Entfallen der Eigenbedarfsgründe nach diesem Zeitpunkt ist daher unerheblich. Ein Hinausschieben dieses Zeitpunkts über das Ende des Mietverhältnisses hinaus, z. B. bis zum Ablauf einer gerichtlichen Räumungsfrist oder bis zur Räumung der Wohnung durch den Mieter, wird vom BGH abgelehnt, weil dadurch der vertragsuntreue Mieter, der es auf einen Prozess ankommen lässt, gegenüber dem vertragstreuen Mieter, der pünktlich zum Ablauf der Kündigungsfrist ausgezogen ist, privilegiert würde. Die Mitteilungspflicht des Vermieters entfällt ferner, wenn der Mieter bereits vor dem Wegfall des Kündigungsgrunds die Wohnung geräumt hatte (OLG Karlsruhe vom 7.10.1981, 3 RE-Miet 6/81, NJW 1982, 54).

Bei Verstoß gegen eine bestehende Mitteilungspflicht kann der Straftatbestand des Betrugs durch Unterlassen vorliegen (BayObLG vom 5.2.1987, RReg 3 St 174/86, NJW 1987, 1654). Ein Betrug durch positives Tun kann vorliegen, wenn der Vermieter die Kündigung mit Eigenbedarf begründet, obwohl ihm bekannt ist, dass dieser nicht gegeben ist (vorgetäuschter Eigenbedarf). Dies kann auch der Fall sein, wenn der Vermieter eine Eigenbedarfskündigung androht oder sich darauf beschränkt, Eigenbedarf anzumelden, und der Mieter daraufhin freiwillig auszieht, weil er keinen Anlass hatte, den Angaben des Vermieters zu misstrauen. Dies gilt auch dann, wenn eine Kündigung des Vermieters zwar formell unwirksam ist (z. B. wegen nicht ausreichender Begründung), der Mieter aber keine Veranlassung hatte, die Angaben des Vermieters in Zweifel zu ziehen, nachdem ihm der Vermieter den Eigenbedarf schlüssig dargetan hat.

Darf der Mieter das Räumungsverlangen des Vermieters materiell für berechtigt halten, wird sein Schadenersatzanspruch auch nicht dadurch ausgeschlossen, dass er – in der Vorstellung, zur Räumung des Mietobjekts verpflichtet zu sein – sich mit dem Vermieter auf eine einvernehmliche Beendigung des Mietverhältnisses einigt. Der Vermieter kann dem nicht entgegenhalten, der Mieter hätte wegen der Unwirksamkeit der Kündigung objektiv keinen Anlass zur Räumung des Mietobjekts gehabt. Entscheidend ist insofern nicht, ob der Mieter zur Räumung des Mietobjekts verpflichtet ist, sondern allein, ob er das Räumungsverlangen materiell für berechtigt halten durfte (z. B. weil er keinen Anlass hatte, an der Richtigkeit der Angaben des Vermieters zu zweifeln). Daher kommt auch eine Anwendung des Rechtsgedankens des § 254 BGB (Mitverschulden) nicht in Betracht (BGH, Urteil vom 8.4.2009, VIII ZR 231/07).

Kündigt der Vermieter den Mietvertrag wegen Eigenbedarfs, bestreitet sodann der Mieter den behaupteten Kündigungsgrund und schließen die Parteien schließlich unter Aufrechterhaltung ihrer wechselseitigen Standpunkte einen Vergleich, in dem sich der Mieter zur vorzeitigen Räumung, der Vermieter zur Erbringung einer nicht unbedeutenden Gegenleistung verpflichtet, so steht dem Mieter nach Räumung auch dann kein Schadenersatzanspruch gegen den Vermieter zu, wenn sich nachträglich herausstellt, dass der Eigenbedarf des Vermieters bis zum Abschluss des Vergleichs nicht bestanden hat. Voraussetzung ist aber, dass durch den Vergleich gerade der Streit darüber beigelegt worden ist, ob der behauptete Eigenbedarf gegeben oder nur vorgetäuscht war (OLG Frankfurt/M. vom 6.9.1994, 20 RE-Miet 1/93, WuM 1994, 600). Nur in diesem Fall kann in dem Abschluss des

Vergleichs ein Verzicht des Mieters auf Schadenersatzansprüche gesehen werden. Sollte durch den Vergleich dagegen nur der Streit hinsichtlich der Schlüssigkeit und Beweisbarkeit des Eigenbedarfstatbestands beigelegt werden, sind Schadenersatzansprüche des Mieters nicht ausgeschlossen.

Ein Schadenersatzanspruch des Mieters kann grundsätzlich immer nur dann begründet sein, wenn der Vermieter in unredlicher Weise von seinem Kündigungsrecht Gebrauch gemacht hat, etwa durch wahrheitswidrige Angabe von nicht oder so nicht vorhandenen Kündigungsgründen, nicht aber, wenn die Kündigung nur deshalb unwirksam ist, weil die dem Mieter mitgeteilten Kündigungsgründe nach richterlicher Beurteilung kein berechtigtes Interesse an der Beendigung des Mietverhältnisses ergeben haben (OLG Hamm vom 31.1.1984, 4 RE-Miet 7/83, DWW 1984, 133). Ein Schadenersatzanspruch des Mieters kann folgende Positionen umfassen:

- Ersatz aller mit dem Umzug in Zusammenhang stehenden Kosten,
- Ersatz von Makler- und Prozesskosten (Aufwendungen des Mieters für Detektivkosten zum Zweck der Überprüfung, ob der wegen Eigenbedarfs kündigende Vermieter tatsächlich die gekündigte Wohnung bezieht und diese bewohnt, sind nicht als Rechtsverfolgungskosten anzusetzen.),
- Mehrkosten (Mietdifferenz) für die Anmietung einer vergleichbaren Wohnung, nicht dagegen Kosten, die dem Mieter im Zusammenhang mit dem nach der Kündigung erfolgten Erwerb (Finanzierung und Herrichtung) einer Eigentumswohnung entstehen,
- ferner kann der Mieter Wiedereinräumung des Besitzes durch Wiedereinzug in die Wohnung verlangen, solange diese noch nicht an einen Dritten vermietet worden ist. Allerdings kann der Mieter Schadenersatzansprüche gegen den Vermieter in Form der Wiedereinräumung von Besitz- und Mietrechten an der ehemaligen Wohnung (§§ 280 Abs. 1, 249 Abs. 1 BGB, z. B. weil er aufgrund eines vom Vermieter behaupteten, aber nicht realisierten Eigenbedarfs ausgegangen ist) nicht mehr geltend machen, wenn die Wohnung zwischenzeitlich verkauft wurde und der Mieter schon vor Übergang des Eigentums auf den Erwerber ausgezogen war, da dem Vermieter in diesem Fall die Erbringung dieser Leistung infolge der Veräußerung dieser Wohnung unmöglich geworden ist (BGH, Urteil vom 16.12.2009, VIII ZR 313/08).

Verlangt der Mieter vom Vermieter Schadenersatz mit der Behauptung, der Eigenbedarf sei vorgetäuscht gewesen, gelten für die Beweislastverteilung die allgemeinen Grundsätze. Danach muss der Anspruchsteller — somit der Mieter — die tatsächlichen Voraussetzungen seines Anspruchs (hier: den fehlenden Selbstnutzungswillen des Vermieters) darlegen und beweisen. Der Vermieter darf sich jedoch nicht darauf beschränken, eine entsprechende Behauptung des Mieters schlicht zu bestreiten, da Verdachtsmomente für ein Vorschieben des Eigenbedarfs gegeben sind, wenn der Vermieter den in der Kündigung behaupteten Selbstnutzungswillen nach dem Auszug des Mieters nicht in die Tat umsetzt. Unter diesen Umständen ist es dem Vermieter zuzumuten, substanziiert und plausibel darzulegen, aus welchem Grund der mit der Kündigung geltend gemachte Eigenbedarf nachträglich entfallen ist. Ist dieser Vortrag vom Vermieter erbracht, obliegt dem Mieter der Beweis dafür, dass ein Selbstnutzungswille des Vermieters schon vorher nicht bestanden hat (BGH, Urteil vom 18.5.2005, VIII ZR 368/03, NZM 2005, 580).

Kündigungssperrfristen

Wurde an den vermieteten Wohnräumen nach Überlassung an den Mieter Wohnungseigentum begründet („Umwandlung") und das Wohnungseigentum veräußert, kann sich der Erwerber auf Eigenbedarf erst nach Ablauf von drei Jahren seit der Veräußerung berufen (Kündigungssperrfrist, § 557a Abs. 1 BGB). Zu den Einzelheiten siehe „Kündigungsfristen" unter dem Stichwort „Kündigung des Mietverhältnisses".

Kündigung wegen Hinderung der wirtschaftlichen Verwertung

Ein berechtigtes Interesse des Vermieters an der Beendigung des Mietverhältnisses liegt vor, wenn der Vermieter durch die Fortsetzung des Mietverhältnisses an einer angemessenen wirtschaftlichen Verwertung (§ 573 Abs. 2 Nr. 3 BGB) des Grundstücks gehindert ist und dadurch erhebliche Nachteile erleiden würde. Als wirtschaftliche Verwertung anzusehen ist

- die zulässige Änderung der Nutzung des Wohnraums (z. B. als Geschäftsraum),
- die umfassende und grundlegende Renovierung, um eine bessere Vermietung sicherzustellen (nicht aber eine Modernisierung),
- der Abbruch und Wiederaufbau des Gebäudes und insbesondere der Verkauf (BVerfG vom 14.2.1989, 1 BvR 1131/87, WuM 1989, 118).

Die wirtschaftliche Verwertung ist „angemessen", wenn sie nicht spekulativ, sondern vernünftig und sinnvoll ist, z. B. wenn die Geldmittel aus dem Verkauf für die Unterhaltung, Altersversorgung, Herstellung von neuem Wohnraum oder Investitionen verwendet oder das Grundstück nach Beseitigung abbruchreifer Gebäude neu bebaut werden soll. Dementsprechend stellt nach der Rechtsprechung des

BGH bei einem stark sanierungsbedürftigen Gebäude die Absicht des Vermieters, das Gebäude abzureißen und ein größeres Gebäude mit Eigentumswohnungen zu errichten und diese zu verkaufen, eine angemessene wirtschaftliche Verwertung dar, wenn eine Sanierung Investitionen mit hohen Kosten erforderlich machen würde, ohne dass sich dadurch die verhältnismäßig geringe Restnutzungsdauer des Gebäudes verlängern ließe.

Dem Vermieter entstehen auch die für eine Kündigung erforderlichen erheblichen Nachteile, wenn er bei einer Fortsetzung der Mietverhältnisse nur eine „Minimalsanierung“ durchführen könnte, obwohl der Zustand des Gebäudes entweder einen Abbruch mit anschließendem Neubau gebietet oder zumindest eine umfassende Sanierung durch Entkernung, die für eine Ausstattung nach den heute üblichen Verhältnissen erforderlich wäre, aber ebenfalls nur bei Auszug der Mieter möglich ist.

Angesichts der bei einer solchen Minimalsanierung bestehenden wirtschaftlichen Risiken kann dem Eigentümer nicht das Interesse abgesprochen werden, eine dauerhafte Erneuerung alsbald und nicht erst bei vollständigem Verbrauch der Bausubstanz durchzuführen.

Letztlich widerspricht auch eine Kündigung zum Zweck des Abbruchs eines Gebäudes und anschließendem Wiederaufbau nicht der Vorstellung des Gesetzgebers, da in den Gesetzesmaterialien diese Möglichkeit vielmehr als Beispielfall für eine Verwertungskündigung angesehen wird (BGH, Urteile vom 28.1.2009, VIII ZR 7/08, 8/08, 9/08, WuM 2009, 182).

Die geplante wirtschaftliche Verwertung eines Grundstücks beruht auf vernünftigen und nachvollziehbaren Erwägungen, wenn sich das vorhandene Gebäude (hier: Wohneinheit aus den 1930er Jahren in einfacher Bauweise) in einem schlechten Bauzustand befindet, nicht mehr heutigen Wohnvorstellungen entspricht und dies auch nicht durch eine Sanierung erreicht werden kann. In diesem Fall ist die Bewirtschaftung des vorhandenen Gebäudes dem Vermieter nicht mehr zuzumuten. Eine Kündigung wegen Hinderung der wirtschaftlichen Verwertbarkeit ist daher zulässig, wenn der Vermieter den Altbau durch einen modernen, bedarfsgerechten Neubau ersetzen will (BGH, Urteil vom 9.2.2011, VIII ZR 155/10, ZMR 2011, 458).

Soll ein Gebäude wegen Bauschäden und entsprechender Sanierungskosten abgerissen und anstelle dessen ein Neubau errichtet werden, genügt es dem Begründungserfordernis des § 573 Abs. 3 BGB, wenn dem Mieter im Kündigungsschreiben mitgeteilt wird, aus welchen Gründen der Vermieter die vorhandene Bausubstanz nicht für erhaltenswert hält und welche baulichen Maßnahmen er stattdessen plant (BGH, Urteil vom 9.2.2011, a. a. O.).

Eine angemessene wirtschaftliche Verwertung liegt auch vor, wenn infolge der umfassenden Sanierung eines Altbaus das Mietverhältnis nicht mehr weiterbestehen kann, z. B. weil die betreffende Wohnung durch Einbau eines Bades wegfällt (BayObLG vom 17.11.1983, RE-Miet 1/83, NJW 1984, 372).

Voraussetzung ist, dass die Sanierung zur Erhaltung oder Wiederherstellung der Gebäudesubstanz unumgänglich ist und eine längere Räumung durch den Mieter erfordern würde.

TIPP

Im Kündigungsschreiben sind Art und Umfang der beabsichtigten Umbaumaßnahmen sowie die Gründe anzugeben, warum nach Ansicht des Vermieters nur durch den Umbau eine angemessene wirtschaftliche Verwertung zu erreichen ist.

Ferner ist darzulegen, dass die Räumung des gesamten Anwesens erforderlich ist. Kann die Unrentabilität auf andere Weise als durch Kündigung, Sanierung und Neuvermietung, z. B. durch Modernisierung, während der laufenden Mietverhältnisse und Umlage der Kosten beseitigt werden, besteht kein Kündigungsgrund nach § 573 Abs. 2 Nr. 3 BGB.

Bei einem Verkauf hindert das Mietverhältnis die wirtschaftliche Verwertbarkeit, wenn die Wohnung oder das Grundstück gerade wegen der Vermietung nicht oder nur zu einem erheblich geringeren Kaufpreis verkauft werden kann. Insoweit sollte im Streitfall anhand konkreter Zahlen dargelegt werden, welche Kaufpreiseinbuße infolge der Vermietung eintreten würde.

Erforderlich sind hierzu Angaben über die Höhe des erzielbaren Kaufpreises für das Objekt im vermieteten und im nicht vermieteten Zustand. Ferner sollte der Vermieter ernsthafte Verkaufsbemühungen in vermietetem Zustand und insbesondere Kaufangebote von Interessenten nachweisen, die über das Grundstück in weiterhin vermietetem und unvermietetem Zustand abgegeben worden sind, sodass der Mindererlös infolge der Vermietung deutlich wird. Die Kündigung des Mietvertrags wegen Hinderung der wirtschaftlichen Verwertbarkeit kann jedenfalls nicht allein mit dem Erfahrungssatz begründet werden, dass unbewohnte Wohnungen einfacher als vermietete zu verkaufen sind (LG Aachen, Beschluss vom 13.10.2009, 5 T 180/09, WuM 2010, 37). Zum Beweis der Ursächlichkeit sollten bestimmte Kaufinteressenten benannt werden können, die als Zeugen im Streitfall bestätigen, dass sie vom Kauf der Wohnung lediglich deshalb Abstand genommen haben, weil diese vermietet war.

Ein erheblicher Nachteil liegt aber nicht erst dann vor, wenn der Eigentümer in Existenznot gerät. Der Anwendungsbereich des § 573 Abs. 2 Nr. 3 BGB darf daher nicht auf Fälle drohenden Existenzverlustes beschränkt werden. Entsprechend dürfen die Mietgerichte für die Annahme von erheblichen Nachteilen nicht den Vortrag von Umständen fordern, die den Verkauf als zwingend erscheinen lassen (BVerfG vom 20.9.1991, 1 BvR 539/91, WuM 1992, 46). Das Gericht ist verpflichtet, sich mit einem substanziierten Vortrag des Eigentümers über den konkreten Mindererlös auseinanderzusetzen und muss prüfen, ob der Verkauf unter diesen Umständen für den Eigentümer möglicherweise wirtschaftlich sinnlos ist. Weist ein vom Vermieter vorgelegtes Privatgutachten eine erhebliche Differenz der Verkehrswerte in vermietetem und unvermietetem Zustand aus (hier: 180.000 DM bzw. 260.000 DM), muss sich das Mietgericht in einer eingehenden Würdigung mit den grundrechtlich geschützten Interessen des Eigentümers auseinandersetzen und dies auch in den Entscheidungsgründen niederlegen (BVerfG vom 12.11.2003, 1 BvR 1424/02, ZMR 2004, 95). Andernfalls verkennt das Gericht Bedeutung und Tragweite der Eigentumsgarantie des Art. 14 GG (BVerfG vom 12.11.2003, vom 20.9.1991 und vom 14.2.1989).

So muss ein Mindererlös von 20 % nach einem Urteil des LG Stuttgart vom Vermieter insbesondere dann nicht hingenommen werden, wenn der Verkaufserlös der Abdeckung von Verbindlichkeiten dient, die der Vermieter nach Berufsaufgabe aus Krankheitsgründen durch Erwerbstätigkeit nicht mehr abdecken kann (vom 21.2.1990, 13 S 426/89, WuM 1991, 201) oder der Vermieter den Erlös zur Finanzierung eines Hausbaus verwenden will. Nach einem Urteil des LG Detmold, vom 16.5.2001 (2 S 122/00, NZM 2002, 339) kann bereits eine voraussichtliche Kaufpreiseinbuße von rund 10 % einen erheblichen Nachteil begründen, wenn der Vermieter das vermietete Haus aufgrund einer wirtschaftlichen Notlage verkaufen muss.

Jedoch kann im Einzelfall trotz einer hohen Kaufpreiseinbuße infolge der Vermietung das Vorliegen eines „erheblichen Nachteils“ verneint werden, wenn bei Verkauf in vermietetem Zustand immer noch ein höherer Preis erzielbar ist, als beim Erwerb der Wohnung bezahlt wurde oder die Wohnung im Zeitpunkt des Erwerbs wert war (bei Schenkung: BVerfG vom 9.10.1991, 1 BvR 227/91, WuM 1991, 663).

Allerdings kann ein erheblicher Nachteil nicht schon dann verneint werden, wenn ein Vermieter das Grundstück als Erbe bereits im vermieteten und unrentablen Zustand erworben hat und seit dem tatsächlichen Eintritt des derzeitigen Vermieters in das Mietverhältnis keine wesentliche Verschlechterung eingetreten ist. Dies liefe darauf hinaus, die Eigentümer solcher (z. B. ehemals staatlich verwalteter) Wohnungen an den früheren (z. B. den bei Aufhebung der Verwaltung gegebenen) Zuständen auch nach deren Beendigung festzuhalten und ihnen zuzumuten, dauerhaft Verluste ohne eine Verwertungsmöglichkeit hinzunehmen; dies ist mit dem Eigentumsgrundrecht (Art. 14 Abs. 1 GG) unvereinbar (BGH, Urteil vom 8.6.2011, VIII ZR 226/09).

TIPP

Im Kündigungsschreiben sollte der Vermieter neben einem bestimmten Mindererlös auch darlegen, wie und in welcher Weise sich dieser nachteilig für den Vermieter auswirkt.

Dies kann z. B. durch den Vortrag geschehen, dass die laufenden Belastungen durch die Wohnung die laufenden Einnahmen deutlich überschreiten und durch den Verkauf wegfallen würden, der Erlös aus dem Verkauf zur Finanzierung einer anderen Wohnung erforderlich ist, der Erlös zur Abdeckung von Verbindlichkeiten dient, die der Vermieter mit seinem Einkommen (z. B. Berufsaufgabe wegen Krankheit) nicht mehr tilgen kann oder der Vermieter den Erlös aus dem Verkauf des vermieteten Einfamilienhauses zur eigenen Existenzsicherung benötigt, etwa weil er andernfalls sein Gewerbe infolge Verweigerung von weiteren Bankkrediten nicht mehr betreiben kann.

Bei Ermittlung des erheblichen Nachteils muss das Gericht daher auch den Vortrag des Vermieters über weitere finanzielle Nachteile (z. B. höhere Zinszahlungen) berücksichtigen, die ihm entstehen, wenn er den Mehrerlös, den er im Fall des Verkaufs der Wohnung ohne das bestehende Mietverhältnis erzielen könnte, nicht erhielte (BVerfG vom 15.4.1992, 1 BvR 1549/91, NJW 1992, 2752).

Nachdem jedoch die Beurteilung, ob der Inhalt der Kündigung oder des Prozessvortrags ausreichend ist, allein bei dem zur Entscheidung zuständigen Gericht liegt, sollten die Ausführungen zu sämtlichen Tatbestandsmerkmalen des § 573 Abs. 2 Nr. 3 BGB so ausführlich und detailliert wie möglich sein. Weiterhin sollte in Anbetracht der hohen formalen Anforderungen an eine Kündigung wegen Hinderung der wirtschaftlichen Verwertbarkeit diese grundsätzlich erst nach eingehender juristischer Beratung erfolgen.

Nicht nur bei der Verwertung des Grundstücks durch Verkauf, sondern auch bei jeder anderen Art der Verwertung, z. B. durch Abbruch des Gebäudes und anschließenden Wiederaufbau, sollten dem Mieter bereits im Kündigungsschreiben in substanziierter und nachvollziehbarer Art und Weise sowohl die Art der Verwertung als auch die Nachteile dargelegt werden, welche aufgrund der Fortsetzung des Mietverhältnisses entstehen würden. Dazu ist es erforderlich, dass der Vermieter anhand von Wirtschaftlichkeitsberechnungen die Einnahmen und Ausgaben vor und nach der angestrebten Verwertung durch Abriss und Neubau gegenüberstellt.

TIPP

Liegt die Wohnung im Gebiet einer Gemeinde, in der die Zweckentfremdung von Wohnraum (z. B. durch Abbruch oder Umnutzung in Geschäftsraum) der behördlichen Genehmigung bedarf, setzt die Wirksamkeit der Kündigung nach § 573 Abs. 2 Nr. 3 BGB voraus, dass die Genehmigung zur Zweckentfremdung im Zeitpunkt der Kündigung bereits vorliegt und das Vorliegen der Genehmigung im Kündigungsschreiben erwähnt wird, wenn die vom Vermieter angestrebte, zur Grundlage der Kündigungserklärung gemachte Verwertung des Mietobjekts genehmigungspflichtig ist (OLG Hamburg vom 25.3.1981, 4 U 201/80, NJW 1981, 2308; LG München II vom 29.9.1994, 8 S 2264/94, WuM 1997, 115).

Die Wirksamkeit der Kündigung setzt nicht voraus, dass im Zeitpunkt des Zugangs der Kündigung die baurechtliche Abbruchgenehmigung bereits vorliegt. Deshalb kann eine Kündigung auch nicht unwirksam sein, weil im Kündigungsschreiben eine bereits vorliegende Abbruchgenehmigung nicht erwähnt wurde (BayObLG vom 31.8.1993, RE-Miet 2/93, WuM 1993, 660).

Weiter ist zur Kündigung nicht erforderlich, dass die baurechtliche Genehmigung zur Errichtung des Neubaus vorliegt. Vielmehr genügt es, wenn im Zeitpunkt des Zugangs der Kündigung mit einiger Sicherheit festgestellt werden kann, dass die für die Durchführung des Vorhabens erforderlichen baurechtlichen Genehmigungen zu dem Zeitpunkt vorliegen werden, zu dem sie bei planmäßiger Durchführung benötigt werden und der Vermieter die beabsichtigte Verwertung im Zeitpunkt der Beendigung des Mietverhältnisses alsbald verwirklichen kann und auch verwirklichen will. Ob eine solche Erwartung gerechtfertigt ist, ist Tatfrage und kann nur anhand der konkreten Umstände des Einzelfalls entschieden werden (BayObLG a. a. O.).

Eine Abbruchgenehmigung ersetzt nicht die Zweckentfremdungsgenehmigung. Ist für den Abbruch daher eine Zweckentfremdungsgenehmigung erforderlich, reicht eine Abbruchgenehmigung nicht aus. Ist an den vermieteten Wohnräumen nach Überlassung an den Mieter Wohnungseigentum begründet und das Wohnungseigentum veräußert worden („Umwandlung“), ist das Bestehen einer Kündigungssperrfrist zu prüfen.

Die Kündigung aus sonstigen berechtigten Interessen

Mit der Formulierung „insbesondere“ in § 573 Abs. 2 BGB hat der Gesetzgeber zum Ausdruck gebracht, dass der Katalog der Nummern 1 bis 3 des § 573 Abs. 2 BGB keine abschließende, sondern nur eine beispielhafte Aufzählung von berechtigten Interessen des Vermieters darstellt. Daher können auch andere Lebenssachverhalte ein berechtigtes Interesse begründen, sofern sie ein vergleichbares Gewicht haben.

Betriebsbedarf wird von der Rechtsprechung als Kündigungsgrund anerkannt und liegt nicht nur dann vor, wenn einem neuen Arbeitnehmer anstelle eines ausscheidenden Mitarbeiters eine Werkswohnung überlassen werden soll, sondern auch dann, wenn eine an einen Betriebsfremden vermietete Wohnung erst durch Kündigung in eine Werkswohnung umgewidmet werden soll. Insofern ist jedoch allein der konkrete Wohnbedarf eines bestimmten Arbeitnehmers für die Kündigung nicht ausreichend. Hinzukommen müssen noch weitere Gründe, die gerade den Bezug dieser speziellen Wohnung durch den Arbeitnehmer für die Führung des Betriebs des Vermieters als notwendig erscheinen lassen (OLG Stuttgart vom 24.4.1991, 8 RE-Miet 1/90, WuM 1991, 330). Daher liegt kein Kündigungsgrund vor, wenn der Vermieter die Wohnung neu anzuwerbenden Fachkräften nur deshalb zur Verfügung stellen will, weil er damit seine Chancen auf dem Arbeitsmarkt verbessert. Insofern geht das Interesse des Mieters an der Beibehaltung der Wohnung dem Wunsch des Vermieters vor (OLG Stuttgart a. a. O.).

Entsprechendes gilt, wenn eine Wohnung wegen der Einstellung eines Hausmeisters gekündigt werden soll. Erforderlich ist daher, dass die Einstellung eines Hausmeisters nach objektiven Maßstäben vernünftig und zur ordnungsgemäßen Pflege und Erhaltung des Anwesens notwendig ist, beispielsweise wegen des Umfangs der auszuführenden Arbeiten oder weil der Vermieter infolge seines Alters das Anwesen nicht mehr instand halten kann (AG Osnabrück, WuM 1975, 55) und der Arbeitsbereich die ständige Anwesenheit des Hausmeisters im Anwesen erfordert. Nach dem Rechtsentscheid des OLG Stuttgart vom 23.11.1985, 8 RE-Miet 1/85 (WuM 1986, 132), wonach der bloße Hinweis im Kündigungsschreiben, dass die Wohnung dringend für die Unterbringung eines aktiven Bediensteten benötigt wird, nicht genügt, muss der Betriebsbedarf für eine bestimmte identifizierbare Person vorhanden sein und im Kündigungsschreiben in nachvollziehbarer Weise dargelegt werden.

Bei Überbelegung der Wohnung kann der Vermieter nach § 573 Abs. 1 BGB zur Kündigung berechtigt sein, wobei aber sämtliche Umstände des Einzelfalls umfassend zu würdigen sind. Das Verschulden des Mieters liegt dabei in dem Umstand, dass er bei Vergrößerung der Familie nicht rechtzeitig auf eine größere Wohnung ausgewichen ist.

Ausnahmen vom Kündigungsschutz

Kündigung im Zweifamilienhaus (§ 573a BGB)

Der Vermieter kann ein Mietverhältnis über eine Wohnung in einem von ihm selbst bewohnten Wohngebäude mit nicht mehr als zwei Wohnungen auch ohne Vorliegen eines berechtigten Interesses kündigen. Voraussetzung ist, dass der Vermieter selbst im Anwesen wohnt. Besteht die Vermieterseite aus einer Personenmehrheit (z. B. einer Erbengemeinschaft), ist ausreichend, dass eine Person darin wohnt.

Ein „Bewohnen" im Sinne des § 573a BGB setzt zwar nicht voraus, dass sich der Vermieter überwiegend in dem Anwesen aufhält, jedoch muss er dort das Zentrum seiner privaten Lebensführung haben. Der Vermieter muss nicht bereits bei Abschluss des Mietvertrags in dem Anwesen gewohnt haben. Ausreichend ist, wenn dies im Zeitpunkt des Zugangs der Kündigung der Fall ist (OLG Koblenz vom 25.5.1981, 4 W-RE 277/81, ZMR 1981, 371; BayObLG vom 31.1.1991, RE-Miet 3/90, WuM 1991, 249).

Die Voraussetzungen des § 573a Abs. 1 BGB sind nur erfüllt, wenn das Gebäude nicht mehr als zwei Wohnungen hat. Existieren neben den zwei Wohnungen zusätzliche Räume, ist entscheidend, ob darin die zur Führung eines selbstständigen Haushalts erforderlichen Versorgungseinrichtungen wie Wasser- und Energieanschluss sowie ein Abfluss vorhanden sind. Nicht erforderlich ist, dass Mieter und Vermieter in dem Wohngebäude eine Gelegenheit zum Zusammentreffen haben. Insbesondere ist nicht erforderlich, dass ein gemeinsames Treppenhaus, ein gemeinsamer Hauseingang oder sonstige gemeinschaftlich zu nutzende Räume oder Flächen vorhanden sind (OLG Saarbrücken vom 2.7.1992, 5 RE-Miet 1/92, DWW 1992, 310). Einzelne Wohnräume (z. B. im Dach- oder Kellergeschoss) außerhalb der zwei getrennten Wohnungen schließen das Kündigungsrecht nicht aus.

Dieses erleichterte Kündigungsrecht besteht auch dann, wenn sich in einem Gebäude außer den zwei Wohnungen, die vom Mieter und Vermieter bewohnt werden, Gewerberäume befinden und diese vom Vermieter für eigene betriebliche Belange selbst genutzt werden (so bereits OLG Karlsruhe, RE vom 25.11.1991, DWW 1992, 49).

Ferner besteht das erleichterte Kündigungsrecht nach einem neuen Urteil des BGH auch dann, wenn zwar weitere Räume vorhanden sind, die sich für eine Nutzung als (dritte) Wohnung eignen und früher auch als Wohnung genutzt wurden, diese weiteren Räume aber schon bei Abschluss des Mietvertrags vom Vermieter als gewerbliche Räume genutzt worden sind (BGH, Urteil vom 25.6.2008, VIII ZR 307/07, NZM 2008, 682).

Entscheidender Zeitpunkt für das Vorliegen der Voraussetzung, dass sich in dem Gebäude nicht mehr als zwei Wohnungen befinden, ist nach dem Rechtsentscheid des Hanseatischen OLG Hamburg vom 7.4.1982 (4 U 167/81, NJW 1983, 182) in der Regel derjenige der Begründung des Mietverhältnisses und nicht der des Ausspruchs der Kündigung, da andernfalls der Bestandsschutz durch nachträgliche Umbauten ausgehöhlt werden könnte. Für die Beurteilung, ob in einem Gebäude (nicht) mehr als zwei Wohnungen vorhanden sind, ist die Verkehrsanschauung maßgebend. Danach ist eine Wohnung ein selbstständiger, räumlich und wirtschaftlich abgegrenzter Bereich, der eine eigenständige Haushaltsführung ermöglicht. Dies ist z. B. auch der Fall bei einer Einliegerwohnung, die neben einem Wohn-/Schlafzimmer auch über eine Küchenzeile und ein Bad mit Toilette verfügt (BGH, Urteil vom 17.11.2010, VIII ZR 90/10).

TIPP

Ein erleichtertes Kündigungsrecht besteht auch für Mietverhältnisse über Wohnraum innerhalb der vom Vermieter selbst bewohnten Wohnung (§ 573a Abs. 2 BGB).

Mietverhältnisse über Wohnraum innerhalb der vom Vermieter selbst bewohnten Wohnung sind vom Kündigungsschutz bereits nach § 549 Abs. 2 Nr. 2 BGB ausgenommen, wenn der Wohnraum überwiegend möbliert und dem Mieter nicht zum dauernden Gebrauch mit seiner Familie oder mit Personen überlassen ist, mit denen er einen auf Dauer angelegten gemeinsamen Haushalt führt. Der Regelungsbereich des § 573a Abs. 2 BGB beschränkt sich daher auf Wohnraum innerhalb der Wohnung des Vermieters, der leer oder nicht überwiegend möbliert ist oder dem Mieter zum dauernden Gebrauch mit seiner Familie oder mit oben genannten Personen überlassen ist.

Insofern kommt es nicht darauf an, wie viele Wohnungen das Wohngebäude hat, sodass das Sonderkündigungsrecht auch in einem Mehrfamilienhaus gilt (KG Berlin vom 21.4.1981, 8 W RE-Miet 1397/81, NJW 1981, 2470). Im Übrigen gelten die Ausführungen zu § 573a Abs. 1 entsprechend.

TIPP

Im Kündigungsschreiben muss angegeben werden, dass die Kündigung auf die Voraussetzungen des § 573a Abs. 1 oder Abs. 2 BGB gestützt wird (§ 573a Abs. 3 BGB).

Bei Ausübung des erleichterten Kündigungsrechts verlängert sich die jeweils geltende Kündigungsfrist um drei Monate (§ 573a Abs. 1 Satz 2 BGB). Liegen die Voraussetzungen des § 573a BGB und zusätzlich ein berechtigtes Interesse (im Sinne von § 573 Abs. 1 oder 2 BGB, z. B. Eigenbedarf) vor, hat der Vermieter ein Wahlrecht, ob er unter Berufung auf berechtigte Interessen (mit normaler Kündigungsfrist) kündigt oder von seinem erleichterten Kündigungsrecht (mit verlängerter Frist) Gebrauch macht. Die Kündigung kann auch in erster Linie auf § 573a BGB und hilfsweise auf berechtigte Interessen nach § 573 Abs. 1 oder 2 BGB gestützt werden.

Auch bei einer Kündigung nach § 573a BGB verbleibt es bei der Obliegenheit des Vermieters, den Mieter auf die Möglichkeit des Widerspruchs nach § 574 BGB sowie auf die Form und die Frist des Widerspruchs hinzuweisen (§ 568 Abs. 2 BGB) und bei dem Recht des Mieters, der Kündigung nach § 574 BGB zu widersprechen, wenn die vertragsgemäße Beendigung des Mietverhältnisses für den Mieter, seine Familie oder einen anderen Angehörigen seines Haushalts eine Härte bedeuten würde. Entsprechend findet § 574 Abs. 3 BGB auch auf die Kündigung des Vermieters nach § 573a Abs. 1 BGB Anwendung (OLG Hamm vom 16.3.1992, 30 RE-Miet 6/91, DWW 1992, 208). Dies bedeutet, dass im Rahmen der Interessenabwägung, die nach dem Widerspruch des Mieters zu erfolgen hat, nur die Interessen des Vermieters Berücksichtigung finden, die im Kündigungsschreiben genannt wurden.

TIPP

Neben dem Hinweis, dass die Kündigung auf die Voraussetzungen des erleichterten Kündigungsrechts gestützt wird, sollten im Kündigungsschreiben daher die vorliegenden berechtigten Interessen unter Bezugnahme auf die Vorschrift des § 574 BGB für den Fall des Widerspruchs des Mieters vorgetragen werden.

Teilkündigung von Nebenräumen (§ 573b BGB)

Der Vermieter kann nicht zum Wohnen bestimmte Nebenräume wie Keller-, Speicherabteile, Waschküche, Trockenraum oder Teile eines Grundstücks wie den Garten ohne ein berechtigtes Interesse im Sinne vom § 573 BGB kündigen, wenn er die Kündigung auf diese Räume oder Grundstücksteile beschränkt und sie dazu verwenden will, Wohnraum zum Zweck der Vermietung zu schaffen oder den neu zu schaffenden und den vorhandenen Wohnraum mit Nebenräumen oder Grundstücksteilen auszustatten (§ 573b Abs. 1 BGB).

ARBEITSHILFE ONLINE

Will der Vermieter die Wohnung zwar nicht zum Zweck der Vermietung, sondern zur Selbstnutzung ausbauen, führt er aber seine derzeit bewohnte Wohnung dem

Wohnungsmarkt zur Vermietung zu, kann die Kündigung von Nebenräumen auf eine analoge Anwendung des § 573b BGB gestützt werden (BVerfG vom 11.3.1992, 1 BvR 303/92, WuM 1992, 228).

Die Kündigung bisher von allen Mietern gemeinschaftlich genutzter Gartenflächen ist nicht zulässig, wenn diese im Zuge der Schaffung neuen Wohnraums künftig nur den Mietern des neu zu schaffenden Wohnraums angeboten werden sollen. Nach dem Gesetzeswortlaut („... den neu zu schaffenden und den vorhandenen Wohnraum mit ... auszustatten") dürfen die bisherigen Mieter bei der Verteilung der Flächen nicht unberücksichtigt gelassen werden (BerlVerfGH, Beschluss vom 22.9.2009, VerfGH 170/07, NZM 2010, 356).

Die Kündigung ist spätestens am dritten Werktag eines Kalendermonats zum Ablauf des übernächsten Monats zulässig (§ 573b Abs. 2 BGB). Die Kündigungsfrist beträgt somit unabhängig von der Dauer des Mietverhältnisses drei Monate. Das Kündigungsschreiben muss eine ausreichende Begründung enthalten, z. B. durch die Mitteilung der konkreten Ausbaupläne und der Zulässigkeit der geplanten Maßnahmen. Die schlichte Wiedergabe des Gesetzeswortlauts genügt nicht. Die Sozialklausel (§§ 574–574c BGB) findet Anwendung. Bei befristeten Mietverhältnissen besteht kein Kündigungsrecht.

Der Mieter kann als Ausgleich eine angemessene Senkung der Miete verlangen (§ 573b Abs. 4 BGB). Diese ist entsprechend den für die Mietminderung geltenden Grundsätzen nach dem Nutzungswertanteil der gekündigten Flächen zu bestimmen, wobei der Wert eines Abstellraums mit rund 1/3 des Mietwerts der Wohnräume angesetzt werden kann. Eine Senkung ist jedoch ausgeschlossen, wenn sich der Wegfall der Flächen auf das Mietverhältnis nicht oder nur unerheblich auswirkt, z. B. weil eine Nutzung auch bisher wegen der Größe, des Zuschnitts oder der Zugangsmöglichkeiten kaum möglich war. Verzögert sich der Beginn der Bauarbeiten, kann der Mieter eine Verlängerung des Mietverhältnisses um einen entsprechenden Zeitraum verlangen (§ 573b Abs. 3 BGB).

Kündigung von Wohnraum, der nur zum vorübergehenden Gebrauch vermietet ist (§ 549 Abs. 2 Nr. 1 BGB)

Ein „vorübergehender Gebrauch" liegt nicht bereits bei einer vertraglichen Befristung vor. Vielmehr muss nach dem Gebrauchszweck das Ende des Mietverhältnisses entweder zeitlich genau fixierbar oder von einer Bedingung abhängig sein, deren Eintritt in naher Zukunft gewiss ist, wie die Vermietung von Hotelzimmern, Ferienwohnungen, Unterkünfte für die Dauer einer Messe, Unterbringung eines auswärtigen Monteurs oder eines ausländischen Wissenschaftlers bis zur Erledigung des Arbeitsziels, nicht aber die Anmietung für die Dauer der Ausbildung (OLG Bremen vom 7.11.1980, 1 UH 1/80 (a), ZMR 1982, 238; OLG Hamm vom 31.10.1980, 4 RE-Miet 1/80, MDR 1981, 232).

Kündigung von Wohnraum innerhalb der Vermieterwohnung (§ 549 Abs. 2 Nr. 2 BGB)

Für Wohnraum, der Teil der vom Vermieter selbst bewohnten Wohnung ist und den der Vermieter überwiegend mit Einrichtungsgegenständen auszustatten hat, besteht kein Kündigungsschutz, es sei denn, der Wohnraum wurde dem Mieter zum dauernden Gebrauch mit seiner Familie oder Personen überlassen, mit denen er einen auf Dauer angelegten gemeinsamen Haushalt führt. Die Wohnung ist Teil der vom Vermieter selbst bewohnten Wohnung, wenn ein räumlicher oder funktionaler Zusammenhang besteht, z. B. durch einen gemeinsamen Eingang oder die Mitbenutzung von gemeinsamen Anlagen wie Küche, Bad oder Toilette.

Die Sozialklausel (§ 574 BGB)

Nach § 574 Abs. 4 BGB kann der Mieter der Kündigung eines Mietverhältnisses über Wohnraum widersprechen und vom Vermieter die Fortsetzung des Mietverhältnisses verlangen, wenn die Beendigung des Mietverhältnisses für den Mieter, seine Familie oder einen Angehörigen seines Haushalts eine Härte bedeuten würde, die auch unter Würdigung der berechtigten Interessen des Vermieters nicht zu rechtfertigen ist. Eine Härte liegt auch vor, wenn angemessener Ersatzwohnraum zu zumutbaren Bedingungen nicht beschafft werden kann (§ 574 Abs. 2 BGB).

Eine Abwägung der beiderseitigen Interessen hat jedoch erst nach dem Widerspruch des Mieters stattzufinden und nicht bereits bei der Prüfung der berechtigten Interessen des Vermieters an der Beendigung des Mietverhältnisses, da § 573 BGB ausdrücklich auf die Interessen allein des Vermieters abstellt. Die Sozialklausel gilt auch bei der außerordentlichen Kündigung mit gesetzlicher Frist. Dagegen ist die Sozialklausel nicht anwendbar, wenn ein Grund vorliegt, der den Vermieter zur außerordentlichen fristlosen Kündigung berechtigt (§ 574 Abs. 1 Satz 2 BGB). Ebenso dann nicht, wenn die Kündigung des Mietverhältnisses durch den Mieter erfolgt ist.

Ausgenommen vom Anwendungsbereich der Sozialklausel sind gemäß § 549 Abs. 2 Nr. 2 BGB folgende Mietverhältnisse:

- Wohnraum, der nur zu vorübergehendem Gebrauch vermietet ist,
- Wohnraum, der Teil der vom Vermieter selbst bewohnten Wohnung ist und den der Vermieter überwiegend mit Einrichtungsgegenständen auszustatten hat, sofern der Wohnraum dem Mieter nicht zum dauernden Gebrauch mit seiner Familie oder mit Personen überlassen ist, mit denen er einen auf Dauer angelegten gemeinsamen Haushalt führt,
- Wohnraum, den eine juristische Person des öffentlichen Rechts oder ein anerkannter privater Träger der Wohlfahrtspflege angemietet hat, um ihn Personen mit dringendem Wohnungsbedarf zu überlassen, wenn sie den Mieter bei Vertragsschluss auf die Zweckbestimmung des Wohnraums und die Ausnahme von den genannten Vorschriften hingewiesen hat.

Voraussetzung für den Widerspruch des Mieters ist, dass die Beendigung des Mietverhältnisses für ihn, seine Familie oder einen anderen Angehörigen seines Haushalts eine Härte bedeuten würde. Zur Familie des Mieters gehören der Ehegatte (oder Lebenspartner) sowie Haushaltszugehörige, Verwandte und Verschwägerte. Angehörige des Haushalts des Mieters können z. B. der Lebensgefährte, dessen Kinder oder Pflegekinder sein (vgl. Begründung des Gesetzentwurfs, abgedruckt in NZM 2000, 450).

Eine Härte kann sich insbesondere auch aus einem hohen Alter oder einer langen Mietdauer ergeben, wobei einer dieser Gründe allein noch keinen Härtegrund darstellt, unter Umständen aber das kumulative Vorliegen dieser Gründe (LG Köln vom 1.10.1991, 12 S 181/91, WuM 1992, 247) oder das Hinzutreten weiterer Gründe, z. B. Gebrechlichkeit, Krankheit oder die besondere Verwurzelung des alten Menschen mit seiner Umgebung, die einen Umzug als unzumutbar erscheinen lassen. Eine Härte liegt auch vor, wenn angemessener Ersatzwohnraum zu zumutbaren Bedingungen nicht beschafft werden kann.

Der Ersatzwohnraum muss hinsichtlich Lage, Größe und Ausstattung bestimmten Anforderungen genügen, wobei auch den bisherigen Lebensgewohnheiten des Mieters wie z. B. Trennung von Schlaf- und Wohnraum und ggf. dem Bedürfnis zur Aufnahme einer Pflegeperson Rechnung zu tragen ist. Die Beurteilung, welche Bedingungen dem Mieter zumutbar sind, hängt insbesondere von der wirtschaftlichen Leistungsfähigkeit des Mieters im Einzelfall ab, wobei die Möglichkeit des Bezugs von Wohngeld oder Sozialhilfe durch den Mieter zu berücksichtigen ist.

TIPP

Der Mieter muss im Streitfall darlegen und beweisen, dass er ab Zugang der Kündigung alle erforderlichen und zumutbaren Schritte zur Erlangung einer Ersatzwohnung unternommen hat (LG Bonn vom 17.6.1991, 6 S 27/91, WuM 1992, 16).

Der Mieter muss dabei auch gewisse Verschlechterungen in Kauf nehmen und darf die Ersatzwohnraumsuche grundsätzlich nicht auf das bisherige Wohngebiet beschränken (LG Hamburg vom 9.1.2003, 307 S 118/02, ZMR 2003, 265). Der Mieter muss daher substanziiert vortragen, welche Stadtteile in die Suche einbezogen worden sind, wann die Anmietbemühungen aufgenommen wurden und warum die Anmietung der aufgeführten Wohnungen nicht möglich oder nicht zumutbar war (LG Hamburg a. a. O.).

Eine Härte kann sich auch aus persönlichen, wirtschaftlichen oder sozialen Gründen, insbesondere aus einem hohen Alter oder einer langen Mietdauer ergeben, wobei einer dieser Gründe allein noch keinen Härtegrund darstellt, unter Umständen aber das kumulative Vorliegen dieser Gründe oder das Hinzutreten weiterer Gründe wie Gebrechlichkeit, Krankheit oder die besondere Verwurzelung eines alten Menschen mit seiner Umgebung, die einen Umzug als unzumutbar erscheinen lassen.

Behauptet der Mieter, dass mit dem Umzug erhebliche gesundheitliche Risiken verbunden sind, muss er diese substanziiert vortragen und im Bestreitensfall auch beweisen. Dabei kann von einem Mieter, der sein Krankheitsrisiko als Härte geltend macht, verlangt werden, dass er sich in zumutbarer Weise um die Verringerung seines Krankheitsrisikos bemüht (BVerfG vom 12.2.1993, 2 BvR 2077/92, WuM 1993, 172).

Besonders gelagerte berufliche Verhältnisse (z. B. Prüfungsvorbereitungen) oder Ausbildungserschwernisse für die Kinder (z. B. umzugsbedingter Schulwechsel oder Erschwerungen beim Schulbesuch) können im Einzelfall ebenso einen Härtegrund darstellen wie auch eine Schwangerschaft (LG Dortmund, WuM 1966, 40) oder besonderer Kinderreichtum in Bezug auf die Schwierigkeiten bei der Ersatzwohnraumbeschaffung (LG Wuppertal, WuM 1968, 109).

Liegen Härtegründe vor, findet eine Abwägung der Interessen des Mieters am Bestand des Mietverhältnisses mit den Interessen des Vermieters an der Beendigung des Mietverhältnisses statt. Bei Würdigung der berechtigten Interessen des Vermieters werden jedoch nur die im Kündigungsschreiben angegebenen Gründe berücksichtigt, außer wenn die Gründe nachträglich entstanden sind (§ 574 Abs. 3 BGB).

Die Gewichtung der Gründe hängt ausschließlich von den konkreten Umständen des Einzelfalls ab. Bei Gleichwertigkeit der Interessen muss die Abwägung zugunsten des Eigentümers ausfallen, da der verfassungsgemäß garantierte Schutz des Eigentums ausgehöhlt werden würde, wollte man der Sozialpflichtigkeit eine größere Bedeutung als dem Eigentumsrecht selbst einräumen (LG Hannover vom 5.9.1991, 16 S 180/91, WuM 1992, 609). Einer Abwägung bedarf es nicht, wenn zugleich ein Grund vorliegt, der den Vermieter zur außerordentlichen fristlosen Kündigung berechtigt (§ 574 Abs. 1 Satz 2 BGB). Die Erklärung des Mieters, mit der er der Kündigung widerspricht und die Fortsetzung des Mietverhältnisses verlangt, bedarf der schriftlichen Form (§ 574b Abs. 1 BGB). Eine Begründung des Widerspruchs ist nicht zwingend vorgeschrieben, jedoch soll der Mieter auf Verlangen des Vermieters über die Gründe des Widerspruchs unverzüglich Auskunft erteilen. Andernfalls können ihm im Räumungsprozess, selbst wenn die Klage des Vermieters wegen des Widerspruchs abgewiesen oder der Vermieter zur Fortsetzung des Mietverhältnisses verurteilt wird, die Prozesskosten ganz oder teilweise auferlegt werden (§ 93b ZPO).

Der Vermieter kann die Fortsetzung des Mietverhältnisses ohne Rücksicht auf die sachliche Begründetheit des Widerspruchs ablehnen, wenn der Mieter den Widerspruch nicht spätestens zwei Monate vor der Beendigung des Mietverhältnisses dem Vermieter gegenüber erklärt hat (§ 574b Abs. 2 BGB). Dies gilt jedoch nur, wenn der Vermieter den Mieter auf die Form und Frist des Widerspruchs rechtzeitig hingewiesen hat. Andernfalls kann der Mieter den Widerspruch noch im ersten Termin des Räumungsrechtsstreits erklären.

Kommt nach dem Widerspruch des Mieters keine Einigung mit dem Vermieter über eine Fortsetzung des Mietverhältnisses zustande, muss das Gericht hierüber durch Urteil entscheiden. Wird auf Fortsetzung des Mietverhältnisses erkannt, trifft das Gericht sowohl über die Dauer der Fortsetzung des Mietverhältnisses als auch über die Bedingungen, nach denen es fortgesetzt wird, eine Entscheidung. Das Gericht hat dabei den voraussichtlichen Zeitraum, in dem ein Härtegrund bestehen wird, abzuschätzen und seiner Entscheidung zugrunde zu legen (OLG Stuttgart, NJW 1969, 1078).

Bei Fortsetzung des Mietverhältnisses auf bestimmte Zeit kann der Mieter eine weitere Fortsetzung aufgrund der Härteklausel nur verlangen, wenn dies durch eine wesentliche Änderung der Umstände aufgrund neuer nicht vorhergesehener Tatsachen gerechtfertigt ist. Gleiches gilt, wenn Umstände nicht eingetreten sind, deren vorgesehener Eintritt für die Zeitdauer der Fortsetzung bestimmend gewesen war (§ 574c Abs. 1 BGB), z. B. die Ersatzwohnung ist ohne Verschulden des Mieters nicht termingerecht bezugsfertig geworden. Eine weitere Verlängerung des Mietverhältnisses kommt nicht in Betracht, wenn der Mieter den Fortbestand der Härtegründe selbst zu vertreten hat, so z. B. wenn er sich nicht ernsthaft um Ersatzwohnraum bemüht hat.

Ist dem Vermieter nicht zuzumuten, das Mietverhältnis nach den bisher geltenden Vertragsbedingungen fortzusetzen, kann eine Fortsetzung nur unter einer angemessenen Änderung der Vertragsbedingungen verlangt werden (§ 574a Abs. 1 Satz 2 BGB). Einigen sich die Parteien nicht, ist auch insofern durch Urteil zu entscheiden, z. B. über eine höhere Miete oder Änderung des Mietgegenstands. Für Form und Frist des erneuten Fortsetzungsverlangens gelten ebenfalls die Regelungen über den Widerspruch (§ 574b BGB), d. h., der Mieter muss seinen Anspruch auf erneute Fortsetzung des Mietverhältnisses spätestens zwei Monate vor der Beendigung des fortgesetzten Mietverhältnisses schriftlich gegenüber dem Vermieter geltend machen.

TIPP

Eine Vereinbarung, die zum Nachteil des Mieters von seinem Recht zum Widerspruch gegen eine Kündigung des Vermieters abweicht, ist unwirksam (§§ 574 Abs. 4, 574a Abs. 3, 574b Abs. 3, 574c Abs. 3 BGB).

Außerordentliche Kündigung durch den Vermieter

Durch außerordentliche Kündigung kann der Vermieter in den gesetzlich vorgesehenen Fällen auch ein Mietverhältnis von bestimmter Dauer vorzeitig beenden. Zu unterscheiden ist zwischen der außerordentlichen fristlosen Kündigung, die ohne Einhaltung einer Kündigungsfrist erfolgen kann und mit Zugang beim Mieter wirksam wird, und der außerordentlichen befristeten Kündigung unter Einhaltung der gesetzlichen Kündigungsfrist.

Bei der außerordentlichen befristeten Kündigung von Wohnraum ist zusätzlich ein berechtigtes Interesse im Sinne vom § 573 Abs. 1 BGB — wie auch bei der ordentlichen Kündigung — notwendig (§ 573d Abs. 1 BGB). Lediglich bei der Kündigung gegenüber den Erben des Mieters ist seit Inkrafttreten der Mietrechtsreform ein berechtigtes Interesse (Kündigungsgrund) nicht mehr erforderlich. Dagegen ist für die außerordentliche fristlose Kündigung ein berechtigtes Interesse nicht erforderlich (OLG Celle vom 4.2.1985, 2 UH 3/84, DWW 1985, 231). Insofern genügt die Erfüllung der gesetzlich normierten Tatbestandsvoraussetzungen durch den Mieter (wichtiger Grund im Sinne vom § 543 Abs. 1 BGB). Dieser ist im Kündigungsschreiben anzugeben (§ 569 Abs. 4 BGB).

Eine Vereinbarung, nach welcher der Vermieter von Wohnraum zur Kündigung ohne Einhaltung einer Kündigungsfrist aus anderen als den im Gesetz genannten Gründen berechtigt sein soll, ist unwirksam (§ 569 Abs. 5 BGB).

TIPP

Bei einem Mietverhältnis über andere Räume, z. B. Geschäftsräume, können weitere Kündigungsgründe vereinbart werden.

Fristlose Kündigung aus wichtigem Grund

Der Vermieter kann das Mietverhältnis aus wichtigem Grund fristlos kündigen, wenn ihm unter Berücksichtigung aller Umstände des Einzelfalls, insbesondere eines Verschuldens des Mieters und unter Abwägung der beiderseitigen Interessen, die Fortsetzung des Mietverhältnisses bis zum Ablauf der Kündigungsfrist oder bis zur sonstigen Beendigung des Mietverhältnisses nicht zugemutet werden kann, z. B. bei nachhaltigen Störungen des Hausfriedens (vgl. auch § 569 Abs. 2 BGB).

Die Vertragsverletzung durch den Mieter muss so gravierend sein, dass dem Vermieter die Fortsetzung des Mietverhältnisses bis zum Ablauf der Kündigungsfrist oder bis zur sonstigen Beendigung des Mietverhältnisses nicht zugemutet werden kann. Diese Beurteilung ist nach objektiven Kriterien anhand der konkreten Umstände des Einzelfalls zu treffen und unterliegt im Prozess der tatrichterlichen Würdigung. Hauptanwendungsfall des neuen § 543 Abs. 1 BGB ist die laufende unpünktliche Mietzahlung durch den Mieter. Eine Kündigung wird als begründet angesehen, wenn der Mieter 4—7-mal verspätet zahlt, dann abgemahnt wird und trotzdem wieder verspätet zahlt (BGH, Urteil vom 23.9.1987, VIII ZR 265/86, ZMR 1988, 16).

TIPP

In der Abmahnung muss dargelegt werden, welche Miete nicht pünktlich eingegangen ist und wie lange der Zeitraum der Verzögerung war, damit der Mieter die Möglichkeit hat, die Verspätungen abzustellen. Eine lediglich formelhafte Beanstandung, z. B. dass die Miete nicht rechtzeitig eingegangen ist, reicht daher nicht aus.

Die andauernde und trotz wiederholter Abmahnung des Vermieters fortgesetzte verspätete Entrichtung der Mietzahlung durch den Mieter stellt eine so gravierende Pflichtverletzung dar, dass die Fortsetzung des Mietverhältnisses für den Vermieter unzumutbar ist und eine Kündigung aus wichtigem Grund (§ 543 Abs. 1 und 3 BGB) rechtfertigt. Dies gilt auch dann, wenn dem Mieter (nur) Fahrlässigkeit zur Last fällt, weil er aufgrund eines vermeidbaren Irrtums davon ausgeht, dass er die Miete erst zu einem späteren Zeitpunkt (z. B. zur Monatsmitte oder zum Monatsende) zahlen müsse (BGH, Urteil vom 1.6.2011, VIII ZR 91/10).

Hat der Vermieter den Mieter wegen laufend unpünktlicher Mietzahlungen bereits abgemahnt, kann für eine fristlose Kündigung jedoch schon eine weitere unpünktliche Mietzahlung nach Abmahnung ausreichend sein. Der Mieter gibt mit der Fortsetzung seiner unpünktlichen Zahlungsweise nach Abmahnung zu erkennen, dass er nicht bereit ist, seine zögerliche Zahlungsweise ernsthaft und auf Dauer abzustellen und das Vertrauen des Vermieters in eine pünktliche Zahlungsweise wiederherzustellen (BGH, Urteil vom 11.1.2006, VIII ZR 364/04, WuM 2006, 193).

Entsprechend ist der Vermieter zur fristlosen Kündigung des Mietverhältnisses berechtigt, wenn der Mieter nach einer Abmahnung wegen mehrfacher unpünktlicher Mietzahlungen auch die Miete des Folgemonats ohne besonderen Entschuldigungsgrund um 17 Tage verspätet zahlt (LG Berlin vom 10.7.2006, 67 S 159/04, ZMR 2006, 864). Einer Kündigung wegen nur einer nach Abmahnung unpünktlich gezahlten Miete steht grundsätzlich nicht entgegen, dass der Vermieter bis zur Abmahnung unpünktliche Mietzahlungen über einen längeren Zeitraum nicht beanstandet hatte. Die Hinnahme unpünktlicher Zahlungen ist nämlich nicht geeignet, einen entsprechenden Vertrauenstatbestand für den Mieter zu begründen (BGH, Urteil vom 14.9.2011, VIII ZR 301/10, NZM 2012, 22).

Nur in ganz besonders gelagerten Fällen kann für die fristlose Kündigung eine unpünktliche Zahlung nach Abmahnung ausnahmsweise nicht ausreichend sein, wenn es der Vermieter über einen sehr langen Zeitraum (hier: 24 Jahre) widerspruchlos hingenommen hat, dass der Mieter die Miete unpünktlich, z. B. statt am dritten Werktag immer erst zur Monatsmitte, zahlt und er den Mieter daraufhin erstmals abgemahnt hat (BGH, Urteil vom 4.5.2011, VIII ZR 191/10, NJW 2011, 2201).

Der Sinn und Zweck einer Abmahnung besteht zum einen darin, dem Empfänger unmissverständlich deutlich zu machen, dass ein bestimmt bezeichnetes vertragswidriges Verhalten nicht mehr länger hingenommen wird. Zum anderen soll die Abmahnung dem Mieter Gelegenheit zur Änderung des beanstandeten Verhaltens geben (BGH, Urteil vom 11.1.2006, VIII ZR 364/04, WuM 2006, 193).

Eine zusätzliche ausdrückliche Aufforderung, sich in Zukunft vertragstreu zu verhalten, muss die Abmahnung nach der Rechtsprechung des BGH nicht enthalten. Daher kann eine (unwirksame) fristlose Kündigung wegen Zahlungsverzugs als Abmahnung zu verstehen sein, weil sie dem Mieter deutlich vor Augen geführt hat, dass der Vermieter mit einer verspäteten Zahlung der Miete nicht einverstanden ist (BGH, Urteil vom 14.9.2011, VIII ZR 345/10, WuM 2011, 676). Im Einzelfall sind jedoch die gesamten Umstände des konkreten Mietverhältnisses zu würdigen, sodass sich eine „Unzumutbarkeit“ im Sinne des § 543 Abs. 1 BGB nicht allein aus einer bestimmten Anzahl von Verspätungen ergibt. Es kann unter anderem auch darauf ankommen, ob und wie lange das Mietverhältnis schon störungsfrei besteht.

Dementsprechend hat der BGH entschieden, dass bei Mietern, die staatliche Sozialleistungen beziehen, nicht isoliert auf die unpünktlichen Zahlungen abgestellt werden darf. Beruhen Zahlungsverzögerungen von jeweils nur wenigen Tagen darauf, dass das Jobcenter nicht zu einer früheren Zahlungsanweisung bereit ist, besteht kein Recht zur fristlosen Kündigung des Mietverhältnisses.

Insofern müssen sich Mieter im Rahmen der Interessensabwägung (nach § 543 Abs. 1 BGB) auch nicht ein etwaiges Verschulden des Jobcenters zurechnen lassen. Dieses handelt bei der Übernahme der Mietzahlungen nicht als Erfüllungsgehilfe (§ 278 BGB) des Mieters, sondern nimmt die ihm obliegenden hoheitlichen Aufgaben der Daseinsvorsorge wahr. Der Mieter schaltet die Behörde nicht als Hilfsperson zur Erfüllung seiner Zahlungsverpflichtungen aus dem Mietverhältnis ein; vielmehr wendet er sich an die staatliche Stelle, um den eigenen Lebensunterhalt sicherzustellen. Dabei macht es keinen Unterschied, ob das Jobcenter anschließend die Kosten der Unterkunft an den Hilfsbedürftigen selbst zahlt oder direkt an den Vermieter überweist (BGH, Urteil vom 21.10.2009, VIII ZR 64/09).

Zahlt der Mieter trotz wiederholter Aufforderung des Vermieters, die Miete pünktlich am dritten Werktag des Monats zu zahlen, weiterhin verspätet, handelt der Vermieter nicht rechtsmissbräuchlich, wenn er am achten Tag des Monats Klage auf Zahlung der Miete einreicht, ohne den Mieter vorher nochmals zu mahnen. Der Mieter hat daher die Kosten des Rechtsstreits (unter anderem Anwalts- und Gerichtskosten) zu tragen (BGH, Urteil vom 25.10.2006, VIII ZR 251/05, WuM 2006, 684).

Ein nachträgliches vertragsgemäßes Verhalten des Mieters, beispielsweise pünktliche Zahlung nach Ausspruch der Kündigung, kann an der Gestaltungswirkung der Kündigung (Beendigung des Mietverhältnisses mit Zugang) nichts mehr ändern, sodass der Vermieter grundsätzlich auf Räumung bestehen kann (vgl. BGH, Urteil vom 23.9.1987, VIII ZR 265/86, ZMR 1988, 16). Ferner kann ein Kündigungsgrund nach § 543 Abs. 1 BGB gegeben sein bei

- nachhaltigen Störungen des Hausfriedens, z. B. durch laufende Verletzung der Hausordnung oder erhebliche Ruhestörungen,
- Nichtbefolgen eines rechtskräftigen Urteils durch den Mieter, z. B. zur Unterlassung oder Beseitigung (vgl. BVerfG, Urteil vom 18.1.1996, 1 BvR 2116/94, WuM 1996, 263),

- Fällen, in denen der Mieter z. B. anlässlich einer vom Vermieter beabsichtigten Veräußerung eine Besichtigung der Wohnung verweigert, obwohl er hierzu bereits vom Mietgericht rechtskräftig verurteilt wurde; auch in diesem Fall ist der Vermieter nicht verpflichtet, vor dem Ausspruch der Kündigung zunächst die Vollstreckung des Duldungstitels zu versuchen (BGH, Beschluss vom 5.10.2010, VIII ZR 221/09),
- Straftaten (schwere Beleidigung des Vermieters oder des Hausverwalters, vgl. LG Köln, Urteil vom 21.1.1993, IS 365/92: „Götz-Zitat" zweimal hintereinander),
- tätlichem Angriff auf den Vermieter oder die Mitbewohner, Beschimpfen und Bedrohen von Mitarbeitern der Vermieters (OLG Düsseldorf, Urteil vom 8.3.2005, 10 U 52/05, DWW 2006, 116),
- Verleumdung, übler Nachrede zum Nachteil des Vermieters,
- unsachlichen Äußerungen über den Zustand der Wohnung gegenüber Kaufinteressenten (LG Hannover, Urteil vom 2.6.1995, 9 S 199/94, WuM 1995, 538),
- Brandstiftung (vgl. DWW 1976, 33),
- vorsätzlicher Sachbeschädigung durch Eintreten der Wohnungstüre des Mitmieters (LG Berlin, Urteil vom 21.10.1983, 64/63a S 147/83, GE 1984, 83), wobei der Vermieter bei erheblichen Streitigkeiten unter den Mietern demjenigen Mieter kündigen kann, nach dessen Auszug er sich am ehesten wieder Ruhe im Haus versprechen kann (LG Duisburg, WuM 1975, 209),
- Diebstahl, auch sogenanntem Stromdiebstahl, d. h. Entnahme von Strom aus der Leitung eines Mietshauses für eigene Zwecke (LG Köln, Urteil vom 17.3.1994, 1 S 251/93, NJW-RR 1994, 909; AG Potsdam, Urteil vom 6.10.1994, 26 C 205/94, WuM 1995, 40), nicht aber Stromdiebstahl durch den Untermieter, wenn der Hauptmieter diesem sofort kündigt (LG Berlin, Urteil vom 6.5.2002, 34 O 554/01), nach KG Berlin (Urteil vom 18.11.2004, 8 U 125/04, WuM 2004, 721) erfordert die Kündigung vorherige Abmahnung, wenn der entzogene Strom geringfügig und somit kaum messbar ist,
- Veranlassung von mehreren Polizeieinsätzen innerhalb kurzer Zeit durch den Mieter oder durch eine in der Wohnung aufgenommene Person (vgl. LG Mannheim, Urteil vom 20.10.1993, 4 S 113/93, DWW 1994, 50, so auch LG Hamburg, Urteil vom 3.11.2005, 307 S 124/05, WuM 2005, 768, bei wiederholten nächtlichen Polizeieinsätzen gegen gewaltbereiten Mieter),
- wiederholter Verursachung einer Brandgefahr (vgl. LG Duisburg, Urteil vom 18.6.1991, 7 S 629/90, DWW 1991, 342; siehe auch AG Charlottenburg, Urteil vom 15.10.2003, 212 C 150/03, NJW-RR 2004, 731, wonach der Vermieter zur fristlosen Kündigung berechtigt ist, wenn der Mieter innerhalb von zwei Monaten trotz vorheriger Abmahnung zweimal eine Brandgefahr verursacht),
- Verwahrlosung der Wohnung, wenn dadurch die Substanz der Mietsache gefährdet wird oder Mitbewohner des Anwesens, z. B. durch unerträgliche Gerüche unzumutbar belästigt werden (siehe hierzu LG Gießen, Urteil vom 10.1.2006, 1 S 117/05, WuM 2006, 158),

- erheblichen Wasserschäden (AG Görlitz, Urteil vom 28.3.1994, 4 C 0676/93, WuM 1994, 668),
- eigenmächtiger Durchführung größerer baulicher Änderungen durch den Mieter, z. B. Beseitigung des Kachelofens mit Durchbruch von Wänden und Verlegung von Wasserleitungen (AG Berlin-Neukölln, 8 C 71/04), Ausbau des Dachbodens zu Wohnzwecken (LG Hamburg, Urteil vom 26.4.1991, 311 S 1/91, WuM 1992, 190, wobei die fristlose Kündigung unabhängig davon begründet ist, ob die Änderungen baugenehmigungsfähig sind. Ferner muss der Vermieter den Mieter nicht erst auffordern, den ursprünglichen Zustand der Wohnung wiederherzustellen),
- unrichtiger Selbstauskunft (vgl. AG München, Urteil vom 18.4.1986, 20 C 10476/85, WuM 1986, 245),
- Anbau von Cannabispflanzen auf dem Balkon der Mietwohnung, aus denen sich nicht nur geringe THC-Mengen im Sinne des Betäubungsmittelgesetzes gewinnen lassen (hier: 14 Pflanzen mit einer THC-Menge von 15,8 g entsprechend 1.041 Konsumeinheiten; vgl. LG Ravensburg, Urteil vom 6.9.2001, 4 S 127/01, WuM 2001, 608),
- Handel mit Heroin in der Wohnanlage (AG Pinneberg, Urteil vom 29.8.2002, 68 C 23/02, NZM 2003, 553: keine vorherige Abmahnung erforderlich),
- „Bombardement“ mit Mängelrügenschreiben aller Art (174 Schreiben in etwa 14 Wochen; vgl. LG Bielefeld, Urteil vom 26.7.2001, 22 S 240/01, WuM 2001, 553),
- nachhaltigem Verstoß gegen die vertragliche Betriebspflicht in Geschäftsräumen, z. B. durch erhebliche Reduzierung der vertraglichen Öffnungszeiten (OLG Köln, Urteil vom 28.7.2000, 19 U 184/99 und vom 28.7.2000, 19 U 17/00, NZM 2002, 345) oder durch Ausverkauf und Einstellung des Geschäftsbetriebs, bei vereinbarter Umsatzpacht die Angabe fehlerhafter Umsatzzahlen, wobei Fahrlässigkeit seitens des Pächters genügt und es unerheblich ist, ob der Verpächter den Fehler leicht hätte erkennen können (OLG Düsseldorf, Urteil vom 14.11.2000, 24 U 34/00, NZM 2001, 1033),
- einer unberechtigten fristlosen Kündigung durch den Mieter; dies kann den Vermieter seinerseits zur fristlosen Kündigung berechtigen, da dies eine ernsthafte Erfüllungsverweigerung und damit eine Vertragsverletzung durch den Mieter darstellt (OLG Düsseldorf, Urteil vom 8.2.2001, 10 U 202/99, NZM 2002, 292 und vom 26.6.1997, 10 U 95/96, WuM 1997, 556 m. w. N.).
- Unbegründet wurde die Kündigung angesehen etwa bei
- einmaliger Beleidigung des Vermieters (vgl. LG Münster, Urteil vom 2.5.1991, 8 S 556/90, WuM 1991, 688; bei vorangegangenem Wortwechsel),
- Beleidigung von anderen Hausbewohnern, die sich auch unkorrekt verhalten haben (LG Mannheim, Urteil vom 13.6.1979, 4 S 13/79, WuM 1981, 17),
- Beschimpfungen eines Bewohners des Nachbarhauses (LG Lüneburg, Urteil vom 2.10.1991, 4 S 127/91, WuM 1995, 706),
- Gewährung des Zutritts trotz Hausverbot, wenn die Voraussetzungen hierfür (wiederholte Störung des Hausfriedens oder Beschädigung/Verunreinigung

von gemeinschaftlichen Räumen) nicht vorgelegen haben (AG Köln, Urteil vom 22.9.2004, 209 C 108/04, WuM 2004, 673),

- unzuträglichem Geruch in der Mietwohnung durch Ansammlung von Gegenständen, sofern dadurch kein Ungeziefer angelockt wird und auch Mieter des Anwesens (z. B. durch Gerüche im Treppenhaus) nicht belästigt werden (AG München, Urteil vom 12.12.2002, 453 C 29264/02, NZM 2003, 475 sowie AG München, Urteil vom 18.10.2006, 424 C 1362/06, WuM 2006, 621, wonach Gerüche aus der Wohnung eines mehrmals täglich pflegebedürftigen, betreuten Mieters sowie nächtliche Ruhestörungen nicht ohne Weiteres die außerordentliche Kündigung begründen, hier sind die Umstände des Einzelfalls zu berücksichtigen, insbesondere auch das Verschulden von Pflegepersonen),
- Aushängen von Plakaten zur politischen Meinungsäußerung (LG Darmstadt, Urteil vom 1.10.1982, 7 S 161/82, ZMR 1983, 13),
- Information der Öffentlichkeit über ein unlauteres Verhalten des Vermieters unter Angabe des Namens (OLG Frankfurt/M., Urteil vom 9.12.1982, 16 U 211/82, WuM 1983, 84). Veranlassung der Darstellung des Mietverhältnisses in der Presse, wobei dem Mieter die Darstellungsweise des Journalisten nicht als Pflichtverletzung zugerechnet werden kann (AG Hamburg, Urteil vom 23.9.2005, 716 BC 46/05, WuM 2006, 526),
- unerlaubter Hundehaltung durch den Mieter (LG Gießen, ZMR 1976, 147),
- Weigerung des Mieters, die zum Verkauf stehende Wohnung besichtigen zu lassen (AG Erkelenz, Urteil vom 4.1.1985, 8 C 461/84, WuM 1986, 251),
- Hinweisen durch den Mieter an den potenziellen Käufer, er werde nicht freiwillig räumen (AG Gummersbach, Urteil vom 11.3.1982, 1 C 1203/81, WuM 1982, 209),
- wahrheitswidriger Behauptung des Mieters, er habe die rückständige Miete für einen bestimmten Monat bereits überwiesen (Hans. OLG Hamburg, Urteil vom 3.7.1996, 4 U 109/96, WuM 1997, 216),
- Verstoß des Gewerbemieters gegen gewerberechtliche oder bauplanungsrechtliche Vorschriften, solange dadurch der Hausfrieden nicht tatsächlich gestört wird (KG Berlin, Urteil vom 1.9.2003, 12 U 20/03, ZMR 2004, 262),
- Vermögensverfall des Mieters (bei gewerblichen Mietverhältnissen mit entsprechender vertraglicher Vereinbarung, OLG München, Urteil vom 7.6.1991, 21 U 4248/90, ZMR 1997, 458; siehe auch LG Berlin, Urteil vom 15.6.2005, 29 O 769/04, ZMR 2005, 789, wonach die bloße Befürchtung des Vermieters, der Mieter könne nach Abgabe einer eidesstattlichen Versicherung nicht mehr zuverlässig und regelmäßig die Miete aufbringen, für sich genommen keine Kündigung rechtfertigt),
- bloßer „Zerrüttung" des Mietverhältnisses aufgrund zahlreicher Mängelrügen, überzogenen Mietminderungen und Verzögerungen der Mängelbeseitigung durch den Mieter mit entsprechend vielen Gerichtsverfahren (LG Hamburg, Urteil vom 23.6.2005, 307 S 32/05, ZMR 2005, 867).

TIPP

Die Kündigung nach § 543 BGB muss in einem engen zeitlichen Zusammenhang mit dem Vertragsverstoß erfolgen, da es gegen die Unzumutbarkeit der Fortsetzung des Mietverhältnisses spricht, wenn die Kündigung erst längere Zeit nach der Vertragsverletzung ausgesprochen wird (Verwirkung).

Anhaltspunkte für die Rechtzeitigkeit der fristlosen Kündigung kann beispielsweise die (arbeitsrechtliche) Frist des § 626 Abs. 2 BGB (14 Tage) geben (vgl. OLG Frankfurt/M., Urteil vom 24.6.1991, 11 U 3/91, WuM 1991, 475). Eine Kündigung sechs Monate nach dem Vorfall ist jedenfalls verspätet (OLG München, Urteil vom 28.2.2001, 3 U 5169/00, MDR 2001, 745).

Eine fristlose Kündigung, die vom Gericht mangels Schwere des Vertragsverstoßes als unbegründet angesehen wurde, kann in eine ordentliche Kündigung nach § 573 Abs. 2 Nr. 1 BGB umgedeutet werden. Dabei können auch zurückliegende Vorfälle, die für sich genommen eine Kündigung nach § 543 BGB nicht rechtfertigen, berücksichtigt werden.

Fristlose Kündigung wegen vertragswidrigen Gebrauchs (§ 543 Abs. 2 Nr. 2 BGB)

Ein wichtiger Grund, der den Vermieter zur fristlosen Kündigung des Mietverhältnisses berechtigt, liegt vor, wenn der Mieter die Rechte des Vermieters dadurch in erheblichem Maße verletzt, dass er die Mietsache durch Vernachlässigung der ihm obliegenden Sorgfalt erheblich gefährdet oder sie unbefugt einem Dritten überlässt (vertragswidriger Gebrauch; § 543 Abs. 2 Nr. 2 BGB). Ein vertragswidriger Gebrauch liegt vor, wenn der Mieter die Räume entgegen den vertraglichen Vereinbarungen nutzt, z. B. Wohnräume zu gewerblichen Zwecken. Der Mieter ist jedoch nicht verpflichtet, in den zu Wohnzwecken angemieteten Räumen auch zu wohnen (so bereits BGH, Urteil vom 4.4.1979, VIII ZR 118/78, NJW 1979, 2351). Ein vertragswidriger Gebrauch liegt daher nicht vor, wenn der Mieter seinen Lebensmittelpunkt in eine andere Wohnung verlegt und in der angemieteten Wohnung nur noch große Teile seines Hausrats belässt. Auch der stückweise Verkauf von Gegenständen des in der Wohnung belassenen Hausrats ist insofern unschädlich (BGH, Urteil vom 8.12.2010, VIII ZR 93/10, WuM 2011, 98).

Auch die Überbelegung einer Wohnung kann einen vertragswidrigen Gebrauch darstellen. Dies gilt selbst dann, wenn die Überbelegung durch die Geburt von Kindern oder die Aufnahme von Familienangehörigen oder des Ehegatten eingetreten ist (BGH, Urteil vom 14.7.1993, VIII ARZ 1/93, NJW 1993, 2529; BayObLG, Urteil vom 14.9.1983, RE-Miet 8/82, WuM 1983, 309). Wann eine Überbelegung der Wohnung vorliegt, richtet sich nach den jeweiligen Umständen des Einzelfalls (vgl. OLG Hamm, Urteil vom 6.10.1982, 4 RE-Miet 13/81, DWW 1982, 335). Entsprechend uneinheitlich ist auch die Rechtsprechung. So hat das LG Oldenburg (Urteil vom 2.7.1993, 13 S 285/93) eine Überbelegung angenommen, sowohl wenn eine 70 m² große Vierzimmerwohnung während des Nachmittags und Abends von vier Erwachsenen und drei Kindern genutzt wird (bestätigt vom BVerfG, Urteil vom 18.10.1993, 1 BvR 1335/93, WuM 1994, 119) als auch bei einer fünfköpfigen Familie in einer 23 m² großen Wohnung (LG Düsseldorf, Urteil vom 1.2.1983, 24 S 311/82, WuM 1983, 141). Dagegen findet keine Überbelegung statt, wenn eine 20 m² große Wohnung von einem Ehepaar mit einem Kind bewohnt wird (LG Köln, Urteil vom 26.11.1981, 1 S 234/80, WuM 1983, 327).

TIPP

Eine fristlose Kündigung wegen Überbelegung der Wohnung setzt neben der Abmahnung (§ 543 Abs. 3 BGB) eine erhebliche, durch die Überbelegung verursachte Verletzung der Vermieterrechte voraus, die sich allerdings nicht allein aus der Überbelegung ergibt (BGH, Urteil vom 14.7.1993, VIII ARZ 1/93, a. a. O.).

Daher ist grundsätzlich anhand der konkreten Umstände des Einzelfalls durch Interessenabwägung zu prüfen, ob die Rechte des Vermieters durch die Überbelegung erheblich verletzt sind (BGH, a. a. O.). Dabei ist zu berücksichtigen, ob anderen Hausbewohnern infolge der Überbelegung Nachteile entstehen, etwa in Form von Lärmstörungen oder Störungen des Hausfriedens (BVerfG, Urteil vom 18.10.1993, a. a. O.).

TIPP

Bei einer Kündigung wegen Überbelegung sollten daher nicht nur die Umstände vorgetragen werden, aus denen sich die Überbelegung ergibt, sondern auch die Auswirkungen der Überbelegung auf die Vermieterrechte.

Eine unbefugte Gebrauchsüberlassung liegt vor, wenn der Mieter die Sachherrschaft über die Räume aufgibt und nicht mehr in der Lage ist, unmittelbar die Obhut über die Wohnung auszuüben, wenn

- der Mieter unter Mitnahme seines Hausrats in eine andere Wohnung zieht und die angemietete Wohnung einer dritten Person überlässt oder nur noch ein Arbeitszimmer in der Wohnung behält (vgl. LG Cottbus, Urteil vom 30.8.1994, 4 S 99/94, WuM 1995, 38),
- sich der Mieter auf Dauer ins Ausland begibt (LG Frankfurt/M., Urteil vom 2.2.1988, 2/11 S 382/87, WuM 1989, 237),

- der Mieter die Wohnung dem nicht ehelichen Lebenspartner überlässt (anders bei Überlassung an den Ehegatten, da Ehegatten aufgrund ihrer Verpflichtung zur ehelichen Lebensgemeinschaft — § 1353 Abs. 1 BGB — zur Gebrauchsüberlassung der Wohnung nicht nur berechtigt, sondern sogar verpflichtet sind; LG Berlin, Urteil vom 22.2.1993, 66 S 126/92, WuM 1995, 38),
- Eltern die Wohnung einem volljährigen Kind überlassen, d. h. dem Kind ein selbstständiges Gebrauchsrecht an der Wohnung einräumen, sodass es die Wohnung frei von Weisungen nutzen und die Eltern vom Gebrauch ausschließen kann (LG Frankfurt/M., Urteil vom 25.1.2000, 2/11 S 211/99, WuM 2002, 92 sowie LG Lüneburg, Urteil vom 9.12.1993, 4 S 153/93, WuM 1995, 704),
- die Wohnung von den Eltern nur noch zweimal wöchentlich zu einem begrenzten Aufenthalt aufgesucht wird (AG Neuss, Urteil vom 11.3.1998, 36 C 515/97, NZM 1999, 309).

Ohne Erlaubnis des Vermieters darf der Mieter (neben Haushaltsangestellten und Pflegepersonen) nur die nächsten Familienangehörigen in die Wohnung aufnehmen. Dazu zählen der Ehegatte, die gemeinschaftlichen Kinder und Stiefkinder, der eingetragene (gleichgeschlechtliche) Lebenspartner (gemäß § 11 LebenspartnerschaftsG vom 16.2.2001), unter Umständen die Enkel (LG Wuppertal, Urteil vom 19.3.1971, MDR 1971, 49), nicht aber die Geschwister des Mieters (BayObLG, Urteil vom 29.11.1983, RE-Miet 9/82, WuM 1984, 13).

TIPP

Zu beachten ist, dass der Mieter von Wohnraum unter bestimmten Voraussetzungen einen Anspruch auf Erteilung der Erlaubnis haben kann (§ 553 Abs. 1 BGB) mit der Folge, dass in diesem Fall die vom Vermieter wegen einer unerlaubten Gebrauchsüberlassung erklärte außerordentliche fristlose Kündigung unwirksam ist (BayObLG, Urteil vom 26.10.1990, RE-Miet 1/90, WuM 1991, 18).

Jedenfalls schließt der Anspruch auf Erteilung der Erlaubnis eine ordentliche Kündigung nach § 573 Abs. 1, Abs. 2 Nr. 1 BGB wegen unerlaubter Gebrauchsüberlassung nicht aus, da ein Mieter, der eine Untervermietung vornimmt, ohne vorher die erforderliche Erlaubnis seines Vermieters einzuholen, seine vertraglichen Pflichten auch dann verletzt, wenn er einen gesetzlichen Anspruch auf Erteilung der Erlaubnis hat (BGH, Urteil vom 2.2.2011, VIII ZR 74/10, WuM 2011, 169).

Ob ein derartiger Vertragsverstoß des Mieters ein die ordentliche Kündigung des Mietverhältnisses rechtfertigendes Gewicht hat, ist unter Würdigung der konkreten Umstände des Einzelfalls zu beurteilen. Hierbei kommt es auch auf die Gründe an, die den Mieter dazu veranlassen, einem Dritten ohne die Genehmigung des Vermieters den Gebrauch der Mietsache zu überlassen; insbesondere eine bewusste Missachtung der Belange oder der Person des Vermieters kann die Vertragsverletzung als gravierend erscheinen lassen (BGH, Urteil vom 2.2.2011, VIII ZR 74/10, WuM 2011, 169).

Hat der Mieter eine Erlaubnis zur Untervermietung vom Vermieter rechtzeitig erbeten und war der Vermieter zur Erteilung der Erlaubnis verpflichtet, ist eine auf die fehlende Erlaubnis gestützte Kündigung des Vermieters rechtsmissbräuchlich, wenn der Vermieter auf die Anfrage des Mieters nicht reagiert hat und ihm somit selbst eine Vertragsverletzung zur Last fällt (BGH, Urteil vom 2.2.2011, a. a. O.).

Eine nicht genehmigte Untervermietung berechtigt den Vermieter nicht zur fristlosen Kündigung, wenn er nach den vertraglichen Vereinbarungen seine Zustimmung nur aus wichtigem Grund hätte versagen können und ein solcher nicht vorgetragen ist (OLG Düsseldorf, Urteil vom 5.9.2002, 10 U 105/01, DWW 2003, 155).

TIPP

Die Kündigung ist grundsätzlich erst dann zulässig, wenn der Mieter trotz Abmahnung (§ 543 Abs. 3 BGB) und Setzen einer angemessenen Frist zur Beseitigung des vertragswidrigen Zustands nicht den vertragsgemäßen Zustand wiederherstellt.

Die Länge dieser Frist bestimmt sich nach den Umständen des Einzelfalls, wobei dem Mieter jedoch ausreichend Zeit bleiben muss, der Abmahnung Rechnung zu tragen. Daher kann es bei der unbefugten Gebrauchsüberlassung an einen Dritten erforderlich sein, die Abmahnfrist so zu bemessen, dass auch der Mieter die gesetzlich vorgeschriebenen Kündigungsfristen gegenüber seinem Untermieter einhalten kann. Auf die Abmahnung kann nur in Ausnahmefällen verzichtet werden (vgl. § 543 Abs. 3 Satz 2 BGB).

Die Vernachlässigung der dem Mieter obliegenden Sorgfalt, die zu einer erheblichen Gefährdung der Mietsache führt, bedingt regelmäßig auch eine erhebliche Verletzung der Vermieterrechte und berechtigt den Vermieter daher zur fristlosen Kündigung. Die Mietsache kann erheblich gefährdet werden, z. B. durch Verletzung der Anzeigepflicht, durch wiederholte Wasserschäden größeren Umfangs, durch unzureichende Vorbeugungsmaßnahmen gegen Schädigungen durch Frost oder Schimmel.

ARBEITSHILFE ONLINE

Voraussetzung einer fristlosen Kündigung nach § 543 Abs. 2 Nr. 2 BGB ist grundsätzlich eine Abmahnung, durch die der Mieter aufgefordert wird, das vertragswidrige Verhalten in Zukunft zu unterlassen oder den vertragswidrigen Zustand zu beseitigen. Ein Muster hierzu steht als Arbeitshilfe online bereit. Eine Abmahnung ist nicht erforderlich, wenn diese offensichtlich keinen Erfolg verspricht oder die sofortige Kündigung aus besonderen Gründen unter Abwägung der beiderseitigen Interessen gerechtfertigt ist (§ 543 Abs. 3 Satz 2 BGB).

In der Abmahnung sollte zum Ausdruck kommen, dass weitere Verstöße oder das Unterlassen der Beseitigung des vertragswidrigen Zustands die entsprechenden rechtlichen Konsequenzen nach sich ziehen werden.

Fristlose Kündigung wegen Zahlungsverzugs (§ 543 Abs. 2 Nr. 3 BGB)

Der Vermieter kann ein Mietverhältnis außerordentlich und fristlos, d. h. ohne Einhaltung einer Kündigungsfrist kündigen, wenn der Mieter für zwei aufeinanderfolgende Termine mit der Entrichtung der Miete vollständig oder eines nicht unerheblichen Teils in Verzug ist (§ 543 Abs. 2 Nr. 3a BGB). Gleiches gilt, wenn der Mieter in einem Zeitraum, der sich über mehr als zwei Termine erstreckt, mit der Entrichtung der Miete in Höhe eines Betrages in Verzug gekommen ist, der die Miete für zwei Monate erreicht (§ 543 Abs. 2 Nr. 3b BGB). Dies gilt sowohl für Wohn- als auch für Geschäftsräume und nach der Neufassung des § 569 Abs. 2a BGB (durch das Mietrechtsänderungsgesetz vom 11.3.2013, BGBl I, S. 434 ff.) auch dann, wenn der Mieter mit der Zahlung der vertraglich vereinbarten Kaution mit einem Betrag in Verzug ist, der der zweifachen Monatsmiete (ohne Vorauszahlungen bzw. Pauschalen für Betriebskosten) entspricht.

Das neue Kündigungsrecht wegen Zahlungsverzugs mit der Kaution besteht jedoch nur bei Mietverhältnissen, die nach Inkrafttreten des Mietrechtsänderungsgesetzes am 1.5.2013 abgeschlossen worden sind.

Bei Vorliegen von Mietrückständen kann der Vermieter das Mietverhältnis statt fristlos auch ordentlich, d. h. unter Einhaltung der gesetzlichen Kündigungsfrist (drei bis neun Monate abhängig von der Mietdauer) kündigen. Für eine solche ordentliche Kündigung (gemäß § 573 Abs. 2 Nr. 1 BGB) ist bereits ausreichend, dass der Mietrückstand eine Monatsmiete übersteigt und die Verzugsdauer mindestens einen Monat beträgt (BGH, Urteil vom 10.10.2012, VIII ZR 107/12, WuM 2013, 46).

Bei der fristlosen Kündigung ist zu unterscheiden, ob sich der Verzug auf zwei aufeinanderfolgende Termine oder auf einen Zeitraum von mehr als zwei Terminen bezieht. Bezieht sich der Verzug auf zwei aufeinanderfolgende Termine, ist die Kündigung zulässig, wenn sich der Mieter mit der Entrichtung der gesamten Miete für die beiden Termine oder eines nicht unerheblichen Teils der Miete in Verzug befindet.

Die Beurteilung, ob der Mieter mit einem nicht unerheblichen Teil der Miete in Verzug ist, richtet sich dabei nicht nach der für den einzelnen Termin rückständigen Miete, sondern nach dem gesamten Mietrückstand.

Nach einem neuen Urteil des BGH ist bei vereinbarter monatlicher Mietzahlung in einem Mietverhältnis über Geschäftsräume der Rückstand jedenfalls dann nicht unerheblich, wenn der gesamte Mietrückstand mehr als eine Monatsmiete beträgt.

Bei Wohnraummietverhältnissen (ausgenommen, wenn der Wohnraum nur zum vorübergehenden Gebrauch vermietet ist) ist die Erheblichkeitsgrenze gesetzlich definiert (§ 569 Abs. 3 Nr. 1 BGB). Auch danach ist der rückständige Teil der Miete nur dann nicht als erheblich anzusehen, wenn er mindestens 50 % der monatlichen Miete beträgt und der Gesamtrückstand die Miete für einen Monat übersteigt.

Der Rückstand mit mehr als einer Monatsmiete reicht für eine außerordentliche fristlose Kündigung nur dann aus, wenn er aus zwei aufeinanderfolgenden Zahlungszeiträumen (hier: Monaten) resultiert.

Ist dies nicht der Fall und rührt der Rückstand (auch) aus anderen Zahlungszeiträumen her (z. B. weil der Mieter die Miete längere Zeit zu Unrecht um kleinere Beträge gemindert hat), ist eine Kündigung nur möglich, wenn der Rückstand die Höhe von zwei Monatsmieten erreicht hat (§ 543 Abs. 2 Satz 1 Nr. 3b BGB; BGH, Urteil vom 23.7.2008, XII ZR 134/06, WuM 2008, 595).

In jedem Fall sollte aus dem Kündigungsschreiben eindeutig hervorgehen, mit welchen Rückständen für welche Monate der Mieter in Verzug ist (LG Hamburg, Urteil vom 10.1.1996, 1 S 319/95, ZMR 1996, 327).

Unter Miete sind die periodisch wiederkehrenden Zahlungen des Mieters und somit auch die monatlichen Betriebskostenpauschalen und -vorauszahlungen zu verstehen, nicht jedoch Nachforderungen aus der Betriebskostenabrechnung (OLG Koblenz, Urteil vom 26.7.1984, 4 W-RE 386/84, WuM 1984, 269) sowie andere einmalige Leistungen (z. B. Schadenersatz oder Kaution). Dagegen kann der Vermieter das Mietverhältnis fristlos kündigen, wenn der Mieter mit Betriebskostenvorauszahlungen in Höhe von zwei Monatsmieten in Verzug kommt, die der Vermieter einseitig gemäß § 560 Abs. 4 BGB erhöhen durfte. Der Mieter kann gegen die fristlose Kündigung nicht einwenden, der Vermieter hätte ihn vor Ausspruch der Kündigung auf Zahlung der erhöhten Betriebskostenvorauszahlungen verklagen müssen, da eine fristlose Kündigung des Vermieters nicht voraussetzt, dass er den Mieter vor Ausspruch der Kündigung auf Zahlung der erhöhten Betriebskosten verklagt hat. Insofern ist der Mieter dadurch geschützt, dass im Rahmen des Kündigungsprozesses geprüft werden muss, ob der Vermieter zur Erhöhung der Vorauszahlungen auf die verlangte Höhe berechtigt war. Dies ist nach Rechtsprechung des BGH (Urteile vom 15.5.2012, VIII ZR 245/11 und VIII ZR 246/11) nur dann der Fall, wenn die Erhöhung der Vorauszahlungen auf einer auch inhaltlich korrekten Abrechnung beruht. Dies kann der Mieter durch Einsicht in die Abrechnungsunterlagen nachprüfen. Sollte ihm der Vermieter die Einsicht nicht ermöglichen, kann der Mieter ein Zurückbehaltungsrecht geltend machen mit der Folge, dass eine auf Zahlungsverzug gestützte Kündigung ausgeschlossen ist (BGH, Urteil vom 18.7.2012, VIII ZR 1/11). Für die Zahlungspflicht des Mieters ist in der Regel ein fester Termin bestimmt (vgl. § 556b Abs. 1 BGB: dritter Werktag im Monat), sodass der Mieter ohne Mahnung in Verzug kommt (§ 286 Abs. 2 Nr. 1 BGB). Dieser tritt grundsätzlich ein, wenn die Leistungshandlung nicht rechtzeitig vorgenommen wurde. Jedoch kann auch vereinbart werden, dass es für die Rechtzeitigkeit der Zahlung nicht auf die Leistungshandlung, sondern auf den Zeitpunkt des Eingangs des Geldes beim Vermieter ankommt.

BEISPIEL

Bestimmt der Mietvertrag, dass die Miete spätestens am dritten Werktag eines Kalendermonats beim Vermieter eingegangen sein muss, ist ein Mieter, der die Septembermiete nicht bezahlt hat, bereits mit Ablauf des dritten Werktags im Oktober mit der Mietzahlung für zwei aufeinanderfolgende Termine in Verzug und kann gemäß § 543 Abs. 2 Nr. 3 BGB fristlos gekündigt werden, ohne dass es einer Mahnung oder Abmahnung bedarf (§ 543 Abs. 3 Satz 2 Ziff. 3 BGB).

Das Kündigungsrecht des Vermieters wegen Zahlungsverzug kann zwar — wie jedes andere Recht — grundsätzlich auch verwirkt werden. Allerdings sind an die Annahme einer Verwirkung strenge Anforderungen zu stellen. Zu dem Zeitmoment (längeres Zuwarten mit der Kündigung trotz Zahlungsverzugs) muss ein Umstandsmoment hinzutreten, das die Feststellung rechtfertigt, der Mieter habe darauf vertrauen können, dass der Vermieter von seinem Kündigungsrecht keinen Gebrauch mehr macht.

Dementsprechend hat der BGH entschieden, dass die Verwirkung des Kündigungsrechts auf Ausnahmefälle beschränkt ist und eine Kündigung des Vermieters wegen Zahlungsverzugs auch nicht als illoyal verspätet angesehen werden kann, wenn der Vermieter bis zum Ausspruch der Kündigung noch einige Monate wartet, statt diese gleich zum ersten zur Kündigung berechtigenden Termin auszusprechen. In diesem Fall kann der Mieter auch nicht darauf vertrauen, der Vermieter werde den Mietrückstand hinnehmen und auch bei einem weiteren Anstieg des Rückstands von seinem Kündigungsrecht keinen Gebrauch machen (BGH, Urteil vom 11.3.2009, VIII ZR 115/08, NZM 2009, 314).

Die Gerichte dürfen an den Inhalt des Kündigungsschreibens keine übertrieben formalistischen Anforderungen stellen. Daher genügt jedenfalls bei klarer und einfacher Sachlage, wenn der Vermieter im Kündigungsschreiben den Zahlungsverzug als Kündigungsgrund benennt und den Gesamtbetrag der rückständigen Miete beziffert. Die Angabe weiterer Einzelheiten wie Datum des Verzugseintritts oder Aufgliederung des Mietrückstands für einzelne Monate ist entbehrlich (BGH, Urteil vom 22.12.2003, VIII ZB 94/03, WuM 2004, 97). Unwirksam ist die Kündigung, wenn die Angaben auf dem Kontoauszug für den Mieter nicht nachvollziehbar und nur nach Erläuterungen durch den Vermieter verständlich sind (LG Dortmund, Urteil vom 5.1.2004, 1 T 53/03, NZM 2004, 189). Zur Vermeidung von Auseinandersetzungen über die formelle Wirksamkeit der Kündigung sowie zur Information des Mieters über die vorliegenden Rückstände ist es empfehlenswert, die jeweiligen Rückstände im Kündigungsschreiben detailliert anzugeben.

Das für den Eintritt des Verzugs notwendige Verschulden wird vermutet (vgl. § 286 Abs. 4 BGB). Die Beweislast für fehlendes Verschulden trifft daher den Mieter. Ein Verschulden liegt z. B. nicht vor, wenn der Mieter plötzlich so schwer erkrankt ist, dass er keinen Dritten mit der Zahlung beauftragen konnte oder sich der Mieter in einem entschuldbaren Irrtum über seine Berechtigung zur (teilweisen) Zahlungsverweigerung befunden hat, z. B. sich entschuldbar über die richtige Bemessung der Minderungsquote geirrt hat.

An das Vorliegen eines unverschuldeten Rechtsirrtums werden von der Rechtsprechung des BGH strenge Anforderungen gestellt. Der Mieter muss die Rechtslage sorgfältig prüfen, soweit erforderlich Rechtsrat einholen und die höchstrichterliche Rechtsprechung sorgfältig beachten. Entschuldigt ist ein Rechtsirrtum nur dann, wenn der Irrende bei Anwendung der im Verkehr erforderlichen Sorgfalt mit einer anderen Beurteilung durch die Gerichte nicht zu rechnen brauchte (BGH, Urteil vom 11.4.2012, XII 48/10, WuM 2012, 323). Bei einer zweifelhaften Rechtsfrage handelt bereits fahrlässig, wer sich erkennbar in einem Grenzbereich des rechtlich Zulässigen bewegt und daher eine von der eigenen Einschätzung abweichende Beurteilung der rechtlichen Zulässigkeit seines Verhaltens in Betracht ziehen muss. Der Schuldner (hier: Mieter) darf das Risiko einer zweifelhaften Rechtslage nicht dem Gläubiger (hier: Vermieter) zuschieben. Wer seine Interessen trotz zweifelhafter Rechtslage auf Kosten fremder Rechte wahrnimmt, trägt grundsätzlich das Risiko der eigenen unzutreffenden rechtlichen Beurteilung und handelt, wenn seine Beurteilung nicht zutrifft, im Zweifel schuldhaft. Dementsprechend hat der Mieter die Nichtzahlung der Miete zu vertreten, wenn ihm Vorsatz oder Fahrlässigkeit zur Last fällt. Dies folgt aus dem allgemeinen Sorgfaltsmaßstab des § 276 Abs. 1 Satz 1 BGB.

Für eine Privilegierung des Mieters besteht auch im Fall eines Tatsachenirrtums kein Anlass, wenn der Mieter z. B. die Ursache eines Mangels (hier: Feuchtigkeit und Schimmelbildung in der Wohnung) fehlerhaft einschätzt. Bei unklarer Sach- oder Rechtslage obliegt es dem Mieter, zur Vermeidung des Risikos einer Kündigung wegen unberechtigter Mietminderung die Mieten z. B. (teilweise) nur unter Vorbehalt zu zahlen. Damit hat der Mieter die Möglichkeit, eine gerichtliche Klärung herbeizuführen, ohne dem Risiko einer fristlosen Kündigung ausgesetzt zu sein. Kürzt der Mieter die Miete trotz unklarer Rechts- oder Sachlage, kommt er schuldhaft in Zahlungsverzug (BGH, Urteil vom 11.7.2012, VIII ZR 128/11).

Gleiches gilt, wenn der Mieter mit dem Vermieter eine Vereinbarung über den Ausschluss bzw. die Begrenzung einer Mietminderung wegen Bauarbeiten geschlossen hat und der Mieter der Auffassung ist, an diese Vereinbarung aufgrund von veränderten Umständen nicht mehr gebunden zu sein. Auch hier muss der Mieter bei Anwendung der erforderlichen Sorgfalt mit einer anderen Beurteilung durch das Gericht rechnen (LG München I, Urteil vom 9.12.2011, 14 S 9823/11, ZMR 2012, 192).

Stellt der Mieter die Mietzahlung wegen einer befürchteten Gesundheitsgefährdung (hier: durch mangelhaften Parkettkleber) weitgehend ein und stellt sich nachträglich heraus, dass die Schadstoffbelastung der Wohnung bei ausreichendem Lüften hätte erheblich verringert werden können mit der Folge, dass eine Mietminderung von maximal 30 % gerechtfertigt gewesen wäre, ist der Vermieter zur fristlosen Kündigung des Mietverhältnisses wegen Zahlungsverzugs berechtigt (BGH, Beschluss vom 15.1.2013, VIII ZR 411/12, GE 2013, 609).

Ein Verschulden und damit ein Verzug mit den Mietzahlungen liegt auch nicht vor, wenn diese unterbleiben, weil der Mieter nach dem Tod des Vermieters keine Gewissheit darüber erlangt hat, wer nunmehr Gläubiger der Mietforderungen geworden ist. Nach Auffassung des BGH verschafft dem Mieter erst der explizite Hinweis auf Datum und Eintritt der Erbfolge unter Nennung sämtlicher Erben ausreichend Kenntnis von seinen neuen Gläubigern, sodass erst ab diesem Zeitpunkt die Nichtzahlung der Miete vom Mieter zu vertreten ist (BGH, Urteil vom 7.9.2005, VIII ZR 24/04, WuM 2005, 769).

Fällt der Entschuldigungsgrund weg, etwa durch Kenntnis der tatsächlichen Umstände, tritt Verzug ein, ohne dass es einer erneuten Mahnung bedárf (LG Frankfurt/M., a. a. O.). Der Mieter ist auch nicht grundsätzlich entschuldigt, wenn er die Auskunft eines Rechtsanwalts eingeholt hat und von diesem unzutreffend beraten wurde (OLG München, Urteil vom 15.3.1996, 21 U 5382/95, ZMR 1996, 371). Vielmehr muss sich der Mieter das Verschulden seines Rechtsberaters zurechnen lassen und befindet sich daher in verschuldetem Zahlungsverzug. Soweit tatsächlich eine Berechtigung zur Mietminderung oder ein Zurückbehaltungsrecht bestand, liegt kein Verzug vor. Gleiches gilt, wenn der Mieter zur Wahrung seiner Ansprüche wegen Mängel der Mietsache die Zahlung nur unter Vorbehalt leistet.

Die Kündigung ist auch ausgeschlossen, wenn der Vermieter vor Zugang der Kündigung (§ 130 BGB) vollständig befriedigt wird (§ 543 Abs. 2 Satz 2 BGB). Eine Teilzahlung des Mieters hindert das Wirksamwerden der Kündigung nicht (BGH, WPM 1970, 1141; LG Berlin, Urteil vom 23.7.1991, 65 S 5/91, WuM 1992, 607; LG Bonn, Urteil vom 9.3.1992, 6 S 449/91, WuM 1992, 607). Das Kündigungsrecht kann erst dann nicht mehr ausgeübt werden, wenn der Vermieter vor der Kündigung vollständig befriedigt wurde (LG Köln, Urteil vom 20.2.2002, 10 S 325/01, ZMR 2002, 428).

Ein noch offener, aber zu vernachlässigender Restbetrag ist jedenfalls nicht mehr gegeben, wenn dieser Betrag rund 5 % der Monatsnettomiete entspricht (LG Bonn, a. a. O.).

Dem Mieter obliegt im Streitfall die Beweislast dafür, dass er vollständig bezahlt hat (vgl. BGH, Urteil vom 28.6.1960, VIII ZR 25/60, MDR 1960, 1006). Die Befriedigung des Vermieters kann auch durch Aufrechnung erfolgen, soweit dies nicht vertraglich wirksam ausgeschlossen wurde.

Nach Zugang der Kündigung wird diese unwirksam, wenn sich der Mieter von seiner Schuld durch Aufrechnung befreien konnte und unverzüglich, d. h. ohne schuldhaftes Zögern (§ 121 BGB), nach der Kündigung die Aufrechnung erklärt (§ 543 Abs. 2 Satz 3 BGB). Dies gilt nur dann, wenn die Aufrechnung vertraglich zulässig war und den gesamten Rückstand abdeckt (LG Frankfurt/M., WuM 1974, 28). Darüber hinaus kann der Mieter von Wohnraum die mit ihrem Zugang bereits wirksam gewordene Kündigung nachträglich unwirksam machen, indem er den Vermieter spätestens bis zum Ablauf von zwei Monaten nach Eintritt der Rechtshängigkeit des Räumungsanspruches hinsichtlich der fälligen Miete und der fälligen Entschädigung befriedigt oder eine öffentliche Stelle sich zur Befriedigung verpflichtet (§ 569 Abs. 3 Nr. 2 Satz 1 BGB).

Danach muss die Befriedigung des Vermieters spätestens bis zum Ablauf von zwei Monaten nach Zustellung der Räumungsklage (§ 261 ZPO) vollständig erfolgt sein, d. h., der Mieter muss bis zu diesem Zeitpunkt (Ablauf der „Schonfrist") nicht nur sämtliche Mietrückstände gezahlt haben, unabhängig davon, ob sie im Kündigungsschreiben erwähnt wurden, sondern auch die laufende Nutzungsentschädigung, die ab dem Zugang der Kündigung anstelle der Miete zu entrichten ist.

Nur eine vollständige Begleichung der Rückstände kann zur Unwirksamkeit der Kündigung führen (so beispielsweise LG Köln, Urteil vom 20.2.2002, 10 S 325/01, ZMR 2002, 428). Unschädlich ist lediglich das Fehlen von wenigen Cents, nicht aber ein offenbleibender Restbetrag von 5 %, wobei der Mieter auch das Risiko einer fehlerhaften Kalkulation trägt (LG Hamburg, Urteil vom 16.11.2000, 334 S 53/00, WuM 2001, 80).

Der Befriedigung des Vermieters steht gleich, wenn sich eine öffentliche Stelle wie Wohnungsamt oder Sozialamt durch verbindliche und bedingungslose Erklärung zur Zahlung verpflichtet. Die Verpflichtungserklärung muss jedoch ebenfalls bis zum Ablauf von zwei Monaten nach Eintritt der Rechtshängigkeit (Zustellung der Räumungsklage) dem Vermieter oder dessen Prozessvertreter zugegangen sein. Es genügt nicht, dass die Erklärung innerhalb der Frist abgegeben wird oder dass sie dem Mieter oder dem mit dem Räumungsrechtsstreit befassten Gericht zugeht (BayObLG vom 7.9.1994, RE-Miet 1/94, ZMR 1994, 557).

TIPP

Eine fristlose Kündigung des Vermieters wegen Zahlungsverzugs kann nicht mehr unwirksam gemacht werden, wenn der Kündigung vor nicht länger als zwei Jahren bereits eine Kündigung vorausgegangen war, die der Mieter durch vollständige Nachzahlung der Miete unwirksam gemacht hat (§ 569 Abs. 3 Nr. 2 Satz 2 BGB).

Dabei ist auf den Zeitpunkt des Zugangs der früheren Kündigung zurückzurechnen. Dies bedeutet, dass der Mieter nur alle zwei Jahre einmal diese Heilungsmöglichkeit hat. War oder wurde die frühere Kündigung jedoch nicht infolge Nachzahlung der Miete, sondern aus anderen Gründen unwirksam, z. B. wegen Aufrechnung durch den Mieter oder infolge freiwilligen Verzichts des Vermieters auf die Erhebung der Räumungsklage, kann der Mieter eine erneute Kündigung auch innerhalb der Zweijahresfrist durch Nachzahlung unwirksam machen, d. h., es tritt kein Schonfristverbrauch ein (LG Bremen, Urteil vom 24.8.1995, 2 S 283/95, WuM 1997, 265). Gleiches gilt, wenn nach der ersten fristlosen Kündigung das Mietverhältnis einvernehmlich fortgesetzt oder neu begründet wurde, wobei dies auch durch schlüssiges Verhalten erfolgt sein kann (LG Berlin, Urteil vom 23.7.1991, 65 S 5/91, WuM 1992, 607; LG Frankfurt/M., Urteil vom 5.6.1990, 2/11 S 41/90, WuM 1991, 34). Schonfristverbrauch tritt dagegen ein, wenn der Mieter die Mietrückstände nicht vollständig ausgeglichen hat, der Vermieter aber trotzdem das Mietkonto auf „null" gestellt, d. h. auf den Restbetrag verzichtet hat (LG Hamburg, Urteil vom 12.1.2004, 307 T 4/04, ZMR 2004, 271).

TIPP

Will der Vermieter das Mietverhältnis wegen des Zahlungsverzugs des Mieters unbedingt beenden, sollte er neben der fristlosen Kündigung zusätzlich und hilfsweise die ordentliche Kündigung des Mietverhältnisses gemäß § 573 Abs. 2 Nr. 1 BGB aussprechen, da der Mieter die ordentliche Kündigung nicht durch Nachzahlung der Miete unwirksam machen kann (BGH, Urteil vom 16.2.2005, VIII ZR 6/04). Bei Kündigung durch einen Bevollmächtigten muss die Vollmacht dann aber auch die ordentliche Kündigung umfassen.

Bei einem Mietverhältnis über Wohnraum sind alle zum Nachteil des Mieters abweichenden Vereinbarungen unwirksam (§ 569 Abs. 5 BGB). Dagegen können bei allen anderen Mietverhältnissen, z. B. über Geschäftsräume, abweichende Vereinbarungen getroffen werden, etwa dass der Vermieter bereits bei Zahlungsverzug mit einer Monatsmiete zur fristlosen Kündigung berechtigt sein soll.

Die Kosten des Verfahrens trägt grundsätzlich der Mieter, wenn die ursprünglich aufgrund der wirksamen Kündigung begründete Räumungsklage durch nachträgliche Zahlung oder Schuldübernahme unbegründet wird und der Vermieter daraufhin die Erledigung des Rechtsstreits erklärt (LG Hamburg, Urteil vom 10.6.1997, 316 S 24/97, WuM 1998, 422). Die Kosten des Rechtsstreits hat der Mieter auch dann zu tragen, wenn die Nachzahlung der Mietrückstände oder die Schuldübernahme nach Einreichung der Klage bei Gericht, aber noch vor Zustellung beim Mieter erfolgt ist (Zustellung zwischen Anhängigkeit und Rechtshängigkeit; vgl. BGH, Urteil vom 26.7.2004, VIII ZB 44/03, WuM 2004, 547).

Ferner hat der Mieter dem Vermieter alle Nachteile zu ersetzen, die dem Vermieter aufgrund der vom Mieter veranlassten fristlosen Kündigung entstehen. Dieser Schadenersatzanspruch umfasst insbesondere den Mietausfall, d. h. die dem Vermieter entgehende Miete für die vereinbarte feste Vertragsdauer (BGH, Urteil vom 16.2.2005, XII ZR 162/01), oder, etwa bei einem unbefristeten Mietverhältnis, bis zu dem Zeitpunkt, zu dem der Mieter erstmals hätte ordentlich kündigen können (OLG Schleswig, Urteil vom 27.10.1999, 4 W 13/99, WuM 2000, 355), maximal jedoch bis zu einer vorzeitigen Neuvermietung, wobei der Mieter im Fall einer Neuvermietung zu einer reduzierten Miete auch die Mietdifferenz zu ersetzen hat (vgl. OLG Frankfurt/M., Urteil vom 18.7.1996, 15 U 151/95, WuM 1998, 24).

Ferner hat der Mieter dem Vermieter auch die Anwaltskosten als Kosten der Rechtsverfolgung, z. B. für die Abfassung des Kündigungsschreibens, zu ersetzen (OLG Frankfurt/M., a. a. O.; BGH, Urteil vom 30.4.1986, VIII ZR 112/85, NJW 1986, 2243 ff.), ebenso Insertions- und Maklerkosten, die zur Neuvermietung des Mietobjekts aufgewendet wurden (KG Berlin, Urteil vom 20.8.2001, 20 U 1221/00, GE 2001, 1402).

Gewerbliche Großvermieter bedürfen dagegen nach Auffassung des BGH in tatsächlich und rechtlich einfach gelagerten Fällen keiner anwaltlichen Hilfe bei der Abfassung einer fristlosen Kündigung eines Mietverhältnisses wegen Zahlungsverzugs mit zwei Monatsmieten. Dies gilt auch dann, wenn der Großvermieter nicht über eine eigene Rechtsabteilung verfügt. Sofern er trotzdem einen Rechtsanwalt mit der Kündigung des Mietverhältnisses beauftragt, müssen die hierdurch entstehenden Kosten nicht vom Mieter als Verzugsschaden erstattet werden (BGH, Urteil vom 6.10.2010, VIII ZR 271/09, WuM 2010, 740).

Dies gilt auch dann, wenn die Vermieterin eine im Ausland ansässige Gesellschaft mit inländischem Wohnungsbestand ist. Unbeachtlich ist insofern auch das Motiv, durch Einschaltung eines Rechtsanwalts einen höheren Druck beim Schuldner erzeugen zu wollen (BGH, Beschluss vom 31.1.2012, VIII ZR 277/11, NZM 2012, 607).

TIPP

Aufgrund seiner Verpflichtung zur Schadensminderung (§ 254 Abs. 2 BGB) muss sich der Vermieter jedoch in zumutbarer Weise um die anderweitige Vermietung des Mietobjekts bemühen. Er ist jedoch nicht verpflichtet, die Mietsache sofort zu einer reduzierten Miete anzubieten, um möglichst schnell einen neuen Mieter zu finden.

Er kann zunächst den Versuch unternehmen, die mit dem gekündigten Mieter vereinbarte Miete zu erzielen (OLG Frankfurt/M., a. a. O.). Der Vermieter ist zur Geringhaltung des Kündigungsfolgeschadens auch nicht verpflichtet, sofort einen Makler einzuschalten. Vorab genügen die Schaltung von Zeitungsanzeigen in Lokalblättern und das Aufstellen eines Werbeschildes. Im Streitfall muss der Vermieter konkret vortragen, welche Schritte er zur Gewinnung eines Mietinteressenten unternommen hat. Die pauschale Behauptung, er habe sich um eine Vermietung bemüht, genügt nicht (OLG Düsseldorf, Urteil vom 7.12.1995, 10 U 26/95, MDR 1996, 1006).

Hat der Vermieter seine Bemühungen um eine alsbaldige Neuvermietung hinreichend dargetan, z. B. durch Vorlage der Zeitungsannoncen oder Anzeigenaufträge (KG Berlin, Urteil vom 20.8.2001, 20 U 1221/00, GE 2001, 1402), trifft die Darlegungs- und Beweislast für die Behauptung, der Vermieter habe trotzdem seine Schadensminderungspflicht verletzt, den Mieter. Er muss darlegen, weshalb die Bemühungen des Vermieters zur Weitervermietung unzureichend waren. Nach dem Antrag auf Eröffnung eines Insolvenzverfahrens über das Vermögen des Mieters kann eine fristlose Kündigung nicht auf einen Zahlungsverzug gestützt werden, der in der Zeit vor dem Eröffnungsantrag eingetreten ist (Kündigungssperre, § 112 Nr. 1 InsO). Gleiches gilt für eine Kündigung wegen einer Verschlechterung der Vermögensverhältnisse des Mieters.

Fristlose Kündigung wegen Störung des Hausfriedens (§ 569 Abs. 2 BGB)

Der Vermieter ist zur fristlosen Kündigung berechtigt, wenn der Mieter den Hausfrieden so nachhaltig stört, dass dem Vermieter unter Berücksichtigung aller Umstände des Einzelfalls, insbesondere eines Verschuldens des Mieters und unter Abwägung der beiderseitigen Interessen, die Fortsetzung des Mietverhältnisses bis zum Ablauf der ordentlichen Kündigungsfrist oder bis zur sonstigen Beendigung des Mietverhältnisses nicht zugemutet werden kann, z. B. häufiger ruhestörender Lärm zur Nachtzeit. Bei solchen Störungen kommt es nicht in erster Linie auf das Verschulden des Störers an, sondern allein darauf, ob die Fortsetzung des Mietverhältnisses für den Vermieter, auch unter Berücksichtigung der Interessen der Mitmieter im Hause, noch zumutbar ist. Die Vorschrift gilt auch für Geschäftsräume (§ 578 Abs. 2 Satz 1 BGB).

Außerordentliche befristete (vorzeitige) Kündigung durch den Vermieter

Auch diese Form der Kündigung setzt bei Mietverhältnissen über Wohnraum (mit Ausnahme der Kündigung des Erben beim Tod des Mieters) ein berechtigtes Interesse des Vermieters an der Beendigung des Mietverhältnisses voraus (Kündigungsgrund im Sinne von § 573 Abs. 1 BGB; siehe §§ 573d Abs. 1, 575a Abs. 1 BGB). Liegt ein solcher Kündigungsgrund vor, kann der Vermieter in den nachfolgend angeführten Fällen auch ein Mietverhältnis von bestimmter Dauer (Zeitmietvertrag) unter Einhaltung der sogenannten gesetzlichen Frist vorzeitig kündigen. Diese beträgt bei Wohnraum drei Monate (§§ 573d Abs. 2, 575a Abs. 3 BGB), bei Geschäftsräumen sechs Monate zum Quartalsende (§ 580a Abs. 2, 4 BGB).

Vorzeitige Kündigung beim Tod des Mieters

Beim Tod des Mieters ist zu unterscheiden, ob der Mietvertrag nur mit dem Verstorbenen oder mit mehreren Personen abgeschlossen war. War ein Wohnungsmietvertrag mit mehreren Personen abgeschlossen, etwa wenn der Mietvertrag vom Ehegatten, Lebenspartner oder Lebensgefährten mitunterzeichnet war, wird das Mietverhältnis mit dem Überlebenden fortgesetzt (§ 563a Abs. 1 BGB). Ein außerordentliches Kündigungsrecht des Vermieters besteht in diesem Fall nicht.

War der Mietvertrag dagegen nur mit dem Verstorbenen abgeschlossen, treten entweder der Ehegatte, der Lebenspartner, andere Familien- oder Haushaltsangehörige oder die Erben in das Mietverhältnis ein. Beim Eintritt des Ehegatten, Lebenspartners oder von Familien- oder Haushaltsangehörigen kann der Vermieter das Mietverhältnis innerhalb eines Monats, nachdem er von dem endgültigen Eintritt in das Mietverhältnis Kenntnis erlangt hat, außerordentlich mit der gesetzlichen Frist (drei Monate, § 575a Abs. 3 BGB) kündigen, wenn in der Person des Eingetretenen ein wichtiger Grund vorliegt (§ 563 Abs. 4 BGB). Der wichtige Grund muss in den persönlichen Verhältnissen des Eintretenden begründet sein und eine Fortsetzung des Mietverhältnisses für den Vermieter unzumutbar machen. Die Zahlungsunfähigkeit ist zumindest dann nicht ausreichend, wenn eine öffentliche Stelle, z. B. das Wohnungs- oder Sozialamt, die Zahlung der Miete garantiert. Beim Eintritt mehrerer Mieter genügt es, wenn der wichtige Grund in der Person eines Mieters vorliegt.

TIPP

Neben einem wichtigen Grund bedarf es zur Kündigung ferner eines berechtigten Interesses des Vermieters an der Beendigung des Mietverhältnisses (Kündigungsgrund, §§ 573d Abs. 1, 575a Abs. 1, 573 BGB, z. B. Eigenbedarf).

Fehlt es an einem berechtigten Interesse, kann das Mietverhältnis nicht gekündigt werden. Liegt ein berechtigtes Interesse vor, fehlt es aber an dem wichtigen Grund, kann das Mietverhältnis nur ordentlich unter Einhaltung der gesetzlichen (unter Umständen verlängerten) Fristen, nicht aber außerordentlich (mit dreimonatiger Frist) gekündigt werden.

Treten beim Tod des Mieters weder der Ehegatte oder der Lebenspartner noch Familien- oder Haushaltsangehörige in das Mietverhältnis ein oder wird es nicht mit ihnen fortgesetzt, wird das Mietverhältnis kraft Gesetz mit den Erben fortgesetzt (§ 564 Satz 1 BGB). In diesem Fall ist der Vermieter berechtigt, das Mietverhältnis innerhalb eines Monats außerordentlich mit der gesetzlichen Frist (drei Monate, § 575a Abs. 3 BGB) zu kündigen, nachdem er vom Tod des Mieters und davon Kenntnis erlangt hat, dass ein Eintritt oder eine Fortsetzung des Mietverhältnisses durch andere Personen wie Ehegatte, Familien- oder Haushaltsangehörige nicht erfolgt ist (§ 564 Satz 2 BGB).

TIPP

Seit Inkrafttreten der Mietrechtsreform ist für die außerordentliche Kündigung des oder der Erben durch den Vermieter weder ein wichtiger Grund noch ein berechtigtes Interesse erforderlich (§§ 573d Abs. 1, 575a Abs. 1 BGB).

Bei Geschäftsräumen ist der Vermieter im Fall des Todes des Mieters ohne Weiteres berechtigt, das Mietverhältnis innerhalb eines Monats, nachdem er vom Tod des Mieters Kenntnis erlangt hat, außerordentlich mit der gesetzlichen Frist zu kündigen (§ 580 BGB).

Vorzeitige Kündigung durch den Ersteher bei der Zwangsversteigerung

Der Ersteher des Grundstücks tritt in das bestehende Mietverhältnis ein (§ 57 ZVG) und ist berechtigt, dieses unter Einhaltung der gesetzlichen Frist zu kündigen (§ 57a ZVG). Diese Möglichkeit der vorzeitigen Beendigung besteht nicht, wenn

- die Zwangsversteigerung zwecks Aufhebung einer Gemeinschaft, z. B. einer Erbengemeinschaft, erfolgt ist (§§ 180, 183 ZVG),
- das Kündigungsrecht durch die allgemeinen Versteigerungsbedingungen ausgeschlossen ist (vgl. OLG Düsseldorf, Urteil vom 27.1.1995, 3 W 676/94, WuM 1995, 492). Zu beachten ist, dass zur Kündigung eines Mietverhältnisses über Wohnraum auch in diesem Fall ein berechtigtes Interesse an der Beendigung des Mietverhältnisses, z. B. Eigenbedarf des Ersteigerers, vorliegen muss.

Darüber hinaus kann sich der Mieter auf die Sozialklausel des § 574 BGB berufen. Die außerordentliche Kündigung (§ 57a Abs. 1 ZVG) kann nur für den ersten Termin erfolgen, für den sie zulässig ist. Wird beispielsweise der Zuschlag am 20.7. erteilt, ist der erste Termin, für den die Kündigung zulässig ist, bei Wohnraum der 31.10., bei Geschäftsraum der 31.3.

Vorzeitige Kündigung bei Veräußerung durch den Insolvenzverwalter

Veräußert der Insolvenzverwalter eine vom Schuldner vermietete Wohnung und tritt der Erwerber anstelle des Schuldners in das Mietverhältnis ein, kann der Erwerber das Mietverhältnis unter Einhaltung der gesetzlichen Frist kündigen. Die Kündigung kann nur für den ersten Termin erfolgen, für den sie zulässig ist.

Vorzeitige Kündigung bei Insolvenz des Mieters

Waren zur Zeit der Eröffnung des Insolvenzverfahrens zwar der Mietvertrag abgeschlossen, jedoch die Mieträume dem Mieter noch nicht überlassen, können sowohl der Vermieter als auch der Insolvenzverwalter vom Mietvertrag zurücktreten.

Jeder Teil muss dem anderen auf dessen Verlangen binnen zwei Wochen erklären, ob er vom Vertrag zurücktreten will. Unterlässt er dies, verliert er das Rücktrittsrecht (§ 109 Abs. 2 InsO). Waren die Mieträume dem Mieter zur Zeit der Eröffnung des Insolvenzverfahrens bereits überlassen, bestehen keine Rücktrittsrechte. In diesem Fall kann nur der Insolvenzverwalter das Mietverhältnis außerordentlich kündigen. Der Vermieter hat — im Gegensatz zur früheren Rechtslage nach der ehemaligen Konkursordnung (§ 19 Abs. 1 Satz 1 KO) — kein außerordentliches Kündigungsrecht.

Dies wird damit begründet, dass dringend benötigte Betriebsmittel zur Erhöhung der Sanierungschancen wenigstens vorläufig im Massebesitz verbleiben sollen, (vgl. Begründung zu § 122 des Regierungsentwurfs, BTDrucks. 12/2443, 146 ff.). Der Vermieter kann das Mietverhältnis daher nur nach den allgemeinen mietrechtlichen Vorschriften, etwa bei Zahlungsverzug des Mieters, kündigen.

Nach Kündigung des Mietverhältnisses kann der Vermieter vom Insolvenzverwalter die Herausgabe der Mieträume verlangen. Jedoch ist der Insolvenzverwalter nicht zur Herstellung des vertragsgemäßen Zustands verpflichtet. Dies bedeutet, dass er weder zur Beseitigung von Mietschäden noch zur Entfernung von Einbauten oder eingebrachten Sachen des Mieters oder zur Herstellung des ursprünglichen Zustands verpflichtet ist. Solche Ansprüche (auf Erfüllung oder Schadenersatz) kann der Vermieter nur zum Vermögensverzeichnis (§ 153 InsO) anmelden (BGH, Urteil vom 5.7.2001, IX ZR 327/99, NJW 2001, 2966 = NZM 2001, 856).

Vorzeitige Kündigung des Erwerbers eines Dauerwohnrechts in der Zwangsversteigerung

Wird das Dauerwohnrecht im Wege der Zwangsvollstreckung veräußert, so steht dem Erwerber ein Kündigungsrecht in entsprechender Anwendung des § 57a ZVG zu (§ 37 Abs. 3 Satz 2 WEG). Hat der Dauerwohnberechtigte die dem Dauerwohnrecht unterliegenden Gebäude- oder Grundstücksteile vermietet oder verpachtet, erlischt das Mietverhältnis, wenn das Dauerwohnrecht erlischt (§ 37 Abs. 1 WEG).

Macht der Eigentümer von seinem Heimfallanspruch (§ 36 WEG) Gebrauch, tritt er oder derjenige, auf den das Dauerwohnrecht zu übertragen ist, in das Miet- oder Pachtverhältnis ein. Die Vorschriften der §§ 566—566e BGB gelten entsprechend (§ 37 Abs. 2 WEG). Das Gleiche gilt für die Veräußerung des Dauerwohnrechts (§ 37 Abs. 3 Satz 1 WEG).

Vorzeitige Kündigung des Eigentümers bei Erlöschen des Nießbrauchs

Nach Beendigung des Nießbrauchs geht das Mietverhältnis nach Maßgabe des § 566 BGB auf den Eigentümer über (§ 1056 Abs. 1 BGB). Der Eigentümer ist jedoch berechtigt, das Mietverhältnis unter Einhaltung der gesetzlichen Frist vorzeitig zu kündigen. Ferner sind die Eigentümer eines mit einem Nießbrauch belasteten Grundstücks nach dem Tod des Nießbrauchers auch dann gemäß § 1056 Abs. 2 Satz 1 BGB zur vorzeitigen Kündigung eines von dem Nießbraucher abgeschlossenen Mietvertrags berechtigt, wenn sie neben weiteren Personen Miterben des Nießbrauchers sind (BGH, Urteil vom 20.10.2010, XII ZR 25/09, MDR 2010, 1442). Verzichtet der Nießbraucher auf den Nießbrauch, ist die Kündigung erst von der Zeit an zulässig, zu welcher der Nießbrauch ohne den Verzicht erlöschen würde (§ 1056 Abs. 2 Satz 2 BGB).

TIPP

Das Kündigungsrecht nach § 1056 Abs. 2 BGB ist dem Eigentümer jedoch nach dem Grundsatz von Treu und Glauben verwehrt, wenn er unabhängig von dem gesetzlichen Übergang des Mietverhältnisses auf den Eigentümer (gemäß § 1056 Abs. 1 BGB) persönlich an den Mietvertrag gebunden ist, beispielsweise wenn er ihn vor der Bewilligung des Nießbrauchs noch als Eigentümer selbst abgeschlossen hatte, da er in diesem Fall bei Erlöschen des Nießbrauchs nur das frühere, von ihm selbst begründete Mietverhältnis fortsetzt (so bereits BGH, Urteil vom 20.10.1989, V ZR 341/87, NJW 1990, 443). Gleiches gilt, wenn der Eigentümer dem Mietvertrag beigetreten oder wenn er Alleinerbe des Vermieters (Nießbrauchers) geworden ist mit der Folge, dass er auch an Sondervereinbarungen des verstorbenen Vermieters gebunden ist. Darin liegt auch kein unzulässiger Vertrag zulasten Dritter, da es dem Erben freisteht, die Erbschaft anzunehmen oder auszuschlagen. Schlägt der die Erbschaft nicht aus, ist er auch an die schuldrechtlichen Verpflichtungen des Erblassers gebunden. Somit muss sich der Eigentümer in diesen Fällen an einer vereinbarten bestimmten Laufzeit des Mietvertrags oder einer sonstigen Erschwerung der ordentlichen Kündigung festhalten lassen; anderenfalls würde die den Schutz des Mieters bezweckende Vorschrift des § 1056 BGB in ihr Gegenteil verkehrt (BGH, Urteil vom 12.10.2011, VIII ZR 50/11, WuM 2011, 690).

Die Kündigung muss nicht zum erstzulässigen Termin erfolgen wie beispielsweise bei § 57a ZVG. Der Mieter ist berechtigt, den Eigentümer unter Bestimmung einer angemessenen Frist zur Erklärung darüber aufzufordern, ob er von dem Kündigungsrecht Gebrauch macht. Die Kündigung kann dann nur bis zum Ablauf der Frist erfolgen (§ 1056 Abs. 3 BGB). § 1056 BGB wird entsprechend angewendet, wenn der Nießbrauch in der Zwangsversteigerung erlischt und der Ersteher kündigen will.

Vorzeitige Kündigung durch den Nacherben (§ 2135 BGB)

§ 1056 BGB findet entsprechende Anwendung, wenn der Vorerbe ein zur Erbschaft gehörendes Grundstück vermietet hat und das Mietverhältnis bei Eintritt der Nacherbfolge noch besteht (§ 2135 BGB).

Vorzeitige Kündigung bei Erlöschen des Erbbaurechts

Bei Erlöschen des Erbbaurechts geht das Mietverhältnis entsprechend § 566 BGB auf den Eigentümer über (§ 30 Abs. 1 ErbbaurechtsVO). Erlischt das Erbbaurecht durch Zeitablauf (§§ 27–29 ErbbaurechtsVO), ist der Grundstückseigentümer berechtigt, das Mietverhältnis unter Einhaltung der gesetzlichen Frist zu kündigen (§ 30 Abs. 2 Satz 1 ErbbaurechtsVO). Die Kündigung kann nur für einen der beiden ersten Termine erfolgen, für den sie zulässig ist (§ 30 Abs. 2 Satz 2 ErbbaurechtsVO). Der erste Termin richtet sich nach dem Erlöschen des Erbbaurechts. Erlischt dieses beispielsweise zum 31.1., ist bei einem Geschäftsraum der erste zulässige Termin der 30.9. und der zweite zulässige Termin der 30.12., bei einem Wohnraum der 30.4. bzw. der 31.5.

Unabhängig davon kann der Mieter den Grundstückseigentümer unter Bestimmung einer angemessenen Frist zur Erklärung darüber auffordern, ob er von dem Kündigungsrecht Gebrauch macht. Die Kündigung kann dann nur bis zum Ablauf der Frist erfolgen (§ 30 Abs. 3 ErbbaurechtsVO). Erlischt das Erbbaurecht vorzeitig, kann der Grundstückseigentümer das Kündigungsrecht erst ausüben, wenn das Erbbaurecht auch durch Zeitablauf erlöschen würde (§ 30 Abs. 2 Satz 3 ErbbaurechtsVO).

Vorzeitige Kündigung eines Vertrags über mehr als 30 Jahre

Wird ein Mietverhältnis für längere Zeit als 30 Jahre geschlossen, kann nach Ablauf von 30 Jahren nach Überlassung der Mietsache sowohl der Mieter als auch der Vermieter das Mietverhältnis unter Einhaltung der gesetzlichen Frist kündigen. Die Kündigung ist unzulässig, wenn der Vertrag für die Lebenszeit des Vermieters oder des Mieters geschlossen ist (§ 544 BGB).

ARBEITSHILFE ONLINE

RECHTS-CHECK: Ordentliche Kündigung durch den Mieter

Haben Vermieter und Mieter im Mietvertrag keine anderslautenden Vereinbarungen getroffen, kann der Mieter das Mietverhältnis unter Einhaltung der gesetzlichen Kündigungsfrist beenden. Darauf ist bei der schriftlichen Kündigung achten:

Ist der angegebene Kündigungstermin fristgerecht?
Ja ☐ Nein ☐
Wenn nein, warum? ....

Wurde der Mieter wegen der unzulässigen Frist schriftlich benachrichtigt?
Ja ☐ Nein ☐
Wenn ja, wann? ....

Haben alle im Mietvertrag eingetragenen Personen die Kündigung unterzeichnet?
Ja ☐ Nein ☐
Wenn nein, wer fehlt? ....

Wurden die Mieter wegen der fehlenden Unterschrift schriftlich benachrichtigt?
Ja ☐ Nein ☐
Wenn ja, wann? ....
Ordnungsgemäße Kündigung eingegangen
Datum: ....

Nach Eingang der Kündigung sind weitere Details zu beachten: Hat der Mieter eine Kündigungsbestätigung mit Hinweis auf die Renovierungspflichten zugeschickt bekommen?
Ja ☐ Nein ☐
Wenn ja, wann? ....

Wurde mit dem Mieter ein Termin für die Wohnungsbesichtigung vereinbart?
Ja ☐ Nein ☐
Wenn ja, für wann? ....

Wurde mit dem Mieter ein Termin für die Wohnungsübergabe vereinbart?
Ja ☐ Nein ☐
Wenn ja, für wann? ....

Hat der Mieter den Wunsch nach einem vorzeitigen Auszug geäußert?
Ja ☐ Nein ☐
Wenn ja, zu welchem Termin? ....

Hat der Mieter eine Bestätigung für den vorzeitigen Auszug zugeschickt bekommen?
Ja ☐ Nein ☐
Wenn ja, wann? ....

ARBEITSHILFE ONLINE

SCHRITT-FÜR-SCHRITT-GUIDE: Kündigung des Mieters wegen schuldhafter Vertragsverletzung

Wenn ein Mieter schuldhaft den Vertrag verletzt, beispielsweise durch ständige Ruhestörung, kann der Vermieter das Mietverhältnis beenden. Allerdings sind dabei einige Punkte zu beachten.

Abmahnung mit Kündigungsandrohung wegen unzumutbaren Verhaltens des Mieters

Auflistung des unzumutbaren Verhaltens: ....
Abgeschickt am: ....
Überbracht per Boten ☐ Einschreiben mit Rückschein ☐

Fristlose Kündigung ergangen
Abgeschickt am: ....
Überbracht per Boten ☐ Einschreiben mit Rückschein ☐

Räumung der Wohnung durch den Mieter erfolgt?
Ja ☐ Nein ☐
Wenn ja, wann? ....

Räumungsklage durch den Anwalt an den Mieter weitergeleitet?
Ja ☐ Nein ☐
Wenn ja, wann? ....

ARBEITSHILFE ONLINE

MUSTER: Ordentliche Kündigung wegen schuldhafter Vertragsverletzung

[Absender]
[Straße Hausnummer]
[PLZ Ort]
[Ort, Datum]

[Empfänger]
[Straße Hausnummer]
[PLZ Ort]

Betreff: Mietverhältnis *[Adresse der Wohnung]*
Ordentliche Kündigung wegen laufender Vertragsverletzung

Sehr geehrte Frau ....,
sehr geehrter Herr ....,

mit Mietvertrag vom .... haben Sie die Wohnung .... *[Adresse]* gemietet. Gemäß § 573 Abs. 2 Nr. 1 BGB kann der Vermieter das Mietverhält-

nis kündigen, wenn der Mieter seine vertraglichen Verpflichtungen schuldhaft nicht unerheblich verletzt hat.
Wir sehen uns leider veranlasst, das vorbezeichnete Mietverhältnis unter Einhaltung der gesetzlichen Kündigungsfrist von drei Monaten wegen laufender schuldhafter und nicht unerheblicher Vertragsverletzungen gemäß § 573 Abs. 2 Nr. 1 BGB zum .... zu kündigen.

Zur Begründung führen wir Folgendes an: *[Im Folgenden sind die jeweiligen Vertragsverletzungen mit dem jeweiligen Datum der vorausgegangenen Abmahnungen anzuführen.]*
Aufgrund der geschilderten Vertragsverletzungen besteht für uns ein berechtigtes Interesse an der Beendigung des Mietverhältnisses im Sinne von § 573 Abs. 2 Nr. 1 BGB.

In Erfüllung der gesetzlichen Belehrungspflicht weisen wir darauf hin, dass Sie dieser Kündigung gemäß § 574 BGB widersprechen können. Der Widerspruch ist schriftlich zu erklären und muss spätestens zwei Monate vor Ablauf der Kündigungsfrist bei uns eingegangen sein.

Einer Verlängerung des Mietverhältnisses über den .... hinaus wird bereits jetzt widersprochen. Wir bitten Sie, die Wohnung einschließlich der zugehörigen Kellerabteile und der Garage bis spätestens .... vollständig geräumt und in vertragsgemäßem Zustand sowie mit sämtlichen Schlüsseln zurückzugeben und sich vor der Rückgabe mit uns in Verbindung zu setzen.

Mit freundlichen Grüßen

....
(Ort, Datum)

....
(Unterschriften)

! ACHTUNG

Beachten Sie, dass Sie dem Mieter bei einer schuldhaften Vertragsverletzung die erforderlichen Abmahnungen mit Androhung der Kündigung übergeben und darin genau sein schuldhaftes Verhalten begründen. Zur Sicherheit ist es ratsam, darin auch mögliche Zeugen aufzuführen, die diesen Sachverhalt vor Gericht bestätigen könnten. Erst anschließend können Sie die Kündigung in die Wege leiten.

Mängel

Ein Mangel ist ein Fehler, der die Tauglichkeit der Mieträume zu dem vertragsmäßigen Gebrauch aufhebt oder mindert. Jede negative Abweichung des tatsächlichen Zustands von der Sollbeschaffenheit, wie sie im Vertrag vereinbart ist, stellt also einen Fehler dar. Hierbei kommt es nicht darauf an, ob der Fehler auf dem Zustand der Mieträume beruht oder auf andere Zustände tatsächlicher oder rechtlicher Art zurückzuführen ist.

So liegt ein Mangel vor, wenn das Dach undicht ist und es in der Folge zu Feuchtigkeitsschäden in der Wohnung kommt oder durch Umweltgifte wie beispielsweise Asbest, Holzschutzmittel oder Formaldehyd eine konkrete Gesundheitsgefährdung eintritt.

Ebenso liegt ein Mangel vor, wenn auf dem Grundstück gegenüber eine Großbaustelle eröffnet wird, die mit beträchtlichem Lärm, Staub etc. verbunden ist.

Das Gesetz unterscheidet zwischen dem sogenannten Sachmangel, geregelt im § 536 Abs. 1 BGB, und dem Rechtsmangel, § 536 Abs. 3 BGB. Die obigen Beispiele stellen Sachmängel dar. Ein Rechtsmangel liegt vor, wenn der Vermieter dem Mieter den Gebrauch der Mieträume nicht gewähren kann, weil das Recht eines Dritten entgegensteht, wie beispielsweise:

- Ein Mieter schließt einen Untermietvertrag und der Eigentümer verlangt die Herausgabe.
- Ein Wohnungseigentümer vermietet eine Wohnung, die auch in der Teilungsvereinbarung ausschließlich zur Nutzung als Wohnung bestimmt ist, als Praxisräume für eine Tierarztpraxis. Hier können die anderen Eigentümer vom Mieter die Unterlassung dieser Nutzung verlangen.
- Ein Vermieter vermietet eine Wohnung doppelt.

Einem Mangel ist es gleichgestellt, wenn der Vermieter dem Mieter eine Eigenschaft der Mieträume zusichert, die fehlt oder später wegfällt, wie beispielsweise:

- Im Mietvertrag ist angegeben, dass die Wohnung behindertengerecht ist.
- Im Mietvertrag wird eine bestimmte Wohnfläche zugesichert.

Wer haftet, wenn ein Mangel eintritt?

Gemäß § 535 BGB hat der Vermieter die Erhaltungspflicht bezüglich der Mieträume. Der Vermieter hat danach die Mietsache dem Mieter in einem zum vertragsgemäßen Gebrauch geeigneten Zustand zu überlassen und sie außerdem während der Mietzeit in diesem Zustand zu erhalten. Der Vermieter hat daher grundsätzlich die Instandsetzungs- und Instandhaltungspflicht. Ohne besonderen Anlass muss der Vermieter aber nicht tätig werden. So besteht z. B. keine Pflicht zur regelmäßigen Inspektion der Elektroleitungen (BGH, WuM 2008, 719).

Zeigt der Mieter einen Mangel an, sollten Sie als Vermieter unverzüglich reagieren. Vereinbaren Sie möglichst rasch einen Besichtigungstermin, zu dem Sie je nach Art des Mangels einen Handwerker oder den Hausverwalter mitnehmen.

Bei der Besichtigung stellt sich dann schnell heraus, ob an der Beanstandung des Mieters etwas dran ist. Kleinigkeiten berechtigen den Mieter nicht zur Minderung (unerhebliche Beeinträchtigung, § 536 Abs. 1 Satz 3 BGB). Dies ist der Fall, wenn der Mangel vom Mieter selbst mit geringem Aufwand beseitigt werden kann oder wenn sich der Mangel nur unwesentlich auswirkt wie beispielsweise ein geringfügiger Luftdurchgang an den Fenstern eines Altbaus oder der kurze Ausfall der Kellerbeleuchtung.

Auf die subjektive Beeinträchtigung des Mieters kommt es allerdings nicht an. So kann ein Mieter wegen Baulärm auch dann mindern, wenn er tagsüber aufgrund von Berufstätigkeit nicht in der Wohnung ist.

Ebenso unbeachtlich ist, ob der Vermieter den Mangel verschuldet hat oder nicht. Gegen Baulärm auf dem Nachbargrundstück kann der Vermieter nichts unternehmen, gleichwohl kann der Mieter mindern.

Wann ist die Minderung ausgeschlossen?

Wie bereits ausgeführt, kann der Mieter nicht mindern, wenn nur ein unerheblicher Mangel vorliegt. Bei einer energetischen Modernisierung (siehe Stichwort „Modernisierung“) kann der Mieter für die Dauer von drei Monaten die Miete wegen dieser Arbeiten nicht mindern (§ 536 Abs. 1a BGB). Werden noch andere Modernisierungs- oder auch Instandsetzungsarbeiten durchgeführt, sind die Anteile im Streitfall vom Gericht zu schätzen.

Ferner kann der Mieter nicht mindern, wenn er den Mangel bei Abschluss des Mietvertrags bereits kannte (§ 536b Satz 1 BGB). „Kenntnis" setzt grundsätzlich voraus, dass dem Mieter der Mangel konkret bekannt sein muss. Allgemeine Hinweise genügen nicht. Deshalb sind im Übergabeprotokoll vorhandene Mängel aufzunehmen und genau zu bezeichnen.

Sind dem Mieter bei Vertragsabschluss das Alter und die Ausstattung der Wohnung bekannt, so können im Hinblick auf den im Zeitpunkt der Errichtung der Wohnung geltenden Baustandard bestimmte Mängel wie etwa leichte Undichtigkeit von Fenstern oder Türen als vertragsgemäße Beschaffenheit angesehen werden. Grundsätzlich besteht auch keine Nachrüstpflicht des Vermieters (BGH, WuM 2004, 715). Dies gilt allerdings nicht, wenn Gesundheitsgefahr besteht, wie dies bei alten Asbestöfen der Fall wäre.

Wie der BGH entschieden hat, kann der Mieter auch bei einer Altbauwohnung einen gewissen Mindeststandard erwarten, der zeitgemäßes Wohnen ermöglicht und den Einsatz der für die Haushaltsführung allgemein üblichen elektrischen Geräte erlaubt (NJW 2004, 3174).

Ausnahmen bestehen bei grundlegenden Umbauten. Wird z. B. ein älteres Wohnhaus nachträglich um ein weiteres Wohngeschoss aufgestockt, so entsteht an der Mietwohnung, die vor der Aufstockung im obersten Wohngeschoss gelegen war, ein Mangel, wenn die Trittschalldämmung der darüber errichteten Wohnung nicht den Anforderungen der im Zeitpunkt der Aufstockung geltenden DIN-Normen an normalen Trittschallschutz genügt (BGH, WuM 2004, 715). Wird hingegen nur der Fußbodenbelag in der Wohnung darüber ausgetauscht und verschlechtert sich dadurch der Schallschutz gegenüber dem Zustand bei Anmietung der darunterliegenden Wohnung, so liegt kein Mangel vor, sofern der Trittschallschutz immer noch den zur Zeit der Errichtung des Gebäudes geltenden DIN-Normen entspricht (BGH, WuM 2009, 457). Grundsätzlich ist also der bei der Errichtung des Gebäudes geltende Maßstab anzulegen.

Bei Mietverhältnissen über Wohnraum sind vertragliche Regelungen unzulässig, die das Minderungsrecht des Mieters ausschließen, erschweren oder einschränken (§ 536 Abs. 4 BGB).

Allerdings können die Vertragsparteien beispielsweise einen schlechten baulichen Zustand als vertragsgemäß vereinbaren, da in diesem Fall dem Mieter die Mängel ja bekannt sind. Allgemeine Hinweise reichen allerdings nicht aus. Außerdem darf nicht gegen zwingendes Recht verstoßen werden, etwa wenn der Zustand der

Mieträume gesundheitsgefährdend ist. Vereinbart werden kann aber beispielsweise durchaus, dass der Keller feucht ist und sich deshalb nicht zur Lagerung bestimmter Gegenstände eignet.

Im Übrigen kann der Vermieter bei Wohnraummietverhältnissen seine Instandhaltungs- und Instandsetzungspflicht durch Kleinreparaturklauseln nur sehr eingeschränkt auf den Mieter übertragen. Diese Klauseln müssen gegenständlich begrenzt sein. Dies bedeutet, dass die Verpflichtung des Mieters zur Zahlung von Reparaturkosten auf die Teile der Mieträume beschränkt ist, die seinem häufigen und unmittelbaren Zugriff unterliegen — Lichtschalter: ja, im Mauerwerk verlegte Leitungen: nein. Die Klausel muss darüber hinaus auch betragsmäßig begrenzt sein (80 bis höchstens 100 Euro zuzüglich MwSt.). Auch der jährliche Gesamtaufwand, der durch einzelne Reparaturen anfallen kann, muss begrenzt werden (beispielsweise 8 % der Jahresmiete).

Die Klausel darf ferner den Mieter nicht zur Vornahme von Reparaturen verpflichten, also dass der Mieter nicht selbst den Handwerker beauftragen muss, sondern lediglich zur Kostentragung verpflichtet ist.

Der Mieter muss einen Mangel, der während der Dauer des Mietverhältnisses auftritt, dem Vermieter unverzüglich anzeigen (§ 536c Abs. 1 BGB). Meldet der Mieter einen Mangel nicht und konnte der Vermieter den Mangel deshalb nicht beseitigen, weil er ihm nicht bekannt war, verliert der Mieter seine Gewährleistungsrechte. Dies gilt allerdings nicht, wenn dem Vermieter der Mangel schon bekannt war, beispielsweise wenn der Vermieter das Dachgeschoss ausbaut und der Mieter wegen des Lärms oder der Verunreinigung des Treppenhauses mindern will.

Zahlt der Mieter die Miete trotz Kenntnis eines Mangels vorbehaltlos weiter, könnte hierin ein Verzicht auf sein Minderungsrecht oder auch eine Verwirkung dieses Rechtes gesehen werden. Wann dies der Fall ist, wie lange der Mieter also weiterzahlen kann, bevor er seine Rechte verliert, ist Frage des Einzelfalls. So ist entschieden worden, dass auch ein Zeitraum von 8,5 Monaten noch nicht zum Rechtsverlust des Mieters führt, wenn ihm dann einfällt, doch zu mindern.

Hat der Mieter den Mangel selbst verursacht, so kann er deswegen nicht mindern.

BEISPIEL

Schimmel ist ein Mangel, der grundsätzlich zur Minderung berechtigt. Über die Ursachen des Schimmels wird oft heftig gestritten. Hier ist die von der Rechtsprechung getroffene Beweislastverteilung zu beachten: Danach muss zunächst der Vermieter beweisen, dass die Schadensursache in dem der unmittelbaren Einflussnahme, Herrschaft und Obhut des Mieters unterliegenden

Bereich gesetzt worden ist. Dazu muss er die Möglichkeit einer aus seinem Verantwortungs- und Pflichtenkreis herrührenden Schadensursache ausräumen. Dies bedeutet, dass der Vermieter die volle Beweislast hat, dass die Feuchtigkeit, die zum Schimmel geführt hat, nicht aufgrund von außen eindringender oder im Mauerwerk aufsteigender Feuchtigkeit verursacht wurde und dass das Gebäude frei von technischen Baumängeln ist.
Erst wenn der Vermieter diesen Beweis geführt hat, muss sich der Mieter hinsichtlich Verursachung und Verschulden entlasten.

Bei Schimmel sollte eine einvernehmliche Regelung gesucht werden. Die Prozesse sind teuer, da die Gerichte oft einen Sachverständigen zurate ziehen. Die Beweislastregelungen sind für den Vermieter eine hohe Hürde.

Zeigt der Mieter einen Mangel an, lässt er den Vermieter dann allerdings nicht in die Wohnung, handelt er treuwidrig und verliert seine Gewährleistungsrechte.

TIPP

Der Vermieter soll seine Bemühungen, den Schaden zu beseitigen, schriftlich dokumentieren und dieses Schreiben am besten mit einem Zeugen (Boten) zustellen, um einen Nachweis über den Zugang zu haben. Wenn möglich, sollten mehrere Termine zur Auswahl angeboten werden und der Mieter aufgefordert werden, wenn ihm die Termine nicht zusagen, innerhalb einer bestimmten Frist einen Ersatztermin zu benennen.

Das einmalige Verschieben eines geplanten Reparaturtermins aus triftigen Gründen wie Urlaub, Krankheit oder beruflicher Verhinderung führt allerdings noch nicht zum Verlust der Gewährleistungsrechte.

Rechtsfolgen des Mangels

Bei einem Mangel kann der Mieter die Miete mindern. Weitere Rechte des Mieters ergeben sich aus § 536a BGB. Danach kann der Mieter Schadenersatz verlangen, wenn ein zur Minderung berechtigter Mangel schon beim Vertragsschluss vorhanden war. Diese sogenannte Garantiehaftung des Vermieters tritt unabhängig vom Verschulden ein. Da es sich um eine Ausnahme im Haftungssystem handelt, kann diese Haftung formularmäßig ausgeschlossen werden, beispielsweise durch die Formulierung: „Die verschuldensunabhängige Haftung des Vermieters für bei Mietvertragsabschluss vorhandene Sachmängel ist ausgeschlossen. § 536a Abs. 1 BGB findet insoweit keine Anwendung."

Ferner hat der Mieter einen Schadenersatzanspruch, wenn der Mangel während der Mietzeit infolge eines Umstands entsteht, den der Vermieter zu vertreten hat, etwa wenn der Vermieter das undichte Dach trotz Kenntnis des Zustands nicht reparieren lässt und dadurch Schäden an den dem Mieter gehörenden Gegenständen entstehen.

Schadenersatzansprüche hat der Mieter auch dann, wenn der Vermieter mit der Beseitigung eines Mangels in Verzug gerät. Verzug setzt eine auf Mängelbeseitigung gerichtete Mahnung sowie Verschulden des Vermieters voraus. So liegt kein Verzug vor, wenn die Mängelbeseitigung zwar angemahnt ist, der Handwerker aber den Vermieter trotz aller Bemühungen im Stich lässt.

Ist der Vermieter mit der Beseitigung eines Mangels im Verzug, hat der Mieter ein Selbstbeseitigungsrecht (§ 536a Abs. 2 BGB). Die bloße Mängelanzeige ist keine Mahnung. Allerdings ist eine Fristsetzung für den Verzugseintritt nicht erforderlich. Eine Mahnung ist die Aufforderung, die geschuldete Leistung zu erbringen. Sie muss bestimmt und eindeutig sein. Im Zweifelsfall sollte der Vermieter allerdings tätig werden.

Ist der Mieter berechtigt, den Mangel selbst zu beseitigen, kann er vom Vermieter einen Vorschuss in Höhe der Beseitigungskosten verlangen. Über den Vorschuss muss er nach Durchführung der Maßnahmen abrechnen.

In dringenden Notfällen braucht der Mieter nicht abzuwarten. Vielmehr kann er den Mangel auch dann selbst beseitigen und Ersatz der erforderlichen Aufwendungen verlangen, wenn die umgehende Beseitigung des Mangels zur Erhaltung oder Wiederherstellung des Bestands der Mietsache notwendig ist (§ 536a Abs. 2 Nr. 2 BGB). Liegt kein Notfall vor und hat der Mieter den Vermieter auch nicht in Verzug gesetzt, kann der Mieter die Kosten der Mängelbeseitigung nicht verlangen, wenn er eigenmächtig handelt (BGH, WuM 2008, 147).

Unabhängig von den Minderungsansprüchen hat der Mieter einen Erfüllungsanspruch. Der Mieter kann verlangen, dass der Vermieter die Mieträume in vertragsgemäßem Zustand hält, also auch Mängel beseitigt. Zur Durchsetzung dieses Anspruchs kann der Mieter ein Zurückbehaltungsrecht an künftigen Mietzahlungen gemäß § 320 BGB geltend machen. Die Höhe ist auf das Drei- bis Fünffache der ausstehenden mangelhaften Leistung beschränkt. Der zurückbehaltene Betrag ist — im Gegensatz zur Minderung — nach Mängelbeseitigung nachzuzahlen. Dieser Erfüllungsanspruch besteht unabhängig davon, ob der Mangel erheblich oder unerheblich ist. Er darf allerdings nicht wider Treu und Glauben oder schikanös ausgeübt werden.

TIPP

Findige Mieter berufen sich auf ein Zurückbehaltungsrecht, um bei Zahlungsunfähigkeit einer fristlosen Kündigung zu entgehen. Das Zurückbehaltungsrecht setzt jedoch die eigene Vertragstreue des Mieters voraus. Behält der Mieter daher die Miete nur ein, ohne ein Zurückbehaltungsrecht deutlich zu machen, und beruft er sich erst später (z. B. nach der Kündigung) auf dieses Recht, muss er vortragen und ggf. beweisen, dass er die nicht gezahlte Miete tatsächlich zurückgelegt hat und nicht nur zahlungsunfähig oder zahlungsunwillig war.

Neben den Gewährleistungsansprüchen hat der Mieter in zwei Fällen ein außerordentliches Kündigungsrecht ohne Einhaltung einer Frist: bei Nichtgewährung des Gebrauchs und bei Gesundheitsgefährdung (siehe Stichwort „Kündigung des Mietverhältnisses").

Miete

Die Miete ist die Gegenleistung des Mieters für die Überlassung der Mieträume. Sie umfasst das gesamte Entgelt für die Leistung des Vermieters. Zur Miete gehören daher auch die Betriebskosten, falls sie im Mietvertrag gesondert ausgewiesen sind. Andernfalls sind sie in der vereinbarten Miete enthalten.

Nachforderungen aus der jährlichen Nebenkostenabrechnung sind keine Miete. Zahlt der Mieter nicht, kann der Vermieter deshalb nicht gemäß § 543 Abs. 2 Nr. 3 BGB fristlos kündigen.

Die Miete ist eine sogenannte Schickschuld. Dies bedeutet, dass der Mieter die Miete auf seine Gefahr und seine Kosten dem Vermieter an dessen Wohnsitz zu übermitteln hat. Eine Einzugsermächtigung des Mieters zugunsten des Vermieters ist zulässig. Hingegen ist ein formularmäßig vereinbartes Abbuchungsverfahren unwirksam.

Nach der Bestimmung des § 556b Abs. 1 BGB ist die monatliche Miete zu Beginn, spätestens bis zum dritten Werktag eines Monats zu bezahlen. Unter Miete ist das gesamte Entgelt zu verstehen, also auch die Betriebskosten.

Zusätzlich kann vereinbart werden, dass es für die Rechtzeitigkeit der Zahlung nicht auf die Absendung, sondern auf den Eingang des Geldes beim Vermieter ankommt. Solche Rechtzeitigkeitsklauseln sind nach überwiegender Ansicht auch formularrechtlich zulässig.

Die Festsetzung der Miethöhe

Die Höhe der Miete unterliegt grundsätzlich der freien Vereinbarung der Parteien. Dies gilt nicht bei Sozialwohnungen. Dort darf nur die Kostenmiete verlangt werden.

Zu beachten ist § 5 WiStG. Danach handelt ordnungswidrig, wer vorsätzlich oder leichtfertig für Vermietung von Räumen zum Wohnen oder damit verbundene Nebenleistungen unangemessen hohe Entgelte fordert, sich versprechen lässt oder annimmt (Mietpreisüberhöhung).

Unangemessen hoch sind Entgelte, die infolge der Ausnutzung eines geringen Angebots an vergleichbaren Räumen die ortsübliche Vergleichsmiete um mehr als 20 % übersteigen (Wesentlichkeitsgrenze). Ob ein geringes Angebot vorliegt, ist nach den örtlichen Gegebenheiten zu entscheiden. Hierbei kommt es auf das gesamte Gebiet der Gemeinde an, nicht lediglich auf einen Stadtteil.

BEISPIEL

Will der Mieter seiner Meinung nach überzahlte Miete zurückfordern, ist er für die Anspruchsvoraussetzungen darlegungs- und beweispflichtig, also auch dafür, dass ein geringes Angebot vorliegt. Ferner muss der Mieter vortragen und beweisen, dass der Vermieter dieses geringe Angebot ausgenutzt hat. Der Mieter hat vorzutragen, welche Bemühungen er vor Anmietung der Wohnung unternommen hat, eine adäquate Wohnung zu finden, und dass es ihm nicht möglich war, auf ein anderes annehmbares Mietobjekt auszuweichen (BGH, WuM 2004, 294).

Liegen die Voraussetzungen einer Mietpreisüberhöhung vor, kann der Verstoß mit einer Geldbuße bis 100.000 Euro geahndet werden und dem Vermieter auferlegt werden, den Mehrerlös an das Land oder auf Antrag des Mieters an diesen abzuführen. Gegen einen solchen Bußgeldbescheid kann binnen Wochenfrist Einspruch eingelegt werden.

Darüber hinaus kann der Mieter in einem Zivilprozess die überhöhte Miete zurückverlangen, da die Vereinbarung nichtig ist, soweit die vereinbarte Miete die Wesentlichkeitsgrenze von 120 % der ortsüblichen Vergleichsmiete überschreitet.

Bei Geschäftsraummietverträgen ist die Mehrwertsteuer nur dann zuzüglich zur Miete zu bezahlen, wenn dies ausdrücklich vereinbart war. Hat der Vermieter zur Mehrwertsteuer nach § 9 UStG optiert, ist er verpflichtet, für die Mietverträge ab 1.1.2004 im Kopf des Mietvertrags die Steuernummer und eine fortlaufende Nummerierung der Verträge anzugeben.

Mieterhöhung bei Wohnraum

Preisgebundener Wohnraum unterliegt den Vorschriften des Wohnungsbindungsgesetzes und des Wohnraumförderungsgesetzes. Die anderen, vom Geltungsbereich dieser Vorschriften ausgenommenen Wohnraumgruppen sind frei kündbar, sodass der Vermieter einer Regelung der Miethöhe nicht bedarf. Die Möglichkeiten einer Mieterhöhung bei Wohnraum sind in den §§ 557–561 BGB geregelt.

Während des Mietverhältnisses können die Vertragsparteien eine Erhöhung der Miete vereinbaren (§ 557 Abs. 1 BGB). Die Vertragsparteien können auch künftige Änderungen der Miethöhe als Staffelmiete nach § 557a Abs. 1 BGB oder als Indexmiete nach § 557b BGB vereinbaren. Muster hierzu stehen als Arbeitshilfen online bereit. Im Übrigen kann der Vermieter Mieterhöhungen nur nach Maßgabe der §§ 558–560 BGB verlangen, die im Folgenden erläutert werden sollen.

ARBEITSHILFE ONLINE

Mieterhöhung bis zur ortsüblichen Vergleichsmiete

Hinsichtlich der Mieterhöhung bis zur ortsüblichen Vergleichsmiete (§ 558 BGB) sieht das Gesetz keine automatischen Mieterhöhungen vor. Ebenso ist eine Kündigung zum Zweck der Mieterhöhung ausgeschlossen.

Der Anspruch des Vermieters geht vielmehr dahin, dass der Mieter die Zustimmung zu einer Mieterhöhung erteilt. Der Anspruch ist somit auf Abgabe einer Willenserklärung gerichtet. Die Klage auf Zustimmung ist eine Leistungsklage. Unter drei Voraussetzungen kann der Vermieter vom Mieter die Zustimmung zu einer Mieterhöhung verlangen.

Jahresfrist

Der Vermieter kann gemäß § 558 Abs. 1 Satz 1 BGB die Zustimmung zu einer Erhöhung der Miete bis zur ortsüblichen Vergleichsmiete verlangen, wenn die Miete zu dem Zeitpunkt, zu dem die Erhöhung eintreten soll, seit 15 Monaten unverändert ist. Das Mieterhöhungsverlangen kann frühestens ein Jahr nach der letzten Mieterhöhung geltend gemacht werden.

BEISPIEL

Die letzte Mieterhöhung erfolgte zum 1.6.2012. Das nächste Mieterhöhungsverlangen ist somit im Juni 2013 möglich. Hierdurch wird wiederum eine Überlegungsfrist des Mieters von zwei Monaten ausgelöst, sodass das Erhöhungsverlangen zum 1.9.2013 wirkt, also 15 Monate nach dem letzten Erhöhungsverlangen.

Erhöhungen nach den § 559 BGB (Mieterhöhung bei Modernisierung) und § 560 BGB (Veränderung von Betriebskosten) werden beim Lauf der Jahresfrist nicht berücksichtigt. Hat der Vermieter also aufgrund dieser Bestimmungen innerhalb des letzten Jahres die Miete rechtsgestaltend erhöht, hindert ihn das nicht, ein Zustimmungsverlangen nach § 558 BGB zu stellen. Die Jahresfrist beginnt mit dem Vertragsbeginn oder mit der letzten wirksamen Erhöhung der Miete. Das ist der Zeitpunkt, ab welchem der Mieter die erhöhte Miete geschuldet hat.

Ein vor Ablauf der Jahresfrist dem Mieter zugegangenes Erhöhungsverlangen des Vermieters ist unwirksam. Der BGH hat (Beschluss vom 16.6.1993, VIII ARZ 2/93, WuM 1993, 388) entschieden, dass die Nichteinhaltung der Sperrfrist die Unwirksamkeit des Erhöhungsverlangens zur Folge hat. Begründet wird dies mit der Schutzfunktion der Jahresfrist. Dies gilt auch für den Fall, dass ein vor Ablauf der Jahresfrist zugegangenes Erhöhungsverlangen sich auf einen Zeitpunkt nach Ablauf der Sperrfrist bezieht. Ein erneutes Erhöhungsverlangen kann daher frühestens im Monat nach der Sperrfrist den Mietern zugestellt werden. Ein unwirksames Erhöhungsverlangen setzt die Jahresfrist grundsätzlich nicht in Lauf. Der Vermieter kann also jederzeit ein neues wirksames Erhöhungsverlangen stellen.

Der Vermieter ist auch berechtigt, bis zu einer (Teil-)Zustimmung des Mieters sein Erhöhungsverlangen jederzeit zurückzunehmen (LG Braunschweig, WuM 1981, 163, umstritten) mit der Folge, dass dann die Jahresfrist ebenfalls nicht zu laufen beginnt. Etwas anderes gilt, wenn der Mieter einem wirksamen Mieterhöhungsverlangen teilweise zustimmt. Hier muss der Vermieter innerhalb der Frist klagen, wenn er sein Verlangen voll durchsetzen will. Dies ist nunmehr aufgrund der Neufassung des § 558b Abs. 1, 2 BGB gesetzlich festgelegt. Ist sich der Vermieter nicht sicher, ob ein Erhöhungsverlangen wirksam ist, kann er also jederzeit ein neues Verlangen nachschieben. An das erste Verlangen ist er gebunden, entweder sofern es wirksam war, bis die Klagefrist ungenutzt abgelaufen ist, oder bis das Gericht rechtskräftig die Unwirksamkeit feststellt.

Umstritten ist, ob im Fall der Teilzustimmung des Mieters zu einem unwirksamen Mieterhöhungsverlangen des Vermieters der Vermieter an dieses Verlangen gebunden ist mit der Folge, dass er erst nach Ablauf der Jahresfrist ein neues Erhöhungsverlangen stellen kann oder nicht. Dies kann erhebliche wirtschaftliche Auswirkungen haben, wie an einem Beispiel erläutert werden soll.

BEISPIEL

Der Vermieter stellt ein unwirksames Mieterhöhungsverlangen von 750 auf 900 Euro, wobei die Ortsüblichkeit der neu verlangten Miete unterstellt wird. Der Mieter stimmt teilweise auf 800 Euro zu.

Nach richtiger Ansicht (LG Frankfurt/M., WuM 1990, 224; LG Mannheim, ZMR 1994, 516; LG Berlin, WuM 1997, 51) gelten in diesem Fall die allgemeinen Bestimmungen des BGB, und zwar auch § 150 Abs. 2 BGB. Das unwirksame Erhöhungsverlangen ist rechtlich ein Antrag auf Abschluss eines Änderungsvertrags, die Teilzustimmung des Mieters eine Ablehnung, verbunden mit einem neuen Antrag, den der Vermieter seinerseits ablehnen kann mit der Folge, dass die Jahresfrist nicht zu laufen beginnt und der Weg zu einem neuen Mieterhöhungsverlangen frei ist. Ist zweifelhaft, ob das erste Erhöhungsverlangen formell wirksam ist, kann der Vermieter eine weitere Erhöhungserklärung abgeben und die Klage hilfsweise hierauf stützen (LG Mannheim, a. a. O.). Der Vermieter kann die Teilzustimmung des Mieters aber auch annehmen. Diese Annahme kann auch schlüssig dadurch erfolgen, dass der Vermieter die erhöhte Miete mehrfach widerspruchslos entgegennimmt. In solchen Fällen sollte der Vermieter unverzüglich reagieren.

Ortsübliche Vergleichsmiete

Die verlangte Miete darf die üblichen Entgelte, die in der Gemeinde oder in vergleichbaren Gemeinden für Wohnraum vergleichbarer Art, Größe, Ausstattung, Beschaffenheit und Lage sowie energetischer Ausstattung und Beschaffenheit in den letzten vier Jahren vereinbart oder, von Betriebskostenerhöhungen abgesehen, geändert worden sind, nicht übersteigen. Maßgeblicher Zeitpunkt für die Feststellung der ortsüblichen Vergleichsmiete ist nicht der des zeitlichen Wirksamwerdens der Erhöhung, sondern der des Zugangs des Erhöhungsverlangens beim Mieter (BayObLG, RE vom 27.10.1992, WuM 1992, 677).

Verglichen werden müssen also zwei Werte, nämlich die Ausgangsmiete und die ortsübliche Vergleichsmiete. Ausgangsmiete ist die Miete, zu deren Zahlung sich der Mieter gegenüber dem Vermieter gemäß § 535 Abs. 2 BGB verpflichtet hat. Nach § 556 Abs. 1 BGB umfasst die Miete die Grundmiete und den Betrag für Betriebskosten im Sinne des § 1 BetrKV (Betriebskostenverordnung). Hiermit ist aber keine Beschränkung auf bestimmte Arten der Miete wie Netto-, Brutto- oder Teilinklusivmiete beinhaltet. Die Parteien können daher eine Miete vereinbaren, die

die Betriebskosten (bis auf Heizung und Warmwasser) umfasst (Bruttokaltmiete), eine Miete, die einen Teil der Betriebskosten beinhaltet (Teilinklusivmiete), oder eine Miete, die die Betriebskosten nicht mit einschließt, sondern diese gesondert ausweist (Nettomiete).

Für eine Mieterhöhung gemäß § 558 BGB ist an diese vertraglich vereinbarte Miete, auch wenn es z. B. eine Teilinklusivmiete ist, anzuknüpfen (OLG Hamm, RE vom 3.12.1992, DWW 1993, 39). Unter Miete, die gemäß § 558 BGB erhöht werden kann, ist daher nicht nur die Nettomiete ohne Betriebskosten zu verstehen, sondern die im Einzelfall vereinbarte Miete (OLG Hamm, RE vom 4.4.1984, WuM 1984, 121).

Die Wirksamkeit eines Erhöhungsverlangens hängt deshalb nicht davon ab, dass im Fall einer Inklusiv-, Pauschal- oder Gesamtmiete oder einer Teilpauschalmiete der Vermieter den aus Grund- oder Nettomiete von allen Nebenkosten bereinigten Mietanteil rechnerisch ermittelt und sein auf § 558 BGB gerichtetes Erhöhungsverlangen auf den so errechneten Nettomietanteil ausrichtet und begrenzt. Unzulässig mit der Folge der Unwirksamkeit des Mieterhöhungsverlangens insgesamt ist es dagegen, wenn der Vermieter im Mieterhöhungsverlangen die Zusammensetzung der vereinbarten Miete ändern will, also z. B. von einer Bruttokaltmiete inklusive Betriebskosten auf eine Nettomiete zuzüglich Betriebskostenvorauszahlung übergehen will (OLG Hamburg, RE vom 20.12.1982, WuM 1983, 49). Ein die Zustimmung des Mieters ersetzendes Urteil würde dann nämlich einen ändernden Eingriff in die Struktur des Mietvertragsverhältnisses bedeuten (LG München I, WuM 1995, 113).

Haben die Parteien eine Bruttokaltmiete inklusive Betriebskosten bis auf Heizung und Warmwasser vereinbart, weist der Mietspiegel jedoch Nettomieten aus, so muss der Vermieter zur Vergleichbarkeit den auf die Wohnung entfallenden Betriebskostenanteil angeben (aber nicht die Mietstruktur ändern, siehe oben!). Dieser Anteil muss möglichst zeitnah ermittelt werden. Er ergibt sich aus der Betriebskostenabrechnung für den dem Mieterhöhungsverlangen vorangegangenen Abrechnungszeitraum, soweit diese bereits vorliegt (BGH, WuM 2008, 689).

BEISPIEL

Miete (Bruttokaltmiete) 490 Euro bei 70 m² Fläche, also 7 Euro pro m²
Ortsübliche Miete nach Mietspiegel (Netto) 6,50 Euro
Betriebskosten 2009 1,20 Euro pro m²
Mieterhöhung (Bruttokalt) möglich auf (6,50 Euro + 1,20 Euro) 7,70 Euro pro m² x 70 m² = 539 Euro
Im Erhöhungsverlangen ist anzugeben: Die in der Miete enthaltenen Betriebskosten betragen gemäß beiliegender Abrechnung für das Jahr 2012 1,20 Euro pro m².

Ist die Wohnung zusammen mit einer Garage vermietet, besteht also ein einheitliches Mietverhältnis, ist Folgendes zu beachten: Die Mietstruktur darf nicht geändert werden. Ist also die Miete getrennt ausgewiesen, so bleibt es dabei. Will der Vermieter die Miete nicht nur für die Wohnung, sondern auch für die Garage erhöhen, muss er dies begründen, z. B. durch Angabe von „Vergleichsgaragen" (LG Rottweil, Urteil vom 3.4.1998, 1 S 29197, NZM 1998, 432). Als „Vergleichsgaragen" kommen allerdings nur solche Garagen in Betracht, die ebenfalls zusammen mit einer Wohnung vermietet sind, nicht jedoch mit einem eigenen Vertrag vermietete Garagen. Eine separate Erhöhung nur der Miete für die Garage ist nicht zulässig (AG Köln, Urteil vom 4.12.2003, 210 C 397103, WuM 2005, 254).

TIPP

Unter ortsüblicher Vergleichsmiete versteht man allgemein die für vergleichbare Wohnungen am Markt tatsächlich durchschnittlich gezahlte Miete. Der Durchschnitt darf jedoch nur aus Mietentgelten, die in den letzten vier Jahren vor dem Erhöhungsverlangen vereinbart worden sind, ermittelt werden. Es kann sich hierbei, wie sich aus dem Gesetzeswortlaut ergibt, sowohl um Neuabschlüsse als auch um während des Bestehens eines Mietverhältnisses vereinbarte Entgelte handeln.

Die ortsübliche Vergleichsmiete bildet sich aus vergleichbarem Wohnraum. Das erste Vergleichskriterium des Gesetzes ist die Wohnraumart. Hier kann unterschieden werden nach Bauweise und Wohnungsstruktur (Einfamilienhaus, Mehrfamilienhaus) sowie Altbau oder Neubau. Allerdings können Neubauwohnungen und umfassend modernisierte Altbauwohnungen miteinander verglichen werden (LG Bochum, WuM 1982, 18).

Die Wohnungsgröße spielt insofern eine Rolle, als bei Wohnungen mit großer Grundfläche der auf den Quadratmeter bezogene Mietpreis im Allgemeinen niedriger liegt als bei kleineren Wohnungen. Appartements z. B. weisen in der Regel die höchsten Quadratmeterpreise auf. Soweit es auf die Wohnungsgröße ankommt, spielt die Berechnung der Wohnfläche eine Rolle (siehe Stichwort „Wohnfläche").

Die Angaben zur Wohnfläche im Erhöhungsverlangen sollten genau nachgeprüft werden. Übersteigt nämlich die im Erhöhungsverlangen angegebene Wohnfläche die tatsächliche Wohnfläche um mehr als 10 %, kann der Mieter die Rückzahlung der aufgrund der fehlerhaften Berechnung überzahlten Miete verlangen (BGH, Urteil vom 7.7.2004, VIII ZR 192/03, NZM 2004, 699). Dies gilt auch für die im Mietvertrag angegebene Wohnfläche. Im umgekehrten Fall kann der Vermieter die tatsächliche Wohnfläche nur dann dem Erhöhungsverlangen zugrunde legen, wenn die

Flächenüberschreitung mehr als 10 % beträgt (BGH, WuM 2007, 450). Ist die Überschreitung geringer, ist der Vermieter an die im Mietvertrag vereinbarte Wohnfläche gebunden.

Die Ausstattungsmerkmale einer Wohnung spielen eine entscheidende Rolle. Bad, Zentralheizung, Lift und etwaige andere mietwertbildende Faktoren müssen im Wesentlichen übereinstimmen. Hierbei sind nur die vom Vermieter zur Verfügung gestellten Wohnungseinrichtungen zu berücksichtigen, nicht etwa jene, mit denen der Mieter die Mietsache versehen hat, es sei denn, der Vermieter hat die vom Mieter verauslagten Kosten erstattet (BayObLG, RE vom 24.6.1981, WuM 1981, 208). Die Beschaffenheit betrifft vor allem Zahl und Zuschnitt der Räume und das Verhältnis der Fläche der Haupträume zu den Nebenräumen.

In Zeiten steigenden Umweltbewusstseins wird für die Ermittlung der Vergleichsmiete auch der energetische Zustand einer Wohnung, d. h. insbesondere die Art der Energieversorgung und die Qualität der Wärmedämmung, zunehmende Bedeutung erlangen. Die Berücksichtigung der energetischen Ausstattung und Beschaffenheit wurde durch das Mietrechtsänderungsgesetz eingeführt.

Die Lage schließlich bezieht sich auf die Wohngegend. Die Vergleichsobjekte müssen in der Gemeinde oder in vergleichbaren Gemeinden liegen. Nach einhelliger Auffassung sind zur Ermittlung der ortsüblichen Miete Wohnungen in der gleichen Gemeinde heranzuziehen. Nur dann kann auf vergleichbare Wohnungen in Nachbargemeinden abgestellt werden, wenn in derselben Gemeinde keine vergleichbaren Wohnungen zu finden sind und wenn die Wohnungsmärkte der beiden Gemeinden im Wesentlichen dieselben Merkmale aufweisen (OLG Stuttgart, RE vom 2.2.1982, WuM 1983, 108).

Behebbare Mängel der Wohnung bleiben bei der Ermittlung der ortsüblichen Vergleichsmiete außer Betracht. Der Mieter ist hier durch die Geltendmachung der Gewährleistungsansprüche ausreichend geschützt. Zu beachten ist, dass bisher ausgeschlossene Minderungsansprüche des Mieters für den Fall der Mieterhöhung wieder aufleben, wenn der Mieter nunmehr erklärt, diese Mängel nicht mehr hinnehmen zu wollen, da durch das Erhöhungsverlangen des Vermieters das bisherige Leistungsgleichgewicht geändert wird (a. A. LG München I, Urteil vom 20.1.1999, 31 S 10557/98). Der Mieter kann allerdings nicht seine Zustimmung zur Mieterhöhung von der Beseitigung von Mängeln abhängig machen. Ein diesbezügliches Zurückbehaltungsrecht besteht nicht (LG Hamburg, WuM 1991, 593). Nach erteilter Zustimmung kann der Mieter, soweit die Voraussetzungen dafür gegeben sind, an der erhöhten Miete neben der Minderung ggf. auch ein Zurückbehaltungsrecht geltend machen (LG Hamburg, a. a. O.).

Im Streitfall ist die ortsübliche Vergleichsmiete durch das Gericht konkret im Sinne einer Einzelvergleichsmiete festzulegen (BGH, Urteil vom 20.4.2005, VIII ZR 110/04, WuM 2005, 394).

Aufgrund der strengen Rechtsprechung sind in älteren Mietverträgen die Klauseln über Schönheitsreparaturen oder Kleinreparaturen oft unwirksam. Trotzdem ist der Vermieter nicht berechtigt, in diesen Fällen vom Mieter bei einer Mieterhöhung einen Zuschlag zu verlangen (BGH, WuM 2008, 487 und WuM 2008, 560).

Kappungsgrenze

Die Miete darf sich innerhalb eines Zeitraums von drei Jahren, von Erhöhungen wegen Modernisierung oder Betriebskostenerhöhung abgesehen, nicht um mehr als 20 % erhöhen (§ 558 Abs. 3 BGB). Diese Obergrenze gilt auch, wenn die Miete länger als drei Jahre nicht erhöht wurde. Daneben gilt die Beschränkung des § 558 Abs. 1 BGB, sodass eine Mieterhöhung immer nur bis zur Höhe der ortsüblichen Miete erfolgen kann. Es folgen zwei Beispiele zur Berechnung der Kappungsgrenze.

BEISPIEL 1

Mieterhöhung zum 1.8.2013

1. Bestimmung der Ausgangsmiete (drei Jahre zurück)	
1.8.2010	**500 Euro**
2. Kappungsgrenze somit:	**500 Euro + 20 %**
	= 600 Euro

BEISPIEL 2

Zum 1.4.2012 wurde die Miete auf 580 Euro erhöht.
Kappungsgrenze wie oben: 600 Euro.
Das heißt, zum 1.8.2013 kann die Miete nur um 20 Euro erhöht werden.

Neu eingeführt durch das Mietrechtsänderungsgesetz wurde eine regionale Kappungsgrenze: Danach beträgt der Prozentsatz 15 von Hundert, wenn die ausreichende Versorgung der Bevölkerung mit Mietwohnungen zu angemessenen Bedingungen besonders gefährdet ist. Die Landesregierungen werden ermächtigt, diese Gebiete durch Rechtsverordnung für die Dauer von jeweils höchstens fünf Jahren zu bestimmen (§ 558 Abs. 3 Satz 2 und 3 BGB). Eine solche Regelung existiert z. B. für München.

Eine Ausnahme von der Anwendung der Kappungsgrenze besteht gemäß § 558 Abs. 4 BGB: Die 20%ige Begrenzung gilt nicht, soweit die Miete nach dem Wegfall der öffentlichen Bindung erhöht werden soll und der Mieter bis zum Wegfall der Preisbindung zur Zahlung einer Fehlbelegungsabgabe verpflichtet war. In diesem Fall kann der Vermieter die Miete nach dem Wegfall der Bindung ohne Kappungsgrenze bis zur Höhe der bisher vom Mieter bezahlten Fehlbelegungsabgabe anheben, höchstens aber bis zur ortsüblichen Vergleichsmiete. Darüber hinaus hat der Mieter dem Vermieter auf dessen Verlangen, das frühestens vier Monate vor dem Wegfall der öffentlichen Bindung gestellt werden kann, innerhalb eines Monats über die Verpflichtung zur Ausgleichszahlung und über deren Höhe Auskunft zu erteilen.

Die Kappungsgrenze ist nach der vertraglich vereinbarten Miete zu berechnen. Ist eine Brutto- oder Inklusivmiete vereinbart, ist dies die Ausgangsmiete. Die Kappungsgrenze ist auch bei einer vereinbarten Teilinklusivmiete ausgehend von dieser und nicht ausgehend von einer errechneten Nettomiete zu berechnen (LG Hanau, Urteil vom 28.3.2003, WuM 2003, 267; BGH, Urteil vom 19.11.2003, VIII ZR 160/03, WuM 2004, 153). Neben der Miete getrennt gezahlte Betriebskosten bleiben unberücksichtigt (LG München I, WuM 1985, 330; LG Hamburg, WuM 1991, 593).

Wurden innerhalb des für die Kappungsgrenze maßgeblichen Zeitraums von drei Jahren Mieterhöhungen wegen baulicher Verbesserungen oder gestiegener Betriebskosten vorgenommen, bleiben sie bei der Berechnung der Kappungsgrenze außer Betracht. Dies gilt auch für einvernehmliche Mieterhöhungen aufgrund von Modernisierungen oder Betriebskostenerhöhungen, auch wenn die dafür geltenden gesetzlichen Bestimmungen (§§ 559, 560 BGB) nicht eingehalten wurden, wie der BGH entschieden hat. Danach ist nicht auf den Wortlaut des § 558 Abs. 3 BGB abzustellen, sondern auf Sinn und Zweck dieser Bestimmung. Andernfalls wäre der Vermieter im Ergebnis dazu gezwungen, sämtliche Mieterhöhungen wegen Modernisierung auf dem förmlichen Weg und notfalls gerichtlich durchzusetzen, nur um sich die Möglichkeit einer Mietanpassung nach § 558 BGB zu erhalten. Eine einvernehmliche Regelung der Mietvertragsparteien wird nur insoweit erfasst, als es sich um die Umlegung solcher Aufwendungen handelt, die eine förmliche Mieterhöhung nach § 559 BGB rechtfertigen würden (BGH, Urteil vom 28.4.2004, VIII ZR 185/03, WuM 2004, 344).

Aufgrund der gesetzlichen Bestimmung in § 558 Abs. 3 BGB („von Erhöhungen nach den §§ 559—560 abgesehen“) werden Mieterhöhungen wegen Modernisierung bei der Berechnung der Kappungsgrenze während des Zeitraums von drei Jahren nicht mit eingerechnet.

BEISPIEL 1

Miete zum 1.1.2013: 500 Euro
Einbau einer Zentralheizung:
Modernisierungsmieterhöhung gemäß § 559 BGB oder

Modernisierungsvereinbarung ab 1.7.2013 um	80 Euro
Kappungsgrenze	500 Euro + 20 % + 80 Euro
	= 680 Euro

BEISPIEL 2

Miete wie oben: 500 Euro, aber Einbau einer Zentralheizung bereits 2009

Ab 1.7.2009 Miete mit Modernisierungszuschlag	580 Euro
Kappungsgrenze:	580 Euro + 20 %
	= 696 Euro

Die Modernisierungsmieterhöhung wird Bestandteil der Grundmiete. Während des Zeitraums von drei Jahren wird sie aber bei der Berechnung der Kappungsgrenze nicht berücksichtigt, sondern zur Kappungsgrenze hinzuaddiert.

TIPP

Im Erhöhungsverlangen selbst darf der Modernisierungszuschlag nicht getrennt in Ansatz gebracht werden, z. B. neue Miete ab 1.10.2013 720 Euro zuzüglich 80 Euro Modernisierungszuschlag wie bisher. Vielmehr muss es heißen: neue Miete 800 Euro. Nur zur Bestimmung der Kappungsgrenze wird der Modernisierungszuschlag getrennt als durchlaufender Posten behandelt.

Das Erhöhungsverlangen ist deshalb aber nicht unwirksam. Inhaltliche Fehler sind vielmehr im Rahmen der Begründetheit zu prüfen (BGH, WuM 2006, 418 und WuM 2007, 707).

Ein Verstoß gegen die Kappungsgrenze hat nicht die Unwirksamkeit des Mieterhöhungsverlangens zur Folge, vielmehr reduziert sich das angestrebte Entgelt auf das zulässige Maß. Der Vermieter ist berechtigt, ein Erhöhungsverlangen vor Ablauf der Dreijahresfrist mit Wirkung zum Fristablauf zu stellen (BayObLG, RE vom 10.3.1988, WuM 1988, 117). Erfolgte beispielsweise zum 1.7.2011 eine Mieterhöhung um 20 %, ist das nächste Mieterhöhungsverlangen erst wieder zum 1.7.2014 möglich.

Im Erhöhungsverlangen muss der Vermieter die Voraussetzungen der Kappungsgrenze nicht nachweisen. In § 558a BGB wird dies nicht verlangt. Es handelt sich um konkrete Tatsachen, die dem Mieter in der Regel bekannt sind. In einer Klage auf Zustimmung zur Mieterhöhung hat der Vermieter die Einhaltung der Kappungsgrenze als Zulässigkeitsvoraussetzung des Mieterhöhungsverlangens darzulegen.

Ausschluss der Mieterhöhung

Dem Vermieter steht das Recht, die Zustimmung zu einer Erhöhung der Miete zu verlangen, nicht zu, soweit und solange eine Erhöhung durch Vereinbarung ausgeschlossen ist oder der Ausschluss sich aus den Umständen ergibt (§ 557 Abs. 3 BGB).

Die frühere gesetzliche Bestimmung vor Einführung des Mietrechtsreformgesetzes enthielt in § 1 Satz 3 MHG den Ausschlusstatbestand eines Mietvertrags für eine bestimmte Zeit zu einer festen Miete (Zeitmietvertrag). Hieraus wurde gefolgert, dass eine Mieterhöhung dann nicht möglich war, wenn im Mietvertrag Mietzeit und Miete ohne einen sogenannten Erhöhungsvorbehalt vereinbart wurden. Da diese Regelung nunmehr entfallen ist, kann die Neubestimmung dahin ausgelegt werden, dass künftig auch bei Zeitmietverträgen ohne Erhöhungsvorbehalt eine Mieterhöhung gemäß § 558 BGB möglich ist. In der amtlichen Begründung wird allerdings darauf hingewiesen, dass mit der Neufassung keine inhaltliche Änderung verbunden sein soll. Nach wie vor wird es daher streitig sein, ob allein die Vereinbarung eines Zeitmietvertrags bereits zum Mieterhöhungsausschluss führt oder ob zusätzlich die ausdrückliche Vereinbarung einer festen Miete erforderlich ist. Die amtliche Begründung des Mietrechtsreformgesetzes verweist auf die Umstände des Einzelfalls, was nicht sehr hilfreich ist. Zu beachten ist demnach weiterhin der Rechtsentscheid des OLG Stuttgart vom 31.5.1994 (WuM 1994, 420). Nach Ansicht des Gerichts ist bei Vereinbarung eines Wohnraummietverhältnisses auf bestimmte Zeit der Mietvertrag mangels eines entsprechenden entgegenstehenden Hinweises nicht so auszulegen, dass sich bereits aus der festen Laufzeit des Mietverhältnisses sogleich ergibt, dass die vereinbarte Miete für die vereinbarte Mietzeit gilt. Die Nennung einer bestimmten Miete gehört nämlich zu den wesentlichen Vertragsbestandteilen eines Mietvertrags und stellt somit nicht automatisch zugleich eine Vereinbarung einer festen, für die gesamte Mietdauer nicht änderbaren Miete dar. Der Ausschluss einer Mieterhöhung während der festen Mietzeit bedarf einer ausdrücklichen Vereinbarung der Parteien. Fehlt eine solche Vereinbarung, wird hierdurch die Mieterhöhung nicht ausgeschlossen.

Einfacher ist es natürlich, diesen Streit zu umgehen und eine Erhöhungsklausel im Mietvertrag zu vereinbaren wie beispielsweise: „Die gesetzlichen Rechte des Vermieters, nämlich Verlangen der Zustimmung zu einer Mieterhöhung (§ 558 BGB),

Mieterhöhung bei Modernisierung (§ 559 BGB) und wegen Veränderung von Betriebskosten (§ 560 BGB), bleiben auch dann bestehen, wenn der Mietvertrag auf bestimmte Zeit abgeschlossen ist."

TIPP

Solche Erhöhungsklauseln können auch formularmäßig vereinbart werden. Zulässig sind bei Wohnraum aber nur Klauseln, die klarstellen, dass auch bei einem Mietvertrag auf feste Zeit eine Mieterhöhung zulässig ist.

Während des Zeitraums einer gestaffelten Miete ist eine Mieterhöhung (§§ 558–559b BGB) ausgeschlossen (§ 557a Abs. 2 BGB).

Form und Begründung der Mieterhöhung (§ 558a BGB)

Der Anspruch des Vermieters, gerichtet auf die Zustimmung zu einer Mieterhöhung, ist allen Mietern gegenüber in Textform geltend zu machen und zu begründen. Bei mehreren Mietern muss das Erhöhungsverlangen an alle gerichtet sein.

Haben mehrere Mieter gemeinsam gemietet, und wird die Mieterhöhung nur gegenüber einem Mieter abgegeben und hat nur dieser allein zugestimmt, so verbleibt es für alle Mieter bei der ursprünglichen Miete, da die Erhöhungserklärung insgesamt unwirksam ist (LG Hamburg, ZMR 1978, 311). Die Mieterhöhung muss auch allen Mietern zugestellt werden, es sei denn, im Mietvertrag ist eine auch formularmäßig mögliche Empfangsbevollmächtigung der Mieter enthalten. Aber auch in diesem Fall muss die Mieterhöhung an alle Mieter adressiert sein. Hiervon hat die Rechtsprechung Ausnahmen zugelassen. So ist es rechtsmissbräuchlich, wenn sich ein Mieter auf die Unwirksamkeit des Erhöhungsverlangens deshalb beruft, weil es nicht auch an den mit Einverständnis des Vermieters ausgezogenen Mitmieter und Ehegatten des verbleibenden Mieters gerichtet war. Dieser nutzte die Wohnung allein und zahlte auch alleine die Miete (BGH, Urteil vom 3.3.2004, VIII ZR 124/03, WuM 2004, 280).

Der Vermieter muss sein Erhöhungsverlangen, soll es wirksam sein, in Textform begründen. Dadurch soll dem Mieter die Möglichkeit geschaffen werden, sich darüber schlüssig zu werden, dem Verlangen des Vermieters zuzustimmen oder es abzulehnen. Aus dem Mieterhöhungsverlangen muss sich ergeben, auf welchen Betrag die Miete erhöht werden soll. Dazu gehören nach allgemeiner Ansicht die Angabe der Wohnfläche der Wohnung in Quadratmeter und der neu verlangte Quadratmeterpreis. Zur Wohnungsgröße siehe Stichwörter „Ortsübliche Vergleichsmiete" sowie „Wohnfläche".

Fraglich ist, ob ein Erhöhungsverlangen mit falschen Angaben zur Wohnfläche überhaupt wirksam ist, da die Ausgangstatsachen richtig sein müssen. Geringfügige Abweichungen sind allerdings unschädlich (LG Mannheim, Urteil vom 8.1.2003, 4 S 73/02, NZM 2003, 393). Jedenfalls ist der Vermieter an seine Angaben im Erhöhungsverlangen gebunden. Verlangt der Vermieter die Zustimmung zu einer Mieterhöhung auf 8 Euro/m^2 x 100 m^2 = 800 Euro und stellt sich im Verfahren heraus, dass die Wohnung nur eine Fläche von 95 m^2 hat, kann der Vermieter keine höhere Miete als 8 Euro/m^2 x 95 m^2 = 760 Euro verlangen, auch wenn eine Miete von 800 Euro noch ortsüblich ist. Der Zustimmungsanspruch ist nämlich auf die im Erhöhungsverlangen gemachten Angaben begrenzt (LG München I, Urteil vom 4.2.1998, WuM 1998, 230).

Zu beachten ist, dass mit der Erhöhung keine Änderung der vertraglich vereinbarten Mietstruktur verbunden werden darf, beispielsweise der Übergang von einer Bruttokalt- in eine Nettomiete. Ein solches Mieterhöhungsverlangen ist unwirksam, da der Mieter mit der Zustimmung gleichzeitig eine weitere Vertragsänderung annehmen würde.

Gemäß § 558 Abs. 1 Satz 1 BGB kann der Vermieter die Zustimmung zu einer Mieterhöhung verlangen. Darunter ist eine einseitige, empfangsbedürftige Willenserklärung zu verstehen. Der Vermieter kann also die Miete nicht einseitig festsetzen. So hat der Vermieter in einem vom LG Mannheim entschiedenen Fall dem Mieter mitgeteilt, dass er „die Miete zum ... anpassen werde. Die Erhöhung beträgt ... Euro“. Dies stellt kein wirksames Erhöhungsverlangen dar. Nach Ansicht des Gerichts ist damit auch keine konkludente Erhöhungsvereinbarung zustande gekommen. Obwohl der Mieter die erhöhte Miete jahrelang bezahlt hatte, konnte er diese Beträge zurückverlangen (LG Mannheim, Urteil vom 5.4.2000, WuM 2000, 308). Das Gericht hat darauf hingewiesen, dass auch bei großzügiger Interpretation die Formulierung des Vermieters nicht mehr als Antrag im Sinne des § 145 BGB verstanden werden kann. Ein Antrag kann angenommen werden, wenn der Vermieter den Mieter zur Zustimmung auffordert, ggf. auch, wenn er zum Ausdruck bringt, dass er eine Mieterhöhung wünscht oder verlangt. Es empfehlen sich eindeutige Formulierungen wie z. B.: „... bitte ich um Ihre Zustimmung zu einer Mieterhöhung ...“.

Im Falle der konkludenten Zustimmung des Mieters durch Zahlung ist nicht entscheidend, ob das Erhöhungsverlangen des Vermieters den gesetzlichen Vorschriften entspricht oder nicht. Der Mieter kann auch einer unwirksamen Mieterhöhung zustimmen (BGH, Urteil vom 29.6.2005, VIII ZR 182/04, WuM 2005, 518). Entscheidend ist aus Sicht des Erklärungsempfängers, dass der Vermieter vom Mieter eine Zustimmung zur Mieterhöhung begehrt und nicht die Miete einseitig neu festsetzt. Folgende Begründungsmittel sind vom Gesetz zugelassen:

Mietspiegel

Es wird zwischen einem Mietspiegel (§ 558c BGB) und einem qualifizierten Mietspiegel (§ 558d BGB) unterschieden. Ein Mietspiegel ist eine Übersicht über die ortsübliche Vergleichsmiete, soweit die Übersicht von der Gemeinde oder von Interessenvertretern der Vermieter und der Mieter gemeinsam erstellt oder anerkannt worden ist (§ 558c Abs. 1 BGB).

Nach § 558c Abs. 3 BGB sollen die Mietspiegel im Abstand von zwei Jahren aktualisiert werden. Eine Pflicht hierzu besteht jedoch nicht. Für die Fortschreibung sind keine bestimmten Methoden vorgeschrieben. Diese kann durch Stichproben unter Bezugnahme auf den Lebenshaltungskostenindex oder auf andere Indizes erfolgen.

Die Gemeinden sollen Mietspiegel erstellen, wenn hierfür ein Bedürfnis besteht und dies mit einem vertretbaren Aufwand möglich ist. Die Mietspiegel und ihre Änderungen sollen veröffentlicht werden (§ 558c Abs. 4 BGB). Eine Verpflichtung der Gemeinden hierzu besteht aber nicht.

Ein qualifizierter Mietspiegel ist ein Mietspiegel, der nach anerkannten wissenschaftlichen Grundsätzen erstellt und von der Gemeinde oder von Interessenvertretern der Vermieter und der Mieter anerkannt worden ist (§ 558d Abs. 1 BGB). Dieser Mietspiegel unterscheidet sich vom einfachen Mietspiegel durch eine erhöhte Gewähr der Richtigkeit und Aktualität der Angaben zur ortsüblichen Vergleichsmiete. Deshalb können an ihn weitergehende Rechtsfolgen geknüpft werden, nämlich die Festlegung als zwingendes Begründungsmittel (§ 558a Abs. 3 BGB) und die prozessuale Vermutungswirkung im gerichtlichen Mieterhöhungsrechtsstreit (§ 558d Abs. 3 BGB). Dieser Mietspiegel muss nach anerkannten statistischen Methoden erstellt werden, die gewährleisten, dass er ein realistisches Abbild des Wohnungsmarktes liefert. Sowohl bei der Tabellenmethode, einer reinen Datensammlung, als auch bei der Regressionsmethode, einer komplizierten statistischen Umrechnung weniger repräsentativer Daten, handelt es sich um anerkannte Methoden. Wegen der erheblichen Rechtsfolgen muss die Anwendung wissenschaftlich anerkannter statistischer Methoden dokumentiert und damit nachvollziehbar und überprüfbar sein. Der qualifizierte Mietspiegel ist im Abstand von zwei Jahren der Marktentwicklung anzupassen. Dabei können eine Stichprobe und die Entwicklung des vom Statistischen Bundesamt ermittelten Preisindexes für die Lebenshaltung aller privaten Haushalte in Deutschland zugrunde gelegt werden. Nach vier Jahren ist der qualifizierte Mietspiegel neu zu erstellen (§ 558d Abs. 2 BGB). Hierdurch soll gewährleistet sein, dass der Mietspiegel die ortsübliche Vergleichsmiete auf dem Wohnungsmarkt zeitnah widerspiegelt.

Ist die Vorschrift des § 558d Abs. 2 BGB eingehalten, so wird vermutet, dass die im qualifizierten Mietspiegel bezeichneten Entgelte die ortsübliche Vergleichsmiete wiedergeben (§ 558d Abs. 3 BGB). Diesem qualifizierten Mietspiegel kommt somit eine Vermutungswirkung im Prozess zu. Es handelt sich um eine widerlegliche Vermutung, der Beweis des Gegenteils bleibt gemäß § 292 ZPO deshalb für beide Prozessparteien zulässig.

Gibt es in der Gemeinde einen qualifizierten Mietspiegel, so hat der Vermieter in seinem Mieterhöhungsverlangen diese Angaben auch dann mitzuteilen, wenn er die Mieterhöhung auf ein anderes Begründungsmittel (Mietdatenbank, Sachverständigengutachten oder Vergleichsmieten) stützt. Dies bedeutet im Klartext, dass der Vermieter in der Mieterhöhung dem Mieter vorrechnen muss, wie hoch die Miete nach dem qualifizierten Mietspiegel ist, auch wenn er das Erhöhungsverlangen mit drei Vergleichsmieten begründet, die höher liegen. Wie das LG München I entschieden hat, muss die Mitteilung der Angaben des qualifizierten Mietspiegels für die Wohnung in dem mit Vergleichsobjekten begründeten Zustimmungsverlangen zur Mieterhöhung aus sich selbst heraus verständlich und darf nicht lückenhaft sein. Diese Mitteilung der Mietspiegelwerte gemäß § 558a Abs. 3 BGB unterliegt zwar nicht den gleichen Anforderungen wie einer Begründung der ortsüblichen Vergleichsmiete durch den Mietspiegel gemäß § 558a Abs. 1 Nr. 1 BGB (LG München I, Urteil vom 8.5.2002, 14 S 20654/01, WuM 2002, 496). Um kein Risiko einzugehen, empfiehlt es sich aber, eine vollständige Berechnung nach dem Mietspiegel beizufügen.

Nachdem kein Mieter einer solchen Mieterhöhung zustimmen wird, muss der Vermieter im anschließenden Prozess die Vermutungswirkung des qualifizierten Mietspiegels widerlegen, um eine höhere Miete zu erhalten. Nachdem ein solcher qualifizierter Mietspiegel die widerlegliche Vermutung hat, dass die in ihm angegebenen Werte die ortsübliche Vergleichsmiete wiedergeben (§ 558d Abs. 3 BGB), muss der Vermieter im Prozess den Beweis dafür erbringen, dass dieser Mietspiegel die ortsübliche Vergleichsmiete für die streitbefangene Wohnung tatsächlich nicht wiedergibt. Unterlässt der Vermieter diese Angaben, so ist das Erhöhungsverlangen unzulässig. Der qualifizierte Mietspiegel ist daher ein zwingendes Begründungsmittel.

In § 558a Abs. 4 Satz 2 BGB ist geregelt, wie zu verfahren ist, wenn zum Zeitpunkt der Abgabe der Mieterhöhungserklärung kein Mietspiegel besteht, der gemäß § 558c Abs. 3 BGB im Abstand von zwei Jahren fortgeschrieben wurde, oder kein qualifizierter Mietspiegel besteht, der im Abstand von zwei Jahren der Mietentwicklung angepasst wurde. In diesem Fall kann der Vermieter auch einen anderen, insbesondere einen veralteten Mietspiegel oder einen Mietspiegel einer vergleichbaren Gemeinde verwenden. Begründet der Vermieter die Erhöhung mit einem alten Mietspiegel, obwohl bereits ein neuer Mietspiegel veröffentlicht wurde, ist die Erhöhung deshalb nicht unwirksam; im gerichtlichen Verfahren ist die Miete nach dem neuen Mietspiegel zu ermitteln (BGH, Urteil vom 6.7.2011, VIII ZR 337/10, NZM 2011, 743).

Grundsätzlich kann ein Mieterhöhungsverlangen nicht auf einen Mietspiegel gestützt werden, der keine Angaben zu bestimmten Gebäuden und Wohnungstypen enthält. Hiervon hat der BGH eine Ausnahme gemacht. Die Miete für Einfamilienhäuser liegt im Regelfall über der Miete für Wohnungen in Mehrfamilienhäusern. Der Vermieter kann deshalb zur Begründung eines Mieterhöhungsverlangens für ein Einfamilienhaus auf einen Mietspiegel, der keine Angaben zu Einfamilienhäusern enthält, jedenfalls dann Bezug nehmen, wenn die geforderte Miete innerhalb der Mietpreisspanne für Wohnungen in Mehrfamilienhäusern liegt (BGH, WuM 2008, 729).

Der Mietspiegel einer anderen Gemeinde ist nur vergleichbar, wenn in den wesentlichen Faktoren Übereinstimmung besteht (LG München II, WuM 1986, 259). Großzügiger ist das OLG Stuttgart: Danach kann ein Mieterhöhungsverlangen auf den Mietspiegel einer Nachbargemeinde gestützt werden, wenn die Behauptung, dies sei eine vergleichbare Gemeinde, nicht offensichtlich unbegründet ist (RE vom 2.2.1982, WuM 1982, 108).

Dieser Rechtsansicht folgt auch der BGH (Urteil vom 16.6.2010, VIII ZR 99/09, WuM 2010, 505). Danach reicht zur Wirksamkeit des Zustimmungsverlangens zur Mieterhöhung unter Bezugnahme auf den Mietspiegel einer vergleichbaren Gemeinde die Behauptung des Vermieters aus, die Gemeinden seien vergleichbar. Ob diese Behauptung tatsächlich zutrifft, ist nicht eine Frage der Zulässigkeit, sondern der Begründetheit des Mieterhöhungsverlangens.

Ein pauschaler Zuschlag auf alte oder veraltete Mietspiegel durch den Vermieter in seinem Erhöhungsverlangen ist allerdings unzulässig (OLG Stuttgart, RE vom 2.2.1981, WuM 1982, 108).

Wie ist vorzugehen, wenn im Mietspiegel Nettomieten ausgewiesen sind, aber eine Erhöhung der Bruttomiete mit dem Mietspiegel begründet werden soll? Dies erfolgt dadurch, dass der Vermieter die auf die konkrete Wohnung entfallenden Betriebskosten konkret darlegt, indem er sämtliche Betriebskosten getrennt nach dem derzeitigen Stand aufführt.

Für den Berliner Mietspiegel hat der BGH entschieden, dass die dort angegebenen Durchschnittswerte für die Betriebskosten bereits nach der Vorstellung der Mietspiegelverfasser nicht zur Ermittlung fiktiver Bruttovergleichsmieten bestimmt sind. Vielmehr sind die konkret zur Zeit des Zugangs des Erhöhungsverlangens auf die Wohnung entfallenden Betriebskosten, sofern sie den Rahmen des Üblichen nicht überschreiten, zu der im Mietspiegel ausgewiesenen Nettokaltmiete hinzuzurechnen (BGH, Urteil vom 26.10.2005, VIII ZR 41/05, NZM 2006, 101). In einer weiteren Entscheidung (NZM 2006, 864) hat der BGH nochmals ausdrücklich darauf hingewiesen, dass die tatsächlich auf die Wohnung entfallenden Betriebskosten anzugeben sind.

Begründet der Vermieter sein Erhöhungsverlangen mithilfe des Mietspiegels, muss er diesen seinem diesbezüglichen Schreiben nicht beifügen, sofern er allgemein zugänglich ist (BGH, NZM 2008, 164). Ausreichend ist, wenn der Vermieter dem Mieter die Einsichtnahme des Mietspiegels in den Räumen seines Kundencenters am Wohnort des Mieters anbietet (BGH, WuM 2009, 293). Allgemein zugänglich ist ein Mietspiegel auch dann, wenn er durch die Interessenverbände der Mieter und Vermieter gegen Zahlung eines geringen Betrages (hier: 3 Euro) abgegeben wird und zudem (vollständig) im Internet veröffentlicht wird (BGH, WuM 2009, 352). Der Vermieter muss aber immer angeben, unter welche Rubrik des Mietspiegels er die Wohnung des Mieters einreiht (z. B. Baualter, Größe, Ausstattung, Wohnlage). Nach dem Sinn und Zweck von § 558a BGB soll dem Mieter die Möglichkeit der Information und der Nachprüfung gegeben werden, damit er sich anhand der ihm mitgeteilten Daten schlüssig werden kann, ob er zustimmen will oder nicht. Demgemäß muss der Vermieter bei einer Bezugnahme auf einen Mietspiegel dem Mieter die Bezugspunkte für die Einstufung im Mietspiegel nennen, die der Mieter braucht, um die Berechnung nachvollziehen zu können. Es reicht aus, dass im Erhöhungsverlangen die Koordinaten angegeben werden, aus denen sich das einschlägige Rasterfeld des Mietspiegels ermitteln lässt, das Mietspiegelfeld selbst muss nicht ausdrücklich gekennzeichnet werden (LG Nürnberg-Fürth, NJW-MietR 1997, 27).

Enthält der Mietspiegel Rasterfelder, in denen für eine Wohnung einer bestimmten Kategorie jeweils eine bestimmte Spanne ausgewiesen ist (z. B. Mietspiegel für Berlin-West), so ist im Erhöhungsverlangen nur die genaue Angabe des einschlägigen Rasterfeldes erforderlich. Die Spanne muss nicht mitgeteilt werden (BGH, NZM 2008, 164). Erforderlich und ausreichend ist die Angabe des für die Wohnung nach Auffassung des Vermieters einschlägigen Mietspiegelfeldes (BGH, WuM 2009, 239).

Auch führen rechnerische Fehler bei der Berechnung der Vergleichsmiete nach dem Mietspiegel, die nicht ohne Weiteres aus dem Erhöhungsverlangen selbst ersichtlich sind, grundsätzlich nicht zu einer Unwirksamkeit des Erhöhungsverlangens (LG München I, a. a. O.). Ein formell wirksames Mieterhöhungsverlangen ist dann gegeben, wenn der Vermieter unter zutreffender Einordnung der Wohnung des Mieters in die entsprechende Kategorie des Mietspiegels die dort vorgesehene Mietspanne richtig nennt und die erhöhte Miete angibt. Wenn die erhöhte Miete oberhalb der Spanne liegt, ist das Verlangen gleichwohl formell wirksam, jedoch insoweit unbegründet, als es über den Höchstbetrag des Mietspiegels hinausgeht (BGH, Urteil vom 12.11.2003, VIII ZR 52/03, WuM 2004, 93).

Das Erhöhungsverlangen ist also formell wirksam, wenn die verlangte Miete innerhalb der angegebenen Spanne des Mietspiegels liegt und der Vermieter die Wohnung zutreffend in das richtige Tabellenfeld einordnet (BGH, a. a. O.). Ob das Erhöhungsverlangen aber auch materiell-rechtlich begründet ist, wenn der Vermieter den Oberwert der laut Mietspiegel maßgebenden Mietspanne zugrunde legt, ist Frage der Begründetheit des Erhöhungsverlangens und vom Gericht zu klären. Da die Anforderungen der Gerichte jedoch unterschiedlich sind, empfehlen sich möglichst genaue Angaben (vgl. LG Nürnberg, WuM 1988, 279).

Mietdatenbank

Dieses Begründungsmittel (§ 558e BGB) ist eine zur Ermittlung der ortsüblichen Vergleichsmiete fortlaufend geführte Sammlung von Mieten, die von der Gemeinde oder von Interessenvertretern der Vermieter und der Mieter gemeinsam geführt oder anerkannt wird und aus der Auskünfte gegeben werden, die für einzelne Wohnungen einen Schluss auf die ortsübliche Vergleichsmiete zulassen. Diese Sammlung muss also fortlaufend geführt werden. Ihre Funktion besteht darin, Angaben zu Mietvereinbarungen und Mietänderungen bereitzustellen, aus denen Erkenntnisse über ortsübliche Vergleichsmieten gewonnen werden können, diese fortlaufend zu sammeln, strukturiert aufzuarbeiten und sie auszuwerten. Damit auf die ortsübliche Vergleichsmiete geschlossen werden kann, sind bei der Auswahl von Mietdaten zur Ermittlung der Vergleichsmiete für eine bestimmte Wohnung die gesetzlichen Vorgaben zur Ermittlung der ortsüblichen Vergleichsmiete gemäß § 558 Abs. 2 BGB einzuhalten. Mit der Mietdatenbank als Begründungsmittel soll der Entwicklung der Informationstechnik Rechnung getragen werden, die es ermöglicht, große Mengen an Daten zu speichern, zu verarbeiten und aufzubereiten. Der wesentliche Unterschied gegenüber einem Mietspiegel, der immer nur eine Momentaufnahme des Wohnungsmarktes bieten kann, liegt in der fortlaufenden Erfassung von Daten. Damit ermöglicht eine Datenbank grundsätzlich eine hohe Aktualität, weist aber geringere Repräsentativität auf. Eine solche Datenbank existiert derzeit nur in wenigen Städten. Die praktischen Auswirkungen sind also vorerst gering. Aus dem Gesetz ergibt sich insbesondere nicht, wie die Auskunft auszusehen hat und in welcher Form der Vermieter sie dem Mieter bekannt geben muss. Hier muss abgewartet werden, bis dieses Begründungsmittel ausreichend verbreitet ist und die ersten Urteile vorliegen.

Sachverständigengutachten

Will der Vermieter sein Erhöhungsverlangen auf ein Sachverständigengutachten stützen, muss er einen öffentlich bestellten und vereidigten Sachverständigen mit der Erstellung beauftragen. Das Mieterhöhungsverlangen kann aber auch wirksam auf das Gutachten eines Sachverständigen gestützt werden, welcher dem Vermieter durch die zuständige Handelskammer benannt worden ist, ohne von ihr öffentlich bestellt und/oder vereidigt zu sein (OLG Hamburg, RE vom 30.12.1984, WuM 1984, 45). Der Sachverständige muss nicht speziell für die Mietbewertung bestellt sein, jedoch muss sein Tätigkeitsbereich diese umfassen. Das Gutachten eines Sachverständigen für Grundstücks- und Gebäudebewertung erfüllt diese Voraussetzungen (BGH, RE vom 21.4.1982, NJW 1982, 1701), nicht das eines solchen für das Bauhandwerk (OLG Oldenburg, RE vom 22.12.1980, WuM 1981, 55). Das Sachverständigengutachten, auf das zur Begründung eines Mieterhöhungsverlangens verwiesen wird, muss nicht von einem Sachverständigen erstellt sein, der von derjenigen IHK öffentlich bestellt oder vereidigt ist, in deren Bezirk die Wohnung liegt, für die die Miete erhöht werden soll (BayObLG, RE vom 23.7.1987, WuM 1987, 312). Das Gutachten darf nicht älter als zwei Jahre sein, andernfalls ist das Erhöhungsverlangen unwirksam (LG Berlin, WuM 1998, 229).

Das Gutachten ist zu begründen. Es muss erkennen lassen, worauf das gewonnene Ergebnis beruht. Die Anforderungen an ein Sachverständigengutachten zur Begründung einer Mieterhöhung dürfen jedoch nicht überspannt werden. § 558a Abs. 2 BGB verlangt nur Hinweise, nicht aber den Nachweis der Richtigkeit der Angaben im Mieterhöhungsverlangen. Dies ist Sache der Begründetheit einer Klage auf Zustimmung zur Mieterhöhung.

Es reicht daher, wenn der Sachverständige in einer für den Mieter verständlichen und nachvollziehbaren Weise dargetan hat, warum die neu verlangte Miete ortsüblich ist. Ausreichend ist, wenn das Gutachten eine Aussage über die tatsächliche ortsübliche Vergleichsmiete getroffen hat und die zu beurteilende Wohnung in das örtliche Mietpreisgefüge eingeordnet wird (BVerfG, Urteil vom 14.5.1986, WuM 1986, 237). Grundsätzlich empfiehlt es sich, dass der Sachverständige in seinem Gutachten von dem Mietbegriff ausgeht (z. B. Nettomiete, Teilinklusivmiete), der vorliegend gegeben ist (vgl. OLG Hamm, RE vom 3.12.1992, WuM 1993, 29). Bei einer Wohnanlage mit unterschiedlichen Mietstrukturen soll es jedoch zulässig sein, dass der Sachverständige seine Gutachten auf Grundlage von Nettokaltmieten aufbaut und der Vermieter für den konkreten Einzelfall die jeweiligen Betriebskostenanteile berechnet und dies gegenüber dem Mieter darlegt. Nach Ansicht des OLG Karlsruhe ist der Gutachter nicht gehalten, seine Darlegungen durch Benennung konkreter Vergleichsobjekte zu untermauern (RE vom 20.7.1982, WuM 1982, 269).

Hat die in Betracht kommende Gemeinde einen qualifizierten Mietspiegel gemäß § 558d BGB aufgestellt, muss der Sachverständige gemäß § 558a Abs. 3 BGB die Miete nach diesem Mietspiegel berechnen und die Berechnung in sein Gutachten mit aufnehmen, auch wenn er zu einem anderen Ergebnis kommt. Eine Besichtigung der zu begutachtenden Wohnung ist jedenfalls dann entbehrlich, wenn die Beurteilung des Sachverständigen auf der Besichtigung einer genügenden Anzahl anderer gleichartiger Wohnungen innerhalb derselben Wohnanlage beruht (OLG Oldenburg, RE vom 2.1.1981, WuM 1981, 150; OLG Celle, RE vom 27.4.1982, WuM 1982, 180).

Das Gutachten muss der schriftlichen Mitteilung, die das Erhöhungsverlangen enthält, beigefügt werden, und zwar in vollem Wortlaut (OLG Braunschweig, RE vom 19.4.1982, WuM 1982, 272). Es genügt nicht, wenn der Vermieter den Mieter darauf verweist, das Gutachten bei ihm einzusehen. Der Mieter hat die Besichtigung der Wohnung durch den Sachverständigen zwecks Erstellung eines Gutachtens zu dulden. Hierbei ist auf die berechtigten Belange des Mieters Rücksicht zu nehmen. Bei schuldhafter Verweigerung der Besichtigung macht sich der Mieter gegenüber dem Vermieter unter Umständen schadenersatzpflichtig, wenn dem Vermieter bei einem berechtigten Erhöhungsverlangen ein Mietausfall wegen der verspäteten Geltendmachung entsteht. Im Prozess hat das Sachverständigengutachten lediglich die Bedeutung eines Parteigutachtens. Es ist Begründungsmittel, nicht Beweismittel. Die Prozesslage ist keine andere, als wenn der Vermieter sein Erhöhungsverlangen auf Vergleichswohnungen stützt.

Die Kosten des vorprozessualen Sachverständigengutachtens treffen den Vermieter. Dieser wird bei der Wahl eines Sachverständigengutachtens als Begründungsmittel für sein Erhöhungsverlangen deshalb zweckmäßigerweise die zu erwartenden Mehreinnahmen an Miete zu den Gutachterkosten in Beziehung setzen. Freilich hat der Vermieter dann keine andere Wahl, wenn weder ein Mietspiegel vorhanden ist noch Vergleichsobjekte zu beschaffen sind.

Vergleichbare Wohnungen

Begründet der Vermieter seinen Anspruch durch Benennung von Vergleichsobjekten, so sind drei anzuführen. Die Vergleichsobjekte können anderen Vermietern oder dem Vermieter selbst gehören (§ 558 Abs. 2 Nr. 4 BGB). Der Vermieter darf alle drei zu benennenden Vergleichswohnungen oder einen Teil davon seinem eigenen Wohnungsbestand entnehmen. Die Vergleichsobjekte können auch aus einem Haus (BVerfG, Beschluss vom 12.5.1993, WuM 1994, 139) und auch aus demselben Haus stammen, in dem der Mieter selbst wohnt.

Für das vorprozessuale Erhöhungsverlangen ist der Zeitpunkt des Zustandekommens der Mietvereinbarung der Vergleichswohnungen ohne Bedeutung, die Vergleichsmieten müssen also nicht innerhalb der letzten vier Jahre zustande gekommen oder abgeändert sein. Die Miete der Vergleichswohnungen muss aber mindestens so hoch sein wie die neu verlangte Miete. Andernfalls ist das Mieterhöhungsverlangen nur teilweise wirksam, und zwar bis zur Höhe der dritthöchsten Vergleichsmiete (OLG Karlsruhe, RE vom 15.12.1983, WuM 1984, 21).

BEISPIEL

Das Mieterhöhungsverlangen auf 6 Euro/m² wird begründet mit drei Vergleichswohnungen in Höhe von 7 Euro/m², 6,25 Euro/m² und 5,50 Euro/m². Das Erhöhungsverlangen ist also nur bis zu einer Miete von 5,50 Euro/m² wirksam, nicht bis zum rechnerischen Durchschnitt der drei Wohnungen.

Die Vergleichsobjekte müssen so bezeichnet sein, dass sie der Mieter auffinden kann. Das ist möglich, wenn Straße, Hausnummer, Stockwerk und, sofern sich in einem Stockwerk mehrere Wohnungen befinden, die Lage innerhalb des Stockwerkes (rechts, links) angegeben sind. Die Angabe des Namens des Vermieters oder Mieters ist in der Regel nicht erforderlich (BGH, RE vom 20.9.1982, WuM 1982, 324). Hingegen sind weitere Angaben erforderlich, wenn die Wohnung durch diese Angaben nicht eindeutig identifizierbar ist. Wenn nämlich unter der Lagebezeichnung mehr als eine Wohnung aufzufinden ist, muss der Name des Mieters der Vergleichswohnung mit angegeben werden (LG München I, Urteil vom 12.6.2002, WuM 2002, 427; BGH, Urteil vom 18.12.2002, VIII Z R 72/02, WuM 2003, 149, 150).

Die Wohnungen müssen vergleichbar sein. Hierbei mussen aber nicht sämtliche Wohnwertmerkmale gemäß § 558 Abs. 2 Satz 1 BGB strikt eingehalten sein:

- Art: Hierzu gehören Appartements, die mit Zwei- oder Dreizimmerwohnungen nicht vergleichbar sind. Ebenso sind Einfamilien- oder Reihenhäuser nicht mit Wohnungen vergleichbar.

- Größe: Ausreichend ist grundsätzlich, wenn der Quadratmeterpreis der Vergleichswohnungen angegeben ist (BVerfG, NJW 1980, 1617). Die Instanzgerichte urteilen jedoch strenger. Danach ist die Wohnfläche der Vergleichswohnungen anzugeben, da nur so festgestellt werden kann, ob vergleichbare Wohnungstypen vorliegen. Je kleiner die Wohnung ist, desto geringer darf die Abweichung sein. Zu unterscheiden sind demnach Einzimmerwohnungen, Zwei- und Dreizimmerwohnungen sowie Vier- und Mehrzimmerwohnungen. Als Anhaltspunkt sollte die Abweichung zur vermieteten Wohnung nicht mehr als 30 bis 50 % betragen.
- Ausstattung, Beschaffenheit und Lage: Es sollte darauf geachtet werden, dass die wesentlichen Ausstattungsmerkmale der Vergleichswohnungen mit der Bezugswohnung übereinstimmen. Im Allgemeinen unterscheidet man zwischen Einfachwohnungen (ohne Bad und Zentralheizung), mittleren Wohnungen (in der Regel mit Bad, aber ohne Zentralheizung) und Komfortwohnungen (mit Bad und Zentralheizung, eventuell Lift). Bezugswohnung und Vergleichswohnungen sollten auch aus derselben Baualtersklasse stammen, wobei ein Unterschied von circa zehn Jahren unschädlich ist. Wenn der Ausstattungs- und Modernisierungszustand in etwa gleich ist, wird man aber auch bei verschiedenen Baualtersklassen noch von Vergleichbarkeit ausgehen können.

Etwas anderes kann sich nur ergeben, wenn vom Mieter das Vorhandensein der Wohnung überhaupt oder das Vorhandensein von Merkmalen bestritten wird, bei deren Wegfall eine Vergleichbarkeit zweifelsfrei nicht mehr gegeben ist. Es kommt auch nicht darauf an, ob die „Vergleichsmieter" die Besichtigung ihrer Wohnung gestatten oder Auskünfte erteilen (OLG Schleswig, RE vom 31.10.1983, WuM 1984, 23). Ausreichend ist auch, wenn dem Mieterhöhungsverlangen eine nicht unterschriebene Liste von Vergleichswohnungen beiliegt (KG Berlin, RE vom 22.2.1984, WuM 1984, 101).

Die Benennung von Vergleichswohnungen ist nicht auf eine bestimmte Höchstzahl beschränkt. Ein Erhöhungsverlangen ist also auch dann nicht unwirksam, wenn der Vermieter dem Mieter eine mittels elektronischer Datenverarbeitung angefertigte Aufstellung von 80 Vergleichswohnungen übermittelt (BayObLG, RE vom 25.9.1991, WuM 1992, 52). Wenn diese Aufstellung allerdings eine nicht nur unerhebliche Anzahl nicht vergleichbarer Wohnungen enthält, ist sie als Begründungsmittel ungeeignet, da es dem Mieter nicht zuzumuten ist, sich drei vergleichbare Wohnungen selbst auszusuchen.

Die Angabe von drei Vergleichswohnungen dient nur der Zulässigkeit des Erhöhungsverlangens. Bei der Benennung von Vergleichswohnungen im Rahmen einer Mieterhöhung dürften daher keine überhöhten Anforderungen an die Begründungspflicht des Vermieters gestellt werden (BVerfG, Urteil vom 14.7.1981, WuM 1982, 146). So hält es das Bundesverfassungsgericht in seinem Beschluss vom 8.11.1988 (WuM 1989, 62) für ausreichend, dass der Mieter Informationen über Namen des Wohnungsinhabers, Adresse, Geschoss und Quadratmeterpreis erhält. In der Mitteilung dieser Daten liegt zugleich die stillschweigende Erklärung des Vermieters, dass er die benannten Wohnungen hinsichtlich sämtlicher vom Gesetz aufgeführter Merkmale (Art, Größe, Ausstattung, Beschaffenheit und Lage) für vergleichbar hält.

Etwas anderes gilt jedoch dann, wenn die fragliche Wohnung eine so ins Auge fallende Besonderheit aufweist, dass der Mieter an der Vergleichbarkeit der benannten Wohnungen zweifeln und schriftlichen Aufschluss über das Vorhandensein dieses ganz speziellen wertbestimmenden Faktors erwarten kann, der über die Angabe von Lage und Quadratmeterpreis hinausgeht. (Im vorliegenden Fall wurde die Wohnung über einen einzigen Außenwandgasofen beheizt.) Entsprechende inhaltliche Anforderungen an die Erhöhungserklärung sind nach Ansicht des Gerichts nicht unverhältnismäßig und verstoßen nicht gegen das Gebot zur grundrechtskonformen Auslegung und Anwendung der gesetzlichen Bestimmungen.

Der Vermieter kann zur Begründung Vergleichswohnungen heranziehen, deren Mietstruktur von der zu erhöhenden Wohnung abweicht (BVerfG, Beschluss vom 8.9.1993, WuM 1994, 137). Allerdings hat er durch einfache Rechenoperationen die Vergleichbarkeit herzustellen:

Bei der Begründung eines Mieterhöhungsverlangens für eine Bruttokaltmiete (inklusive Betriebskosten) mit Nettomieten hat der Vermieter zu den Nettomieten die tatsächlich anfallenden Betriebskosten hinzuzurechnen (LG Karlsruhe, WuM 1985, 328) oder einfacher, den Betriebskostenanteil aus der bisherigen Miete herauszurechnen.

Im umgekehrten Fall (Erhöhung einer Nettomiete unter Hinweis auf Vergleichswohnungen mit Bruttomiete) sind entweder bei den Mieten der Vergleichswohnungen die Betriebskosten abzuziehen oder bei der Miete der zu erhöhenden Wohnung die dort anfallenden Betriebskosten hinzuzuzählen, damit Vergleichbarkeit hergestellt ist. Großzügiger ist das BVerfG (a. a. O.): Danach genügt die Angabe von Adresse, Geschoss, Stockwerkslage und Quadratmeterpreis. Die rechnerische Ermittlung einer geforderten Nettomiete ist nicht notwendig, solange dem Mieter mit den erhaltenen Angaben eine eigene Nachprüfung des Erhöhungsverlangens möglich ist. Wenn das Gericht diese Angaben nicht für ausreichend hält, muss es dem Vermieter Gelegenheit zur Ergänzung seines Sachvortrags geben.

Eine Änderung der vertraglich vereinbarten Mietstruktur im Erhöhungsverlangen darf der Vermieter nicht vornehmen, dies würde das Verlangen unwirksam machen.

Zu beachten ist, dass auch bei der Begründung mit Vergleichsmieten die mögliche Mieterhöhung nach dem qualifizierten Mietspiegel im Erhöhungsverlangen vorgerechnet werden muss (§ 558a Abs. 3 BGB).

Anrechnung von Drittmitteln

Führt der Vermieter Modernisierungsmaßnahmen durch, kann er wählen, ob er eine Modernisierungsmieterhöhung gemäß § 559 BGB oder eine Mieterhöhung auf die ortsübliche Vergleichsmiete gemäß § 558 BGB durchführt. Nimmt der Vermieter für die Modernisierung Leistungen aus öffentlichen Haushalten in Anspruch, soll dies dem Mieter zugutekommen. Wählt der Vermieter die Möglichkeit, die Miete für die modernisierte Wohnung auf die ortsübliche Vergleichsmiete anzuheben, sind diese öffentlichen Mittel entsprechend anzurechnen. Im Erhöhungsverlangen ist dies zu berücksichtigen und dem Mieter vorzurechnen. Gemäß § 558 Abs. 5 BGB sind von dem Jahresbetrag, der sich bei einer Erhöhung auf die ortsübliche Vergleichsmiete ergäbe, Drittmittel im Sinne des § 559a BGB abzuziehen, im Falle des § 559a Abs. 1 BGB mit 11 % des Zuschusses.

Wie der BGH entschieden hat, bezieht sich die Begründungspflicht gemäß § 558a Abs. 1 BGB auch auf die Anrechnung von Kürzungsbeträgen. Ein Erhöhungsverlangen ist daher aus formellen Gründen unwirksam, wenn der Vermieter in der Begründung auf die Inanspruchnahme einer öffentlichen Förderung für die Modernisierung der Wohnung und die dadurch veranlasste Kürzung der Mieterhöhung hinweist, den Kürzungsbetrag jedoch nicht nachvollziehbar erläutert (BGH, Urteil vom 25.2.2004, VIII ZR 116/03, WuM 2004, 283; BGH, Urteil vom 12.5.2004, VIII ZR 234/03, WuM 2004, 405). Dem Mieter müssen also die abzusetzenden Kürzungsbeträge und deren Berechnungsgrundlagen bekannt gegeben werden. Anzurechnen sind Zuschüsse zu Baumaßnahmen gemäß § 559 BGB (Modernisierung). Es muss sich also um solche Maßnahmen handeln, die den Vermieter auch zu einer Mieterhöhung gemäß § 559 BGB berechtigen würden.

BEISPIEL

Der Vermieter hat ein zinsverbilligtes Darlehen von 20.000 Euro zu einem Zinssatz von 3 % erhalten, der übliche Zinssatz für erstrangig abgesicherte Darlehen betrug 7 %. Der Kürzungsbetrag wird wie folgt ermittelt: 7 % — 3 % = 4 %, 4 Prozent von 20.000 Euro = 800 Euro jährlich. Die ortsübliche Vergleichsmiete beträgt 700 Euro monatlich, jährlich also 8.400 Euro. Hiervon ist der Kürzungsbetrag in Höhe von 800 Euro abzuziehen = 7.600 Euro, dies geteilt durch zwölf Monate = 633,33 Euro. Diesen Betrag kann der Vermieter bei der Mieterhöhung fordern, wenn die übrigen Voraussetzungen erfüllt sind.

Die Anrechnungspflicht von Drittmitteln, die von öffentlichen Haushalten für Modernisierungsmaßnahmen gewährt wurden, endet zwölf Jahre nach der mittleren Bezugsfertigkeit des geförderten Objekts (BGH, Urteil vom 13.6.2012, VIII ZR 310/11, WuM 2012, 503).

Zustimmung und Klage

Dem Mieter ist eine Überlegungsfrist eingeräumt, innerhalb derer er sich darüber schlüssig werden kann, ob er dem Erhöhungsverlangen zustimmt. Sie beginnt mit dem Zugang des Erhöhungsverlangens und endet mit dem Ablauf des zweiten Kalendermonats, der auf den Zugang folgt (§ 558b Abs. 2 BGB). Erfolgt der Zugang beispielsweise am 5.1. läuft die Überlegungsfrist bis zum 31.3.

Die Zustimmung des Mieters zur Mieterhöhung ist eine einseitige empfangsbedürftige Willenserklärung, die an keine Form gebunden ist. Grundsätzlich ist die Zustimmung bei einer vertraglich vereinbarten Schriftformklausel schriftlich abzugeben. Die Parteien können sich aber über das Formerfordernis hinwegsetzen. Die Schriftform aufgrund des § 550 BGB ist bei Zustimmung zu einer nicht unwesentlichen Mieterhöhung (über 5 %) bei Mietverträgen für längere Zeit als ein Jahr einzuhalten. In diesem Fall hat der Vermieter auch bei konkludenter Zustimmung durch Zahlung der erhöhten Miete (siehe unten) einen Anspruch auf schriftliche Zustimmung (LG Wiesbaden, WuM 2000, 195).

Bereits in der einmaligen Zahlung des Mieters kann je nach den begleitenden Umständen die Annahme des Angebots des Vermieters, eine Erhöhungsvereinbarung abzuschließen, gesehen werden, wenn ein entsprechender rechtsgeschäftlicher Wille auf beiden Seiten festzustellen ist. Dabei ist darauf abzustellen, wie der Empfänger einer solchen Zahlung dies bei objektiver Betrachtungsweise auffassen konnte und durfte. So hat das Landgericht Kiel die durch die Änderung des Dauerauftrags und Zahlung der erhöhten Miete erkennbare Verhaltensänderung des Mieters als formlose Zustimmung angesehen (WuM 1993, 198).

Teilweise wird von der Rechtsprechung eine mehrmalige, vorbehaltlose Zahlung der erhöhten Mieten verlangt. Aber auch die Zahlung über einen längeren Zeitraum kann nach den Umständen des Einzelfalls nicht als Zustimmung zu werten sein, so z. B. wenn der Vermieter die erhöhte Miete ohne Einverständnis des Mieters auf dessen Konto abbucht (LG München I, WuM 1996, 44) oder wenn der Vermieter nicht die Zustimmung des Mieters zu einer Mieterhöhung verlangt, sondern die Miete einseitig neu festsetzt und der Mieter der irrigen Ansicht ist, zur Zahlung verpflichtet zu sein (BGH, Urteil vom 20.7.2005, VIII ZR 199/04, WuM 2005, 581).

Auch einem unwirksamen Zustimmungsverlangen zur Mieterhöhung kann der Mieter durch Zahlung der erhöhten Miete konkludent zustimmen (BGH, Urteil vom 29.6.2005, VIII ZR 182/04, WuM 2005, 518).

Keine Zustimmung liegt vor, wenn der Vermieter aufgrund einer zur bisherigen Miethöhe erteilten Abbuchungsermächtigung die erhöhte Miete monatelang einzieht, aber keine Zustimmungsklage erhebt (LG München I, WuM 1996, 44).

Verweigert der Mieter die Zustimmung oder gibt er keine Erklärung ab, was als Ablehnung zu werten ist, kann der Vermieter innerhalb dreier weiterer Monate ab dem Ende der Überlegungsfrist Klage auf Zustimmung erheben (§ 558b Abs. 2 BGB). Im oben genannten Beispiel würde die Klagefrist am 30.6. ablaufen. Die Klagefrist ist eine Ausschlussfrist. Eine nach Fristablauf erhobene Klage ist unzulässig. In diesem Fall muss ein neues Erhöhungsverlangen gestellt werden, wobei neue Überlegungs- und Klagefristen anlaufen.

Die Klagefrist wird durch rechtzeitige Einreichung der Klage bei Gericht gewahrt, wenn die Klage demnächst zugestellt wird (§ 167 ZPO). Eine vor Ablauf der Überlegungsfrist des Mieters, im Beispiel vor dem 31.3., erhobene Klage ist unzulässig. Eine Ausnahme besteht, wenn der Mieter die Zustimmung endgültig und bestimmt abgelehnt hat. Im Übrigen wird die verfrüht erhobene Klage zulässig, wenn die Überlegungsfrist des Mieters bis zur Zeit des letzten Verhandlungstermins abgelaufen war (KG Berlin, RE vom 12.1.1981, WuM 1981, 54).

Erteilt der Mieter nachträglich seine Zustimmung, was möglich ist, hat aber der Vermieter bereits Klage erhoben und ist die Klage vor Zustimmung zugestellt worden, ist der Rechtsstreit in der Hauptsache erledigt, und der Kläger muss ihn für erledigt erklären. Das Gericht entscheidet über die Kosten durch Beschluss. In § 269 Abs. 3 Satz 3 ZPO ist nunmehr auch geregelt, wer die Kosten zu tragen hat, wenn das zu erledigende Ereignis, also die Zustimmung des Mieters, zwischen Einreichung und Zustellung der Klage erfolgt. Im Falle der Klagerücknahme ist zwar grundsätzlich der Kläger verpflichtet, die Kosten des Rechtsstreits zu tragen. Ist aber der Anlass zur Einreichung der Klage vor Rechtshängigkeit weggefallen und wird die Klage darauf unverzüglich zurückgenommen, so bestimmt sich die Kostentragungspflicht unter Berücksichtigung des bisherigen Sach- und Streitstands nach billigem Ermessen. Das Gericht kann in diesem Fall dem Mieter die Kosten auferlegen (LG Berlin, Urteil vom 17.3.2003, GE 2003, 881).

Der Mieter kann auch teilweise, d. h. bis zu einem Betrag, der unter der vom Vermieter verlangten Miete liegt, zustimmen. In diesem Fall hat der Vermieter die Wahl, sich damit zufrieden zu geben oder auf Zustimmung zu einer Erhöhung der Miete auf den vollen Betrag zu klagen. Die teilweise Zustimmung hat dann allenfalls Bedeutung für den Streitwert des Prozesses.

Eine Zustimmung unter Bedingungen oder Vorbehalt ist als neues Angebot des Mieters anzusehen, auf das der Vermieter nicht eingehen muss. Der Vermieter muss hier, wenn er damit nicht einverstanden ist, innerhalb der Frist klagen.

Der Mieter kann sich gegenüber dem Anspruch des Vermieters auf Zustimmung zur Mieterhöhung nach § 558 BGB nicht auf ein Zurückbehaltungsrecht gemäß § 273 BGB wegen eines Gegenanspruchs auf Mängelbeseitigung gemäß § 536 BGB berufen (OLG Frankfurt/M., RE vom 29.7.1999, 20 RE-Miet 1196, WuM 1999, 629).

Dagegen kann der Mieter auch einem unwirksamen Mieterhöhungsverlangen ganz oder teilweise zustimmen. Die Teilzustimmung ist rechtlich als Angebot auf Zustimmung zur Vertragsänderung zu werten (LG Berlin, WuM 1997, 51). Nimmt der Vermieter an, läuft die Jahresfrist (siehe Stichwort „Jahresfrist"). Dies gilt nicht, wenn der Vermieter das unwirksame Verlangen im Verfahren nachbessert, da es sich weiterhin um ein einheitliches Erhöhungsverfahren handelt. Dem Mieter steht in diesem Fall allerdings eine weitere Überlegungsfrist von zwei Monaten zu (BGH, Urteil vom 20.1.2010, VIII ZR 141/09, WuM 2010, 161).

Bei mehreren Mietern müssen alle zustimmen. Formularklauseln, wonach sich die Mieter gegenseitig zur Abgabe von Willenserklärungen, z. B. Zustimmung zur Mieterhöhung, bevollmächtigen, sind unwirksam. Wirksam sind Klauseln, die eine Empfangsvollmacht enthalten, wobei auch in diesem Fall die Mieterhöhung an alle Mieter zu richten ist. Auch eine Klage ist – trotz Bevollmächtigungsklausel – gegen alle Mieter zu richten (KG Berlin, RE vom 5.12.1985, WuM 1986, 106).

Wird die Zustimmungsklage nicht fristgemäß erhoben, gilt das Erhöhungsverlangen als nicht gestellt. Ein neues Erhöhungsverlangen kann jedoch jederzeit gestellt werden. Bei einer Teilzustimmung ist die Jahresfrist zu beachten (siehe Stichwort „Jahresfrist").

Ist Klage erhoben worden, jedoch kein wirksames oder nur ein teilwirksames (BayObLG, RE vom 30.6.1989, WuM 1989, 484) Erhöhungsverlangen vorausgegangen, kann der Vermieter das Erhöhungsverlangen im Rechtsstreit nachholen oder die Mängel beheben (§ 558b Abs. 3 Satz 1 BGB). Dem Mieter steht auch in diesem Fall die Zustimmungsfrist von zwei Monaten zu, die in diesem Fall erneut ausgelöst wird. Die überwiegende Meinung versteht unter „Nachholen" kein Nachbessern einzelner Formmängel, z. B. Angabe einer weiteren Vergleichsmiete, wenn die dritte Vergleichsmiete nicht zu berücksichtigen war, sondern eine Neuvornahme des Mieterhöhungsverlangens insgesamt.

Nunmehr ist dem Vermieter aber auch gestattet, einzelne Mängel des Erhöhungsverlangens während des Rechtsstreits nachzubessern, z. B. die Begründung zu ergänzen, eine fehlende Unterschrift vorzunehmen oder das nicht beigefügte Gutachten eines Sachverständigen nachzureichen, so die amtliche Begründung.

Die Auswirkungen zugunsten der Vermieter werden sich gleichwohl in Grenzen halten. Prozessual stellt ein neues Erhöhungsverlangen eine Klageänderung dar, die dem Sinn des Gesetzes nach als sachdienlich anzusehen ist (§§ 263, 267 ZPO). Das Gericht ist jedoch – jedenfalls nach bisheriger Rechtsprechung – nicht verpflichtet, den Rechtsstreit zu vertagen (§ 227 Abs. 1 Satz 1 ZPO), bis die Überlegungsfrist für das neue oder nachgebesserte Erhöhungsverlangen abgelaufen ist. Entscheidet das Gericht vorher, kann es nach wie vor die Klage als unzulässig abweisen. Es bleibt abzuwarten, ob die Gerichte hier in Zukunft großzügiger verfahren werden.

Ein Nachholen ist auch in einem prozessualen Schriftsatz, z. B. einer Klagebegründung, möglich, wenn darin eindeutig zum Ausdruck gebracht wird, dass auch eine materiell-rechtliche Erklärung abgegeben wird. Der BGH hat entschieden, dass die zur Verteidigung gegenüber einem Mieterhöhungsverlangen erteilte Prozessvollmacht auch zum Empfang eines während des Verfahrens abgegebenen weiteren Mieterhöhungsverlangens ermächtigt. Der Prozessbevollmächtigte des Mieters kann also ein erneutes Erhöhungsverlangen nicht mit der Begründung zurückweisen, er sei nicht zustellungsbevollmächtigt. Ferner hat der BGH in diesem Urteil entschieden, dass § 174 BGB auf eine von einem Rechtsanwalt im Rahmen des gesetzlichen Umfangs seiner Prozessvollmacht abgegebenen Erklärung keine Anwendung findet. Der Rechtsanwalt des Vermieters hatte im vorliegenden Fall das nachgeholte Erhöhungsverlangen ohne Beifügen einer Vollmacht gestellt. Dies ist nach Ansicht des BGH auch nicht erforderlich. Ein Recht des Prozessbevollmächtigten des Mieters zur Zurückweisung des Erhöhungsverlangens bestand daher nicht (BGH, Urteil vom 18.12.2002, VIII ZR 72/02, NZM 2003, 229). Dieses Nachschieben von Gründen setzt erneut die zweimonatige Überlegungsfrist in Lauf. Erteilt der Mieter daraufhin seine Zustimmung, oder erkennt er den Klageanspruch sofort an, können die Kosten des Rechtsstreits dem Vermieter auferlegt werden.

Gerichtliches Verfahren

Liegt ein qualifizierter Mietspiegel vor, wird das Gericht danach die Ortsüblichkeit der neu verlangten Miete überprüfen. Ein Anspruch auf Einholung eines Sachverständigengutachtens besteht nicht (BVerfG, WuM 1991, 523; BGH, WuM 2005, 394).

Hierbei kann das Gericht – nicht der Vermieter – einen Alterungszuschlag vornehmen (sogenannte Stichtagsdifferenz). Berücksichtigt wird damit die Mietsteigerung in der Zeit zwischen der Datenerhebung zum Mietspiegel und dem Zeitpunkt des Zugangs des Mieterhöhungsverlangens. Das Gericht hat zur Ermittlung den jeweils aktuelleren Mietspiegel anzuwenden, wenn dessen Daten im maßgeblichen Zeitpunkt des Zugangs des Erhöhungsverlangens bereits erhoben worden sind (LG Berlin, GE 2004, 483; AG Dortmund, WuM 2005, 254).

Das Gericht kann auch einen einfachen, nicht qualifizierten Mietspiegel als Erkenntnismittel zur Ermittlung der ortsüblichen Vergleichsmiete verwenden (BGH, Urteil vom 16.6.2010, VIII ZR 99/09, WuM 2010, 505). Dies gilt auch für den Mietspiegel einer Nachbargemeinde, wenn die Gemeinden vergleichbar sind (BGH, a. a. O.).

Der qualifizierte Mietspiegel hat gemäß § 558d Abs. 3 BGB die Vermutungswirkung der Richtigkeit. Die Partei, die mit den Feststellungen des qualifizierten Mietspiegels nicht einverstanden ist, hat die Beweislast für die Unrichtigkeit. Hier muss also ein sogenanntes substanziiertes Bestreiten vorliegen (BGH, Urteil vom 21.11.2012, VIII ZR 46/12, WuM 2013, 110). Weist der Mietspiegel Spannen aus, hat der Vermieter keinen Anspruch auf eine Erhöhung bis zum höchsten Wert der Spanne. Die Einzelvergleichsmiete bewegt sich innerhalb einer gewissen Bandbreite, die ihrerseits innerhalb der umfassenderen Mietspiegelspanne liegt (BGH, Urteil vom 4.5.2011, VIII ZR 227/10, WuM 2011, 421). Der Vermieter hat also konkret vorzutragen, warum nicht vom Mittelwert auszugehen, sondern die Spanne voll auszuschöpfen ist.

Ist die Zustimmung erteilt, sei es durch (freiwillige) Erklärung des Mieters, sei es durch rechtskräftige Verurteilung zur Zustimmung, schuldet der Mieter die erhöhte Miete von Beginn des dritten Kalendermonats an, der auf den Zugang des Erhöhungsverlangens folgt.

▶ **BEISPIEL**

Das Zustimmungsverlangen ging am 5.1. zu, die erhöhte Miete ist ab 1.4. geschuldet. Beim Zugang am 5.1. ist somit auseinanderzuhalten: Die Überlegungsfrist des Mieters gilt bis zum 31.3., die Klagefrist vom 1.4. bis 30.6., die Zahlungspflicht bei Verurteilung oder Zustimmung ab 1.4.

Mieterhöhung bei Modernisierung

Die §§ 559 ff. BGB wurden durch das Mietrechtsänderungsgesetz neu gefasst. Gemäß § 559 Abs. 1 BGB kann der Vermieter die jährliche Miete um 11 % der für die Wohnung aufgewendeten Kosten erhöhen, wenn er Modernisierungsmaßnahmen im Sinne von § 555b Nr. 1, 3, 4, 5 oder 6 durchgeführt hat. Keine Mieterhöhung ist also möglich bei Maßnahmen gemäß § 555b Nr. 2 BGB (Veränderungen, durch die auf sonstige Weise nicht erneuerbare Primärenergie nachhaltig eingespart oder das Klima nachhaltig geschützt wird) und § 555b Nr. 7 BGB (Schaffung neuen Wohnraums). Im Übrigen kann auf die Begriffsbestimmungen in § 555b Bezug genommen werden.

Eine Mieterhöhung ist also möglich bei Maßnahmen,

- durch die in Bezug auf die Mietsache Endenergie oder nicht erneuerbare Primärenergie nachhaltig eingespart wird (energetische Modernisierung, § 555b Nr. 1 BGB);
- durch die der Wasserverbrauch nachhaltig reduziert wird (§ 555b Nr. 3 BGB);
- durch die der Gebrauchswert der Mietsache nachhaltig erhöht wird (§ 555b Nr. 4 BGB);
- durch die die allgemeinen Wohnverhältnisse auf Dauer verbessert werden (§ 555b Nr. 5 BGB);
- die aufgrund von Umständen durchgeführt werden, die der Vermieter nicht zu vertreten hat, und die keine Erhaltungsmaßnahmen nach § 555a BGB sind (§ 555b Nr. 6 BGB).

Im Gegensatz zu einer Mieterhöhung nach § 558 BGB ist eine Zustimmung des Mieters nicht erforderlich. Wenn die Erklärung des Vermieters den gesetzlichen Voraussetzungen entspricht, hat sie unmittelbare vertragsändernde Wirkung. Der Vermieter muss hier im Streitfall also nicht wie bei § 558 BGB auf Abgabe einer Willenserklärung klagen, sondern direkt auf Leistung (Zahlung des nicht bezahlten Erhöhungsbetrags).

Voraussetzung der Erhöhung

Der Vermieter muss bauliche Maßnahmen in der Wohnung des Mieters oder in dem vom Mieter bewohnten Anwesen durchgeführt haben. Folgende Maßnahmen berechtigen zur Erhöhung:

1. Maßnahmen, die den Gebrauchswert der Mietsache nachhaltig erhöhen: beispielsweise der Einbau eines Bades, einer Zentralheizung oder eines neuen Balkons (LG München, WuM 1989, 27). Grundsätzlich fällt hierunter auch der Einbau von Isolierglasfenstern statt Einfachverglasung (OLG Celle, RE vom 16.3.1981, WuM 1981, 151). Wenn allerdings der Mieter aufgrund der isolierverglasten Fenster so viel lüften muss, dass es zu keiner Energieeinsparung kommt, soll keine Modernisierung vorliegen (AG Hamburg, WuM 1986, 245).

2. Maßnahmen, die die allgemeinen Wohnverhältnisse auf Dauer verbessern: Beispielsweise der Einbau eines Lifts, einer Gegensprechanlage, eines elektrischen Türöffners.
3. Bauliche Änderungen, die der Vermieter aufgrund von Umständen durchführt, die er nicht zu vertreten hat, die er also von sich aus gar nicht durchführen wollte, jedoch durchführen musste, und die keine Erhaltungsmaßnahmen sind. Hierunter fallen Maßnahmen aufgrund gesetzlicher Gebote oder behördlicher Anordnungen, wobei Letztere freilich gesetzmäßig sein müssen. Dazu gehören beispielsweise der Anschluss an die gemeindliche Entwässerungseinrichtung oder Sicherungseinrichtung für einen Öltank. Auch die Umstellung von Stadtgas auf Erdgas ist eine nicht zu vertretende bauliche Änderung. Eine solche braucht, um das Recht des Vermieters zu einer Erhöhung der Miete auszulösen, nicht den Gebrauchswert der Mietsache zu erhöhen oder die allgemeinen Wohnverhältnisse auf Dauer zu verbessern. Die bauliche Änderung, der sich der Vermieter nicht entziehen kann, ist somit unabhängig von der Wohnwertverbesserung. Der Vermieter muss selbst Bauherr der Maßnahme sein, er muss also selbst im eigenen Namen den Auftrag erteilen. Dies ist nicht der Fall, wenn der Vermieter die von der Gemeinde durchgeführten Kanalarbeiten, zu deren Bezahlung er nach dem Kommunalabgabengesetz verpflichtet ist, als Modernisierung beim Mieter geltend machen will (BayObLG, RE vom 24.6.1981, NJW 1981, 2259). Ebenfalls nicht auf den Mieter umlegbar sind Erschließungsbeitragskosten, die der Grundstückseigentümer zu bezahlen hat. Auch hier tritt der Vermieter nicht als Bauherr auf (OLG Hamm, RE vom 30.5.1983, 4 RE-Miet 2/83, WuM 1983, 287).
4. Bauliche Veränderungen, durch die der Wasserverbrauch nachhaltig reduziert wird. Hierunter fallen z. B. der Einbau von Wasserzählern (auch Kaltwasserzähler).
5. Energetische Modernisierungsmaßnahmen: Dies sind bauliche Veränderungen, durch die in Bezug auf die Mietsache Endenergie nachhaltig eingespart wird. Dies bedeutet, dass die Maßnahmen der Mietsache in irgendeiner Weise zugutekommen müssen. Hingegen ist es nicht erforderlich, dass es beim Mieter zu Kosteneinsparungen kommt.

   Endenergie wird gespart, wenn zur Erbringung derselben Energiedienstleistung am Ort des Verbrauchs weniger Nutzenergie als vor der Modernisierung erforderlich ist, z. B. Wärmedämmung oder Fensteraustausch. Sie wird auch dann gespart, wenn die Nutzenergie mit größerer Effizienz zur Verfügung gestellt wird (Erneuerung des Heizkessels). Sie kann auch eingespart werden durch Anlagen zur Nutzung von Sonnen- oder Windenergie am Gebäude, z. B. die Erzeugung von Warmwasser mit Hilfe von Solarkollektoren.

   Auch die nachhaltige Einsparung nicht erneuerbarer Primärenergie stellt eine Modernisierung dar, die zur Mieterhöhung berechtigt. Auch hier kommt es auf den Einspareffekt beim Mieter nicht an, so z. B. bei Anschluss einer mit einer Gasetagenheizung ausgestatteten Mietwohnung an das aus Anlagen der Kraft-Wärme-Kopplung gespeiste Fernwärmenetz (BGH, Urteil vom 24.9.2008, VIII ZR 257/07, WuM 2008, 667). Hierunter fällt z. B. auch die Umstellung einer Heizungsanlage von einem Betrieb durch Öl oder Gas auf einen Betrieb durch Holzpellets.

Bei allen Modernisierungsmaßnahmen ist allerdings folgender Grundsatz zu beachten: Der Vermieter kann die Miete bei einer Modernisierung der Wohnung nur insoweit gemäß § 559 Abs. 1 BGB erhöhen, als die von ihm aufgewendeten Kosten hierfür notwendig waren. Unnötige, unzweckmäßige und ansonsten überhöhte Modernisierungsaufwendungen hat der Mieter nicht zu tragen (BGH, WuM 2009, 124).

Ausmaß der Mieterhöhung

Die Mieterhöhung beträgt für das Jahr 11 % der für die Wohnung aufgewendeten Kosten (§ 559 Abs. 1 BGB).

BEISPIEL

Die bisherige Miete betrug monatlich 600 Euro. Die aufgewendeten Modernisierungskosten beliefen sich auf 3.000 Euro. Eine Erhöhung der monatlichen Miete errechnet sich somit wie folgt: 11 % von 3.000 Euro geteilt durch zwölf Monate = 27,50 Euro. Die neue monatliche Miete beträgt also 627,50 Euro.

Umgelegt werden können nur die notwendigen Kosten wie:

- Handwerkerkosten in tatsächlicher Höhe. Skonti sind abzuziehen.
- Architektenhonorar: nur, wenn Art und Umfang der Arbeiten die Beauftragung eines Architekten notwendig machen.
- Eigenleistungen: der Betrag, der bei Beauftragung eines Handwerkers entstanden wäre, aber ohne Mehrwertsteuer. Nicht aber Kosten der Verwaltungs- oder Überwachungstätigkeiten des Vermieters, z. B. Besprechung mit oder Beaufsichtigung von Handwerkern.
- Aufwendungsersatzansprüche des Mieters, z. B. für Putz- oder Abdeck- und Räumarbeiten (umstritten).
- Baunebenkosten, z. B. Gerüstkosten und Reinigungskosten.

Nicht aber

- Finanzierungskosten,
- Mietausfall wegen Minderung,
- fällige Instandsetzungskosten (siehe Stichwort „Instandsetzung").

Sind die baulichen Änderungen für mehrere Wohnungen durchgeführt worden (z. B. Einbau einer Zentralheizung), so sind die dafür aufgewendeten Kosten vom Vermieter angemessen auf die einzelnen Wohnungen aufzuteilen. Nach den Grundsätzen der §§ 315, 316 BGB hat die Aufteilung billigem Ermessen zu entsprechen. Unter der Voraussetzung, dass die bauliche Änderung allen Mietern in gleicher Weise zugutekommt (z. B. Einbau einer Zentralheizung), wird die Verteilung nach den Quadratmeterwohnflächen am ehesten der Billigkeit entsprechen. Ist der Nutzen für einzelne Bewohner des Hauses unterschiedlich (z. B. Lifteinbau), kann ein anderer Aufteilungsschlüssel geboten sein (z. B. Gewichtung nach Stockwerklage).

Werden die Kosten für die baulichen Änderungen ganz oder teilweise durch zinsverbilligte oder zinslose Darlehen aus öffentlichen Haushalten gedeckt, so vermindert sich der Erhöhungsbetrag um den Jahresbetrag der Zinsermäßigung, der sich für den Ursprungsbetrag des Darlehens aus dem Unterschied im Zinssatz gegenüber dem marktüblichen Zinssatz für erststellige Hypotheken zum Zeitpunkt der Beendigung der Maßnahme ergibt (§ 559a BGB).

BEISPIEL

Modernisierung von vier gleich großen Wohnungen: Kosten 12.000 Euro
Zinsverbilligtes Darlehen 6.000 Euro zu einem Zinssatz von 4 %,
Jahreszins somit 240 Euro
Marktüblicher Zinssatz 7 % entspricht einem Jahreszinsbetrag von 420 Euro,
Zinsersparnis somit 180 Euro
11 % von 12.000 Euro = 1.320 Euro
Hiervon ist die Ersparnis abzuziehen mit 180 Euro, sodass 1.140 Euro als jährliche Mieterhöhungen für die vier Wohnungen verbleiben. Erhöhungsbetrag je Wohnung somit jährlich 285 Euro oder monatlich 23,75 Euro statt 27,50 Euro.

Die Mieterhöhung um 11 % der aufgewendeten Kosten für bauliche Änderungen ist auch dann zulässig, wenn der dadurch neue Mietzins höher liegt als die ortsübliche Vergleichsmiete. Eine Kappungsgrenze besteht nicht.

Mieterhöhungen nach § 559 BGB sind aber nur in dem durch § 5 WirtschaftsstrafG gezogenen Rahmen zulässig, also nicht höher als 20 % über der ortsüblichen Vergleichsmiete (OLG Karlsruhe, RE vom 19.8.1983, WuM 1983, 314).

Duldung des Mieters

Die Mieterhöhung hängt nicht davon ab, ob der Mieter der baulichen Änderung zugestimmt hat (OLG Hamburg, RE vom 22.4.1981, WuM 1981, 127). Soweit Arbeiten in seiner Wohnung durchzuführen sind, bedarf es allerdings seiner Duldung. Ob der Mieter hierzu verpflichtet ist, richtet sich nach § 555d BGB. Ist der Mieter mit den Modernisierungsmaßnahmen nicht einverstanden, hat ihn der Vermieter auf Duldung zu verklagen.

Die Ankündigung der Modernisierung gemäß § 555c BGB ist jedoch nicht Voraussetzung für eine Mieterhöhung gemäß § 559 BGB. Allerdings verlängert sich die Frist, ab der der Mieter die erhöhte Miete zu zahlen hat, um sechs Monate, wenn der Vermieter dem Mieter die Modernisierungsmaßnahme nicht ordnungsgemäß angekündigt hat (siehe Stichwort „Fristverlängerung“).

Ausreichend ist, dass der Mieter die Modernisierungsmaßnahmen rein tatsächlich geduldet hat, unabhängig davon, ob der Vermieter die Maßnahmen gemäß § 555c BGB zuvor angekündigt hat.

Auf eine formell ordnungsgemäße Modernisierungsankündigung sollte gleichwohl nicht verzichtet werden: Sind Arbeiten in der Wohnung des Mieters erforderlich, kann die Modernisierung nur durchgeführt werden, wenn der Mieter die Handwerker in die Wohnung lässt oder wenn der Vermieter Klage auf Duldung der Modernisierung erhebt und den Prozess gewinnt.

Bei Außenarbeiten wie Lifteinbau oder Fassadenisolierung muss zwar die Wohnung des Mieters nicht betreten werden. Wird der Mieter aber durch die Arbeiten beeinträchtigt, so kann er seinerseits auch im Wege der einstweiligen Verfügung über das Gericht die Arbeiten einstellen lassen, bis über seine Duldungspflicht rechtskräftig entschieden ist.

Es ist daher durchaus riskant, ohne formell richtige Modernisierungsankündigung (siehe Stichwort „Modernisierung“) mit den Modernisierungsarbeiten zu beginnen. Der sicherste Weg ist daher eine Modernisierungsvereinbarung mit dem Mieter.

Instandsetzung

Nicht den baulichen Änderungen zuzurechnen sind Instandsetzungen. Für sie kann kein Mietzuschlag gefordert werden, weil hier nicht der Gebrauchswert der Wohnung erhöht, sondern der bestimmungsmäßige Gebrauch wiederhergestellt und damit einer gesetzlichen Pflicht genügt wird (§ 535 Abs. 1 BGB). Dies gilt auch für Erneuerungen, soweit damit keine Modernisierung verbunden ist.

Häufig werden im Zuge der Modernisierung auch Instandsetzungen vorgenommen. In diesem Fall sind die Kosten in umlagefähige und nicht umlagefähige Kosten aufzuspalten.

Waren zum Zeitpunkt der Modernisierung Instandsetzungen fällig, sind die Kosten, die hierdurch dem Vermieter erwachsen wären, von den Modernisierungskosten abzuziehen. Hingegen dürfen nicht vorab fiktive Kosten abgezogen werden, die der Vermieter ohne die Modernisierung in Zukunft für Instandsetzung oder Instandhaltung voraussichtlich hätte aufwenden müssen (OLG Celle, RE vom 16.3.1981, WuM 1981, 1151).

Werden als Folge der Modernisierungsmaßnahmen Reparaturen erforderlich, so sind deren Kosten dem Modernisierungsaufwand zuzurechnen. So gehören z. B. die Kosten für das Zumauern im Zuge einer Zentralheizungsinstallation aufgestemmten Mauerwerks ebenso zu den Modernisierungsaufwendungen wie die sich anschließenden Kosten für den erforderlichen Neuanstrich.

Geltendmachung der Mieterhöhung

Die Mieterhöhung ist dem Mieter in Textform zu erklären (§ 559b Abs. 1 Satz 1 BGB). Sie ist erst nach Abschluss der Arbeiten zulässig. Eine vorher abgegebene Erklärung ist unwirksam, kann aber nach Beendigung der Maßnahmen jederzeit nochmals ausgesprochen werden (OLG Hamburg, RE vom 6.10.1982, WuM 1983, 13). Dann sollte aber mit der Abgabe der Erklärung nicht allzu lange gewartet werden, da sonst der Anspruch verwirkt sein kann (vgl. AG Hamburg, WuM 1985, 366: ein Jahr nach Beendigung der Arbeiten sowie LG Hamburg, WuM 1989, 308: Nach vier Jahren ist der Anspruch verwirkt). Sie ist nur wirksam, wenn in ihr die Erhöhung aufgrund der entstandenen Kosten berechnet und entsprechend den Voraussetzungen der §§ 559 und 559a BGB erläutert wird. Die Anforderungen der Gerichte an die Darlegungspflicht des Vermieters sind hier sehr hoch. Begründet wird dies damit, dass die Erläuterung die Wirksamkeitsvoraussetzung für das Erhöhungsverlangen ist. Dies soll es dem Mieter ermöglichen, nachzuvollziehen, wofür und in welchem Umfang er die Mieterhöhung zahlen soll (LG Kassel, WuM 1992, 444).

Es ist nicht ausreichend, die einzelnen Maßnahmen mit den dazugehörigen Beträgen aus den Handwerkerrechnungen zu übernehmen. Vielmehr muss aus der Kostenaufstellung für jede Maßnahme getrennt Folgendes hervorgehen: der Gesamtaufwand, die jeweiligen Einzelposten und die darauf entfallenden Beträge, der auf die Wohnung entfallende Teilbetrag und der Verteilungsschlüssel.

Ebenso ist nicht ausreichend, lediglich die einzelnen Handwerkerrechnungen mitzuteilen. Auch die Trennung zwischen Instandhaltungs- und Modernisierungsmaßnahmen ist im Einzelnen durchzuführen, pauschale Abzüge sind unzulässig. Die einzelnen Positionen sind zu erläutern. Die Wohnwertverbesserungen sind darzulegen. Auch ist anzugeben, worin die Modernisierung besteht.

TIPP

Die durch die eingebaute Toilettenspülung erzielbare Wassereinsparung muss dargelegt werden. Wird die Elektrosteigleitung erneuert, müssen die Leistungsmerkmale der alten und der neuen Anlage gegenübergestellt werden.

Ausreichend für eine plausible Darlegung eines Energieeinsparungseffekts der durchgeführten Maßnahmen ist daher jedenfalls die Angabe der alten und der neuen Wärmedurchgangskoeffizienten (k-Wert) der renovierten Außenbauteile, weil sich bei einer nennenswerten Veränderung dieser Messgrößen bei sonst gleichen Bedingungen ohne Weiteres eine Einsparung an Heizenergie ergibt (BGH, NZM 2002, 519).

Aber auch mit einer nur gegenständlichen Beschreibung der durchgeführten Baumaßnahme (schlagwortartige Bezeichnung der Maßnahme, z. B. „Isolierglasfenster" oder „Wärmeschutz", Zuordnung zu den jeweiligen Positionen der Berechnung) verfügt der Mieter im Regelfall über ausreichende Anhaltspunkte, um notfalls unter — der ihm zumutbaren — Zuhilfenahme eines Fachmanns überschlägig beurteilen zu können, ob eine nachhaltige Einsparung von Heizenergie eintreten wird. Ob und in welchem Maß dies dann tatsächlich der Fall sein wird, muss in einem Rechtsstreit mittels eines Sachverständigengutachtens geklärt werden, wenn sich die Parteien nicht einigen können. Dies ist jedoch eine Frage der Begründetheit der Mieterhöhung und nicht der formellen Wirksamkeit der Mieterhöhungserklärung.

Diese Rechtsprechung hat der BGH in einem weiteren Urteil bestätigt. Danach ist es zur Erläuterung einer Mieterhöhungserklärung wegen baulicher Maßnahmen zur Einsparung von Heizenergie erforderlich, aber auch ausreichend, dass der Vermieter in der Mieterhöhungserklärung neben einer schlagwortartigen Bezeichnung der Maßnahme und einer Zuordnung zu den Positionen der Berechnung diejenigen Tatsachen darlegt, anhand deren überschlägig beurteilt werden kann, ob die bauliche Änderung eine nachhaltige Einsparung von Heizenergie bewirkt (BGH, Urteil vom 12.3.2003, VIII ZR 175/02, WuM 2004, 154).

In einer weiteren Entscheidung befasst sich der BGH mit dem Umfang der Erläuterung der Mieterhöhungserklärung bei Austausch von Holzfenstern gegen Kunststofffenster mit Isolierverglasung zur Erreichung eines höheren Wärmedämmwerts sowie zusätzlich eines besseren Schallschutzes. Auch hier lässt es der BGH genügen, dass dem Mieter der aufgrund der neueren Fenster erreichte höhere Wärmedämmwert sowie der bessere Schallschutz nach der Schallschutzklasse III mitgeteilt wird. Diese Erläuterungen müssen nach Ansicht des BGH nicht einmal in der Mieterhöhungserklärung enthalten sein. Es reicht aus, wenn der Vermieter hierzu auf Informationen in früheren Schreiben verweist, insbesondere also auf die Modernisierungsankündigung gemäß § 554 BGB (BGH, Urteil vom 7.1.2004, VIII ZR 156/03, WuM 2004, 155). Auch hier weist der BGH nochmals darauf hin, dass in der Erhöhungserklärung nicht angegeben werden muss, in welchem Maß sich durch den Einbau der Isolierglasfenster eine Verbesserung des Verbrauchs an Heizenergie ergibt. Auch der weitergehenden Darlegung einer „Wertverbesserung" der Wohnung bedurfte es nicht. Maßnahmen zur Einsparung von Heizenergie und Wasser, die in erster Linie einer ökologischen Zielrichtung dienen, brauchen keine Verbesserung des Wohnwerts für den Mieter zu bezwecken. Es reicht aus, wenn die erzielte Einsparung an Heizenergie wesentlich sowie von Dauer ist und damit der Allgemeinheit zugutekommt (BGH, a. a. O.).

Ersetzt der Vermieter bereits vorhandene Isolierglasfenster durch neue Fenster, reicht die Angabe des Wärmedurchgangskoeffizienten nicht aus. Hier muss der Vermieter den Zustand der alten Fenster so genau angeben, dass der Mieter einen entsprechenden Vergleich anstellen und den behaupteten Einspareffekt beurteilen kann (BGH, NZM 2006, 221).

Hier hat das Mietrechtsänderungsgesetz für den Vermieter eine Erleichterung gebracht. Der Vermieter kann sich bei der Erläuterung der Mieterhöhung auf anerkannte Pauschalwerte berufen, z. B. beim Austausch alter gegen neue Fenster. Insbesondere kann Bezug genommen werden auf die „Bekanntmachung der Regeln zur Datenaufnahme und Datenverwendung im Wohngebäudebestand" des Bundesministeriums für Verkehr, Bau und Stadtentwicklung vom 30.7.2009. Hieraus können Wärmedurchgangskoeffizienten für bestimmte Bauteile entnommen werden, geordnet nach Baualtersklassen. Hierauf kann der Vermieter also zur Erläuterung der Energieeinsparung Bezug nehmen. Der Energiespareffekt ergibt sich durch den Vergleich der Werte der Wärmedurchgangskoeffizienten.

TIPP

Ein Nachbessern im Prozess ist nicht möglich. Allerdings kann der Vermieter eine Mieterhöhung mit einer ausreichenden Erläuterung jederzeit neu erklären (BGH, a. a. O.).

Ab wann ist die erhöhte Miete zu zahlen?

Der Mieter schuldet die erhöhte Miete mit Beginn des dritten Monats nach dem Zugang der Erklärung (§ 559b Abs. 2 Satz 1 BGB).

Die Frist verlängert sich um sechs Monate, wenn der Vermieter dem Mieter die zu erwartende Erhöhung nicht nach § 555c BGB mitgeteilt hat oder wenn die tatsächliche Mieterhöhung mehr als 10 % höher ist als die mitgeteilte (§ 559b Abs. 2 Satz 2 BGB).

Wie bisher verlängert sich diese Frist bei fehlendem Ankündigungsschreiben um sechs Monate. Gemäß § 555c BGB hat nämlich der Vermieter dem Mieter zwei Monate vor Beginn der Maßnahme deren Art, Umfang, Beginn und voraussichtliche Dauer sowie die zu erwartende Erhöhung der Miete in Textform mitzuteilen. Ein Unterlassen dieser Erklärung bedeutet nicht, dass der Vermieter keine Mieterhöhung mehr geltend machen kann, sondern nur, dass sich die Frist verschiebt.

BEISPIEL

Erfolgt der Zugang der Mieterhöhung am 4.8. eines Jahres, greift die neue Miete ab 1.11. oder, wenn die Modernisierung nicht angekündigt wurde oder die Mieterhöhung um mehr als 10 % höher liegt, ab dem 1.5. des Folgejahres.

Modernisierungsvereinbarung

Wie im ersten Abschnitt ausgeführt, können die Parteien während des Mietverhältnisses eine Erhöhung der Miete vereinbaren (§ 557 Abs. 1 BGB). Dies gilt auch für eine Vereinbarung über eine Mieterhöhung nach einer Modernisierungsmaßnahme. Dies ist nunmehr ausdrücklich im Gesetz geregelt, und zwar in § 555f BGB. Danach können die Vertragsparteien nach Abschluss des Mietvertrags aus Anlass von Erhaltungs- oder Modernisierungsmaßnahmen Vereinbarungen treffen, insbesondere über die erstens zeitliche und technische Durchführung der Maßnahmen, zweitens Gewährleistungsrechte und Aufwendungsersatzansprüche des Mieters, drittens künftige Höhe der Miete.

Härtefallabwägung

Das Mietrechtsänderungsgesetz hat eine Aufteilung der Härtefallabwägung eingeführt. Eine Duldungspflicht für eine Modernisierungsmaßnahme besteht nicht, wenn die Modernisierungsmaßnahme für den Mieter, seine Familie oder einen Angehörigen seines Haushalts eine Härte bedeuten würde, die auch unter Würdigung der berechtigten Interessen sowohl des Vermieters als auch anderer Mieter in dem Gebäude sowie von Belangen der Energieeinsparung und des Klimaschutzes nicht zu rechtfertigen ist. Die zu erwartende Mieterhöhung sowie die voraussichtlichen künftigen Betriebskosten bleiben bei der Abwägung im Rahmen der Duldungspflicht außer Betracht; sie sind nur nach § 559 Abs. 4 und 5 bei einer Mieterhöhung zu berücksichtigen (§ 555d Abs. 2 BGB). Erst nach Durchführung der Maßnahmen wird also geprüft, ob aus wirtschaftlichen Gründen eine unzumutbare Härte besteht. In § 559 Abs. 4 BGB ist dies geregelt. Danach ist die Mieterhöhung ausgeschlossen, soweit sie auch unter Berücksichtigung der voraussichtlichen künftigen Betriebskosten für den Mieter eine Härte bedeuten würde, die auch unter Würdigung der berechtigten Interessen des Vermieters nicht zu rechtfertigen ist. Hierbei sind also die Interessen anderer Mieter, Belange des Klimaschutzes und der Energieeinsparung und auch die Interessen der Familie des Mieters und der Haushaltsangehörigen nicht gesondert zu berücksichtigen (Begründung zum Mietrechtsänderungsgesetz, Seite 36).

Führt der Vermieter eine energetische Modernisierung durch, die zu einer nachhaltigen Energieeinsparung führt, ist der Mieter zur Duldung verpflichtet. Voraussetzung hierfür ist nicht, dass der Mieter hiervon auch einen wirtschaftlichen Vorteil hat. Bei bestimmten Arten von Modernisierungen können sich sogar die Betriebskosten für den Mieter erhöhen (vgl. das Beispiel bei Fleindl, NZM 2012, 57, 60). Strittig ist, ob in solchen Fällen eine Abwägung zugunsten des Mieters erfolgen soll. Die Begründung zum Mietrechtsänderungsgesetz ist zurückhaltend. Als Maßstab für die Abwägung soll gelten, dass hohe energetische Standards grundsätzlich erwünscht sind und auch zur Mieterhöhung berechtigen sollen. Danach ist eine Grenze lediglich dort zu ziehen, wo etwa eine für das konkrete Gebäude bzw. für die Mietsache völlig ungeeignete Technik angewandt wird oder wo von einem bereits bestehenden hohen energetischen Standard ausgehend unter Aufwendung hoher Kosten nur geringfügig gesteigerte Einspareffekte erzielt werden können (a. a. O., Seite 36).

Eine Härtefallabwägung findet nicht statt, wenn die Mietsache lediglich in einen Zustand versetzt wurde, der allgemein üblich ist, oder die Modernisierungsmaßnahme aufgrund von Umständen durchgeführt wurde, die der Vermieter nicht zu vertreten hatte (§ 559 Abs. 4 Nr. 1, 2 BGB).

Der BGH hat mit Beschluss vom 19.2.1992 (VIII ARZ 5/91, WuM 1992, 181) entschieden, dass die gemieteten Räume in den allgemein üblichen Zustand dann versetzt werden, wenn dieser Zustand bei der überwiegenden Mehrzahl von Mieträumen — mindestens zwei Drittel — in Gebäuden gleichen Alters innerhalb der Region angetroffen wird. Der BGH stellt also auf den tatsächlichen Istzustand von Mietwohnungen und Gebäuden in vergleichbarem Alter und innerhalb der gleichen Region ab.

Als jeweils maßgebliche Region ist das Bundesland anzusehen, in dem sich die Mietwohnung befindet. Hierfür sind ausreichende Statistiken über die Ausstattung der Wohnung vorhanden.

Nicht zu vertreten hat der Vermieter die Erfüllung sogenannter Nachrüstpflichten nach der Energieeinsparverordnung, insbesondere § 10 EnEV.

Nach § 559 Abs. 5 BGB sind Umstände, die eine Härte begründen, nur zu berücksichtigen, wenn sie vom Mieter nach § 555d Abs. 3 und 4 rechtzeitig mitgeteilt worden sind. Diese Ausschlussfrist, bei der sich der Mieter also nicht mehr auf eine unzumutbare Härte aus wirtschaftlichen Gründen berufen können soll, gilt nicht, wenn die tatsächliche Mieterhöhung die angekündigte um mehr als 10 % übersteigt. In solchen Fällen kann sich also der Mieter auch noch nachträglich auf eine wirtschaftliche Härte berufen. Dies folgt daraus, dass sich der Mieter vorher nicht auf die kommende Mieterhöhung einstellen konnte.

Gemäß § 559 Abs. 6 BGB sind zum Nachteil des Mieters hiervon abweichende Vereinbarungen unwirksam.

Geltendmachung der Vergleichsmiete

Der Vermieter kann statt des Mieterhöhungsverfahrens nach §§ 559 ff. BGB also statt der Ausweisung der Modernisierungskosten und Berechnung des Erhöhungsbetrags auch den Weg über die Zustimmung zu einer Erhöhung der Miete auf den Betrag der ortsüblichen Vergleichsmiete wählen. Sinnvoll ist das freilich nur, wenn Letztere höher liegt als die aufgrund der Modernisierungskosten errechnete erhöhte Miete.

Nicht zulässig ist es, nach Durchführung baulicher Änderungen erst auf die ortsübliche Vergleichsmiete für die modernisierte Wohnung zu gehen und anschließend die Mieterhöhung mit 11 % der aufgewendeten Baukosten durchzuführen. Dies folgt daraus, dass die Erhöhung um 11 % dieser Kosten nach § 559 BGB der Miete, die vor Durchführung der Maßnahmen galt, zuzuschlagen ist.

Hingegen kann der Vermieter die vereinbarte Miete der nicht modernisierten Wohnung, falls sie unter der ortsüblichen Vergleichsmiete liegt, über das Zustimmungsverlangen gemäß § 558 BGB auf die Vergleichsmiete der nicht modernisierten Wohnung anheben und anschließend die Miete um den Modernisierungszuschlag nach §§ 559 ff. BGB erhöhen (OLG Hamm, RE vom 30.10.1982, WuM 1983, 17).

Der Vermieter kann aber auch den Kostenaufwand für die Modernisierung einer preisfreien Mietwohnung dergestalt in ein Mieterhöhungsverfahren nach § 558 BGB einbeziehen, dass er die Anhebung der Miete auf die Vergleichsmiete nach dem Standard der durch die Modernisierung verbesserten Wohnung verlangt.

Betriebskostenerhöhung

Betriebskosten (§ 560 BGB) sind die Kosten, die dem Eigentümer oder dem Erbbauberechtigten durch das Eigentum oder Erbbaurecht am Grundstück oder durch den bestimmungsgemäßen Gebrauch des Gebäudes, der Nebengebäude, Anlagen, Einrichtungen und des Grundstücks laufend entstehen (§ 1 BetrKV). Die Betriebskosten sind in der Betriebskostenverordnung aufgezählt.

Voraussetzungen und Ausschluss

Welche Vertragspartei die Betriebskosten zu tragen hat, ergibt sich aus dem Mietvertrag. Üblicherweise wird eine Nettomiete mit einer Vorauszahlung auf die Betriebskosten vereinbart. Über die Betriebskosten wird dann jährlich abgerechnet. Ist über die Betriebskosten keine vertragliche Vereinbarung getroffen worden, sind sie in der Miete enthalten (Bruttomiete) und grundsätzlich mit ihr abgegolten. Nur bei einem am 1.9.2001 bestehenden Mietverhältnis, bei dem die Betriebskosten ganz oder teilweise in der Miete enthalten sind, besteht bei einem vertraglichen Erhöhungsvorbehalt eine Ausnahme (siehe Stichwort „Erhöhungsvorbehalt bei Inklusivmiete").

Nach der bis zum 1.9.2001 geltenden gesetzlichen Regelung (§ 4 Abs. 2 Satz 1 MHG a. F.) war der Vermieter berechtigt, Erhöhungen der Betriebskosten umzulegen. Diese Erhöhungsmöglichkeit ist aufgrund des Mietrechtsreformgesetzes ausdrücklich auf Mietverträge mit einer vereinbarten Betriebskostenpauschale beschränkt (§ 560 Abs. 1 BGB). Bei einer Bruttomiete oder einer Teilinklusivmiete besteht diese Erhöhungsmöglichkeit bis auf die Ausnahmeregelung für Altverträge (siehe Stichwort „Erhöhungsvorbehalt bei Inklusivmiete") nicht mehr. Nach der amtlichen Begründung zum Mietrechtsreformgesetz ist die Beschränkung der Erhöhungsmöglichkeit auf Verträge mit Betriebskostenpauschalen sachgerecht, da wegen der gesonderten Ausweisung der Betriebskosten für den Mieter insoweit immerhin ein

Kostenelement erkennbar ist. Anders als bei der Bruttomiete kann er damit zumindest ungefähr abschätzen, welchen Kostenanteil die Betriebskosten im Verhältnis zur Grundmiete ausmachen. Bei der Bruttomiete, bei der die Betriebskosten nicht gesondert ausgewiesen sind, hat er für eine entsprechende Kostenkalkulation keinerlei Anhaltspunkte.

Will der Vermieter bei einer Bruttokaltmiete oder einer Teilinklusivmiete eine Erhöhung durchführen, muss er nach der Regelung des § 558 BGB (Mieterhöhung bis zur ortsüblichen Vergleichsmiete) vorgehen. Dies kann dazu führen, dass der Vermieter eine Erhöhung der Betriebskosten nicht weitergeben kann, wenn die Voraussetzungen für eine Mieterhöhung nach § 558 BGB nicht vorliegen. Empfohlen wird daher die Vereinbarung einer Nettomiete zuzüglich Betriebskostenvorauszahlungen.

Durch die Neufassung des § 560 Abs. 1 Satz 1 2. Halbsatz BGB („soweit dies im Mietvertrag vereinbart ist") ist nunmehr klargestellt, dass im Mietvertrag eine Erhöhungsmöglichkeit für diese Betriebskostenpauschale ausdrücklich vereinbart sein muss. Dies entspricht der bisherigen Rechtsprechung zu § 4 Abs. 2 MHG. In den Mietvertrag muss daher ein Erhöhungsvorbehalt aufgenommen werden wie z. B.: „Der Vermieter ist berechtigt, Erhöhungen der Betriebskosten im Fall der Vereinbarung einer Grundmiete mit Betriebskostenpauschale anteilig durch schriftliche Erklärung auf den Mieter umzulegen."

Voraussetzung ist ferner, dass sich die Gesamtbelastung des Vermieters erhöht. In die Erklärung des Vermieters sind daher sämtliche Betriebskostenarten aufzunehmen, die sich nach oben oder unten verändert haben. Erst wenn die Saldierung eine Mehrbelastung ergibt, kann eine Betriebskostenumlage erfolgen. Dies wird in der Praxis zu erheblichen Problemen führen. Denn Sinn einer Pauschale ist es gerade, dass nicht abgerechnet werden muss. Der Vermieter wird bei Abschluss eines Mietvertrags diese Pauschale daher eher großzügig kalkulieren. Will er die Betriebskosten erhöhen, muss er dies dem Mieter im Einzelnen vorrechnen und nachweisen. Ergibt sich nun, dass die Pauschale höher ist als die tatsächlich auf die Mietsache entfallenden Betriebskosten einschließlich der Erhöhung, erscheint zweifelhaft, ob der Vermieter eine Erhöhung der Pauschale verlangen kann.

Allerdings kann der Vermieter durch einseitige Erklärung in Textform eine verbrauchsabhängige Abrechnung aller verbrauchs- und verursachungsabhängig erfassten Betriebskosten gemäß § 556a Abs. 2 BGB einführen. Diese Vorschrift findet auch dann Anwendung, wenn die Parteien bislang gar keine oder nur eine teilweise gesonderte Umlage der Betriebskosten vereinbart hatten, so z. B. bei einer Brutto- oder Teilinklusivmiete oder bei einer Betriebskostenpauschale. Ob sich der Aufwand lohnt, sollte im Einzelfall genau geprüft werden.

Umlegungsmaßstab

Haben danach die Vertragsparteien nichts anderes vereinbart, so sind die Betriebskosten vorbehaltlich anderweitiger Vorschriften nach dem Anteil der Wohnfläche umzulegen, § 556a Abs. 1 BGB. Betriebskosten, die von einem erfassten Verbrauch oder einer erfassten Verursachung durch die Mieter abhängen, sind nach einem Maßstab umzulegen, der dem unterschiedlichen Verbrauch oder der unterschiedlichen Verursachung Rechnung trägt. Haben die Vertragsparteien einen anderen Abrechnungsmaßstab vereinbart, muss dieser „billigem" Ermessen entsprechen. Es besteht allerdings kein zivilrechtlicher Anspruch des Mieters auf Einbau von Geräten zur Verbrauchserfassung (z. B. Kaltwasseruhren).

Form und Inhalt

Erforderlich ist eine Erklärung des Vermieters in Textform. Eine Zustimmung des Mieters ist wie auch bei § 559 BGB nicht erforderlich. Die Erklärung des Vermieters ist nur wirksam, wenn in ihr der Grund für die Umlage bezeichnet und erläutert sowie der Verteilerschlüssel und die Art der Berechnung mitgeteilt wird sowie auch der Betrag, um den sich die Miete erhöht (§ 560 Abs. 1 BGB). Ein Muster hierzu steht als Arbeitshilfe online zur Verfügung. Zur Bezeichnung genügt z. B. die Angabe „Grundsteuererhöhung" sowie das Verlangen eines bestimmbaren, nachprüfbar auf den einzelnen Mieter entfallenden Geldbetrags mit Angabe des Verteilungsschlüssels. Hierbei sollen die bisherigen und die neu anfallenden Betriebskosten gegenübergestellt werden, da für den Mieter der Differenzbetrag nachprüfbar und berechenbar sein muss (LG Berlin, MDR 1981, 849).

ARBEITSHILFE ONLINE

Als Erläuterung genügt der Hinweis auf das Datum des Bescheides oder der Rechnung unter Bezeichnung der Behörde oder der Stelle, aufgrund derer eine Betriebskostenerhöhung eintritt. Auf Verlangen ist dem Mieter Einsicht in die Belege zu gewähren. Bei mehreren Mietern ist die Erklärung an alle zu richten, sofern nicht Bevollmächtigung eines Mieters zur Empfangnahme von Willenserklärungen des Vermieters gegeben ist.

Gemäß § 560 Abs. 5 BGB ist bei Veränderungen von Betriebskosten der Grundsatz der Wirtschaftlichkeit zu beachten. Der Vermieter ist angehalten, im Rahmen eines gewissen Ermessensspielraums möglichst wirtschaftlich, d. h. mit Blick auf ein angemessenes Kosten-Nutzen-Verhältnis, vorzugehen.

Zahlungspflicht des Mieters

Der Mieter schuldet den auf ihn entfallenden Teil der Umlage mit Beginn des auf die Erklärung folgenden übernächsten Monats (§ 560 Abs. 2 Satz 1 BGB). Entscheidend ist der Zugang der Erklärung beim Mieter.

Häufig erhält der Vermieter von einer Betriebskostenerhöhung oder von ihrem Ausmaß erst Kenntnis, nachdem die Erhöhung schon eingetreten ist. Für diesen Fall lässt das Gesetz eine rückwirkende Umlegung zu (§ 560 Abs. 2 Satz 2 BGB). Macht der Vermieter von seinem Umlagerecht Gebrauch, so kann er den anteiligen Mehrbetrag ab dem Zeitpunkt des Eintritts der Betriebskostenerhöhung, höchstens aber ab dem Beginn des der Erklärung vorausgehenden Kalenderjahres fordern. Voraussetzung ist, dass der Vermieter die Erklärung innerhalb von drei Monaten nach Kenntnis von der Erhöhung abgibt.

Eine Rückforderung für einen weiter zurückliegenden Zeitraum kann der Vermieter nicht geltend machen. Ob in solchen Fällen, z. B. bei Grundsteuernachzahlungen aufgrund geänderter Messbeträge, ein Erlass gemäß § 227 AO infrage kommt, ist umstritten, aber wohl zu verneinen. Formularklauseln, die die Umlage von Mehrbelastungen oder neu eingeführten Betriebskosten rückwirkend ab dem Zeitpunkt der Entstehung der Kosten zulassen, sind unwirksam, da hierin ein Verstoß gegen den in § 560 Abs. 2 Satz 2 BGB bestimmten Zeitpunkt zu sehen ist (OLG Celle, WuM 1990, 103, 108).

Ermäßigen sich die Betriebskosten, so ist die Miete vom Zeitpunkt der Ermäßigung ab entsprechend herabzusetzen (§ 560 Abs. 3 BGB). Hierbei ist entscheidend, ob sich die Betriebskosten insgesamt ermäßigt haben. Hat z. B. die Gemeinde den Grundsteuerhebesatz gesenkt, sodass eine Ermäßigung der Grundsteuer eintritt, sind aber gleichzeitig Hausmeisterkosten erhöht worden, so kommt eine Herabsetzung der Betriebskostenumlagen nur dann in Betracht, wenn die Erhöhung der Hausmeisterkosten geringer ist als die Senkung der Grundsteuer. Gegebenenfalls ist die Ermäßigung dem Mieter unverzüglich mitzuteilen. Fraglich ist, ob der Anspruch auf Ermäßigung der Pauschale nur dann besteht, wenn der Vermieter die Pauschale vorher erhöht hat. Hierfür spricht die gesetzliche Regelung, da in § 560 Abs. 1 und 2 BGB die Erhöhungsmöglichkeit und anschließend in Abs. 3 die Ermäßigung geregelt ist.

BEISPIEL

Erhöht die Gemeinde die Grundsteuer ab 1.1.2012 und geht der Grundsteuerbescheid für 2012 dem Vermieter am 20.2.2013 zu, so kann der Vermieter den Erhöhungsbetrag bis spätestens zum 20.5.2013 bis zum 1.1.2012 zurück umlegen.

Erhöhungsvorbehalt bei Inklusivmiete

Aufgrund der bis zum 1.9.2001 geltenden Regelung in § 4 Abs. 2 MHG war der Vermieter berechtigt, Erhöhungen der Betriebskosten durch schriftliche Erklärung anteilig auf den Mieter umzulegen. Diese Erhöhungsmöglichkeit besteht für Mietverträge, die nach dem 1.9.2001 abgeschlossen werden, nicht mehr, auch wenn dies im Mietvertrag ausdrücklich vereinbart wird. Dies ergibt sich aus § 560 Abs. 5 BGB, wonach eine zum Nachteil des Mieters abweichende Vereinbarung bezüglich Veränderungen von Betriebskosten unwirksam ist.

Allerdings hat der Gesetzgeber eine wichtige Ausnahme zugelassen: Auf ein am 1.9.2001 bestehendes Mietverhältnis, bei dem die Betriebskosten ganz oder teilweise in der Miete enthalten sind, ist wegen der Erhöhung der Betriebskosten § 560 Abs. 1, 2, 5 und 6 BGB in der ab 1.9.2001 geltenden Fassung anzuwenden, soweit im Mietvertrag vereinbart ist, dass der Mieter Erhöhungen der Betriebskosten zu tragen hat. Bei Ermäßigungen der Betriebskosten gilt § 560 Abs. 3 BGB entsprechend (Art. 229 § 3 Abs. 4 EGBGB). Voraussetzung ist also, dass im Mietvertrag eine Erhöhungsklausel vereinbart ist (z. B. „Der Vermieter ist berechtigt, Erhöhungen der Betriebskosten anteilig auf die Mieter umzulegen.“).

Haben sich daher bei einer Inklusiv- oder Teilinklusivmiete die Betriebskosten erhöht, kann der Vermieter die Erhöhung gemäß § 560 Abs. 1 BGB analog auf die Mieter umlegen. In der Erklärung ist der Grund der Umlage zu bezeichnen und zu erläutern. Gemäß § 560 Abs. 2 BGB analog schuldet der Mieter den auf ihn entfallenden Teil der Umlage mit Beginn des auf die Erklärung folgenden übernächsten Monats. Auch hier ist eine rückwirkende Umlage möglich. Bei der Umlage ist der Grundsatz der Wirtschaftlichkeit zu beachten (§ 560 Abs. 5 BGB). Ermäßigen sich die Betriebskosten, nachdem der Vermieter vorher eine Erhöhung vorgenommen hat, so ist die Miete vom Zeitpunkt der Ermäßigung ab entsprechend herabzusetzen (§ 560 Abs. 3 BGB analog). Auch hier ist entscheidend, ob sich die Betriebskosten insgesamt ermäßigt haben.

Zu beachten ist, dass nur der Unterschiedsbetrag der mit der bisherigen Miete abgegoltenen Betriebskosten und der inzwischen eingetretenen Kostenerhöhung umgelegt werden darf. Auszugehen ist also vom Stand der Betriebskosten bei Beginn des Mietverhältnisses, wenn bisher keine Mieterhöhung durchgeführt wurde, oder vom Stand der Betriebskosten seit der letzten Mieterhöhung, da durch die im Lauf des Mietverhältnisses durchgeführten Erhöhungen auch die Steigerungen der Betriebskosten ausgeglichen wurden (KG Berlin, RE vom 5.8.1997, WuM 1997, 540). Dies wird damit begründet, dass bei einer Bruttokaltmiete durch die auf Verlangen des Vermieters nach § 558 BGB mit Zustimmung des Mieters zustande gekommene

Erhöhung alle bis zu dem Wirkungszeitpunkt der Erhöhung eingetretenen Steigerungen der Betriebskosten abgegolten sind. Es sind daher nur noch diejenigen Betriebskostensteigerungen zu berücksichtigen, die im Zeitraum nach dem Wirksamwerden der letzten Mieterhöhung nach § 558 BGB eingetreten sind. Zu empfehlen ist daher, Mieterhöhungen nach § 560 Abs. 1 BGB analog zeitlich immer von einer Mieterhöhung nach § 558 BGB vorzunehmen.

Staffelmiete (§ 557a BGB)

Gemäß § 557a Abs. 1 BGB kann die Miete für bestimmte Zeiträume in unterschiedlicher Höhe schriftlich vereinbart werden; in der Vereinbarung ist die jeweilige Miete oder die jeweilige Erhöhung in einem Geldbetrag auszuweisen. Im Gegensatz zur früheren Regelung ist die Vereinbarung einer Staffelmiete nicht mehr auf höchstens zehn Jahre begrenzt. Eine unter der Geltung des Miethöheregelungsgesetzes ohne zeitliche Begrenzung individualvertraglich vereinbarte Staffelmiete, die die damals geltende Höchstgrenze von zehn Jahren überschritten hat, wird durch die gesetzliche Neuregelung nicht insgesamt unwirksam. Allerdings ist die Vereinbarung insoweit unwirksam, als sie über die damals zulässige Höchstdauer von zehn Jahren hinausgeht.

Ob eine Bindung über einen längeren Zeitraum für den Vermieter sinnvoll ist, erscheint fraglich. Der Mieter hat ein Sonderkündigungsrecht, kann sich also aus der Vereinbarung lösen, der Vermieter bleibt hingegen daran gebunden und handelt sich womöglich, wenn er die Staffeln allzu hoch ansetzt, ein Verfahren wegen Mietpreisüberhöhung ein.

Während der Laufzeit einer Staffelmiete ist eine Erhöhung nach den §§ 558 bis 559b BGB (Mieterhöhung bis zur ortsüblichen Vergleichsmiete und bei Modernisierung) ausgeschlossen (§ 557a Abs. 2 Satz 2 BGB).

Die Miete muss jeweils mindestens ein Jahr unverändert bleiben. Eine Staffelmietvereinbarung ist bei einem Verstoß hiergegen auch dann vollständig und nicht nur teilweise unwirksam, wenn nur bei einer von mehreren Zeitspannen die gesetzliche Jahresfrist nicht eingehalten ist. Ferner muss die Miete oder die jeweilige Erhöhung betragsmäßig ausgewiesen sein. Auch die Angabe von Prozentsätzen oder der Miete pro m^2 reicht nicht aus. Anzugeben ist also immer die jeweils geschuldete Miete oder die jeweilige Erhöhung.

Die Zulässigkeit von Staffelmieten umfasst sämtliche Mietverhältnisse über nicht preisgebundenen Wohnraum, gleichgültig wann sie begründet worden sind und wann der Wohnraum errichtet worden ist. Zur Wirksamkeit der Staffelmiete ist eine Vereinbarung der Vertragsparteien erforderlich. Sie kann nicht von einem Teil einseitig erzwungen werden. Es besteht daher kein Anspruch des Vermieters auf Abschluss einer neuen Staffelmietvereinbarung bei Auslaufen der Staffelmietvereinbarung. Eine Mieterhöhung kann dann nur über § 558 BGB erfolgen.

Die Vereinbarung der Staffelmiete wird in erster Linie, aber nicht notwendigerweise bei Mietverhältnissen, die auf eine bestimmte Dauer mit oder ohne Verlängerungsklausel geschlossen werden, in Betracht kommen.

Das Kündigungsrecht des Mieters kann für höchstens vier Jahre seit Abschluss der Staffelmietvereinbarung ausgeschlossen werden. Die Kündigung ist frühestens zum Ablauf dieses Zeitraums zulässig (§ 557a Abs. 3 BGB). Für den Beginn dieser Vierjahresfrist kommt es daher nicht auf den Abschluss des Mietvertrags, sondern auf den Abschluss der Staffelmietvereinbarung an. Dabei muss der Mieter nicht vier Jahre mit der Kündigung warten, sondern kann bereits zum Ablauf der Vierjahresfrist kündigen.

Nach ständiger Rechtsprechung des BGH benachteiligt ein formularmäßig erklärter, einseitiger Verzicht des Mieters von Wohnraum auf sein ordentliches Kündigungsrecht den Mieter nicht unangemessen, wenn der Kündigungsausschluss zusammen mit einer nach § 557a BGB zulässigen Staffelmiete vereinbart wird und seine Dauer nicht mehr als vier Jahre seit Abschluss der Staffelmietvereinbarung beträgt (BGH, Urteil vom 12.11.2008, VIII ZR 270/07, WuM 2009, 45).

Bei preisgebundenem Wohnraum ist die Vereinbarung einer Staffelmiete nach Ansicht des OLG Hamm (RE vom 29.1.1993, 30 RE-Miet 2/92, WuM 1993, 108) jedenfalls dann unbedenklich, wenn die höchste Staffel die bei Vertragsschluss maßgebliche Kostenmiete nicht übersteigt. Inzwischen hat der BGH die Streitfrage entschieden, ob eine während der Preisbindung getroffene Staffelmietvereinbarung für den Zeitpunkt der Beendigung der Preisbindung mit einem Betrag über der Kostenmiete, und zwar in Höhe der ortsüblichen Vergleichsmiete, zulässig ist. Der BGH hat hiergegen keine Bedenken. Er weist darauf hin, dass die Staffelmiete nach Beendigung der Preisbindung sowohl dem Vermieter wie auch dem Mieter Planungssicherheit bietet, weil von vornherein festgelegt wird, zu welchem Zeitpunkt und in welchem Umfang die Miete steigt (BGH, Urteil vom 3.12.2003, VIII ZR 157/03, NZM 2004, 135).

Indexmiete (§ 557b BGB)

ARBEITSHILFE ONLINE

Unter den Voraussetzungen des § 557b BGB können die Parteien eine Indexmiete vereinbaren. Ein Muster hierzu steht als Arbeitshilfe online bereit. Eine Mindestlaufzeit hierfür gibt es nicht mehr. Gemäß § 557b Abs. 1 BGB ist als Index nur noch der Verbraucherpreisindex für die Lebenshaltungskosten aller privaten Haushalte in Deutschland zugelassen. Dieser Index wird ab dem Basisjahr 2000 nur noch für Deutschland ohne Trennung für alte oder neue Bundesländer ausgewiesen. Während der Geltung einer Indexmiete muss die Miete, von Erhöhungen nach §§ 559–560 BGB (Mieterhöhung bei Modernisierung, Veränderungen von Betriebskosten) abgesehen, jeweils mindestens ein Jahr unverändert bleiben. Eine Erhöhung nach § 559 BGB kann nur verlangt werden, soweit der Vermieter bauliche Maßnahmen aufgrund von Umständen durchgeführt hat, die er nicht zu vertreten hat. Eine Erhöhung nach § 558 BGB (auf die ortsübliche Vergleichsmiete) ist ausgeschlossen. Die Erhöhung tritt nicht automatisch ein. Gemäß § 557b Abs. 3 BGB muss die Änderung der Miete durch Erklärung in Textform geltend gemacht werden. Dabei sind die eingetretenen Änderungen des Preisindexes sowie die jeweilige Miete oder die Erhöhung in einem Geldbetrag anzugeben. Die geänderte Miete ist mit Beginn des übernächsten Monats nach dem Zugang der Erklärung zu entrichten. Anders als bei § 558 BGB ist ein Antrag auf Änderung vor Ablauf der Jahresfrist zulässig, wenn für die Mietänderung selbst die Jahresfrist eingehalten wird (strittig).

BEISPIEL

Geht die Erklärung am 10.1. des Jahres zu, wird die neue Miete ab 1.3. wirksam. Die nächste Mieterhöhung ist im Januar des Folgejahres wiederum zum 1.3. möglich.

Im Erhöhungsverlangen ist die Indexänderung darzustellen, also der bisherige und der neue Indexstand nach Punkten sowie die Änderung in Punkten und die daraus errechnete Änderung in Prozenten. Die Berechnung erfolgt nach folgender Formel:

$$\frac{\text{Neuer Index — alter Index}}{\text{Alter Index}} \times 100 = \text{.....}\ \%$$

Zur Klarstellung empfiehlt sich die Berechnung der erhöhten Miete z. B. wie folgt: „Hierdurch erhöht sich Ihre monatliche Miete von ..... Euro um ..... Euro auf ..... Euro“. Es ist nicht erforderlich, dass die Berechnungsgrundlagen, also die monatlich erscheinenden statistischen Berichte des Statistischen Bundes- oder Landesamts, beigefügt werden. Zur Vermeidung von Rückfragen empfiehlt sich dies jedoch durchaus. Die Erklärung muss von allen Vermietern unterzeichnet werden und bei einer Mehrheit von Mietern an alle Mieter gerichtet sein.

Zu beachten ist, dass die Vorschrift auch bei Mietsenkungen anwendbar ist. Die Regelungen gelten insoweit sinngemäß. Entgegenstehende Vereinbarungen, z. B. die Vereinbarung eines anderen Indexes, sind unwirksam. Als Muster einer Mietanpassungsvereinbarung wird folgende Formulierung vorgeschlagen:

„Steigt oder fällt ab Vertragsbeginn der Verbraucherpreisindex für Deutschland, kann jeder Vertragsteil eine der prozentualen Indexänderung entsprechende Anpassung der Miete verlangen. Die Miete muss jedoch, von Erhöhungen nach den §§ 559—560 BGB abgesehen, mindestens ein Jahr unverändert bleiben. Das Gleiche gilt, wenn und sooft nach einer Erhöhung oder Ermäßigung der Miete der Index wiederum steigt oder fällt. Die Änderung der Miete muss durch schriftliche Erklärung geltend gemacht werden. Dabei ist die jeweils eingetretene Änderung des vereinbarten Indexes anzugeben. Die geänderte Miete ist mit Beginn des übernächsten Monats nach dem Zugang der Erklärung zu zahlen. Während der Geltungsdauer dieser Vereinbarung kann eine Erhöhung der Miete nach § 559 BGB nur verlangt werden, soweit der Vermieter bauliche Änderungen aufgrund von Umständen durchgeführt hat, die er nicht zu vertreten hat. Eine Erhöhung der Miete nach § 558 BGB ist ausgeschlossen."

Auswirkungen auf das Kündigungsrecht (§ 561 BGB)

Macht der Vermieter eine Mieterhöhung nach den §§ 558 BGB (bis zur ortsüblichen Vergleichsmiete) oder 559 BGB (bei Modernisierung) geltend, so kann der Mieter bis zum Ablauf des zweiten Monats nach dem Zugang der Erklärung des Vermieters das Mietverhältnis außerordentlich zum Ablauf des übernächsten Monats kündigen (§ 561 Abs. I BGB).

BEISPIEL

Geht das Zustimmungsverlangen dem Mieter am 20.2. zu, besteht für den Mieter bis 30.4. eine Kündigungsmöglichkeit. Kündigt der Mieter, endet das Mietverhältnis mit dem Ablauf des 30.6.

Dieser Endtermin gilt auch dann, wenn der Mieter im Beispiel die Kündigung schon im März ausspricht. Das Mietverhältnis endet nämlich mit Ablauf des zweiten Monats ab Ende der Frist, bis zu der spätestens die Kündigung erklärt werden kann, nicht zwei Monate ab Kündigungserklärung.

Für das Kündigungsrecht genügt es, dass dem Mieter ein schriftliches Erhöhungsverlangen zugeht. Ob es formell wirksam oder materiell gerechtfertigt ist, spielt keine Rolle. Hat der Mieter die Zustimmung zur Mieterhöhung erteilt, ist die Ausübung des Sonderkündigungsrechts nicht mehr möglich. Erteilt der Mieter nur teilweise seine Zustimmung und hält der Vermieter sein darüber hinausgehendes Erhöhungsverlangen aufrecht, so steht dem Mieter das Sonderkündigungsrecht zu. Dieses Recht besteht auch, wenn der Vermieter dem Mieter den Abschluss eines neuen Mietvertrags mit einer höheren Miete vorschlägt (LG Gießen, WuM 2000, 423). Eine Ausnahme besteht nur, wenn der Mieter nachweisbar weiß, dass das Erhöhungsverlangen unwirksam ist. Die Beweislast hierfür trägt der Vermieter.

Macht der Mieter von seinem Sonderkündigungsrecht Gebrauch, so tritt die Mieterhöhung nicht ein (§ 561 Abs. 1 Satz 2 BGB). Es kann somit bei Kündigung durch den Mieter weder die ortsübliche Vergleichsmiete noch die wegen baulicher Änderungen erhöhte Miete verlangt werden. Erhöht der Vermieter die Betriebskostenpauschale gemäß § 560 Abs. 1 BGB, besteht kein Sonderkündigungsrecht des Mieters.

Schonfrist bei Zahlungsverzug

Ist der Mieter rechtskräftig zur Zahlung einer erhöhten Miete nach den §§ 558—560 BGB (auf die ortsübliche Vergleichsmiete, wegen Modernisierung oder Betriebskostenerhöhung) verurteilt worden, so kann der Vermieter das Mietverhältnis wegen des Zahlungsverzugs des Mieters nicht vor Ablauf von zwei Monaten nach der rechtskräftigen Verurteilung kündigen, wenn nicht das Recht zur fristlosen Kündigung schon wegen der bisher geschuldeten Miete gegeben ist. Nach dem Gesetzeswortlaut bedarf es also auch bei einer Verurteilung zur Zustimmung nach § 558 BGB zusätzlich noch einer Zahlungsklage, bevor gekündigt werden kann. Hierbei handelt es sich jedoch um ein Redaktionsversehen. Eine Klage auf Zahlung der erhöhten Miete ist nach rechtskräftigem Abschluss des Verfahrens auf Zustimmung zur Mieterhöhung nicht erforderlich (Schmidt-Futterer, § 569 BGB Rn. 62; BGH, Urteil vom 4.5.2005, VIII ZR 94/04, WuM 2005, 396).

§ 569 Abs. 3 Nr. 3 BGB gilt nicht bei vertraglich vereinbarten Mieterhöhungen, wie das OLG Hamm entschieden hat: Die Regelung des § 569 Abs. 3 Nr. 3 BGB, wonach trotz der erfüllten Voraussetzungen für eine fristlose Kündigung wegen angelaufener Mieterhöhungsrückstände aus der Zeit vor Rechtskraft des Urteils eine Kündigung nicht vor Ablauf von zwei Monaten nach rechtskräftiger Verurteilung möglich ist, stellt eine Ausnahmeregelung zum Schutz des Mieters dar. Diese Ausnahmeregelung gilt nicht, d. h., § 569 Abs. 3 Nr. 3 BGB ist nicht entsprechend anwendbar, wenn Mieter und Vermieter sich in einem Prozessvergleich auf eine höhere Miete geeinigt haben (OLG Hamm, RE vom 27.12.1991, WuM 1992, 54). Das Gericht begründet dies damit, dass der Mieter den Prozessvergleich freiwillig abschließt. Ferner hat der Mieter auch in diesem Fall den Schutz des § 569 Abs. 3 Nr. 2 BGB, wonach eine fristlose Kündigung wegen Zahlungsverzuges bis zum Ablauf von zwei Monaten nach Eintritt der Rechtshängigkeit des Räumungsanspruches durch nachgeholte Zahlung des Mieters unwirksam wird.

Die Möglichkeit, eine nach Ablauf der Frist des § 569 Abs. 3 Nr. 3 BGB ausgesprochene fristlose Kündigung des Vermieters innerhalb der weiteren Frist des § 569 Abs. 3 Nr. 2 BGB unwirksam machen zu können, bleibt dem Mieter erhalten.

ARBEITSHILFE ONLINE

SCHRITT-FÜR-SCHRITT-GUIDE: Vorgehen bei einer Mieterhöhung

Damit eine geplante Mieterhöhung auf die Vergleichsmiete in einem nicht preisgebundenen Wohnraummietverhältnis nicht aus formalen Gründen scheitert, müssen wichtige Kriterien erfüllt sein. Dies gilt es zu prüfen:

Haben Vermieter und Mieter eine Festmiete vereinbart?
Ja ☐ Nein ☐
Wenn ja, ...
Bei einer für einen bestimmten Zeitraum vereinbarten Festmiete ist vor der Erhöhung auf die Vergleichsmiete zu prüfen, ob die vereinbarte Frist schon abgelaufen ist. Andernfalls ist eine Mieterhöhung zu diesem Zeitpunkt nicht möglich.

Haben Vermieter und Mieter einen Indexmietvertrag geschlossen?
Ja ☐ Nein ☐
Wenn ja, ...
Hier ist eine Mieterhöhung auf die Vergleichsmiete nicht möglich, da sich die Mieterhöhung nach den im Mietvertrag vereinbarten Konditionen richtet.
Haben Vermieter und Mieter einen Staffelmietvertrag vereinbart?
Ja ☐ Nein ☐
Wenn ja: ....
Auch hier ist eine Mieterhöhung auf die Vergleichsmiete nicht möglich, da die Höhe der vereinbarten Mietsteigerungen im geschlossenen Mietvertrag festgeschrieben ist.
Wenn die Antwort auf alle drei Fragen Nein lautet, ist eine Mieterhöhung auf die Vergleichsmiete möglich. Andernfalls müssen die mit dem Mieter im Mietvertrag getroffenen Vereinbarungen eingehalten werden.

Es gibt drei Wege, um die Mieterhöhung auf die Vergleichsmiete zu begründen.

- Mietspiegel: Der Mietspiegel für eine Gemeinde oder Stadt ist bei den örtlichen Haus- und Grundbesitzervereinen oder der Gemeinde bzw. Stadt erhältlich. Aus den darin angegebenen Mieten ist die durchschnittliche Miete vor Ort leicht ersichtlich. Existiert in einer Gemeinde oder Stadt ein qualifizierter Mietspiegel, ist dieser zur Begründung des Mieterhöhungsverlangens heranzuziehen. Nur auf Vergleichswohnungen oder Gutachten gestützte Erhöhungsverlangen sind unwirksam.
- Vergleichswohnungen: Zur Begründung der Mieterhöhung können drei Vergleichswohnungen herangezogen werden. Dabei ist sicherzustellen, dass die Wohnungen auch wirklich mit dem betreffenden Objekt vergleichbar sind und nicht bezüglich einzelner Merkmale sofort vom Mieter angefochten werden können.
- Sachverständigengutachten: Wird die Mieterhöhung durch ein Sachverständigengutachten begründet, ist dieses Gutachten dem Erhöhungsverlangen beizufügen.

Zusätzlich sind bei dieser Form der Mieterhöhung zwei weitere rechtliche Fragen zu beachten:

- Wird die Kappungsgrenze berücksichtigt? Die geforderte Mieterhöhung darf keinesfalls über den Vergleichsmieten der Region liegen und in den letzten drei Jahren keinesfalls um mehr als 20 % bzw. 15 % erhöht worden sein.
- Wird die Jahressperrfrist eingehalten? Zwischen der letzten Mieterhöhung bzw. dem Einzug des Mieters in die Wohnung müssen mindestens zwölf Monate vergangen sein. Andernfalls ist die Mieterhöhung nicht zulässig.

Und das ist zu beachten, damit das Anschreiben zur Mieterhöhung den rechtlichen Anforderungen entspricht:

- Richtig adressiert? Sind alle Angaben zum Adressaten richtig und vollständig? Das Schreiben muss sich an alle im Mietvertrag eingetragenen Mieter richten und darf nicht nur an einen einzigen adressiert sein.
- Zur Mieterhöhung befugt? Hat der Vermieter die Wohnung neu erworben oder gerade geerbt, muss er darauf achten, dass er vor dem Mieterhöhungsgesuch ins Grundbuch eingetragen ist bzw. den Erbschein erhalten hat. Übergibt er die Abwicklung der Mieterhöhung einem Anwalt oder Hausverwalter, muss er darauf achten, dass eine entsprechende Vollmacht im Original dem Schreiben an den Mieter beiliegt.
- Richtige Angaben zur Wohnungsgröße? Sicherheitshalber sollten nochmals die Angaben zur Wohnungsgröße geprüft werden. Falls sich hier zuunguns-

ten des Vermieters ein Fehler eingeschlichen hat, kann er nicht nachträglich die Quadratmeterzahl nach oben anpassen.

- Unterlagen vollständig? Abhängig von der Begründung, auf die eine Mieterhöhung gestützt wird, müssen alle entsprechenden Unterlagen dem Schreiben an den Mieter beigefügt sein (Mietspiegel, Vergleichswohnungen, Sachverständigengutachten). Überprüfen Sie, ob diese vollständig und vor allem selbsterklärend sind.

!

WICHTIG

Schritt für Schritt ist zu prüfen, ob alle Voraussetzungen für eine Mieterhöhung erfüllt sind, zudem muss das Mieterhöhungsverlangen mit stichhaltigen Unterlagen begründet werden. Stimmt der Mieter innerhalb der Überlegungsfrist nicht zu, muss der Vermieter innerhalb der Klagefrist Klage erheben, wenn er das Erhöhungsverlangen durchsetzen will.

Mietvertrag

Durch den Mietvertrag wird der Vermieter verpflichtet, dem Mieter den Gebrauch der Mieträume während der Mietzeit zu gewähren. Der Mieter ist verpflichtet, dem Vermieter die vereinbarte Miete zu bezahlen, so die Grundregelung in § 535 BGB. Auch dann, wenn der Mieter nur die Betriebs- oder gar nur die Heizkosten bezahlt, liegt ein Mietvertrag vor. Die Muster eines Wohnraummietvertrags und eines Geschäftsraummietvertrags stehen als Arbeitshilfen online zur Verfügung.

ARBEITSHILFE ONLINE

Auf die Höhe des Entgelts kommt es nicht an. Leihe liegt nur vor, wenn die Überlassung unentgeltlich erfolgt, der Mieter also gar nichts zahlen muss oder auch sonst keine sonstige Gegenleistungen erbringt.

Ein Mietvorvertrag ist ein formloser Vertrag, durch den sich die Vertragsparteien zum künftigen Abschluss eines Mietvertrags verpflichten. Die Einzelheiten müssen im Vorvertrag in den Grundzügen, aber noch nicht abschließend geregelt sein. Die Parteien müssen sich aber schon so weit geeinigt haben, dass Mietgegenstand, Miethöhe und Mietzeit wenigstens bestimmbar sind.

Ein Untermietvertrag liegt vor, wenn der Mieter die Mieträume einem Dritten ganz oder teilweise gegen Entgelt überlässt. Unentgeltliche Gebrauchsüberlassung ist keine Untermiete. Vermietet beispielsweise der Eigentümer eines Reihenhauses, in dem er selbst wohnt, ein Zimmer, so liegt kein Untermietverhältnis vor. Der Untermietvertrag hat immer einen Hauptmietvertrag zur Voraussetzung.

Wohnraum oder Geschäftsraum?

Für die Abgrenzung entscheidend ist der Parteiwille, wie er regelmäßig im Mietvertrag zum Ausdruck kommt. Bei Mischmietverhältnissen (z. B. Laden mit kleiner Wohnung) kommt es darauf an, wenn die Parteien keine Vereinbarung getroffen haben (z. B. durch Verwendung eines Geschäftsraummietvertrags), welches der Hauptzweck des Vertrages ist. Entscheidend ist hier, welcher Zweck überwiegt. Anhaltspunkte hierfür sind die einzelnen Flächenanteile und die darauf entfallende Miete.

BEISPIEL

Eine juristische Person mietet ein Reihenhaus an, um es teils als Büroraum für ihren Geschäftsbetrieb zu nutzen und teils ihrem Geschäftsführer als Wohnung zur Verfügung zu stellen. Hier geht der Vertragszweck dahin, dass der Mieter die Räume weitervermietet bzw. dem Geschäftsführer — auch zu Wohnzwecken — überlässt. Eine juristische Person (z. B. GmbH) kann schon begrifflich nicht zu eigenen Wohnzwecken anmieten. Im Beispielsfall handelt es sich also um ein Mietverhältnis über Geschäftsräume. Auf die Bestimmungen des Kündigungsschutzes bei Wohnraummietverhältnissen konnte sich der Mieter nicht berufen (BGH, NZM 2008, 804).

Wer sind die Parteien des Mietvertrags?

Die Parteien des Mietvertrags werden ausschließlich durch die Benennung im Vertrag festgelegt. Die Zeilen im Vertrag, die dafür vorgesehen sind, nennt man Rubrum. Dort nicht aufgeführte Personen werden nicht Vertragspartner, selbst wenn sie — auf der Vermieterseite — Miteigentümer der Wohnung sind oder — auf der Mieterseite — in den Mieträumen wohnen.

TIPP

Die genaue Bezeichnung der Vertragspartner ist von größter Wichtigkeit, da Unklarheiten hierüber oftmals dazu führen, dass Kündigungen, Mieterhöhungen etc. an eine Person adressiert werden, die tatsächlich nicht Vertragspartner ist. Hier können erhebliche Rechtsnachteile entstehen.

Unklarheiten entstehen dadurch, dass Personen, die im Rubrum des Mietvertrags aufgeführt sind, den Vertrag am Ende nicht unterschrieben haben oder umgekehrt Personen, die den Vertrag unterschrieben haben, im Rubrum nicht bezeichnet sind.

Der Mietvertrag muss von allen, aber auch nur von den im Rubrum benannten Personen unterschrieben werden.

Wer soll im Mietvertrag aufgenommen werden?

Einfach ist diese Frage zu beantworten, wenn etwa eine Eigentumswohnung oder ein Reihenhaus im Eigentum einer Person steht oder ein Mieter allein in eine Wohnung einziehen will. Hat aber beispielsweise die Mutter ihrem Sohn die Wohnung überschrieben, ist also der Sohn als Eigentümer im Grundbuch eingetragen, hat sich die Mutter aber noch einen Nießbrauch vorbehalten, so ist nach wie vor die Mutter Vermieterin.

Hat der Vermieter eine Hausverwaltung mit der Abwicklung des Mietverhältnisses beauftragt, ist darauf zu achten, dass der Hausverwalter seine Stellung als Vertreter des Eigentümers offenlegt. Andernfalls besteht die Gefahr, dass er selbst als Vertragspartner behandelt wird. Hier sollte also formuliert werden: „Herr XY, vertreten durch die Hausverwaltung Z."

Bei Personenmehrheiten auf Vermieter- oder Mieterseite ist besonders sorgfältig zu verfahren. So sind Erbengemeinschaften nicht rechtsfähig oder parteifähig. Dies bedeutet, dass ein Mietvertrag, der von einem Vertreter der Erbengemeinschaft abgeschlossen wird, etwa durch die Formulierung „Erbengemeinschaft X, vertreten durch Herrn Y", nicht mit der Erbengemeinschaft als solcher, sondern mit den einzelnen Miterben zustande gekommen ist. Die Angabe „Erbengemeinschaft" genügt nicht. Die einzelnen Miterben müssen namentlich benannt werden (BGH, WuM 2002, 601) und den Mietvertrag auch unterschreiben oder aber ein Miterbe unterschreibt für sie in Vertretung. Hierbei ist die Vertretung kenntlich zu machen.

BEISPIEL

Hat bei einer Mehrheit von Eigentümern nur ein Eigentümer den Mietvertrag unterschrieben, sind die anderen Miteigentümer nicht gebunden. Sie können sich überlegen, ob sie den Abschluss des Mietvertrags genehmigen oder vom Mieter die Herausgabe der Wohnung verlangen. In diesem Fall drohen dem Miteigentümer, der als Vermieter den Vertrag unterschrieben hat, erhebliche Schadenersatzansprüche, da er den Mietvertrag gegenüber dem Mieter dann nicht mehr erfüllen kann.

Bei einer Personenmehrheit auf Mieterseite ist dem Vermieter aus haftungsrechtlichen Gründen zu empfehlen, den Mietvertrag mit allen Personen abzuschließen, die in die Wohnung einziehen wollen. Dies hat für den Vermieter den Vorteil, dass in diesem Fall alle Personen als Gesamtschuldner für sämtliche Verbindlichkeiten in voller Höhe haften.

Dies kann für den Vermieter auch aus prozessualen Gründen vorteilhaft sein, da dann alle in der Wohnung lebenden Personen Partei eines Rechtsstreits sind und nicht als Zeugen aussagen können, wenn es etwa um den Nachweis von angeblich mündlich getroffenen Vereinbarungen geht. Umgekehrt kann es deshalb auch sinnvoll sein, dass auch dann, wenn eine Wohnung beiden Ehegatten gehört, nur ein Ehegatte den Mietvertrag abschließt.

Immer wieder kommt es vor, dass sich Mieter kurze Zeit nach Vertragsschluss und Einzug in die Wohnung wieder trennen, weil sie feststellen, dass sie doch nicht so gut zusammenpassen. Dies hat auf den Mietvertrag grundsätzlich keinen Einfluss. Auch der Mieter, der auszieht, bleibt Vertragspartner. Soll dies geändert werden, muss ein entsprechender schriftlicher Nachtrag zum Mietvertrag angefertigt und von allen unterschrieben werden.

Stimmen die im Rubrum bezeichneten Personen mit den Personen nicht überein, die den Mietvertrag unterschrieben haben, ist die Rechtsprechung leider nicht einheitlich.

BEISPIEL

Im Mietvertrag sind als Mieter Herr und Frau X bezeichnet, unterschrieben hat aber nur Herr X ohne weitere Zusätze. In diesem Fall ist auch nur Herr X Mieter geworden. Etwas anderes gilt nur, wenn sich eindeutig (z. B. durch einen Vertretungsvermerk) oder zumindest aus den Umständen ergibt, dass die Unterschrift auch im Namen der Ehefrau erfolgt ist, beispielsweise wenn die Ehefrau an der Wohnungsbesichtigung und an den Vertragsverhandlungen beteiligt war.
Anders soll es sein, wenn auf der Vermieterseite beide Ehegatten im Rubrum aufgeführt sind, aber nur einer unterschrieben hat. Sind beide Eigentümer der Wohnung, so sollen beide als Vermieter anzusehen sein. All diese Probleme lassen sich aber leicht vermeiden, wenn der Vertrag sorgfältig ausgefüllt wird.

In der Vereinbarung sollte auch der Rückzahlungsanspruch bezüglich der Kaution geregelt werden. Dem Vermieter kann es sonst passieren, dass der ausgezogene Mieter bei späterer Beendigung des Mietverhältnisses mit dem anderen Mieter noch Zahlungsansprüche bezüglich der Kaution erhebt.

Ein möglicher Formulierungsvorschlag, der dies verhindern hilft, könnte lauten: „Der Anspruch auf Rückzahlung der Kaution steht allein Mieter X zu. Mieter Y verzichtet gegenüber dem Vermieter auf jegliche Ansprüche aus der Kautionsrückzahlung. Die Mieter haben sich intern über die Kaution bereits auseinandergesetzt."

Was wird vermietet?

Im Mietvertrag sind die Mieträume vollständig anzuführen. Dies gilt auch für mitvermietete Nebenräume wie Keller- oder Speicherabteile und Gartenanteile. Nachdem es immer wieder Streit gibt, ob und in welchem Umfang solche Nebenräume mitvermietet sind, empfiehlt sich hier eine möglichst genaue Bezeichnung. Lage und Umfang beispielsweise bei Gartennutzung sollten ggf. anhand einer dem Mietvertrag beizufügenden Skizze festgelegt werden. Sind Räume dem Mieter nur zur Mitbenutzung überlassen (z. B. gemeinschaftliche Wasch- oder Trockenräume), sollte dies ebenso schriftlich festgehalten werden.

Die Gemeinschaftsräume eines Hauses kann der Mieter selbstverständlich mitbenutzen, ohne dass dies im Mietvertrag festgehalten werden muss. Die Grenze ist dort zu ziehen, wo durch die Art der Nutzung eine Belästigung etwa durch Vermüllung oder Gefährdung entsteht. Streit gibt es immer wieder bei der Treppenhausnutzung durch Abstellen von Fahrrädern, Kinderwagen oder Rollatoren (Gehhilfen). Die Rechtsprechung ist hier eher großzügig. Eine gefahrlose Benutzung des Treppenhauses muss jedoch gewährleistet sein.

Wie weit geht das Nutzungsrecht eines Wohnraummieters? Kann er dort eine Tierarztpraxis mit entsprechendem Kundenverkehr betreiben? Sicher nicht. Gelegentliche Büroarbeiten, z. B. Unterrichtsvorbereitung eines Lehrers, kann der Mieter ohne Weiteres in der Wohnung durchführen. Die Grenze liegt da, wo geschäftliche Aktivitäten freiberuflicher oder gewerblicher Art nach außen in Erscheinung treten. Solche Tätigkeiten muss der Vermieter grundsätzlich nicht ohne entsprechende Vereinbarung dulden. Allerdings kann der Vermieter im Einzelfall nach Treu und Glauben verpflichtet sein, eine Erlaubnis zur teilgewerblichen Nutzung zu erteilen. Sie wird insbesondere dann in Betracht kommen, wenn es sich nur um eine Tätigkeit ohne Mitarbeiter und ohne ins Gewicht fallenden Kundenverkehr handelt. Ein Anspruch auf Gestattung kommt daher regelmäßig nicht in Betracht, wenn für die geschäftliche Tätigkeit Mitarbeiter des Mieters in der Wohnung beschäftigt werden (BGH, WuM 2009, 517).

Bei Geschäftsraummietverhältnissen sollte der Vertragszweck möglichst genau bestimmt werden. Hier haftet der Vermieter dafür, dass der Mieter die Mieträume auch zu dem im Mietvertrag vereinbarten Zweck nutzen kann, es sei denn, die Hindernisse liegen im persönlichen Bereich des Mieters.

Wohnflächen müssen nicht angegeben werden. Angaben hierzu sollten nur gemacht werden, wenn sie wirklich richtig sind. Weist nämlich eine gemietete Wohnung eine Wohnfläche auf, die mehr als 10 % unter der im Mietvertrag angegebenen Fläche liegt, haben die Mieträume einen Mangel, der den Mieter zur Minderung berechtigt. Dies gilt auch, wenn die Angaben zur Wohnfläche im Mietvertrag mit „circa“ gemacht werden.

Wie wird ein Mietvertrag abgeschlossen?

Mietverträge sind grundsätzlich formfrei möglich. Es genügt also ein Handschlag. Hiervon wird aber dringend abgeraten. In diesem Fall gelten ausschließlich die gesetzlichen Bestimmungen. Der Beweis irgendwelcher zusätzlichen Vereinbarungen kann meistens nicht erbracht werden.

Die Regel ist daher der Abschluss eines schriftlichen Mietvertrags. Wird ein Vertrag mit einer Laufzeit von mehr als einem Jahr abgeschlossen, muss der Vertrag schriftlich geschlossen werden (§ 550 BGB).

Die Schlüssel sollen immer erst übergeben werden, wenn der Mietvertrag von beiden Seiten unterschrieben ist (siehe Stichwort „Kaution").

BEISPIEL

Der Hauptmieter kündigt und zieht aus, der Untermieter verbleibt in der Wohnung, ohne dass der Vermieter etwas dagegen unternimmt und zahlt die Miete weiter. Hier ist es Sache des Vermieters, für klare Verhältnisse zu sorgen, also nach Auszug des Hauptmieters dem Untermieter mitzuteilen, dass er mit dem Untermieter kein Mietverhältnis begründen wolle und die Zahlung nur als Nutzungsentschädigung entgegennehme.

Wird die Schriftform nicht eingehalten, gilt der Vertrag als auf unbestimmte Zeit abgeschlossen. Die Anforderungen an die gesetzliche Schriftform sind in § 126 BGB geregelt. Treffen sich die Parteien zur Vertragsunterzeichnung, genügt es, wenn die Parteien einen Mietvertrag unterschreiben. Werden mehrere Vertragsexemplare ausgefertigt, genügt es, wenn jede Partei die für die andere Partei bestimmte Urkunde unterzeichnet. Nach der Rechtsprechung müssen sich die wesentlichen Vertragsbedingungen aus dem Mietvertrag ergeben, insbesondere Mietgegenstand, Mietzins sowie Dauer und die Vertragsparteien. Wird auf Anlagen wie Grundrisspläne, Bau- oder Ausstattungsbeschreibungen verwiesen, müssen auch diese Anlagen Bestandteil des Mietvertrags sein.

Mietvertrag und Anlagen sollen fest verbunden werden (z. B. durch Zusammentackern), ferner soll im Mietvertrag auf Anlagen und Zusätze verwiesen werden.

Wird der Mietvertrag nicht bei gleichzeitiger Anwesenheit beider Vertragsparteien geschlossen, ist zu beachten, dass rechtlich gesehen die Übersendung eines ausgefüllten und unterschriebenen Mietvertrags durch eine Vertragspartei als bindendes Angebot zu sehen ist, das nur innerhalb der üblicherweise einzuhaltenden Frist angenommen werden kann. Hierbei kommt es darauf an, ob die Sache wirtschaftlich sehr bedeutend oder rechtlich sehr kompliziert ist. Grundsätzlich beträgt bei Mietverträgen die Annahmefrist zwei bis drei Wochen. In sehr einfach gelagerten Fällen kann die Frist allerdings auch kürzer sein.

Wird die Schriftform nicht eingehalten, kann jede Partei den Mietvertrag mit der gesetzlichen Frist kündigen. Ein Geschäftsraummieter kann sich also in diesem Fall aus einem langfristigen Mietvertrag vorzeitig lösen. Die Kündigung ist jedoch frühestens zum Ablauf eines Jahres nach Überlassung der Räume zulässig.

Minderung

Liegt ein Mangel vor oder fehlt eine zugesicherte Eigenschaft, kann ein Mieter mindern. Die Mietminderung tritt ohne Rücksicht auf Verschulden des Vermieters ein. Hierbei handelt es sich um keinen Anspruch, sondern um eine kraft Gesetzes eintretende Änderung der Vertragspflicht.

Die Minderung besteht für die Dauer des Mangels. Die Miete ist in dem Umfang geringer, um den der objektive Gebrauchswert gemindert ist. Allerdings kann das Recht des Mieters zur Minderung auch ausgeschlossen sein (siehe Stichwort „Mängel").

Bei Wohnraum kann die Minderung durch vertragliche Vereinbarungen nicht ausgeschlossen oder eingeschränkt werden (§ 536 Abs. 4 BGB). Bei Wohnraummietverhältnissen sind daher Klauseln unwirksam, wonach die Minderung angezeigt oder von der Einhaltung von Fristen abhängig gemacht wird. Bemessungsgrundlage der Minderung ist die Bruttomiete, also die Miete einschließlich aller Nebenkosten (BGH, WuM 2005, 384). Dabei ist unerheblich, ob die Nebenkosten als Pauschale oder Vorauszahlung geschuldet werden.

Wer hat den Mangel verursacht?

Ist streitig, wer den Mangel verursacht hat, verteilt die Rechtsprechung die Beweislast nach Verantwortungsbereichen. Der Vermieter muss darlegen und beweisen, dass die Ursache des Mangels nicht aus seinem Pflichten- und Verantwortungsbereich stammt, sondern aus dem Herrschafts- und Obhutsbereich des Mieters. Hat der Vermieter diesen Beweis geführt, muss der Mieter seinerseits nachweisen, dass er den Mangel nicht zu vertreten hat.

Zahlungsschwache Mieter berufen sich gern, um einer fristlosen Kündigung wegen Zahlungsverzuges zu entgehen, auf Mängel und setzen hierfür eine hohe Minderungsquote an. Erreicht der Zahlungsverzug zwei Monate, kann der Vermieter fristlos kündigen und Räumungsklage erheben. Er kann nicht darauf verwiesen werden, zuerst seine Mieten einzuklagen, um in einem Forderungsprozess die Berechtigung zur Minderung zu klären. Mindert der Mieter und stellt sich im Prozess heraus, dass der Mangel auf einem fehlerhaften Wohnverhalten des Mieters beruht, wird er sich in der Regel nicht auf einen Irrtum über die Rechtslage (wenn ihm die Minderung von einem Rechtsanwalt empfohlen wurde) oder über die Sachlage berufen können. Hier werden von der Rechtsprechung sehr strenge Anforderungen gestellt.

Besteht hingegen der Mangel und ist der Mieter zur Minderung berechtigt, wird der Vermieter bei einer geringen Abweichung der vom Gericht zuerkannten Minderungsquote zu der vom Mieter durchgeführten Minderung nicht fristlos kündigen können. Die nachfolgende Minderungstabelle soll eine erste Einschätzung ermöglichen. Zu beachten ist allerdings, dass es jeweils auf die Umstände des Einzelfalls ankommt.

Mangel	Minderungsquote
Asylbewerber in der Nachbarschaft: keine Minderung, wenn keine konkrete Störung vorliegt; ein baurechtlicher Milieuschutz besteht nicht (AG Gronau, WuM 1991, 161)	0 %
Bad- und Duschanlage unbenutzbar (AG Köln, WuM 1998, 690)	33 %
Badewanne rau (LG Stuttgart, WuM 1998, 108)	3 %
Badewanne unbenutzbar (AG Goslar WuM, 1974, 53)	18 %
Balkon unbenutzbar (LG Berlin, MM 1986, 327)	3 %
Baulärm siehe Lärm	
Blei-Trinkwasserleitungen in Büro- und Lagerräumen (OLG Köln, NJW 1992, 51) Ein Mangel liegt allerdings nicht vor, wenn nicht festgestellt werden kann, dass der Bleigehalt im Trinkwasser den in der Trinkwasserverordnung festgelegten Grenzwert regelmäßig übersteigt. Eine gelegentliche Überschreitung ist ungefährlich und stellt keinen Mangel dar. (so jedenfalls LG Frankfurt/M., ZMR 1990, 17)	15 %
Briefkasten, fehlender (AG Hamburg, WuM 1976, 53)	3 %
Dach undicht mit Folge der Feuchtigkeit in der Wohnung (AG Hamburg, WuM 1979, 103)	20 %
Doppelfenster unklar und undicht (AG Köln, WuM 1981, 283) (LG Darmstadt, WuM 1985, 22)	6 % 10 %

Mangel	Minderungsquote
Dusche funktioniert nicht (AG Köln, WuM 1987, 271)	17 %
Dach undicht mit Folge der Feuchtigkeit in der Wohnung (AG Hamburg, WuM 1979, 103)	20 %
Doppelfenster unklar und undicht (AG Köln, WuM 1981, 283) (LG Darmstadt, WuM 1985, 22)	 6 % 10 %
Dusche funktioniert nicht (AG Köln, WuM 1987, 271)	17 %
Fenster	
▪ Luftdurchlässig und schlecht zu schließen Im Sommer Im Winter (AG Münster, WuM 1982, 254)	 5 % 10 %
▪ Undicht, Oberlichten nicht mehr zu öffnen (AG Potsdam, WuM 1994, 376)	5 %
▪ Alle undicht, nicht mehr richtig zu schließen (LG Hannover, ZMR 1979, 47)	25 %
Fernsehempfang unzulänglich (AG Berlin-Schöneberg, GE 1988, 361)	10 %
Feuchtigkeit im Kellerraum nach Regenfällen (AG Düren, WuM 1983, 30)	5 %
Feuchtigkeit im Keller (AG Bad Bramstedt, WuM 1990, 71)	10 %
Kleine Feuchtigkeitsflecken und Risse in einer Neubauwohnung (LG Hamburg, WuM 1976, 205) Wenn sie sich auf den Funktionswert aller Räume auswirken (LG Hamburg, WuM 1988, 353)	10 % 20 %
Erhebliche Feuchtigkeit und Nässe, Tropfwasser an der Decke und Durchfeuchtung des Teppichbodens (AG Leverkusen, WuM 1980, 163)	50 %
Wenn der Aufenthalt in Küche, Wohn- und Schlafzimmer wegen ständiger Durchfeuchtung nahezu unmöglich ist (LG Berlin, GE 1991, 625)	80 %
Fliesen, andersfarbige im Bad (LG Kleve, WuM 1991, 261)	5 %

Mangel	Minderungsquote
Formaldehydbelastung über dem Wert von 0,1 ppm (AG Bad Säckingen, WuM 1996, 140) So erhöht, dass die Geruchsschwelle überschritten ist (AG Köln, WuM 1987, 120)	25 % 56 %
Gegensprechanlage defekt (LG Berlin, NZM 2001, 986) (AG Aachen, WuM 1989, 509)	2 % 5 %
Geruch von Heizöl (AG Augsburg, WuM 2002, 605)	15 %
Geruch von Essen ist hinzunehmen, wenn die Kochgerüche keine durchgängige, erhebliche Belastung darstellen, die das Maß des Empfindens eines normalen Durchschnittsmenschen übersteigen (LG Essen, ZMR 2000, 302)	0 %
Geruchsbelästigung durch Pizzeria im Nachbarhaus über Lüftungsschacht in der Wohnung (AG Köln, WuM 1990, 338)	15 %
Geruchsbelästigung durch Abluft vom Wäschetrockner in der Nachbarwohnung (LG Köln, WuM 1990, 385)	10 %
Zigarettenrauch und Essensgerüche aus anderen Wohnungen (LG Stuttgart, WuM 1998, 724)	20 %
Hausmusik in Zimmerlautstärke: keine Minderung bei persönlicher Überempfindlichkeit (AG Münster, WuM 1991, 545)	0 %
Klavierspiel mehr als zwei Stunden täglich, über Zimmerlautstärke (AG Düsseldorf DWW 1988, 357)	20 %
Heizung Nur 15 °C in der ganzen Wohnung: (LG Düsseldorf, WuM 1973, 187) Nur 15–18 °C in der Wohnung (LG München, nicht veröffentlicht)	30 % 30 %
Heizungsausfall	
▪ In den Wintermonaten (LG Bonn, WuM 1982, 170)	Mindestens 50 %
▪ Von Dezember bis Februar (LG Kassel, WuM 1987, 271)	50 %
▪ Von September bis Februar (LG Hamburg, WuM 1976, 10)	100 %

Mangel	Minderungsquote
Rauschen und Knacken der Heizung (AG Hamburg, WuM 1987, 271)	10 %
Holzschutzmittelbelastung (PCP und Lindan) (LG Kiel, WuM 1997, 674)	50 %
Küchenherd defekt (LG Berlin, GE 1981, 673)	5 %
Lärm	
▪ Normale Lebensäußerungen von Kindern sind hinzunehmen und berechtigen nicht zur Mietminderung	0 %
▪ Dies gilt nicht bei übermäßigem Lärm (Getobe, Getrampel, insbesondere in den Ruhezeiten) (LG Köln, WuM 1971, 96)	10 %
▪ Erheblicher nächtlicher Lärm durch Wohngemeinschaft im selben Haus (AG Braunschweig, WuM 1990, 147)	50 %
▪ Erhebliche Störungen durch Baulärm und Bauarbeiten im Haus (LG Hannover, WuM 1986, 311)	22 %
▪ Besonders starker Lärm durch Dachgeschossausbau (AG Hamburg, WuM 1987, 272)	60 %
▪ Sehr erhebliche Störungen durch Baulärm in unmittelbarer Nachbarschaft (LG Göttingen, WuM 1986, 114)	20 %
▪ Sehr häufiges lautstarkes Feiern an den Wochenenden, auch bis spät in die Nacht (LG Dortmund, WuM 1988, 348)	20 %
▪ Erheblicher Gaststättenlärm bis 1:00 Uhr nachts im selben Haus (AG Rheine, WuM 1985, 260)	37 %
▪ Störungen der Nachtruhe durch Klopfgeräusche in der Zentralheizung (LG Darmstadt, WuM 1980, 52)	17 %
▪ Erheblicher Fluglärm und das Fehlen von Isolierungen (LG Kiel, WuM 1979, 128)	10 %
▪ Lärmbelästigung durch eine unter der Mietwohnung gelegene Kinderarztpraxis (AG Bad Schwartau, WuM 1976, 259)	10 %
▪ Lärm durch angrenzenden Kindergarten (AG Hamburg, WuM 1975, 209)	15–20 %

Mangel	Minderungs-quote
▪ Lärm durch Billard-Café im Nachbarhaus, auch dann, wenn der Mieter dem Lärm ab 22:00Uhr nur bei geöffnetem Fenster ausgesetzt ist (AG Köln, WuM 1991, 545)	20 %
Lift unbenutzbar (AG Berlin Charlottenburg, GE 1990, 423)	10 %
Mäuse und Kakerlaken in der Wohnung (AG Bonn, WuM 1986, 113)	10 %
Nitratgehalt des Trinkwassers, gesundheitsgefährdend und überhöht (AG Osnabrück, WuM 1989, 12) (LG Köln, ZMR 1991, 223)	10 % 25 %
Perchloräthylen — 1 bis 2 mmg pro m^3 Raumluft — aus einer chemischen Reinigung im Anwesen, Gesundheitsgefährdung (LG Hannover, WuM 1990, 337)	50 %
Reinigung der Hausanlage mangelhaft, ungepflegter Zustand (AG Kiel, WuM 1991, 343)	5 %
Rost im Leitungswasser (AG Köln, WuM 1982, 226)	10 %
Schallisolierung mangelhaft (AG Lüdinghausen, WuM 1980, 52)	10 %
Schallschutz Bauliche Mindestanforderungen nicht erfüllt (AG Gelsenkirchen, WuM 1978, 66)	20 %
Trittschall, der in der unteren Wohnung übermäßig stark zu hören ist (LG Karlsruhe, DWW 1981, 234)	10–15 %
Trittschall und normale Wohngeräusche im Altbau bei Einhaltung der Bauvorschriften zur Zeit der Errichtung des Gebäudes (AG München, NZM 2004, 499)	0 %
Schimmel	
▪ Schimmel in Wohnzimmer, Schlafzimmer und Bad (LG Osnabrück, WuM 1989, 370)	20 %
▪ Schimmel- und Stockflecken nach Einbau von Kunststofffenstern (LG Göttingen, WuM 1986, 308)	10 %
Teppichboden Unschöner Gesamteindruck, Stolpergefahr (AG Gelsenkirchen, WuM 1988, 13)	10 %

Mangel	Minderungs-quote
Toilette Mangelhafte Spülung (AG Münster, WuM 1993, 124)	15 %
Trinkwasser	
▪ Bleigehalt über dem Grenzwert (AG Hamburg WuM 1992, 11)	9 %
▪ Rostverfärbung (AG Görlitz WuM 1998, 180)	20 %
▪ Bräunliche Verfärbung (LG Braunschweig WuM 1990, 145)	10 %
Türklingel und Gegensprechanlage defekt (LG Berlin, GE 1992, 1043)	2 %
Ungeziefer	
▪ Gelegentliches Auftauchen von Silberfischen im Bad (LG Lüneburg, WuM 1998, 570)	0 %
▪ Silberfische in beträchtlicher Menge in der Wohnung (LG Lahnstein, WuM 1988, 55)	20 %
▪ Erheblicher Mottenbefall: (AG Bremen WuM 2002, 215)	25 %
Verunreinigungen von Hausflur, Außenanlagen und Wegen mit Abfall und Hundekot (AG Dortmund, WuM 1998, 570)	10–15 %
Wände	
▪ Risse in zwei Zimmern, Putzablösungen (LG Berlin, MM 1994, 140)	2,5 %
▪ Flecken an den Zimmerdecken, Risse an den Wänden und Feuchtigkeitsschäden im Wohnzimmer bei Neubauwohnung (LG Hamburg, WuM 1976, 205)	10 %
▪ Erhebliche Putzschäden, Durchfeuchtung (LG Berlin, GE 1991, 573)	50 %
Warmwasserversorgung fällt aus (LG Berlin, GE 1993, 861) Ein Mangel liegt dagegen nicht vor, wenn das Wasser nicht mehr als 40 oder 43 °C warm wird (LG Hamburg, WuM 1978, 242)	20 %

Mangel	Minderungsquote
Wohnfläche Abweichung von mehr als 10 % von den Angaben im Mietvertrag = Mangel (BGH, NZM 2004, 453)	Die Minderung berechnet sich aus der prozentualen Flächenabweichung
Zugluft, starke (LG Kassel, WuM 1988, 108)	20 %

ARBEITSHILFE ONLINE

SCHRITT-FÜR-SCHRITT-GUIDE: Mietminderung prüfen

Macht ein Mieter die Minderung seiner Mietzahlungen geltend, gilt es, dieses Ansinnen genau zu prüfen und festzustellen, ob es gerechtfertigt ist bzw. die Beseitigung des Mangels tatsächlich in den Zuständigkeitsbereich des Vermieters fällt. Das ist zu prüfen:

Welchen Mangel macht der Mieter geltend?
Bemerkung: ....
Ist der Mangel nach Abschluss des Mietvertrags aufgetreten?
Ja ☐ Nein ☐
Bemerkung: ....

Handelt es sich bei dem Mangel um eine laut Mietvertrag zugesicherte Eigenschaft?
Ja ☐ Nein ☐
Bemerkung: ....

War der Mangel bei der Wohnung bereits vorhanden und wurde er zu diesem Zeitpunkt übersehen?
Ja ☐ Nein ☐
Bemerkung: ....

Handelt es sich bei dem angemerkten Sachverhalt um einen erheblichen Mangel?
Ja ☐ Nein ☐
Bemerkung: ....

War der Mangel dem Mieter schon längere Zeit bekannt, ehe er ihn gemeldet hat?
Ja ☐ Nein ☐
Bemerkung: ....

Hat der Mieter trotz des Wissens um den Mangel die Miete über längere Zeit weitergezahlt?
Ja ☐ Nein ☐
Bemerkung: ....

Wurde der Mangel schriftlich angezeigt?
Ja ☐ Nein ☐
Bemerkung: ....

Sind dem Schreiben ausreichende Beweismittel wie Fotos oder Zeugenaussagen beigelegt?
Ja ☐ Nein ☐
Bemerkung: ....

Wurde der Minderungszeitraum korrekt angegeben?
Ja ☐ Nein ☐
Bemerkung: ....

Wurde die Höhe der Mietminderung richtig berechnet?
Ja ☐ Nein ☐
Bemerkung: ....

Sind schon Maßnahmen zur Mängelbeseitigung geprüft worden?
Ja ☐ Nein ☐
Bemerkung: ....

! **WICHTIG**

Prüfen Sie, ob es sich bei dem angezeigten Sachverhalt um einen erheblichen Mangel handelt und Ihr Mieter diesen Umstand nicht verursacht hat. Versuchen Sie, geeignete Maßnahmen zu ergreifen, um den Mangel möglichst schnell zu beheben und alle im Mietvertrag zugesicherten Eigenschaften wiederherzustellen.

Das Recht des Mieters zur Minderung kann ausgeschlossen sein (siehe Stichwort „Mangel"). Hinzuweisen ist insbesondere auf § 536 Abs. 1a BGB. Danach kann der Mieter drei Monate nicht mindern, wenn der Mangel aufgrund einer Maßnahme eintritt, die einer energetischen Modernisierung nach § 555b Nr. 1 BGB dient. Hierdurch sollen energetische Modernisierungen erleichtert werden. Problematisch wird es, wenn solche energetischen Modernisierungsmaßnahmen mit anderen Erhaltungs- oder Modernisierungsmaßnahmen vorgenommen werden (z. B. Wärmedämmung der Fassade mit gleichzeitiger Erneuerung des Außenputzes). Dann kommt es darauf an, welche Beeinträchtigungen auf welche Maßnahmen entfallen.

Modernisierung

Mieter sind in der Regel von Modernisierungsmaßnahmen nicht begeistert. Zum einen fürchten sie Lärm, Staub und sonstige Beeinträchtigungen, zum anderen will der Vermieter nach Durchführung der Maßnahmen eine Mieterhöhung durchsetzen.

Zeigt sich der Mieter nicht kooperativ, muss der Vermieter die Formvorschriften genau beachten, um sein Vorhaben durchzusetzen.

Erhaltungsmaßnahmen

Nach § 535 BGB muss der Vermieter die Mieträume in einem zum vertragsgemäßen Gebrauch geeigneten Zustand überlassen und sie während der Mietzeit in diesem Zustand erhalten. Der Vermieter hat also die Instandsetzungs- und Instandhaltungsverpflichtung. Dies bedeutet, dass der Vermieter die Mieträume in dem Zustand erhalten muss, wie sie zu Beginn des Mietverhältnisses waren. Waren die sanitären Einrichtungen bei Beginn des Mietverhältnisses zehn Jahre alt, kann der Mieter kein neues Bad verlangen, wenn keine wesentlichen Verschlechterungen eingetreten sind. Eine Verpflichtung des Vermieters entsteht erst dann, wenn die sanitären Anlagen trotz der üblichen Pflegemaßnahmen infolge weiteren Verschleißes nicht mehr gebrauchsfähig sind.

Dies gilt auch für Böden. So hat die Rechtsprechung entschieden, dass Teppichböden nach rund zehn Jahren Mietzeit erneuerungsbedürftig sind. Werden Erhaltungsmaßnahmen durchgeführt, kann der Mieter verlangen, dass die defekte Sache durch eine im Wesentlichen gleichwertige und gleichartige Sache ersetzt wird.

Befindet sich in der Wohnung ein Parkettboden, kann der Vermieter keinen einfachen Boden verlegen. Dies gilt aber auch umgekehrt: War zu Beginn des Mietverhältnisses ein Elektroherd vorhanden, der erneuert wird, kann der Mieter kein Cerankochfeld verlangen.

Diese Erhaltungspflicht kann der Vermieter von Wohnraum nur in äußerst eingeschränktem Maß dem Mieter übertragen (Kleinreparaturklauseln, siehe Stichwort „Mängel“).

Damit der Vermieter seiner Erhaltungspflicht nachkommen kann, steht ihm auch das Recht zum Betreten und Besichtigen der Mieträume zu. Dieses Recht hat der Vermieter nach der überwiegenden Meinung in der Rechtsprechung allerdings nur, wenn ein konkreter Anlass gegeben ist, um Schäden festzustellen.

Ob der Vermieter das Recht hat, ohne konkreten Anlass in regelmäßigen Abständen eine allgemeine Besichtigung durchzuführen, ist umstritten. Teilweise wird dem Vermieter das Recht im Abstand von zwei bis drei Jahren zugebilligt.

Erhaltungsmaßnahmen hat der Mieter zu dulden. Gleichwohl ist der Vermieter auch in diesem Fall verpflichtet, dem Mieter Umfang und Beginn der beabsichtigten Maßnahmen rechtzeitig mitzuteilen, damit sich der Mieter darauf einstellen kann und auch überprüfen kann, ob es sich tatsächlich um Erhaltungsmaßnahmen oder doch um Modernisierungsmaßnahmen handelt. Ein Muster hierzu steht als Arbeitshilfe online zur Verfügung.

ARBEITSHILFE ONLINE

Was sind Modernisierungsmaßnahmen?

Hierunter fallen gemäß § 555b BGB Arbeiten,

1. durch die in Bezug auf die Mietsache Endenergie nachhaltig eingespart wird (energetische Modernisierung),
2. durch die nicht erneuerbare Primärenergie nachhaltig eingespart oder das Klima nachhaltig geschützt wird, sofern nicht bereits eine energetische Modernisierung nach erstens vorliegt,
3. durch die der Wasserverbrauch nachhaltig reduziert wird,
4. durch die der Gebrauchswert der Mietsache nachhaltig erhöht wird,
5. durch die die allgemeinen Wohnverhältnisse auf Dauer verbessert werden,
6. die aufgrund von Umständen durchgeführt werden, die der Vermieter nicht zu vertreten hat und die keine Erhaltungsmaßnahmen nach § 555a sind, oder
7. durch die neuer Wohnraum geschaffen wird.

Die Abgrenzung ist im Einzelfall schwierig. Im inzwischen aufgehobenen Modernisierungs- und Energieeinsparungsgesetz hat der Gesetzgeber folgende Begriffsbestimmung gegeben:

Danach ist Instandsetzung die Behebung von baulichen Mängeln, insbesondere von Mängeln, die infolge von Abnutzung, Alterung, Witterungseinflüssen oder Einwirkungen Dritter entstanden sind, durch Maßnahmen, die in den Wohnungen den zum bestimmungsgemäßen Gebrauch geeigneten Zustand wiederherstellen.

Modernisierung liegt hingegen vor, wenn der Substanz- oder Gebrauchswert der Mieträume oder des Gebäudes erhöht wird und dadurch eine bequemere oder bessere Nutzung ermöglicht wird. Hierbei sind objektive Maßstäbe anzulegen.

Manchmal ist eine genaue Trennung der einzelnen Arbeiten nicht möglich: Alte Holzkastenfenster mit morschen Rahmen sollen durch neue isolierverglaste Kunststofffenster ausgetauscht werden. Hier müssen die alten Fenster erneuert werden, weil sie mangelhaft sind. Die neuen Kunststofffenster haben einen besseren Schall- und Wärmeschutz.

Bei solchen gemischten Baumaßnahmen richtet sich die Duldungspflicht des Mieters ausschließlich nach den Anforderungen, die für Modernisierungsmaßnahmen bestehen.

Das Modernisierungs- und Energieeinsparungsgesetz versteht unter Modernisierung bauliche Maßnahmen, die den Gebrauchswert der Wohnung erhöhen, insbesondere Maßnahmen zur Verbesserung

- des Zuschnitts der Wohnung,
- der Belichtung und Belüftung,
- des Schallschutzes,
- der Energieversorgung,
- der Wasserversorgung und Entwässerung,
- der sanitären Einrichtungen,
- der Beheizung und der Kochmöglichkeiten,
- der Funktionsabläufe in der Wohnung,
- der Sicherheit vor Diebstahl und Gewalt.

Der Einbau eines Liftes oder eines Balkons ist danach eine Modernisierung. Ob eine mit einer Grundrissänderung verbundene Umbaumaßnahme als Wohnwertverbesserung einzustufen ist, richtet sich nach dem Einzelfall. Der geplante Umbau eines Badezimmers unter Einbeziehung der bisherigen Abstellkammer stellt z. B. eine Verbesserung dar, die der Mieter dulden muss (BGH, WuM 2008, 219).

Auch außerhalb der Wohnung vorgenommene Arbeiten können eine Modernisierung sein, hierunter fallen beispielsweise Fassadendämmung oder Maßnahmen zur Verbesserung der allgemeinen Wohnverhältnisse wie der Einbau von Fahrradständern.

Ausdrücklich im Gesetz genannt als Modernisierung sind Maßnahmen zur Einsparung von Energie. Hierunter fallen wesentliche Verbesserungen der Wärmedämmung von Fenstern, Außentüren, Außenwänden, Dächern, Kellerdecken und obersten Geschossdecken, wesentliche Verminderung des Energieverlusts und des Energieverbrauchs der zentralen Heizungs- und Warmwasseranlagen, Änderung von zentralen Heizungs- und Warmwasseranlagen innerhalb des Gebäudes für den Anschluss an die Fernwärmeversorgung, die überwiegend aus Anlagen der Kraft-Wärme-Kopplung zur Verbrennung von Müll und zur Verwertung von Abwärme gespeist wird, Rückgewinnung von Wärme, Nutzung von Energie-, Wärmepumpen- und Solaranlagen. Aber auch der Einbau einer Gasetagenheizung statt Einzelöfen, der Austausch alter Heizkörperventile gegen Thermostatventile oder der Anschluss einer Gasetagenheizung an die Fernwärmeversorgung gehören dazu.

Weiterhin im Gesetz genannt ist die Einsparung von Wasser. Hierunter fallen etwa der Einbau von Wohnungswasserzählern (Zwischenzähler) oder die Installation von Wasser reduzierenden Toilettenspülkästen anstelle der bisherigen Druckspüler.

Auch Maßnahmen zur Schaffung neuen Wohnraums hat der Mieter als Modernisierung zu dulden. Hauptbeispiel ist insbesondere der Dachgeschossausbau oder der Ausbau von Nebenräumen zu einer Wohnung. Hierunter fallen auch der Anbau und die Aufstockung eines Gebäudes, nicht jedoch das Schließen von Baulücken (strittig).

TIPP

Will der Vermieter das Dachgeschoss ausbauen, muss er die hiervon betroffenen Mieter entsprechend den Bestimmungen der §§ 555c ff. BGB benachrichtigen und alle dort genannten Formvorschriften einhalten.

Wann muss der Mieter diese Arbeiten dulden?

Liegt eine der oben genannten Maßnahmen vor, hat der Mieter grundsätzlich eine Duldungspflicht (§ 555d Abs. 1 BGB). Nach der gesetzlichen Wertung ist diese Duldungspflicht jedoch eingeschränkt. Bei Vorliegen von Härtegründen hat eine Zumutbarkeitsabwägung stattzufinden. Eine Duldungspflicht besteht nicht, wenn die Durchführung der Maßnahme für den Mieter, seine Familie oder einen Angehörigen seines Haushalts eine Härte bedeuten würde, die auch unter Würdigung der berechtigten Interessen des Vermieters und anderer Mieter im Gebäude sowie von Belangen der Energieeinsparung und des Klimaschutzes nicht zu rechtfertigen ist (§ 555d Abs. 2 BGB). Folgende Härtegründe sind hierbei zu berücksichtigen:

- Alter und Gesundheit – Beispiel: Einbau neuer Fenster im Winter
- Bauliche Folgen – Beispiel: einschneidende Grundrissänderungen und ein damit einhergehender wesentlicher Verlust an Licht und Sonne
- Vorausgegangene Aufwendungen des Mieters – Beispiel: Einbau einer Etagenheizung durch den Mieter, nunmehr Einbau einer Zentralheizung im gesamten Anwesen. Hier kommt es darauf an, ob der Vermieter der Investition des Mieters zugestimmt hat und ob diese Investitionen abgewohnt sind. Dazu meinen die Gerichte, dass ein Investitionsbetrag des Mieters in Höhe einer Jahresmiete in vier Jahren abgewohnt ist.

Eine wichtige Änderung ist durch das Mietrechtsänderungsgesetz eingeführt worden. Bei der Abwägung im Rahmen der Duldungspflicht bleiben die zu erwartende Mieterhöhung sowie voraussichtlichen künftigen Betriebskosten außer Betracht (§ 555d Abs. 2 Satz 2 BGB). Anders als nach früherem Recht wird damit erst nach Durchführung der Modernisierungsmaßnahme gesondert geprüft, ob die Mieterhöhung in wirtschaftlicher Hinsicht auch unter Einbeziehung der voraussichtlichen künftigen Betriebskosten eine Härte für den Mieter bedeuten würde. In diesem Fall ist der Vermieter zwar trotzdem zur Modernisierung berechtigt, eine Mieterhöhung ist jedoch ausgeschlossen. Dies führt zu einer Zweiteilung der Härteprüfung: Wirtschaftlichen Härten wird erst bei der Mieterhöhung Rechnung getragen, während bei der Duldung der Modernisierung die sonstigen, eher in der Person des Mieters liegenden Härtegründe zu berücksichtigen sind. Will der Vermieter schon vor Durchführung der Modernisierungsmaßnahme klären, ob der Mieter nicht nur die Modernisierung dulden, sondern auch die erhöhte Miete zahlen muss, muss der Vermieter im Streitfall Feststellungsklage erheben.

Der Mieter muss dem Vermieter Härtegründe bis zum Ablauf eines Monats, der auf den Zugang einer den gesetzlichen Vorschriften entsprechenden Modernisierungsankündigung folgt, in Textform mitteilen. Der Vermieter soll den Mieter auf Form und Frist dieses Härteeinwands hinweisen. Unterlässt der Vermieter diesen Hinweis, entfällt für den Mieter das Form- und Fristerfordernis (§ 555d Abs. 3 BGB).

Nach Ablauf der Monatsfrist für den Mieter sind solche Härteumstände nur zu berücksichtigen, wenn der Mieter ohne Verschulden an der Einhaltung der Frist gehindert war und er dem Vermieter die Umstände sowie die Gründe der Verzögerung unverzüglich mitgeteilt hat. Härtegründe wirtschaftlicher Art (die zu erwartende Mieterhöhung) sind nur zu berücksichtigen, wenn sie vom Mieter spätestens bis zum Beginn der Modernisierungsarbeiten mitgeteilt werden (§ 555d Abs. 4 BGB).

Wie muss der Vermieter die Modernisierung ankündigen?

Die Anforderungen ergeben sich aus der Bestimmung des § 55c BGB:

- drei Monate vor Beginn der Maßnahme,
- Art der Modernisierung,
- voraussichtlicher Umfang,
- voraussichtlicher Beginn,
- voraussichtliche Dauer,
- zu erwartende Mieterhöhung sowie
- die voraussichtlichen künftigen Betriebskosten.

Nur wenn diese Voraussetzungen eingehalten sind, hat der Vermieter gegen den Mieter einen Duldungsanspruch, den er dann auch mit Aussicht auf Erfolg vor Gericht durchsetzen kann.

Die Dreimonatsfrist ist eine Mindestfrist; sie darf überschritten, nicht jedoch unterschritten werden.

Art und Umfang der geplanten Maßnahme sind in wesentlichen Zügen so genau anzugeben, dass der Mieter seine Duldungspflicht überprüfen und sich hinreichend genaue Vorstellungen über seine Wohnsituation während und nach Durchführung der Maßnahmen machen kann und sein Verhalten darauf einstellt. Die Anforderungen der Rechtsprechung sind hoch: So hat das Landgericht Hamburg beim Einbau einer Zentralheizung verlangt, dass sich aus dem Ankündigungsschreiben des Vermieters Anzahl, Bauart und Ort der Aufstellung der Heizkörper sowie der Verlauf der Rohrleitungen ergeben. Es empfiehlt sich, in solchen Fällen einen Bauplan oder einen Grundriss der Wohnung der Erklärung beizulegen, aus dem sich der Umfang der Arbeiten wie beispielsweise Wandöffnungen, Durchbrüche oder Lage der Heizkörper genau ergibt, und dies noch möglichst genau in Worten zu beschreiben. Auch hier hat das Mietrechtänderungsgesetz für den Vermieter eine Erleichterung gebracht. Der Vermieter kann bei einer energetischen Modernisierung auf allgemein anerkannte Pauschalwerte Bezug nehmen, um die voraussichtliche Einsparung von Energie darzulegen. Solche Pauschalwerte enthält z. B. die „Bekanntmachung der Regeln zur Datenaufnahme und Datenverwendung im Wohngebäudebestand" des Bundesministeriums für Verkehr, Bau und Stadtentwicklung vom 30.7.2009. Diesem Regelwerk können, geordnet nach Baualtersklassen, Wärmedurchgangskoeffizienten für bestimmte Bauteile entnommen werden. Der Vermieter kann bei der Modernisierungsankündigung auf diese pauschalierten Werte

Bezug nehmen und muss nicht mehr die Energieeinsparung im konkreten Fall, z. B. durch ein Gutachten, darlegen. Unter Bezugnahme auf die pauschalierten Werte kann der Vermieter den Einspareffekt z. B. durch Vergleich des Pauschalwerts des alten Bauteils (z. B. Fenster) mit dem Wärmedurchgangskoeffizienten des zu montierenden Bauteils darlegen, der vom Hersteller mitgeteilt wird (§ 555c Abs. 3 BGB).

Ebenso sind voraussichtlicher Beginn und voraussichtliche Dauer möglichst konkret anzugeben. Allgemeine Hinweise wie „im Frühjahr" reichen nicht aus. Zumindest die Kalenderwoche ist mitzuteilen. Ein Muster hierzu steht als Arbeitshilfe online bereit.

ARBEITSHILFE ONLINE

Die Mieterhöhung muss für die konkrete Wohnung aus den zum Zeitpunkt der Abgabe der Erklärung vorhandenen Kostenvoranschlägen berechnet werden. Die Kostenkalkulation selbst muss dem Mieter nicht mitgeteilt werden. Kommt es nicht nur zu einer Erhöhung der Grundmiete, sondern auch der Betriebskosten (bisher Ofenheizung, nunmehr Einbau einer Zentralheizung) sind auch diese Betriebskosten mitzuteilen. Ein Muster hierzu ist bei den Arbeitshilfen online zu finden.

ARBEITSHILFE ONLINE

Werden mehrere Modernisierungsmaßnahmen durchgeführt, so muss der Aufwand für die daraus folgende Mieterhöhung für jede Maßnahme gesondert ausgewiesen werden.

Die Mietberechnung muss ebenso wie die Ankündigung grundsätzlich auf die konkrete Wohnung bezogen sein. Die Berechnung der Mieterhöhung erfolgt gemäß § 559 BGB (siehe Stichwort „Mieterhöhung bei Wohnraum").

Diese Mitteilungspflicht besteht auch dann, wenn die Wohnung des Mieters für Modernisierungsarbeiten nicht betreten werden muss (z. B. Fassadenisolierung), die Kosten jedoch auf den Mieter umgelegt werden sollen.

Auch wenn der Vermieter zwar modernisieren, aber die Kosten auf den Mieter nicht umlegen will, muss er die Arbeiten ankündigen. Eine Ausnahme besteht nur dann, wenn die Maßnahmen nur mit einer unerheblichen Einwirkung auf die vermieteten Räume verbunden sind und nur zu einer unerheblichen Mieterhöhung führen, wie dies beim Anschluss an das Breitbandnetz der Post mit einer verbundenen Mieterhöhung von unter 5 % der Fall ist.

Um einen Streit darüber zu vermeiden, was „unerheblich" ist, empfiehlt es sich in all diesen Fällen, die Modernisierung gleichwohl formgerecht anzukündigen.

Will der Vermieter das Dachgeschoss ausbauen und bei dieser Gelegenheit Dämmmaßnahmen durchführen, die Kosten jedoch nicht auf die Mieter umlegen, muss der Umfang der Energieeinsparung im Ankündigungsschreiben nicht dargelegt werden.

Die Ankündigung hat in Textform zu erfolgen. Textform bedeutet gemäß § 126b BGB, dass die Erklärung in Schriftzeichen lesbar, die Person des Erklärenden angegeben und der Abschluss der Erklärung in geeigneter Weise erkennbar gemacht wird. Im Unterschied zur Schriftform bedarf es bei der Textform nicht der eigenhändigen Unterschrift des Erklärenden. Hauptanwendungsfall der Textform ist die Übermittlung per Fax oder die Übersendung von Fotokopien.

Erklärt der Mieter auf ein entsprechendes Schreiben des Vermieters, dass er die Arbeiten nicht dulden werde, kann der Vermieter Klage auf Duldung der baulichen Maßnahmen erheben. Hierbei ist der Klageantrag so genau zu fassen, dass er einen vollstreckungsfähigen Inhalt hat. Aus dem Antrag muss hervorgehen, welche Arbeiten an welchen Teilen der Wohnung durchgeführt werden sollen.

Reagiert der Mieter auf ein Ankündigungsschreiben des Vermieters nicht, so kann der Vermieter dem Mieter zur Abgabe der gewünschten Duldungserklärung eine Frist setzen. Nach ergebnislosem Fristablauf kann der Vermieter Klage auf Duldung erheben. Dies gilt auch im Falle einer Außenmodernisierung.

Ob allerdings eine Klage immer der beste Weg ist, erscheint zweifelhaft. Wie ausgeführt, sind die Anforderungen der Rechtsprechung hoch, sodass der Ausgang eines solchen Prozesses unsicher ist. Um Rechts- und Planungssicherheit zu erhalten, sollte sich der Vermieter überlegen, eine Modernisierungsvereinbarung zu schließen.

Welche Rechte hat der Mieter bei Modernisierung?

Gemäß §§ 555d Abs. 6, 555a Abs. 3 BGB hat der Vermieter dem Mieter Aufwendungen, die der Mieter infolge der Modernisierung machen musste, in angemessenem Umfang zu ersetzen. Der Vermieter hat auf Verlangen des Mieters Vorschuss zu leisten.

Hierbei kann es sich um Kosten handeln, die für Reinigung, Einlagerung von Möbeln oder auch Schönheitsreparaturen, die infolge der Umbauarbeiten erforderlich geworden sind, entstanden sind. Ist dem Mieter aufgrund der Sanierungsarbeiten ein Verbleiben in der Wohnung nicht zuzumuten, muss der Vermieter dem Mieter auch die Unterbringungskosten ersetzen. Kann der Mieter die Küche nicht benutzen, gehören auch die Mehrkosten der Gaststättenverpflegung hierzu.

Schließlich hat der Mieter gemäß § 555e BGB ein Sonderkündigungsrecht. Nach Zugang der Modernisierungsankündigung kann der Mieter das Mietverhältnis außerordentlich zum Ablauf der übernächsten Monats kündigen. Die Kündigung muss bis zum Ablauf des Monats erfolgen, der auf den Zugang der Modernisierungsankündigung folgt. Erfolgt die Zustellung der Modernisierungserklärung am 10.3., kann die Kündigung des Mieters noch im April zum 31.5. erfolgen.

Was ist eine Modernisierungsvereinbarung?

Gemäß den gesetzlichen Bestimmungen sind zum Nachteil des Mieters abweichende Vereinbarungen zum Ausmaß der Duldungspflicht, zum Inhalt der Ankündigung, zum Aufwendungsersatz und zum Sonderkündigungsrecht unwirksam. Im Mietvertrag kann also nicht vereinbart werden, dass der Vermieter ohne weitere Ankündigung zu Modernisierungsarbeiten berechtigt ist.

Im Hinblick auf eine konkrete Modernisierungs- oder Energiesparmaßnahme sind jedoch Vereinbarungen nach Abschluss des Mietvertrags zulässig (§ 555f BGB). Eine solche Vereinbarung hat für den Vermieter, wie ausgeführt, den Vorteil, dass er Rechts- und Planungssicherheit erhält. Der Vermieter spart sich dann auch noch das Erfordernis eines förmlichen Mieterhöhungsverlangens. Allerdings wird der Mieter eine solche Vereinbarung nicht ohne Gegenleistung unterzeichnen. Der Vermieter muss daher im Vorfeld abwägen, ob und in welchem Umfang er auf einen Teil der möglichen Mieterhöhung verzichtet. Angesichts der stark gestiegenen Energiepreise wird ein vernünftiger Mieter die Vorteile einer Modernisierung durchaus erkennen können.

In einer Modernisierungsvereinbarung sollten folgende Punkte geregelt werden:

1. Duldungspflicht des Mieters,
2. Art der Maßnahme,
3. voraussichtlicher Beginn und Dauer,
4. Mieterhöhung und Betriebskosten,
5. Prozentsatz einer dem Mieter zugestandenen Minderung,
6. Mitwirkungspflicht des Mieters und Aufwendungsersatz.

ARBEITSHILFE ONLINE

KOSTEN-CHECK: Ermittlung der Mieterhöhung nach Modernisierung

Notwendige Modernisierungen muss der Vermieter nicht allein tragen. Neben Zuschüssen und Fördermitteln kann er einen Teil der Aufwendungen auf die Mieter umlegen. Mithilfe dieses Kosten-Checks lässt sich einfach und übersichtlich die Mieterhöhung ermitteln.

Miete der Wohnung: Tragen Sie hier die Höhe der vom Mieter monatlich gezahlten Miete ein:
Monatliche Miete .... Euro

Kalkulation der geplanten Renovierungsmaßnahmen: Versuchen Sie, alle Kosten Ihrer geplanten Renovierungsmaßnahmen schon im Voraus mithilfe von Kostenvoranschlägen und Materialpreisen möglichst genau zu kalkulieren:
Renovierungskosten .... Euro

Abzüglich der Fördergelder und Zuschüsse: Bei einigen Renovierungsmaßnahmen können Sie mit Fördergeldern und Zuschüssen von Bund und Ländern rechnen. Informieren Sie sich im Vorfeld dazu und ziehen Sie diese dann von Ihren Kosten wieder ab:
Zuschüsse/Fördergelder .... Euro

Umlagehöhe der Renovierungskosten: Nach den gesetzlichen Bestimmungen dürfen Sie als Vermieter 11 % Ihrer werterhöhenden Maßnahmen auf die Mieter umlegen (Renovierungskosten — Zuschüsse x 0,11):
Umlagefähige Kosten .... Euro

Rechnerisch mögliche Miete: Rechnen Sie nun zu der Jahresmiete der Wohnung die umlagefähigen Kosten hinzu und teilen Sie diesen Betrag durch zwölf, um die mögliche Monatsmiete zu errechnen (Miete x 12 + umlagefähige Kosten : 12):
Rechnerisch mögliche Miete .... Euro

Maximal zulässige Mieterhöhung: Als Gegenkontrolle müssen Sie nun noch die maximal zulässige Mieterhöhung prüfen (ortsübliche Vergleichsmiete + 20 %):
Maximal zulässige Mieterhöhung .... Euro

Kalkulation der neuen Miete: Rechnen Sie nun die maximal zulässige Mieterhöhung zur aktuellen Miete hinzu:
Maximal zulässige Miete .... Euro

Festlegung der neuen Miete: Liegt die rechnerische Miete unter dem Betrag des maximal zulässigen Betrags, dürfen Sie die Miete auf den von Ihnen errechneten Wert erhöhen. Übersteigt der Betrag den zulässigen Wert, ist eine größere Erhöhung nicht erlaubt, da dies sonst Mietwucher wäre.

Neue Miete:	.... Euro
Neu festgesetzte monatliche Miete	.... Euro
– bisher bezahlte monatliche Miete	.... Euro
Die Mieterhöhung beläuft sich also monatlich auf	.... Euro

WICHTIG

Mithilfe des Kosten-Checks lässt sich kurz und knapp der Ablauf bei der Ermittlung einer Mieterhöhung nach Modernisierung nachvollziehen. Sie können Schritt für Schritt mit der bisherigen Miete und den Modernisierungskosten als Ausgangsbasis unter Berücksichtigung der gesetzlichen Bestimmungen die mögliche Mieterhöhung berechnen.

BEISPIEL: So könnte der Kosten-Check aussehen

Miete der Wohnung

Monatliche Miete 500,00 Euro

Kalkulation der geplanten Renovierungsmaßnahmen

- Dämmung der Außenwand
- Erneuerung der Heizungsanlage

Renovierungskosten 30.000,00 Euro

Abzüglich der Fördergelder und Zuschüsse

- KfW-Zuschüsse
- Zuschüsse der Gemeinde

Zuschüsse/Fördergelder 10.000,00 Euro

Umlagehöhe der Renovierungskosten

(Renovierungskosten – Zuschüsse x 0,11)

Umlagefähige Kosten 2.200,00 Euro

Rechnerisch mögliche Miete

(Miete x 12 + umlagefähige Kosten : 12)

Rechnerisch mögliche Miete 683,33 Euro

Maximal zulässige Mieterhöhung	
(ortsübliche Vergleichsmiete + 20 %)	
Maximal zulässige Mieterhöhung	136,00 Euro
Kalkulation der neuen Miete	
Maximal zulässige Miete	636,00 Euro
Festlegung der neuen Miete	
Neue Miete:	636,00 Euro
Neu festgesetzte monatliche Miete	636,00 Euro
– bisher bezahlte monatliche Miete	500,00 Euro
Die Mieterhöhung beläuft sich also monatlich auf	136,00 Euro

Rückgabe

Gemäß § 546 Abs. 1 BGB hat der Mieter die Mieträume nach Beendigung des Mietverhältnisses zurückzugeben. Dies würde bedeuten, dass die Rückgabe nicht am letzten Tag der Mietzeit erfolgt, sondern erst am nächsten darauffolgenden Werktag.

Die überwiegende Meinung ist jedoch der Ansicht, dass die Bestimmung so auszulegen ist, dass der Mieter die Mieträume am letzten Tag der Mietzeit zurückgeben muss. Fällt dieser Tag auf einen Samstag, Sonntag oder Feiertag, hat die Rückgabe gemäß § 193 BGB am nächsten Werktag zu erfolgen.

Rückgabe bedeutet, dass der Mieter dem Vermieter unmittelbaren Besitz verschafft. Es ist daher grundsätzlich nicht ausreichend, wenn der Mieter einfach auszieht und die Schlüssel in der Wohnung lässt oder in den Briefkasten des Vermieters wirft. Ergreift der Vermieter von den Mieträumen Besitz, indem er die Schlüssel entgegennimmt, etwa um einen Mietausfall zu vermeiden, ist hingegen von einer Rückgabe auszugehen.

Mehrere Mieter haften für die Rückgabe als Gesamtschuldner. Es kommt hierbei nicht darauf an, ob einer von mehreren Mietern bereits ausgezogen ist oder nicht. Auch ein bereits ausgezogener Mieter kann vom Vermieter auf Räumung in Anspruch genommen werden (BGH, WuM 1996, 83).

Kann der Mieter die Mieträume vorzeitig zurückgeben?

Dies ist in der Rechtsprechung umstritten. Auszugehen ist davon, dass der Mieter ein Gebrauchsrecht, aber keine Gebrauchspflicht hat, wenn im Mietvertrag nichts anderes vereinbart ist (z. B. bei Gewerberäumen).

Der Mieter kann also schon vor Beendigung der Mietzeit die Schlüssel zurückgeben, bleibt aber weiter zur Zahlung der Miete verpflichtet (siehe Stichwort „Ersatzmieter"). Nimmt der Vermieter in diesem Fall die Schlüssel nicht entgegen, so kommt er in Gläubigerverzug. Der Vermieter soll in diesem Fall jedoch den Mieter schriftlich darauf hinweisen, dass er auf Mietzahlung bis zur Beendigung des Mietverhältnisses besteht.

Wie erfolgt die Rückgabe?

Die Rückgabe erfolgt durch Rückübertragung des Besitzes. Der Mieter hat dem Vermieter sämtliche Schlüssel zu übergeben. Darunter fallen auch selbst angefertigte Schlüssel des Mieters, wenn der Vermieter dem Mieter diese Kosten ersetzt. Andernfalls muss der Mieter diese Schlüssel unbrauchbar machen.

Gibt der Mieter nur einen Teil der überlassenen Schlüssel zurück und erklärt, über keine weiteren Schlüssel mehr zu verfügen, liegt darin eine Besitzaufgabe. Der Vermieter hat einen Anspruch auf Ersatz der fehlenden Schlüssel. Die Schlösser oder ggf. die gesamte zentrale Schließanlage kann der Vermieter auf Kosten des Mieters nur dann austauschen, wenn eine missbräuchliche Verwendung der Schlüssel zu befürchten ist. Dass dies nicht der Fall war, hat der Mieter im Streitfall darzulegen und auch zu beweisen.

Räumt der Mieter nach Beendigung des Mietverhältnisses nicht freiwillig, darf der Vermieter seinen Räumungsanspruch nicht im Wege der verbotenen Eigenmacht durchsetzen. In diesem Fall kann der Mieter auch mithilfe einer einstweiligen Verfügung Wiedereinräumung des Besitzes verlangen.

Bei Wohnraummietverhältnissen darf der Vermieter auch nicht die Rückgabe durch Absperren von Strom oder Wasserzufuhr erzwingen.

Formularklauseln im Mietvertrag, wonach der Vermieter bei nicht rechtzeitiger Rückgabe selbst tätig werden kann, sind gemäß § 307 Abs. 1, Abs. 2 Nr. 1 BGB unwirksam.

Für die Erfüllung der Rückgabeverpflichtung kommt es nicht darauf an, in welchem Zustand die Mieträume sind. Der Vermieter kann also die Rücknahme nicht verweigern, weil die Mieträume unrenoviert oder beschädigt sind. In diesem Fall kommt der Vermieter in Annahmeverzug. Der Vermieter soll in diesem Fall die Mieträume zurücknehmen, sich aber seine Ansprüche auf Schadenersatz vorbehalten.

Der Mieter ist verpflichtet, die Mietsache geräumt zurückzugeben. Dies gilt auch für Nebenräume. Bauliche Änderungen und Einrichtungen hat der Mieter auf seine Kosten zu beseitigen und den früheren Zustand wiederherzustellen.

TIPP

Lässt der Mieter seine Einbauküche in den Mieträumen zurück, so hat er die Wohnung noch nicht zurückgegeben. Er enthält sie dem Vermieter vor (siehe Stichwort „Einrichtungen“).

Eine Beseitigungspflicht des Mieters entfällt nur dann, wenn er gegenüber dem Vermieter vertraglich zur Durchführung von baulichen Änderungen oder zum Einbau von Einrichtungen verpflichtet war oder wenn die Arbeiten erforderlich waren, um die Räume überhaupt vertragsgemäß nutzen zu können.

Befinden sich nur noch einzelne Gegenstände in den Mieträumen, so kommt es auf den Aufwand an, der zur Beseitigung erforderlich ist. Sind die Kosten erheblich, hat der Mieter seine Räumungspflicht nicht erfüllt und der Vermieter kann auf Räumung klagen. Ferner besteht in diesem Fall ein Anspruch auf Nutzungsentschädigung gemäß § 546a Abs. 1 BGB, da der Mieter die Mieträume vorenthalten hat.

Ist nur noch wertloses Gerümpel wie abgefahrene Winterreifen in geringem Umfang in der Wohnung oder im Keller, das mit relativ kleinem Aufwand entfernt werden kann, ist die Rückgabe erfolgt.

Allerdings liegt Schlechterfüllung vor. Der Vermieter kann dem Mieter eine Frist setzten, die Reifen abzuholen und ihm androhen, dass er nach Fristablauf die Reifen auf Kosten des Mieters entsorgt.

Einzelne wertvolle Gegenstände muss der Vermieter aufheben. Hier besteht grundsätzlich keine zeitliche Begrenzung. Holt der Mieter trotz mehrfacher Aufforderung die Gegenstände jedoch nicht ab, kann er keinen Schadenersatzanspruch mehr geltend machen.

Soll bei der Rückgabe ein Abnahmeprotokoll erstellt werden?

Eine rechtliche Verpflichtung der Parteien, ein solches gemeinsames Protokoll zu erstellen, besteht nicht. Wird ein solches Protokoll erstellt und von beiden Vertragsparteien unterzeichnet, hat es allerdings ganz erhebliche Auswirkungen. Der Zustand der Mietsache bei Beendigung des Mietverhältnisses ist damit protokolliert. Ein solches Protokoll dient also der Beweiserleichterung. Ein Muster hierzu steht als Arbeitshilfe online bereit. Wurde bei Beginn des Mietverhältnisses ein Abnahmeprotokoll erstellt, so kann durch Vergleich der beiden Protokolle unter Umständen eine Verschlechterung des Zustands der Mieträume leichter nachgewiesen werden.

ARBEITSHILFE ONLINE

Sind im Protokoll Schäden festgestellt worden, und kann der Vermieter beweisen, dass die Schadensursache nicht in seinem Verantwortungsbereich liegt, so muss sich der Mieter seinerseits entlasten. Er kann sich dann nicht darauf berufen, dass die Mängel gar nicht bestehen. Beseitigen muss der Mieter die Mängel allerdings nur, wenn er sich im Abnahmeprotokoll ausdrücklich dazu verpflichtet. Andernfalls muss der Vermieter seine Ansprüche, ggf. nach Setzen einer Nachfrist, gerichtlich durchsetzen.

Ein von beiden Parteien unterzeichnetes Abnahmeprotokoll ist allerdings auch für den Vermieter gefährlich. Der Vermieter kann dadurch später nicht Schäden geltend machen, die nicht im Abnahmeprotokoll aufgenommen sind. Dies gilt auch für Schäden, die nur durch einen Fachmann erkannt werden können. Die Rechtsprechung verweist den Vermieter darauf, bei der Rückgabe ggf. eine fachkundige Person hinzuzuziehen.

Ein Abnahmeprotokoll ist daher äußerst sorgfältig zu erstellen, Mängel sind genau festzulegen und zu beschreiben. Besteht zwischen den Vertragsparteien Einigkeit darüber, wer die Mängel zu beheben hat, ist auch dies in das Abnahmeprotokoll aufzunehmen. Allgemeine Zustandsbeschreibungen können keinen Schadenersatzanspruch begründen.

Im Abnahmeprotokoll ist festzuhalten, welche Schlüssel zurückgegeben werden, ferner müssen die Zählerstände von Strom, Gas und Wasser notiert werden.

Können sich die Parteien nicht auf ein gemeinsames Protokoll einigen, sollte der Vermieter möglichst mit Zeugen ein solches Protokoll für sich erstellen.

Was versteht man unter Vorenthaltung der Mieträume?

Der Mieter enthält dem Vermieter die Mieträume vor, wenn er die Mieträume dem Vermieter gegen dessen Willen nicht herausgibt. Dies ist der Fall, wenn der Mieter zwar auszieht, aber die Schlüssel nicht zurückgibt oder der Mieter die Räume nicht zurückgeben kann, weil er sie untervermietet hat.

Keine Vorenthaltung ist gegeben, wenn der Vermieter die Wohnung wegen ihres schlechten Zustands nicht zurücknimmt oder wenn sich die Parteien dahin einigen, dass der Mieter die Schlüssel behalten soll, um die Schönheitsreparaturen noch auszuführen.

Gemäß § 546a Abs. 1 BGB kann der Vermieter vom Mieter für die Dauer der Vorenthaltung als Entschädigung die vereinbarte Miete oder die Miete verlangen, die für vergleichbare Räume ortsüblich ist. Der Vermieter kann also wählen zwischen der bisher vereinbarten Miete und der ortsüblichen Miete. Will der Vermieter die höhere ortsübliche Miete, muss er dies nicht weiter begründen. Auch die Kappungsgrenze ist nicht anwendbar. Der Vermieter kann diesen Betrag auch rückwirkend geltend machen (BGH, NZM 1999, 803).

Zur Zahlung ist der Mieter bis zum Tag der Rückgabe verpflichtet. Gibt der Mieter die Räume im Lauf des Monats zurück, so muss er nur bis zu diesem Tag zahlen. Den Mietausfall für den restlichen Monat kann der Vermieter nur verlangen, wenn die Voraussetzungen für einen Schadenersatzanspruch bestehen (BGH, WuM 2005, 771).

ARBEITSHILFE ONLINE

SCHRITT-FÜR-SCHRITT-GUIDE: Wohnungsabnahme

Ist sich der Vermieter mit dem Mieter über den Termin des Auszugs einig geworden, gilt es, die Wohnung genau zu besichtigen, um eventuelle Mängel festzustellen und vom Mieter innerhalb einer festgesetzten Frist beheben zu lassen. Dabei ist Folgendes zu beachten:

Wurde ein Übergabetermin mit allen Mietern vereinbart?
Ja ☐ Nein ☐
Termin: ....

Waren alle Beteiligten zum vereinbarten Termin erschienen?
Ja ☐ Nein ☐
Wer hat gefehlt? ....
Neuer Termin am: ....

Wurden alle Beteiligten im Protokoll aufgeführt?
Ja ☐ Nein ☐

Wurden alle Räume besichtigt und deren Zustand im Protokoll festgehalten?
Ja ☐ Nein ☐

Wurden die Zählerstände von

- Strom
- Kaltwasser
- Warmwasser
- Heizung
- Gas

im Protokoll festgehalten?
Ja ☐ Nein ☐

Wurde vom Mieter der Briefkasten entleert?
Ja ☐ Nein ☐

Wurde das Protokoll von allen Beteiligten unterzeichnet?
Ja ☐ Nein ☐

ARBEITSHILFE ONLINE

MUSTER: Abnahmeprotokoll

Abnahmeprotokoll

I. Allgemeines

Mietobjekt

Straße: ....
Hausnummer: ....
Etage: ....
Ort: ....

Tag der Abnahme ....
Uhrzeit der Abnahme ....
Anwesend für den/die Vermieter ....
Anwesend für den/die Mieter ....

II. Zustand der Mieträume

	Neuwertig	Mittlerer Zustand	Renovierungs-bedürftig	Letztmalsge-strichen/tape-ziert (Datum)	Seit Einzug nicht gestri-chen/tapeziert	Bemerkung
Wände und Decken						
Fenster						
Türen						
Heiz-körper						
Fuß-boden						
Wohn-zimmer						
Schlaf-zimmer						
Wei-teres Zimmer						

	Neuwertig	Mittlerer Zustand	Renovierungs-bedürftig	Letztmalsge-strichen/tape-ziert (Datum)	Seit Einzug nicht gestri-chen/tapeziert	Bemerkung
Wei-teres Zimmer						
Bad						
WC						
Küche						
Flur						
....						
....						
....						
....						
....						

III.
☐ Das Mietobjekt wurde von dem/den Vermieter(n) abgenommen.
☐ Die Schlüssel wurden vollständig zurückgegeben.
☐ Die Schlüssel wurden nicht vollständig zurückgegeben.
Folgende Schlüssel fehlen:
....
☐ Das Mietobjekt wurde von dem/den Vermieter(n) nicht abgenommen.

Der/die Vermieter fordern von dem/den Mieter(n) die Durchführung folgender Maßnahmen bis spätestens .... und weisen darauf hin, dass nach ergebnislosem Ablauf dieser Frist Schadenersatz wegen Nichterfüllung gefordert wird.

Bemerkung: ....
....
....

IV.

☐ Der/die Mieter verpflichtet/verpflichten sich zur fachgerechten Durchführung folgender Maßnahmen: .... bis spätestens ....

Bemerkung(en):

....
....
....

☐ Der/die Mieter verweigert/verweigern ausdrücklich und endgültig die Durchführung der verlangten Maßnahmen.

Für den/die Vermieter

....

Für den/die Mieter:

....

Mustertext bei einvernehmlicher Rückgabe

Einvernehmliche Regelung/Auftragsvergabe an den Vermieter

Die Mietpartei beauftragt den Vermieter, die im Rückgabeprotokoll festgestellten Mängel und Beschädigungen sowie die vom Mieter vorgenommenen baulichen Veränderungen zu beseitigen und die notwendigen Arbeiten zu veranlassen. Die voraussichtlichen Kosten von .... Euro wird der Mieter dem Vermieter erstatten.

....

(Unterschrift/en Mieter)

! **WICHTIG**

Sie als Vermieter gehen mit dem Mieter oder einer von ihm bevollmächtigten Person Raum für Raum der Wohnung ab und prüfen diese auf mögliche Mängel. Dabei tragen Sie alles in das Abnahmeprotokoll ein und lassen dieses in jedem Fall von allen Anwesenden und Beteiligten unterzeichnen. Setzen Sie dem Mieter darin auch eine angemessene Frist zur Beseitigung der Mängel bzw. lassen Sie sich von ihm schriftlich bestätigen, wenn er die Mängelbeseitigung verweigert.

Schönheitsreparaturen

Die Regelung zu Schönheitsreparaturen ist im BGB eindeutig: Gemäß § 535 Satz 2 BGB ist der Vermieter verpflichtet, die Mietsache in einem zum vertragsgemäßen Gebrauch geeigneten Zustand zu erhalten. Gemäß § 538 BGB hat der Mieter Abnutzungen, die lediglich durch den vertragsgemäßen Gebrauch der Mietsache eingetreten sind, nicht zu vertreten.

Nach der Wertung des Gesetzes sind daher Schönheitsreparaturen grundsätzlich Sache des Vermieters. In praktisch allen Formularmietverträgen wird diese Verpflichtung des Vermieters auf den Mieter übertragen, wenn auch mit wechselndem Erfolg. Gelingt dies nicht, wird also von der Rechtsprechung eine Klausel wieder einmal für unwirksam erklärt, verbleibt es bei der gesetzlichen Regelung, wonach Schönheitsreparaturen Sache des Vermieters sind. Ist im Mietvertrag zu den Schönheitsreparaturen nichts vereinbart, sondern lediglich, dass der Mieter die Räume besenrein zurückgeben muss, muss der Mieter nicht malern, sondern nur grobe Verschmutzungen beseitigen.

Was fällt unter Schönheitsreparaturen?

Eine Begriffsbestimmung findet sich in § 28 Abs. 4 Satz 4 II. BV: Schönheitsreparaturen umfassen danach das Tapezieren, Anstreichen oder Kalken der Wände und Decken, das Streichen der Fußböden, Heizkörper einschließlich Heizrohre, der Innentüren sowie der Fenster und Außentüren von innen.

Fußböden werden heutzutage nicht mehr gestrichen. Sind in den Räumen Teppichböden verlegt, tritt an die Stelle des Streichens die Reinigung. Das Abschleifen und Versiegeln von Holzfußböden oder die Erneuerung von Teppichböden fällt jedenfalls bei Wohnraummietverhältnissen nicht unter die Schönheitsreparaturen. Formularklauseln, die den Begriff und den Umfang der Schönheitsreparaturen zulasten des Mieters ausdehnen, sind daher insgesamt unwirksam (BGH, Urteil vom 13.1.2010, VIII ZR 48/09).

Von dieser gesetzlichen Definition sollte daher nicht abgewichen werden. Eine Formularklausel im Mietvertrag, wonach auch der Außenanstrich von Türen und Fenstern zu den Schönheitsreparaturen gehört, die der Mieter übernehmen muss, führt dazu, dass die gesamte Klausel unwirksam ist, der Mieter also keinerlei Schönheitsreparaturen durchführen muss (BGH, WuM 2009, 286). Zusammenfassend kann gesagt werden, dass es sich bei „Schönheitsreparaturen" nicht um echte Reparaturen handelt, sondern um Dekorarbeiten, die aufgrund der normalen Abnutzung der Mieträume in gewissen Zeitabständen erforderlich werden. Die Beseitigung von Schäden an der Substanz der Mieträume fällt daher nicht unter den Begriff der Schönheitsreparaturen.

Wie sind die Schönheitsreparaturen auszuführen?

Die Schönheitsreparaturen sind in mittlerer Art und Güte auszuführen (BGH, NJW 1988, 2790). Der Mieter kann die Arbeiten selbst durchführen. Fachhandwerkerklauseln in allgemeinen Geschäftsbedingungen sind unwirksam (OLG Stuttgart, DWW 1993, 328). Verlangt werden können aber fachmännische Arbeiten. Die Arbeiten müssen also in etwa den Regeln des Malerhandwerkes entsprechen.

Beispiele für nicht ordnungsgemäße Arbeiten sind:

- Überstreichen von Mustertapeten,
- nicht deckender Anstrich von Wänden und Decken,
- streifiger Lackanstrich, in dem Pinselhaare und Schmutzpartikel zu sehen sind.

Die Verpflichtung zur Durchführung von Schönheitsreparaturen erfasst auch notwendige Vorarbeiten, insbesondere Schleif- und Spachtelarbeiten sowie die Beseitigung von üblichen, durch Alterung entstandenen Rissen (KG Berlin, GE 1981, 1065). Nicht unter Schönheitsreparaturen fällt die Behebung sogenannter Untergrundschäden an Holz-, Putz- oder Mauerwerk oder alle Maßnahmen, die über die gewöhnlichen Malerarbeiten hinausgehen wie Ausbessern großflächiger Putzschäden oder Beseitigung größerer, unüblicher Risse im Mauerwerk. Der Mieter ist auch nicht verpflichtet, Malerarbeiten durchzuführen, die aufgrund von Schäden, die er nicht schuldhaft verursacht hat, entstanden sind, z. B. Wassereintritt durch Baumängel oder Brandschäden.

Jedenfalls bei Geschäftsraummietverhältnissen gehört auch die Grundreinigung des Teppichbodens zu den Schönheitsreparaturen. Begründet wird dies damit, dass an die Stelle des in § 28 Abs. 4 Satz 3 der II. BV genannten nicht mehr zeitgemäßen Streichens der Fußböden bei vom Vermieter verlegtem Teppichboden dessen Reinigung tritt (BGH, NZM 2009, 126). Die Argumentation passt auch für Wohnraummietverhältnisse. Eine höchstgerichtliche Entscheidung hierzu liegt bei Wohnraummietverhältnissen aber noch nicht vor.

Wie können die Schönheitsreparaturen auf den Mieter übertragen werden?

Grundsätzlich kann der Vermieter diese Verpflichtung auch durch Formularvertrag auf den Mieter übertragen. Der Mieter ist also bei einer wirksamen Vereinbarung nicht nur zur Zahlung, sondern zur Vornahme der Arbeiten verpflichtet. Begründet wird dies damit, dass der Vermieter die Kosten der Schönheitsreparaturen bei der Bemessung der Miete mit einkalkuliert, je nachdem ob der Vermieter oder der Mieter diese Kosten trägt, also bei wirksamer Abwälzung eine niedrigere Miete ansetzen kann (BGH, WuM 1985, 46, 48). Bei der Beurteilung, in welchem Umfang dies möglich ist, wird die Rechtsprechung allerdings immer strenger.

Im Folgenden wird eine kurze Übersicht über häufig verwendete Klauseln gegeben.

Die Schönheitsreparaturen trägt der Mieter.

Nach bisheriger Ansicht ist eine solche Klausel wirksam. Teilweise wird dagegen eingewandt, die Klausel müsste dahin beschränkt werden, dass nur aus dem Gebrauch der Mieträume erforderliche Schönheitsreparaturen umfasst sind, nicht aber beispielsweise Malerarbeiten, die erforderlich werden, weil beim Mieter im darüberliegendem Stockwerk die Badewanne überläuft. Da Schönheitsreparaturen nur die normale Abnutzung umfassen, erscheint dies übertrieben.

TIPP

Vorsicht bei Klauseln wie „Die Schönheitsreparaturen trägt der Vermieter – Mieter“. Wird hier nicht das Wort „Vermieter“ durchgestrichen, verbleibt es bei der gesetzlichen Regelung, wonach die Malerarbeiten Sache des Vermieters sind.

Der Mieter trägt die Kosten der Schönheitsreparaturen.

Die Klausel ist wirksam. Sie ist bei einem Wohnraummietvertrag dahin zu verstehen, dass der Mieter zur Ausführung der Malerarbeiten verpflichtet ist (BGH, WuM 2004, 529).

Anfangsrenovierung

Klauseln, die den Mieter verpflichten, bei Beginn des Mietverhältnisses oder innerhalb kurzer Zeit nach Beginn des Mietverhältnisses die Malerarbeiten durchzuführen, sind unwirksam. Begründet wird dies damit, dass der Mieter in einem solchen Fall Abnutzungen, die nicht in seiner Mietzeit entstanden sind, beseitigen muss.

Solche Klauseln sind auch dann unwirksam, wenn ausdrücklich vereinbart wird, dass der Mieter nach der Anfangsrenovierung weder während der Mietzeit noch bei Auszug renovieren muss.

Endrenovierungsklauseln

Solche Klauseln wie z. B. „Bei Auszug hat der Mieter die Räume in fachgerecht renoviertem Zustand zurückzugeben“ sind unwirksam (BGH, NJW 2003, 3192). Hierbei kommt es nicht darauf an, ob die Wohnung bei Beginn des Mietverhältnisses renoviert war oder ob der Mieter von sämtlichen Renovierungsarbeiten während der Mietzeit freigestellt wurde.

TIPP

Aufgrund des sogenannten Summierungseffekts führen Endrenovierungsklauseln dazu, dass die an sich wirksame Übertragung der laufenden Schönheitsreparaturen auf den Mieter ebenfalls unwirksam ist, der Mieter also überhaupt nichts machen muss (BGH, WuM 2003, 436). Dies gilt auch dann, wenn die Endrenovierungsklausel individuell ausgehandelt wurde (BGH, WuM 2003, 561).

Von Anfangs- oder Endrenovierungsklauseln muss daher dringend abgeraten werden. Diese strenge Rechtsprechung gilt auch bei Geschäftsraummietverhältnissen (BGH, NZM 2005, 504).

Bestimmung der Ausführungsart

Klauseln, nach denen der Mieter nur mit Zustimmung des Vermieters von der bisherigen Ausführungsart abweichen darf, sind unwirksam (BGH, WuM 2006, 308). Ob die eingeschränkte Klausel „Der Mieter darf von der bisherigen Ausführungsart nicht erheblich abweichen“ wirksam ist, ist höchst umstritten. Auch diese Klausel sollte nicht verwendet werden.

Farbwahlklauseln

Klauseln, die den Mieter zu Schönheitsreparaturen während der Mietzeit in vorgegebener Farbwahl verpflichten, ohne dass dafür ein anerkennenswertes Interesse des Vermieters besteht, sind unwirksam und führen zur Unwirksamkeit der Abwälzung der Pflicht zur Vornahme von Schönheitsreparaturen schlechthin (BGH, WuM 2009, 224). Allerdings hat der Vermieter ein Interesse daran, dass die Wohnung in hellen, neutralen Farben zurückgegeben wird. Hierin liegt keine unangemessene Benachteiligung des Mieters. Die Klausel: „Lackierte Holzteile sind in dem Farbton zurückzugeben, wie er bei Vertragsbeginn vorgegeben war; farbig gestrichene Holzteile können auch in Weiß oder hellen Farbtönen gestrichen zurückgegeben werden“ hält daher der Inhaltskontrolle nach § 307 BGB stand (BGH, WuM 2008, 722).

Aber Achtung: Die Klausel, wonach der Mieter die Wohnung in neutralem Farbton neugestrichen übernimmt und sich zur Rückgabe in dem so beschriebenen Zustand verpflichtet, ist unwirksam. Hierbei handelt es sich nämlich um eine formularmäßig vereinbarte Endrenovierungsklausel, die den Mieter am Ende der Mietzeit zur Durchführung von Schönheitsreparaturen unabhängig vom tatsächlichen Renovierungsbedarf verpflichtet (BGH, WuM 2009, 224).

Unwirksam ist eine Formularklausel über Schönheitsreparaturen in einem Mietvertrag, die das Wort „weißen“ verwendet. Dies kann nämlich so verstanden werden, dass der Mieter die Schönheitsreparaturen in weißer Farbe vorzunehmen hat, womit eine unzulässige Farbwahlklausel vorliegt (BGH, WuM 2009, 655).

Bedarfsklauseln

Die Wirksamkeit von Klauseln wie beispielsweise „Der Mieter verpflichtet sich, während der Dauer der Mietzeit notwendig werdende Schönheitsreparaturen auf seine Kosten durchzuführen“ ist umstritten. Mietet der Mieter eine unrenovierte Wohnung an, besteht der Bedarf bereits bei Beginn des Mietverhältnisses. Wenn man die Klausel so auslegt, ist sie in solchen Fällen unwirksam (OLG Stuttgart, WuM 1989, 121). Legt man die Klausel allerdings so aus, dass der Mieter die Schönheitsreparaturen in den Zeitabständen vorzunehmen hat, innerhalb deren nach allgemeiner Erfahrung die vermieteten Räume durch vertragsgemäßen Gebrauch des Mieters renovierungsbedürftig werden, wird die Klausel für wirksam gehalten (BayObLG, WuM 1997, 362). Angesichts dieser Unsicherheit sollten Bedarfsklauseln in neuen Mietverträgen nicht mehr verwendet werden.

Starre Fristen

Viel verwendet wurden Klauseln, wonach der Mieter die Schönheitsreparaturen, gerechnet vom Beginn des Mietverhältnisses an, alle drei, fünf und sieben Jahre (je nach Räumen gestaffelt) durchzuführen hat. Nach Ansicht des BGH berücksichtigt diese Klausel nicht ausreichend, dass bei guter Behandlung durchaus längere Zeiträume angemessen sind. Solche Klauseln mit starren Fristen sind daher unwirksam (BGH, WuM 2004, 463; WuM 2006, 248). Die Unwirksamkeit dieser viel verwendeten Klauseln hat zur Folge, dass die gesetzliche Regelung gilt und der Vermieter zur Durchführung der Schönheitsreparaturen verpflichtet ist. Dies gilt auch bei Geschäftsraummietverträgen (BGH, NZM 2008, 890).

Weiche Renovierungsfristen

Klauseln, nach denen die Schönheitsreparaturen üblicherweise/in der Regel/im Allgemeinen erforderlich sind, sind wirksam (BGH, WuM 2004, 333). Wirksam soll auch eine Klausel sein, wonach die Schönheitsreparaturen grundsätzlich ... auszuführen sind (LG, Berlin GE 2006, 449).

Eine Klausel, wonach die Schönheitsreparaturen je nach dem Grad der Abnutzung unverzüglich auszuführen sind und üblicherweise in folgenden Zeitabständen erforderlich sein werden, ist wirksam (BGH, WuM 2005, 243).

Kurzer Renovierungsturnus

Fraglich ist, ob weiche Klauseln mit kurzem Renovierungsturnus wirksam sind wie z. B.: „Der Mieter ist verpflichtet, die Schönheitsreparaturen in der Küche und im Bad im Allgemeinen alle drei Jahre, im Wohn- und Schlafzimmer alle fünf Jahre und in den übrigen Räumen alle sieben Jahre ... auszuführen.“ Hiergegen wird eingewandt, dass bei den heutigen technischen Voraussetzungen, insbesondere bei der besseren Qualität der Farbe, die Klauseln unangemessen kurz sind. Diese Fristen stammen aus dem Mustermietvertrag des Bundesministeriums der Justiz aus dem Jahr 1976. Der BGH ist der Ansicht, dass für in der Vergangenheit abgeschlossene Mietverträge dieser Fristenplan wirksam vereinbart werden konnte (BGH, NZM 2007, 879). Hieraus kann geschlossen werden, dass der BGH bei Mietverträgen, die nach der Veröffentlichung dieses Urteils vom 26.9.2007 abgeschlossen worden sind, diese kurzen Fristen für unwirksam halten wird. Es ist daher bei Neuabschluss von Mietverträgen dringend zu empfehlen, entsprechende längere Fristen zu vereinbaren, z. B. einen Turnus von fünf, acht und zehn Jahren.

Ferner ist zu beachten, dass dieser Turnus nur für die Schönheitsreparaturen an Wänden und Decken gilt und für die Lackarbeiten (Fenster, Türen, Heizkörper) ein eigener, längerer Turnus vereinbart wird.

! **WICHTIG**

Die Renovierungsfristen dürfen dabei erst mit dem Anfang des Mietverhältnisses zu laufen beginnen, was in der Klausel klargestellt werden kann durch z. B. „jeweils gerechnet von Beginn des Mietverhältnisses“. Die Rechtsprechung ist allerdings bisher großzügig und legt die Klauseln so aus, dass mangels gegenteiliger Anhaltspunkte die Fristen an den Beginn des Mietverhältnisses anknüpfen und somit den Mieter nicht mit den Abnutzungen seines Vorgängers belasten (BGH, WuM 1988, 294).

Was sind Abgeltungsklauseln?

Abgeltungsklauseln sollen sicherstellen, dass der Vermieter vom Mieter einen prozentualen Anteil der Kosten der Schönheitsreparaturen verlangen kann, wenn der Mieter vor Fälligkeit der Schönheitsreparaturen auszieht. Beispiel: Der Mieter zieht nach zwei Jahren wieder aus und die Räume sind normal abgewohnt.

Die Schönheitsreparaturen aufgrund des Fristenplans sind nicht fällig. Bei einer Abgeltungs- oder Quotenklausel kann der Vermieter einen entsprechenden Anteil der Kosten verlangen.

Solche Klauseln finden sich in unterschiedlicher Form in fast allen Mietverträgen. Die meisten dieser Klauseln sind allerdings nach der neuen Rechtsprechung des BGH unwirksam. Auch hier ist es nämlich so, dass für die Abgeltung oder die Quoten keine starren Fristen vereinbart werden dürfen.

Klauseln wie „Liegen die Schönheitsreparaturen für Bad und WC länger als ein Jahr zurück, so zahlt der Mieter 33 %, liegen sie länger als zwei Jahre zurück, 66 %“ sind unwirksam, da sie den Mieter zur Zahlung der Quote verpflichten, auch wenn der Renovierungsbedarf tatsächlich noch nicht entstanden ist (BGH, WuM 2006, 677).

Das Problem besteht nun darin, dass einerseits eine weiche Quote für die Abgeltungsklausel vereinbart werden muss, andererseits, dass eine solche Klausel überhaupt noch verständlich formuliert wird. Dies ergibt sich aus dem sogenannten Transparenzgebot. Der Mieter muss aus der vertraglichen Vereinbarung klar erkennen können, aus welchem Zustand der Mieträume welche Quote folgt. Wenn sich der Mieter darauf beruft, dass er die Mieträume besonders sorgfältig behandelt hat, also die in der Regel angesetzte Quote nicht zutrifft, muss sich aus der vertraglichen Bestimmung ergeben, wie sich seine Quote im Einzelfall konkret berechnet. Dies wird wohl nur mit Berechnungsbeispielen möglich sein.

Hinzu kommt ein weiteres Problem: Die Fristen für die Abgeltungsklauseln dürfen ebenso wie die Fristen für die Übertragungsklauseln erst mit dem Beginn des Mietverhältnisses zu laufen beginnen. Wird eine unrenovierte Wohnung vermietet und zieht der Mieter beispielsweise nach einem Jahr aus, darf nur der Grad der Abnutzung berücksichtigt werden, der seit Mietbeginn entstanden ist. Da die Wohnung aber nicht frisch gestrichen war, wird sich dies kaum ermitteln lassen. Überwiegend wird daher die Meinung vertreten, Abgeltungsklauseln seien nur bei neu renovierten Wohnungen zulässig. Dieses Problem hat der BGH noch nicht entschieden.

Wenigstens führt eine unwirksame Quotenabgeltungsklausel nicht zur Unwirksamkeit der Übertragung der Schönheitsreparaturen auf den Wohnungsmieter insgesamt (BGH, WuM 2009, 36). Voraussetzung ist natürlich, dass die Vornahmeklausel, also die Übertragung der Schönheitsreparaturen auf den Mieter, wirksam ist. Zieht der Mieter also bei einer wirksamen Übertragung der Schönheitsreparaturen nach zehn Jahren aus und sind die Arbeiten notwendig und erforderlich, kann sich der Mieter nicht darauf berufen, dass die Abgeltungsklausel unwirksam ist. Im umgekehrten Fall, wenn schon die Übertragung der Schönheitsreparaturen auf den Mieter etwa wegen starrer Fristen unwirksam ist, wird damit auch die darauf beruhende Abgeltungsklausel unwirksam.

Die Kosten, die der Mieter bei einer wirksamen Abgeltungsklausel an den Vermieter zu zahlen hat, werden in der Regel aufgrund des Kostenangebotes eines Malerfachgeschäftes ermittelt. Der Vermieter wird einen solchen Kostenvoranschlag einholen. Klauseln, die einen solchen vom Vermieter eingeholten Kostenvoranschlag für verbindlich erklären, sind jedoch unwirksam (BGH, NZM 2004, 903). Der Kostenvoranschlag kann daher nur als Berechnungsgrundlage dienen, deren Richtigkeit oder Angemessenheit der Mieter bestreiten kann.

Der BGH hat auch die weitverbreitete und von ihm in früherer Rechtsprechung gebilligte Klausel, wonach für die Berechnungsgrundlage der Kostenvoranschlag eines vom Vermieter auszuwählenden Malerfachgeschäfts maßgeblich ist, für unwirksam erklärt. Abgeltungsklauseln, die diese Bestimmung oder eine ähnliche Bestimmung enthalten, wonach aufgrund des Kostenvoranschlags eines vom Vermieter auszuwählenden Malerfachgeschäfts die Zahlung des Mieters errechnet wird, sind insgesamt unwirksam (BGH, Urteil vom 29.5.2013, VIII ZR 285/12). Die Grundklausel (Übertragung der Schönheitsreparaturen auf den Mieter) bleibt gleichwohl wirksam.

Der Mieter kann bei einer wirksamen Abgeltungsklausel, statt die anteiligen Kosten zu zahlen, die fälligen Malerarbeiten in Eigenleistung durchführen. Im Mietvertrag muss der Mieter auf diese Möglichkeit nicht hingewiesen werden.

Wie könnte eine wirksame Schönheitsreparaturklausel formuliert werden?

Die Rechtsprechung des BGH wird sich auch in Zukunft noch oft mit den Problemen von Schönheitsreparaturklauseln beschäftigen. Hierbei ist zu erwarten, dass Klauseln mit zu kurzen Fristen für unwirksam erklärt werden. Auch könnten Abgeltungsklauseln bei unrenovierten Wohnungen für unwirksam erklärt werden (vgl. hierzu BGH, NZM 2007, 879 f.). Immerhin hat der BGH klargestellt, dass Vornahmeklauseln, also die Übertragung der Schönheitsreparaturen auf den Mieter, mit flexiblen Renovierungsfristen auch bei vom Vermieter unrenoviert überlassenen Wohnungen wirksam sind (BGH, WuM 2009, 36). Aufgrund der sich ständig ändernden Rechtsprechung und teilweise abweichender, strengerer Urteile einzelner Landgerichte kann für die folgende Klausel keinerlei Gewährleistung übernommen werden. Insbesondere die weitere Entwicklung der Rechtsprechung ist zu beachten.

BEISPIEL: Schönheitsreparaturklausel

(1) Der Mieter stellt den Vermieter von allen Ansprüchen auf Durchführung von Schönheitsreparaturen frei.

(2) Der Mieter verpflichtet sich, die Schönheitsreparaturen an Wänden und Decken der Küchen, Bäder und Duschräume, der Wohn- und Schlafräume, Flure, Dielen und Toiletten im Allgemeinen alle fünf Jahre, der sonstigen Räume im Allgemeinen alle sieben Jahre, jeweils gerechnet vom Beginn des Mietverhältnisses, fachgerecht auszuführen. Die Schönheitsreparaturen an den Innenseiten von Fenstern und Außentüren, an Innentüren sowie an Heizkörpern einschließlich Heizrohre sind im Allgemeinen alle zehn Jahre, jeweils gerechnet vom Beginn des Mietverhältnisses, fachgerecht auszuführen. „Im Allgemeinen" bedeutet, dass es sich bei den angegebenen Fristen nur um flexible Erfahrungssätze handelt, die der tatsächlichen Abnutzung anzupassen sind.

Was fällt noch unter normale Abnutzung?

Da die Gerichte zunehmend dazu neigen, ältere Schönheitsreparaturklauseln für unwirksam zu erklären, versuchen die Vermieter, Schadenersatzansprüche geltend zu machen. Ein solcher Schadenersatzanspruch besteht unabhängig von der Wirksamkeit der Schönheitsreparaturklausel. Dieser Schadenersatzanspruch setzt allerdings voraus, dass der Mieter schuldhaft die Grenzen des vertragsgemäßen Gebrauchs überschreitet.

BEISPIELE

Der Mieter raucht in der Wohnung. Kann hier der Vermieter Schadenersatz wegen Verunreinigung der Wohnung durch Tabakkonsum verlangen? Der BGH hat raucherfreundlich entschieden. Rauchen in der Wohnung gehört zum normalen Mietgebrauch. Ein Schadenersatzanspruch besteht nicht (BGH, WuM 2006, 513). Nur in Ausnahmefällen besteht ein Schadenersatzanspruch dann, wenn durch das Rauchen Schäden verursacht werden, die mit Schönheitsreparaturen nicht mehr beseitigt werden können, sondern darüber hinausgehende Instandsetzungsarbeiten erfordern (BGH, WuM 2008, 213).

Der Mieter streicht Küche teils lila, teils türkis, das Bad lila, das Wohnzimmer teils rot, teils schwarz und die Türrahmen schwarz. Bei ausgefallener Farb- oder Materialwahl liegt eine Vertragsverletzung gemäß §§ 241 Abs. 2, 280 Abs. 1 BGB vor. Wird die Wohnung so zurückgegeben, hat der Vermieter — nach ergebnislosem Setzen einer Nachfrist — einen Schadenersatzanspruch (vgl. LG Berlin, GE 1995, 249; LG Hamburg, ZMR 1999, 405). Wo hier die Grenze überschritten ist, ist schwer zu beurteilen. Maßgeblich wird die Intensität der Farben sein. Gebrochene Farbtöne, auch hellblau oder rosa, sollen nicht zu beanstanden sein (so Langenberg, Schönheitsreparaturen, Instandsetzung und Rückbau, 3. Aufl., I. Teil Rn. 375).

Was hat der Vermieter zu tun, wenn der Mieter die Schönheitsreparaturen nicht durchführt?

Vorausgesetzt wird, dass eine wirksame Vereinbarung getroffen worden ist. Dann kann der Vermieter auch während der Dauer des Mietverhältnisses vom Mieter die Durchführung der Schönheitsreparaturen verlangen, wenn die Arbeiten fällig sind (BGH, WuM 1990, 494). Führt der Mieter trotz einer entsprechenden Fristsetzung durch den Vermieter die Arbeiten nicht durch und kommt damit in Verzug, ist der Vermieter berechtigt, vom Mieter die Zahlung eines Vorschusses in Höhe der erforderlichen Renovierungskosten zu fordern, ohne den Mieter zuvor auf Durchführung der Arbeiten verklagen zu müssen (BGH, WuM 1990, 494). Hierbei handelt es sich um keinen Schadenersatzanspruch. Der Vermieter hat also nach Durchführung der Schönheitsreparaturen über den Kostenvorschuss gegenüber dem Mieter abzurechnen.

Ist das Mietverhältnis beendet, kann der Vermieter statt der Durchführung der Schönheitsreparaturen Schadenersatz in Geld verlangen. Dieser Schadenersatzanspruch setzt jedoch voraus, dass der Vermieter dem Mieter eine angemessene Frist zur Leistung oder Nacherfüllung gemäß §§ 280, 281 BGB gesetzt hat. Der Vermieter muss dem Mieter Gelegenheit zur Nachholung der nicht durchgeführten Schönheitsreparaturen geben. Ein Muster hierzu steht als Arbeitshilfe online zur Verfügung.

ARBEITSHILFE ONLINE

Hierbei sind folgende Voraussetzungen zu beachten:

1. Die Schönheitsreparaturen müssen fällig sein. Dies bedeutet, dass die — weichen — Fristen abgelaufen sind und die Arbeiten tatsächlich erforderlich sind.
2. Die Frist muss angemessen sein. Die Dauer der Frist richtet sich nach der Größe der Mieträume. In der Regel sind bei durchschnittlichen Wohnungen zwei Wochen ausreichend. In Sonderfällen kann die Frist auch länger sein. Ist die Frist zu kurz gesetzt, wird sie deshalb nicht wirkungslos, sondern verlängert sich auf den angemessenen Zeitraum (BGH, NJW 1985, 2640).
3. Das Mietverhältnis muss beendet sein. Zieht der Mieter vor Beendigung des Mietverhältnisses aus, kann allerdings die Frist bereits nach dem Auszug gesetzt werden. In diesem Fall braucht die Beendigung des Mietverhältnisses nicht abgewartet werden.

Wie genau muss die Leistungsaufforderung gestaltet sein? Die Rechtsprechung ist nicht einheitlich. Die bloße Aufforderung, die „notwendigen Schönheitsreparaturen durchzuführen“, ist nicht ausreichend. Vielmehr muss sich der Umfang der nach Ansicht des Vermieters noch auszuführenden Arbeiten aus dem Schreiben oder zumindest aus einem Abnahmeprotokoll ergeben, auf welches das Schreiben Bezug nimmt (KG Berlin, ZMR 2003, 676). Auch insofern muss der Vermieter konkrete Mängel darlegen und den beanstandeten Zustand so genau beschreiben, damit der Mieter erkennen kann, inwieweit der Vermieter den Vertrag als nicht erfüllt ansieht. Hat die Wohnung mehrere Räume, muss genau angegeben werden, in welchen Räumen an welchen Stellen welche Arbeiten auszuführen sind (KG Berlin, a. a. O.). Gleiches gilt, wenn die vertragliche Renovierungsfrist nicht für alle Mieträume abgelaufen ist. Auch insofern reicht es nicht aus, wenn sich der Vermieter zu Begründung eines Schadenersatzanspruches wegen nicht ausgeführter Schönheitsreparaturen auf ein Sachverständigengutachten beruft, das die ausführenden Arbeiten lediglich pauschal für alle Räume aufführt (z. B. „545 m^2

Wandfläche streichen"). Vielmehr muss der Vermieter eine Zuordnung zu den einzelnen Räumlichkeiten vornehmen (OLG Düsseldorf, ZMR 2005, 705).

Am besten geht der Vermieter wie folgt vor:

1. Er beschreibt den Zustand Raum für Raum möglichst genau.
2. Sodann beschreibt er Raum für Raum, welche Arbeiten dort seiner Meinung nach zu erledigen sind. Allgemeine Hinweise, wie „Die Wohnung ist vollständig und fachgerecht zu renovieren" reichen nicht aus. Hingegen sind Angaben, auf welche genaue Weise und mit welchen Materialien der Mieter die Schönheitsreparaturen durchführen soll, grundsätzlich nicht erforderlich. Eine Ausnahme besteht nur in den Fällen, in denen besondere Materialien verwendet werden müssen, um Schäden zu vermeiden (z. B. Glasfasertapete). Hier wird eine Hinweispflicht des Vermieters bestehen.

BEISPIEL

Zustandsbeschreibung Kinderzimmer

- Wände: An zwei Wänden sind Zeichnung und Striche in gelber und blauer Wachskreide.
- Türe, Türzargen: Hier befinden sich bunte Aufkleber.

Leistungsaufforderung Wände

- Die beschmierten Wände sind deckend zu streichen.
- Türe, Türzargen: Die Aufkleber sind zu entfernen. Wenn hierdurch die Lackierung verletzt wird, sind die Lackierarbeiten durchzuführen.

Wir fordern Sie auf, die Mängel innerhalb von zwei Wochen ab Zugang dieses Schreibens fachgerecht zu beseitigen. Die Schlüssel können Sie in der Zeit von ..... bis ..... bei uns abholen. Werden die Mängel innerhalb der Frist nicht beseitigt, lehnen wir die Beseitigung durch Sie ab. Wir werden dann die notwendigen Arbeiten selbst erledigen lassen und Sie auf Schadenersatz in Anspruch nehmen.

Führt der Mieter innerhalb der Frist die Arbeiten nicht oder nicht ordnungsgemäß durch, bedarf es keiner weiteren Aufforderung. Der Vermieter hat einen Schadenersatzanspruch.

Gemäß § 281 Abs. 2 BGB ist die Fristsetzung dann nicht erforderlich, wenn der Mieter die Durchführung der Schönheitsreparaturen ernsthaft und endgültig verweigert. Die Anforderungen der Instanzgerichte sind hoch. Der bloße Auszug genügt in der Regel nicht, auch nicht, wenn der Mieter auszieht, ohne seine neue Adresse mitzuteilen. Hier soll der Vermieter verpflichtet sein, beim Einwohnermeldeamt nachzufragen sowie eine Postauskunft einzuholen. Erst wenn dies ergebnislos ist, wird man von einer ernsthaften und endgültigen Erfüllungsverweigerung ausgehen können. Im Einzelnen ist hier vieles streitig.

Es wird empfohlen, vorsorglich immer eine entsprechende Leistungsaufforderung mit Fristsetzung zu stellen.

Kann der Vermieter auch Schadenersatz verlangen, wenn er die Wohnung umbaut?

Zwar ist der Mieter in diesem Fall nicht verpflichtet, die Schönheitsreparaturen durchzuführen, da durch den Umbau die Malerarbeiten wieder zerstört werden. Da die vom Mieter übernommene Renovierungsverpflichtung ein Teil des Mietentgeltes ist, steht die Rechtsprechung auf dem Standpunkt, dass der Mieter in diesem Fall verpflichtet ist, dem Vermieter anstelle der Renovierung den hierzu erforderlichen Geldbetrag zur Verfügung zu stellen (BGH, WuM 2005, 50). Es empfiehlt sich also, dem Mieter geraume Zeit vor Beendigung des Mietverhältnisses mitzuteilen, dass umfangreiche Umbauarbeiten geplant sind. Dann ist der Mieter zur Durchführung der Schönheitsreparaturen weder verpflichtet noch berechtigt.

Die Höhe des Geldanspruches des Vermieters richtet sich danach, ob der Mieter die Schönheitsreparaturen durch einen Fachhandwerker oder in Eigenleistung ausgeführt hätte. Bei Ausführung durch eine Malerfirma sind die Kosten in dieser Höhe anzusetzen. Beruft sich der Mieter allerdings darauf, dass er die Arbeiten in Eigenleistung ausgeführt hätte, muss er neben den Kosten des notwendigen Materials nur den Betrag zahlen, den er für seine Arbeitsleistung oder die Arbeitsleistung von Bekannten oder Verwandten hätte aufbringen müssen (BGH, a. a. O.). Das Gericht kann den Wert der Eigenleistung im Zweifel durch Schätzung ermitteln.

Was hat der Vermieter weiter zu beachten?

Unterschreibt der Vermieter ein Übergabeprotokoll, in dem bestätigt wird, dass sich die Räume in ordnungsgemäßem Zustand befinden, kann er keinerlei Schadenersatzansprüche mehr stellen. Ein solcher Verzicht des Vermieters kann sich auch schlüssig dann ergeben, wenn der Vermieter bei der Wohnungsübergabe erklärt, die Räume befänden sich in ordnungsgemäßem Zustand und die Schlüssel vorbehaltlos entgegennimmt. Ein solcher Verzicht ist in der Rechtsprechung auch angenommen worden, wenn der Vermieter die gesamte Kaution zurückzahlt.

Dagegen liegt keine vorbehaltlose Abnahme vor, wenn der Vermieter die Wohnung nur entgegennimmt, ohne deren Zustand zu billigen und ohne sich eine Nachbesichtigung vorzubehalten (LG Berlin, NZM 2000, 1178).

Schließlich hat der Vermieter die Verjährung zu beachten: Die kurze Verjährungsfrist von sechs Monaten beginnt mit der Rückgabe der Mietsache zu laufen (§ 548 BGB, siehe Stichwort „Verjährung"). Dieser Verjährungsbeginn gilt auch, wenn der Vermieter dem Mieter noch eine Frist zur Durchführung der Schönheitsreparaturen als Voraussetzung für einen Schadenersatzanspruch setzen muss.

Welche Folgen haben unwirksame Klauseln?

In diesem Fall gilt die gesetzliche Regelung. Der Mieter muss keinerlei Malerarbeiten erledigen. Dies ist Sache des Vermieters. Ob dies auch dann gilt, wenn die Wohnung unrenoviert überlassen wurde, ist strittig. Der Vermieter könnte einwenden, dass der Mieter diese unrenovierte Wohnung als vertragsgemäß übernommen hat und Malerarbeiten vom Vermieter nur dann durchgeführt werden müssen, wenn sich dieser Zustand der Wohnung weiter verschlechtert. Hiergegen wird eingewandt, dass die Parteien aufgrund der — unwirksamen — Schönheitsreparaturklausel durchaus davon ausgegangen sind, dass die Wohnung in gewissen Abständen hergerichtet wird mit der Folge, dass der Vermieter nach Ablauf des jeweiligen Renovierungsturnus zu den Malerarbeiten verpflichtet ist. Der BGH hat dieses Problem noch nicht entschieden.

Auch bei Beendigung des Mietverhältnisses ist der Mieter in solchen Fällen nicht zur Durchführung der Schönheitsreparaturen verpflichtet. Teilweise wird von den Vermietern versucht, gleichwohl Schadenersatzansprüche geltend zu machen, beispielsweise wegen übermäßiger Abnutzung. Zwar hat hier der Mieter die Mehrkosten zu tragen, der Beweis wird aber nur schwer zu erbringen sein. Auch wenn die Wände mit unüblichem Anstrich (schwarz, lila etc.) zurückgegeben werden, versuchen die Vermieter, Schadenersatzansprüche geltend zu machen. Ein solcher Anspruch besteht, wenn die Wohnung renoviert übergeben wurde und nunmehr aufgrund der bunten Farben Mehrkosten entstehen. Hier muss es sich aber um sehr außergewöhnliche Farbmuster handeln. Eine Sternchentapete (LG Frankfurt/M., NZM 2007, 922) oder eine Bordüre mit Harry-Potter-Motiven im Kinderzimmer (LG Berlin, GE 2005, 867) ist vom Vermieter hinzunehmen.

Schadenersatzansprüche des Vermieters bestehen allerdings unabhängig vom Zustand der Mieträume bei Beginn des Mietverhältnisses dann, wenn der Mieter durch eine nicht fachgerechte Endrenovierung etwa durch Verwendung ungeeigneter Farben Schäden verursacht, wenn Lackteile mit Binderfarbe oder eine Raufasertapete mit ungeeigneter, stark abkreidender Farbe (AG Köln, WuM 1987, 150) gestrichen werden, sogenannte Verschlimmbesserung. Eine Schadenersatzpflicht besteht also nur bei der Verursachung zusätzlicher Schäden aufgrund mangelhafter Durchführung. Dies ist der Fall, wenn dem Vermieter durch die Malerarbeiten des Mieters höhere Kosten entstanden wären, als wenn der Mieter überhaupt keine Arbeiten durchgeführt hätte (BGH, WuM 2009, 224).

Eine weitere Folge einer unwirksamen Klausel ist, dass der Mieter, der bei Beendigung des Mietverhältnisses die Malerarbeiten durchgeführt hat, vom Vermieter hierfür Geld will mit dem Argument, er sei zur Durchführung dieser Arbeiten gar nicht verpflichtet gewesen. Eine Schadenersatzpflicht des Vermieters kann dann bestehen, wenn dem Vermieter bei Abschluss des Mietvertrags bekannt ist oder doch zumindest bekannt sein müsste, dass die vom ihm verwendeten Klauseln unwirksam sind und der Mieter in der irrigen Annahme der Wirksamkeit dieser Klauseln Renovierungsaufwendungen tätigt. Verwendet der Vermieter Klauseln, die zum Zeitpunkt des Vertragsschlusses von der Rechtsprechung noch nicht beanstandet worden sind, kann ihm allerdings kein Verschuldensvorwurf gemacht werden. Da sich die Rechtsprechung in vielen Fällen schon verfestigt hat, muss für neue Verträge von der Verwendung unwirksamer Klauseln, z. B. Endrenovierungsklauseln, oder starren Fristen dringend abgeraten werden.

Fehlt es am Verschulden des Vermieters, kann sich der Mieter nicht darauf berufen, mit der Durchführung der Schönheitsreparaturen ein Geschäft des Vermieters durchgeführt zu haben mit der Folge, dass ihm ein Anspruch aus Geschäftsführung ohne Auftrag zusteht. Der BGH hat hierzu entschieden, dass ein Mieter bei einer Schlussrenovierung kein Geschäft des Mieters führt, sondern nur im eigenen Rechts- und Interessenkreis tätig wird (BGH, WuM 2009, 395). Mit der Durchführung der Malerarbeiten will der Mieter eine Leistung erbringen, die Teil der von ihm geschuldeten Miete ist.

Allerdings hat der Mieter gegen den Vermieter einen Anspruch aufgrund ungerechtfertigter Bereicherung. Der Vermieter muss in einem solchen Fall Wertersatz gemäß § 818 Abs. 2 BGB leisten. Dieser Wertersatz bemisst sich üblicherweise nur nach dem, was der Mieter billigerweise neben einem Einsatz an freier Zeit als Kosten für das notwendige Material sowie als Vergütung für die Arbeitsleistung seiner Helfer aus dem Verwandten- und Bekanntenkreis aufgewendet hat oder hätte aufwenden müssen, wenn er die Arbeiten in Eigenleistung erledigt. Beauftragt der Mieter allerdings einen Handwerker, schuldet der Vermieter den Wert der üblichen, hilfsweise der angemessenen Vergütung (BGH, a. a. O.).

TIPP

Zur Vermeidung von Ansprüchen des Mieters sollte daher bei unwirksamen Klauseln dem Mieter entsprechende Zeit vor Vertragsende deutlich erklärt werden, dass er zur Durchführung von Malerarbeiten nicht verpflichtet ist.

Selbstauskunft

Unter Selbstauskunft versteht man einen Fragebogen, den der Vermieter dem Mietinteressenten vor Mietvertragsabschluss vorlegt. Der Vermieter will sich hierdurch einen Überblick verschaffen, ob der Mietinteressent seinen Vorstellungen entspricht und auch in der Lage ist, seine vertraglichen Verpflichtungen, insbesondere die Mietzahlung, zu erfüllen.

Zahlungsunfähigkeit des Mieters kann für den Vermieter zu erheblichen Mietausfällen führen. Es wird daher dringend empfohlen, vor Mietvertragsabschluss eine solche Selbstauskunft zu verlangen. Ein Muster hierzu steht als Arbeitshilfe online bereit.

ARBEITSHILFE ONLINE

Eine Verpflichtung des Mieters zum Ausfüllen der Selbstauskunft besteht allerdings nicht. Andererseits ist der Vermieter auch nicht verpflichtet, den Mietvertrag mit einem bestimmten Mietinteressenten abzuschließen (siehe Stichwort „Allgemeines Gleichbehandlungsgesetz [AGG]“).

Nach der Rechtsprechung besteht ein Fragerecht des Vermieters nur insoweit, als er ein berechtigtes, billigenswertes und schutzwürdiges Interesse an der Beantwortung der Frage besitzt. Zulässig sind daher Fragen

- nach dem Arbeitgeber,
- nach den Einkommensverhältnissen,
- nach dem Beruf,
- nach dem Familienstand,
- nach der Zahl der Familienangehörigen, die in die Wohnung einziehen sollen,
- nach der Anzahl und der Art der Haustiere,
- nach einem Insolvenzverfahren oder einem Verfahren zur Abgabe der eidesstattlichen Versicherung in den letzten drei Jahren. Hier ist eine zeitliche Beschränkung einzuhalten, da die Eintragung in dem Schuldnerverzeichnis nach drei Jahren gelöscht wird (§ 882e ZPO).

Sinnvoll sind Fragen nach dem Grund für den Wohnungswechsel und nach dem früheren Vermieter. Die Zulässigkeit dieser Fragen ist allerdings nicht unumstritten. Bedacht werden sollte auch, dass ein Vermieter, der seinen Mieter gerne loswerden will, sich hüten wird, allzu negativ über ihn auszusagen.

Unzulässig sind Fragen nach der Mitgliedschaft in einem Mieterverein oder einer politischen Partei, nach Kinderwünschen oder nach Vorstrafen.

Welche Folgen hat die falsche Beantwortung?

Handelt es sich um eine zulässige Frage und ist die Falschauskunft von wesentlicher Bedeutung für den Fortbestand des Mietverhältnisses, so kann der Vermieter fristlos kündigen. Allerdings kommt es auch immer auf die Umstände des Einzelfalls an.

BEISPIEL

Ein Mieter hatte wahrheitswidrig erklärt, dass gegen ihn in den letzten fünf Jahren keine Vollstreckungsmaßnahmen oder Räumungsklagen eingeleitet wurden. Der Vermieter hatte deshalb fristlos gekündigt. Das Gericht hat der Räumungsklage jedoch nicht stattgegeben, da der Mieter seit Beginn des Mietverhältnisses über einen Zeitraum von mehr als zwei Jahren die Miete pünktlich bezahlt hatte (LG Wuppertal, WuM 1999, 39).

Das Bundesverfassungsgericht hat entschieden, dass ein Mieter nicht verpflichtet ist, offenzulegen, dass er wegen Geistesschwäche entmündigt ist (WuM 1999, 463). Ob der Mieter von sich aus, also ohne entsprechende Fragen, in einer Selbstauskunft seine Vermögensverhältnisse offenlegen muss und insbesondere auf seine mangelnde Leistungsfähigkeit hinweisen muss, ist in der Rechtsprechung umstritten. Das Landgericht Gießen vertritt die Auffassung, dass derjenige, der in Verhandlungen über den Abschluss eines Mietvertrags tritt, dadurch seine Zahlungsfähigkeit vorspiegelt und somit verpflichtet ist, dem Vermieter seine wirtschaftlichen Schwierigkeiten von sich aus zu offenbaren, wenn die Gefahr besteht, dass er die Miete nicht zahlen kann. Verschweigt der Mieter seine desolaten wirtschaftlichen Verhältnisse (hohe Schulden, Abgabe der eidesstattlichen Versicherung) ist der Vermieter berechtigt, den Mietvertrag wegen arglistiger Täuschung anzufechten und fristlos zu kündigen (LG Gießen, ZMR 2001, 894).

Neben der Vorlage einer Gehaltsbescheinigung kann es sinnvoll sein, dass der Mieter die Zustimmung zur Einholung einer Bankauskunft erteilt. Dadurch erhält der Vermieter Informationen zur Solvenz- und Kreditwürdigkeit des Mieters, unter anderem darüber, ob die Bankverbindung bisher problemlos gelaufen ist, über eventuelle Kontoüberziehungen, Rückgaben von Schecks, Lastschriften etc.

Bei Geschäftsraummietverhältnissen, insbesondere bei der Vermietung an eine juristische Person, soll sich der Vermieter einen Auszug aus dem Handelsregister vorlegen lassen. Ferner kann sich in diesen Fällen empfehlen, dem Mieter aufzuerlegen, eine Selbstauskunft bei der regional zuständigen Stelle der Schutzgemeinschaft für das Kreditwesen (SCHUFA) einzuholen und dem Vermieter vorzulegen.

Tierhaltung

Bezüglich der Tierhaltung in Mietwohnungen wird viel gestritten, und die Meinungen in Literatur und Rechtsprechung gehen weit auseinander. Der BGH hat in einem Grundsatzurteil einige Regeln aufgestellt, die zu beachten sind (BGH, WuM 2008, 23).

Einigkeit besteht darin, dass, wenn im Mietvertrag zur Tierhaltung nichts vereinbart wurde, der Mieter Kleintiere ohne Erlaubnis des Vermieters halten darf. Die Haltung solcher Kleintiere gehört zum vertragsgemäßen Gebrauch der Mietsache. Unter Kleintierhaltung fallen:

- Zierfische im Aquarium,
- Hamster,
- Schildkröten,
- Ziervögel,
- Meerschweinchen.

Kleine Hunde (z. B. Yorkshireterrier) oder Katzen sind keine Kleintiere. Giftschlangen, giftige Spinnen oder Ratten sind zwar Kleintiere, hier kann aber der Mietgebrauch überschritten sein und eine Genehmigungspflicht bestehen, wenn es durch die Haltung solcher Tiere zu einer Störung des Hausfriedens kommen kann.

Ob die Haltung von Haustieren wie Hunden und Katzen zum vertragsgemäßen Gebrauch gehört oder vom Vermieter erlaubt werden muss, ist im Einzelfall unter Abwägung der beiderseitigen Interessen zu entscheiden. Der BGH weist darauf hin, dass die Umstände so individuell und vielgestaltig sind, dass sich jede schematische Lösung verbietet. Zu berücksichtigen sind hierbei insbesondere Art, Größe, Verhalten und Anzahl der Tiere, Art, Größe, Zustand und Lage der Wohnung sowie des Hauses, in dem sich die Wohnung befindet. Darüber hinaus gilt es Anzahl, persönliche Verhältnisse, Alter und berechtigte Interessen der Mitbewohner und Nachbarn, Anzahl und Art anderer Tiere im Haus, bisherige Handhabung durch den Vermieter sowie besondere Bedürfnisse des Mieters mit einzubeziehen (BGH, a. a. O.).

TIPP

Die Einzelfallprüfung gilt nur dann, wenn es an einer wirksamen Regelung der Tierhaltung im Mietvertrag fehlt. Wichtig ist also, im Mietvertrag eine wirksame Regelung zu vereinbaren.

Welche Vereinbarungen sind im Mietvertrag zulässig?

Eine mietvertragliche Klausel, die das Halten von Haustieren ausnahmslos verbietet, ist unwirksam (BGH, WuM 1993, 109). Auch die Klausel: „Jede Tierhaltung, insbesondere von Hunden und Katzen mit Ausnahme von Ziervögeln und Zierfischen, bedarf der Zustimmung des Vermieters" ist unwirksam (BGH, WuM 2008, 23). Die Klausel ist deshalb unwirksam, weil sie keine Ausnahmen für andere Kleintiere außer Ziervögeln und Zierfischen enthält.

Wirksam ist folgende Klausel: „Tierhaltung in den Mieträumen ist ohne Einwilligung des Vermieters nicht gestattet. Dies gilt nicht für Kleintiere im Rahmen des vertragsgemäßen Gebrauches." Kann der Vermieter bei einer solchen wirksamen Klausel ohne weitere Begründung die Haltung eines Hundes untersagen? Der BGH hat eine Klausel, wonach die Haustierhaltung (mit Ausnahme von Kleintieren) von einer in das freie Ermessen des Vermieters gestellte Erlaubnis abhängig gemacht wird, für unwirksam gehalten. Für einen solchen schrankenlosen Erlaubnisvorbehalt ist kein berechtigtes Interesse des Vermieters erkennbar (BGH, Beschluss vom 22.1.2013, VIII ZR 329/11, WuM 2013, 152). Erforderlich ist also in jedem Fall eine Interessenabwägung.

Der Vermieter muss bei einem Verbot mit Erlaubnisvorbehalt die Entscheidung aufgrund einer Interessenabwägung treffen und kann die Erlaubnis zur Tierhaltung nur versagen, wenn hierfür überzeugende Gründe vorliegen. Bei dieser Interessenabwägung kann auf die oben vom BGH dargestellten Entscheidungskriterien abgestellt werden.

Auch eine Klausel im Mietvertrag, wonach Tierhaltung verboten ist, ist unwirksam. Dies hat der BGH zu einer Allgemeinen Geschäftsbedingung in einem Mietvertrag entschieden, wonach sich der Mieter verpflichtete, „keine Hunde und Katzen zu halten". Daraus folgt jedoch nicht, dass der Vermieter in jedem Fall verpflichtet ist, eine Hunde- oder Katzenhaltung zu erlauben. Die Zulässigkeit der Tierhaltung hängt von dem Ergebnis einer umfassenden Abwägung der jeweiligen Einzelfallumstände ab. Danach ist zu entscheiden, ob die Tierhaltung zum vertragsgemäßen Gebrauch der Mietsache gemäß § 535 Abs. 1 BGB gehört oder nicht (BGH, Urteil vom 20.3.2013, VIII ZR 168/12, WuM 2013, 295). Im vom BGH entschiedenen Fall hat der vom Mieter gehaltene Mischlingshund weder andere Hausbewohner gestört noch das Anwesen oder die Außenanlagen verunreinigt. Auch war die Anschaffung des Hundes im Hinblick auf den gesundheitlichen Zustand des Sohnes des Mieters medizinisch indiziert. Die Abwägung fiel zugunsten des Mieters aus.

Oft erklären die Mieter auf entsprechende Anfragen des Vermieters, das Tier sei bei ihnen nur kurzzeitig zur Pflege oder sei von einem Besuch mitgebracht worden. Haben die Parteien eine Individualvereinbarung geschlossen, nach der Tierhaltung bis auf die Haltung von Kleintieren ausgeschlossen ist, so gilt dies auch für „Besuchstiere". Wenn, wie üblicherweise vereinbart, die Tierhaltung unter dem Zustimmungsvorbehalt steht, kann der Mieter Besuche empfangen, die ein Tier mitbringen. Dies gilt jedoch nicht, wenn es hierdurch zu einer Belästigung anderer Bewohner kommt (Beispiel: Ein Besucher bringt Doggen mit, die im Treppenhaus frei herumlaufen).

Wiederholt sich der Besuch mit den Tieren jedoch regelmäßig, etwa Donnerstag bis Sonntag, kann dies unzulässig sein.

Füttern von Tieren (Tauben) ist keine Tierhaltung. Bei Belästigung anderer Bewohner oder einer Gefährdung des Gebäudes kann das Füttern verboten und im Wege einer Unterlassungsklage durchgesetzt werden.

Kann eine einmal erteilte Erlaubnis widerrufen werden?

Will der Vermieter die Erlaubnis erteilen, muss er sich den Widerruf der Erlaubnis nicht ausdrücklich vorbehalten. Diese Möglichkeit besteht auch ohne ausdrückliche Vereinbarung. Im Übrigen ist eine formularvertragliche Vereinbarung, wonach eine erteilte Erlaubnis jederzeit frei widerrufen kann, gemäß § 307 BGB unwirksam.

Wird die Erlaubnis erteilt, kann ein Widerruf nur aus wichtigem Grund erfolgen. Dies ist beispielsweise der Fall, wenn der Mieter falsche Angaben macht und sich etwa einen Kampfhund anschafft oder wenn der Hund einen Mitbewohner beißt oder wenn es durch die Hundehaltung zu erheblichen Ruhestörungen kommt, weil der Hund tagsüber allein in der Wohnung eingesperrt ist.

Die Erlaubnis sollte nur für ein bestimmtes Tier erteilt werden. Der Mieter wird allerdings einen Anspruch auf Erteilung der Erlaubnis eines gleichartigen Tieres dann haben, wenn es bisher zu keinen Störungen gekommen ist.

Was sind die Rechtsfolgen unerlaubter Tierhaltung?

In diesem Fall kann der Vermieter auf Entfernung des Tieres und auf Unterlassung künftiger Tierhaltung klagen. Eine Kündigung wird nur in Ausnahmefällen zulässig sein, so etwa bei der nicht genehmigten Haltung eines Kampfhundes nach erfolgloser Abmahnung (AG Spandau, GE 2002, 670).

Der Unterlassungsanspruch des Vermieters unterliegt der Verwirkung. Ist dem Vermieter seit Jahren bekannt, dass der Mieter ein Tier hält, und unternimmt er dagegen nichts, kann er nicht mehr die Unterlassung der Tierhaltung verlangen, außer neue Umstände führen zu einer neuen Bewertung. Mahnt der Vermieter die Tierhaltung ab, unternimmt aber auch dann längere Zeit nichts, kann ebenfalls Verwirkung eintreten.

Die Amtsgerichte sind bei Prozessen um Genehmigung der Tierhaltung eher großzügig. Die Gerichte neigen auch dazu, den Streitwert so gering anzusetzen, dass die Berufungsgrenze von 600 Euro nicht erreicht wird.

Untermiete

Untermiete liegt vor, wenn der Mieter die Mieträume einem Dritten gegen Entgelt überlässt. Vermietet der Eigentümer ein Zimmer seiner Wohnung, liegt kein Untermietvertrag vor. Voraussetzung für Untermiete ist also, dass ein Hauptmietvertrag besteht. Die Kette setzt sich zusammen aus Vermieter, Hauptmieter und Untermieter.

Untervermietung liegt nicht schon vor, wenn der Mieter Besuch erhält. Die Grenze ist jedenfalls überschritten, wenn der „Besuch" länger als drei Monate in der Wohnung ist.

Nach der gesetzlichen Regelung in § 540 Abs. 1 BGB darf der Mieter keine dritten Personen in seine Wohnung aufnehmen. Nächste Familienangehörige, zum Haushalt gehörende Bedienstete oder Personen, die der Mieter zu seiner Pflege benötigt, sind jedoch keine Dritten im Sinne des Gesetzes. Die Aufnahme solcher Personen gehört zum Mietgebrauch, eine Erlaubnis des Vermieters ist nicht erforderlich. Hierunter fallen Ehegatten, Kinder oder Eltern des Mieters. Geschwister sind Dritte. Teilweise wird angenommen, dass der Partner einer Lebensgemeinschaft dem Ehegatten des Mieters gleichzustellen ist und eine Erlaubnis des Vermieters zur Aufnahme in die Wohnung nicht eingeholt werden muss. Der BGH sieht dies anders, geht aber davon aus, dass der Mieter in der Regel einen Anspruch auf Erlaubnis hat (BGH, WuM 2003, 688).

Wann darf der Mieter untervermieten?

Eine allgemeine Regelung enthält § 540 Abs. 1 BGB. Danach ist der Mieter ohne Erlaubnis des Vermieters nicht berechtigt, den Gebrauch der Mietsache einem Dritten zu überlassen, insbesondere sie weiterzuvermieten. Der Mieter kann sich also nicht darauf herausreden, dass er von der aufgenommenen Person kein Geld verlangt. Er braucht grundsätzlich die Erlaubnis des Vermieters.

Einen gesetzlichen Anspruch auf Erteilung dieser Erlaubnis hat der Mieter nicht. Dies gilt auch bei Wohnraummietverhältnissen, wenn der Mieter seine gesamte Wohnung untervermieten will. Erteilt der Vermieter die Erlaubnis nicht, bleibt dem Mieter nur noch die Möglichkeit, zu kündigen.

Will der Mieter eines Geschäftsraummietverhältnisses untervermieten, muss er dem Vermieter konkrete Angaben machen. Er hat die Person des Untermieters zu benennen. Der Vermieter kann nämlich die Erlaubnis verweigern, ohne dass dem Mieter ein Sonderkündigungsrecht zusteht, wenn in der Person des ins Auge gefassten Untermieters ein wichtiger Grund vorliegt. Auch über die berufliche und sonstige Tätigkeit des Interessenten muss Auskunft gegeben werden, ebenso über die wesentlichen Mietbedingungen des Untermietvertrags wie Nutzungsart, Miethöhe, Laufzeit des Vertrages, etwaige Kündigungsmöglichkeiten und Übernahmen einer bestehenden Betreiberpflicht. So hat jedenfalls das Oberlandesgericht Dresden (DWW 2004, 150) zu einer gewünschten Untervermietung in einem Shoppingcenter entschieden. Dies hat der BGH bestätigt. Jedenfalls dann, wenn der Hauptmieter eine Betriebspflicht übernommen hat, besteht ein Bedürfnis des Vermieters, die wirtschaftlichen Verhältnisse des Untermieters zu erfahren. Ob diese Auffassung für alle gewerblichen Mietverhältnisse zutrifft, kann nach Ansicht des BGH dahinstehen (BGH, Urteil vom 15.11.2006, XII ZR 92/04, NZM 2007, 127).

Ist die Erlaubnis einmal erteilt, kann sie nur aus wichtigem Grund widerrufen werden. Ein wichtiger Grund liegt jedenfalls dann vor, wenn der Untermieter Vertragsverletzungen begeht, die bei einem Hauptmieter zur Kündigung berechtigen würden.

Eine Formularklausel, wonach die Erlaubnis jederzeit frei widerrufen werden kann, verstößt gegen § 307 Abs. 2 Nr. 1 BGB und ist unwirksam.

Bei Wohnraummietverhältnissen hat der Mieter weitergehende Rechte. Hier gilt die Bestimmung des § 553 Abs. 1 BGB. Entsteht danach für den Mieter nach Abschluss des Mietvertrags ein berechtigtes Interesse, einen Teil des Wohnraums einem Dritten zum Gebrauch zu überlassen, so kann er von dem Vermieter die Erlaubnis hierzu verlangen. Auch hier besteht kein Anspruch auf Erteilung einer generellen, nicht personenbezogenen Untervermieterlaubnis.

Folgende Voraussetzungen müssen erfüllt sein:

1. Berechtigtes Interesse des Mieters. Hier ist die Rechtsprechung großzügig. Ein solches Interesse wird bereits dann angenommen, wenn der Mieter im Rahmen seiner Lebensgestaltung aus persönlichen oder wirtschaftlichen Gründen mit einem Dritten eine auf Dauer angelegte Wohngemeinschaft begründen will. Auch Arbeitslosigkeit des Mieters, Verkleinerung der Familie oder Aufnahme von in Not geratenen Angehörigen kann ein solches berechtigtes Interesse darstellen.
2. Die Gründe müssen nach Abschluss des Mietvertrags entstanden sein. Insoweit hat der Mieter die Darlegungs- und Beweislast.

3. In der Person des Dritten darf kein wichtiger Grund vorliegen. Der Mieter muss also den ins Auge gefassten Untermieter dem Vermieter namentlich benennen. Verweigern kann der Vermieter die Genehmigung nur, wenn konkrete Anhaltspunkte dafür vorliegen, dass der Dritte den Hausfrieden stören wird oder die Mieträume beschädigen wird. Ob der Untermieter zur Zahlung der Untermiete in der Lage ist, spielt allerdings keine Rolle.
4. Die Mieträume dürfen nicht überbelegt werden. Wann eine solche Überbelegung gegeben ist, ist Frage des Einzelfalls. Die Wohnungsaufsichtsgesetze der Länder stammen aus der Zeit der Wohnungsknappheit. Allgemein wird man sagen können, dass keine Überbelegung vorliegt, wenn auf jede erwachsene Person oder auf je zwei Kinder bis zum 13. Lebensjahr eine Fläche von ca. 12 m^2 entfällt.

Wie ausgeführt, hat der Mieter nur einen Anspruch darauf, einen Teil der gemieteten Wohnung unterzuvermieten. Oft wollen Mieter für ihre Kinder günstigen Wohnraum erhalten, obwohl sie schon ausgezogen sind. Einen Anspruch auf Überlassung der gesamten Wohnung hat der Mieter auch in diesem Fall nicht. Der Mieter muss in der Wohnung allerdings nicht seinen Lebensmittelpunkt haben.

BEISPIEL

Der Mieter wollte von seiner Dreizimmerwohnung zwei Zimmer untervermieten, weil er in einem anderen Ort, wo er arbeitete, eine Wohnung angemietet hatte. In der ursprünglichen Wohnung hielt er sich zeitweise, insbesondere an den Wochenenden auf. Das Gericht hat den Anspruch bejaht (BGH, NZM 2006, 220).

Hat der Mieter jedoch die Wohnung insgesamt aufgegeben, hat er keinen Anspruch auf Untermieterlaubnis. Der Streit wird also oft darum gehen, ob der Mieter dem Untermieter die gesamte Wohnung überlassen hat und nur noch pro forma ein Zimmer behalten hat. Entscheidend im Streitfall ist daher oft, wer was beweisen muss. Da der Mieter die Beweislast für alle Tatsachen hat, die sein berechtigtes Interesse begründen, hat er auch den Beweis dafür zu erbringen, dass er weiterhin in den Räumen wohnt (umstritten, a. A. LG Berlin, MM 1993, 109).

Der Vermieter kann die Erlaubnis davon abhängig machen, dass der Mieter sich mit einer Mieterhöhung einverstanden erklärt, wenn dem Vermieter die Überlassung nur bei einer angemessenen Erhöhung zuzumuten ist (§ 553 Abs. 2 BGB). In welcher Höhe dieser Zuschlag zu zahlen ist, regelt das Gesetz nicht. Abgegolten werden darf dadurch aber nur die zusätzliche Abnutzung der Wohnung oder die höhere Belastung mit Betriebskosten. Große praktische Auswirkungen hat die Bestimmung daher nicht.

Wann kann der Mieter kündigen?

Auch hier ist zwischen Wohnraum- und Geschäftsraummietverhältnissen zu unterscheiden. Bei Geschäftsraummietverhältnissen gilt ausschließlich § 540 Abs. 1 Satz 2 BGB. Verweigert danach der Vermieter die Erlaubnis, so kann der Mieter das Mietverhältnis außerordentlich mit gesetzlicher Frist kündigen, sofern nicht in der Person des Dritten ein wichtiger Grund zur Verweigerung der Erlaubnis vorliegt. Voraussetzung für das Sonderkündigungsrecht ist also, dass der Mieter einen konkreten Untermieter mit Namen und Anschrift benannt hat und auch die weiteren notwendigen Mitteilungen gemacht hat. Gibt dann der Vermieter innerhalb einer angemessenen Frist keine Erklärung ab, ist das Schweigen des Vermieters als Verweigerung der Zustimmung zu werten, der Mieter hat ein Sonderkündigungsrecht. Teilt der Vermieter dem Mieter allerdings mit, dass er generell die Erlaubnis verweigert, kann der Mieter ohne Weiteres von seinem Sonderkündigungsrecht Gebrauch machen.

Ein formularmäßiger Ausschluss des Sonderkündigungsrechts des Mieters ist unwirksam.

Bei der Wohnraummiete gelten diese Grundsätze nur, wenn der Mieter die gesamte Wohnung untervermieten will. Die Absicht der Untervermietung muss aber tatsächlich bestehen. Ist der angebliche Untermietinteressent nur vorgeschoben und will gar nicht einziehen, ist eine auf Verweigerung der Erlaubnis zur Untervermietung gestützte Kündigung des Mieters rechtsmissbräuchlich (BGH, WuM 2010, 30). Bei der Untervermietung nur eines Teils der Wohnung hat der Mieter einen einklagbaren Rechtsanspruch, wenn die Voraussetzungen erfüllt sind. In diesem Fall kann der Untermieter den Vermieter auf Erteilung der Erlaubnis verklagen. Will der Mieter von Wohnraum von seinem Sonderkündigungsrecht Gebrauch machen, beträgt die Kündigungsfrist gemäß § 573d BGB drei Monate.

In welchem Verhältnis stehen Vermieter und Untermieter?

Zwischen Vermieter und Untermieter bestehen keine vertraglichen Beziehungen. Endet daher das Hauptmietverhältnis zwischen Vermieter und Mieter, hat der Vermieter einen direkten Herausgabeanspruch gegen den Untermieter gemäß § 546 Abs. 2 BGB. Gegen diesen Herausgabeanspruch kann sich der Untermieter nicht auf die Kündigungsschutzvorschriften berufen.

TIPP

Gegen einen Untermieter kann die Räumungsvollstreckung nicht aufgrund des gegen den Hauptmieter ergangenen Titels betrieben werden (BGH, NZM 2003, 802). Bei Räumungsklagen gegen den Mieter ist also immer der Untermieter mitzuverklagen.

Dies ist von Mietern ausgenutzt worden, um durch die Aufnahme immer neuer Untermieter oder Mitbesitzer die Zwangsräumung hinauszuzögern. Abhilfe hat hier das Mietrechtsänderungsgesetz gebracht. Gemäß § 940a Abs. 2 ZPO kann die Räumung von Wohnraum durch einstweilige Verfügung auch gegen Personen angeordnet werden, die ohne Kenntnis des Vermieters Besitz an den Räumen begründet haben, wenn gegen den Mieter ein vollstreckbarer Räumungstitel vorliegt und der Vermieter vom Besitzerwerb des Dritten erst nach Schluss der mündlichen Verhandlung im Räumungsverfahren Kenntnis erlangt hat.

Ein direkter Vertrag entsteht bei gewerblicher Zwischenvermietung (§ 565 BGB). Bei dieser gewerblichen Zwischenvermietung tritt der Vermieter bei Beendigung des Zwischenmietverhältnisses in das Mietverhältnis mit dem Endmieter von Gesetzes wegen ein. Dies gilt nur, wenn der Mieter nach dem Mietvertrag die gemietete Wohnung gewerblich einem Dritten zu Wohnzwecken weitervermieten soll.

Anders sind die Fälle zu behandeln, in denen der Hauptmieter eigene Interessen verfolgt, beispielsweise bei Anmietung zur Weitervermietung an Angestellte. Hier besteht kein Schutz des Endmieters.

Umstritten ist, ob die Bestimmung des § 565 BGB analog anzuwenden ist, wenn der Hauptmieter mit der Anmietung keine gewerblichen Zwecke verfolgt, sondern aus sozialem Interesse handelt, so bei einer Anmietung und Weitervermietung durch einen gemeinnützigen Verein, dessen Vereinszweck in der Betreuung von Jugendlichen aus zerrütteten Elternhäusern besteht. Hier soll ein Kündigungsschutz für die Endmieter entfallen, da sich der Vermieter andernfalls bei Beendigung des Zwischenmietvertrags mit Personen auseinandersetzen müsste, an die er die Wohnung direkt nicht vermietet hätte (BGH, WuM 1996, 537).

Anders ist die Rechtslage, wenn der Zwischenmieter die Wohnung nach den vertraglichen Vereinbarungen dem allgemeinen Wohnungsmarkt zugänglich machen muss und daher davon auszugehen ist, dass der Vermieter die Wohnung zu vergleichbaren Bedingungen auch unmittelbar an die vom Zwischenmieter ausgewählten Personen vermietet hätte. Hier kann sich der Endmieter auf den Kündigungsschutz des Wohnraummietverhältnisses berufen (BGH, NZM 2003, 759).

Dies gilt auch in Fällen, in denen sich der Vermieter ein Mitspracherecht bei der Auswahl der Endmieter vorbehalten hat. Auch hier kann der Vermieter nur kündigen, wenn er Kündigungsgründe hat (BayObLG, WuM 1995, 645).

Was ist bei der Vermietung an eine Wohngemeinschaft zu beachten?

Hier kann entweder an einen Mieter vermietet werden, der das Recht hat, unterzuvermieten. Im Vertrag sollte vereinbart werden, ob der Hauptmieter das Recht hat, generell unterzuvermieten oder ob die Erlaubnis personengebunden erteilt wird. Im letzteren Fall muss bei jedem Wechsel vom Vermieter die Erlaubnis eingeholt werden, worauf allerdings ein Anspruch bestehen wird.

Schließt der Vermieter den Mietvertrag mit allen Mietern der Wohngemeinschaft als Hauptmieter ab, kommt es regelmäßig zu Problemen, wenn Mieter ausziehen und neue Mieter einziehen. Hier müsste bei jedem Wechsel ein Zusatz zum Mietvertrag erstellt werden, der von allen Mietern, also auch dem ausziehenden Mieter und dem neu einziehenden Mieter sowie dem Vermieter, unterschrieben wird. Zeigt der ausziehende Mieter wie so oft dem Vermieter lediglich an, dass er auszieht, und teilt der Vermieter mit, dass er damit einverstanden ist, ist der ausziehende Mieter aus dem Mietverhältnis entlassen worden und kann nicht mehr auf Zahlung der Miete vom Vermieter in Anspruch genommen werden.

Gründen mehrere Mieter zum Zweck der Anmietung von Räumen eine Gesellschaft, liegt eine Gesellschaft bürgerlichen Rechts vor, die auch nach außen auftritt. Eine solche Außen-GbR kann Rechte und Pflichten begründen, also auch einen Mietvertrag abschließen. Sind die Mieter im Mietvertrag als Wohngemeinschaft X-Str. bezeichnet, hat in diesem Fall ein Wechsel im Mitgliederbestand keinen Einfluss auf den Fortbestand der mit der Gesellschaft bestehenden Rechtsverhältnisse.

Verjährung

Gemäß § 194 Abs. 1 BGB unterliegen Ansprüche der Verjährung. Nach Eintritt der Verjährung ist der Schuldner berechtigt, die Leistung zu verweigern. Dieses Recht kann er als Einrede geltend machen. In einem Prozess muss sich also der in Anspruch genommene ausdrücklich auf die Verjährung berufen.

Die allgemeine Verjährungsfrist beträgt gemäß § 195 BGB drei Jahre. Im Mietrecht gelten hier allerdings einige Besonderheiten.

Welche Verjährungsfristen gelten im Mietrecht?

Gemäß § 548 Abs. 1 BGB verjähren Ersatzansprüche des Vermieters wegen Veränderung oder Verschlechterung der Mieträume in sechs Monaten. Die Verjährung beginnt mit dem Zeitpunkt, zu dem der Vermieter die Mieträume zurückerhält. Der Sinn dieser kurzen Frist ist die schnelle abschließende Regelung aller gegenseitigen Ansprüche aus dem Mietverhältnis. Die Bestimmung wird daher weit ausgelegt. Sie gilt nicht nur für den Beseitigungsanspruch für Mietereinbauten und Schadenersatzansprüche aufgrund der Unterlassung von Schönheitsreparaturen, sondern auch für Ansprüche aus Verschulden bei Vertragsschluss oder Ansprüche aus positiver Vertragsverletzung.

BEISPIEL

Beim Auszug entfernt der Mieter seine Spülmaschine und schließt den Wasseranschluss nicht ordnungsgemäß ab. In der darunterliegenden Wohnung kommt es zu einem erheblichen Wasserschaden. Auch hier gilt die kurze Verjährung.

Die Verjährung beginnt mit der Rückgabe der Mieträume, unabhängig davon, ob das Mietverhältnis beendet ist oder nicht. Entscheidend ist, ob der Vermieter durch Inbesitznahme der Mieträume in die Lage versetzt wird, sich ungestört ein umfassendes Bild von den Beschädigungen zu machen. Es ist daher nicht notwendig, dass alle Schlüssel zurückgegeben oder sämtliche Einrichtungsgegenstände entfernt wurden, um die Frist anlaufen zu lassen (siehe Stichwort „Rückgabe“). Eine Besichtigung der noch vollständig eingerichteten Wohnung ist jedoch keine Rückgabe. Erforderlich ist eine vollständige und unzweideutige Besitzaufgabe des Mieters und die Kenntnis des Vermieters hiervon (BGH, WuM 2004, 21).

Der Anspruch des Vermieters auf Schadenersatz etwa bei Nichtdurchführung von Schönheitsreparaturen setzt voraus, dass der Vermieter dem Mieter noch eine Nachfrist setzt und diese Frist abgelaufen ist. Die Verjährung beginnt jedoch nicht erst nach Ablauf dieser Frist, sondern schon mit der Rückgabe (BGH, WuM 2005, 126).

In drei Jahren verjähren die Ansprüche des Vermieters auf Zahlung der Miete oder auf Zahlung eines Saldos aus einer Nebenkostenabrechnung. Die Verjährung beginnt in dem Jahr, in dem die Miete fällig geworden ist. Wurde die Miete für den Monat August 2013 nicht bezahlt, beginnt die Verjährung am 31.12.2013. Der Verjährungseintritt ist demnach der 31.12.2016.

Ansprüche des Mieters auf Ersatz von Aufwendungen oder auf Gestattung der Wegnahme von Einrichtungen verjähren in sechs Monaten, wobei diese Frist mit der rechtlichen Beendigung des Mietverhältnisses beginnt, unabhängig vom Zeitpunkt der tatsächlichen Rückgabe. In drei Jahren verjährt der Rückzahlungsanspruch des Mieters bezüglich der Kaution. Auch dieser Anspruch verjährt drei Jahre nach seiner Entstehung, also nachdem es dem Vermieter zumutbar geworden ist, noch offene Ansprüche aus dem Mietverhältnis abzurechnen. Dies wird in der Regel spätestens sechs Monate nach Beendigung des Mietverhältnisses der Fall sein.

Aufrechnung mit verjährten Forderungen

Was ist zu tun, wenn die recht kurze Frist von sechs Monaten verstrichen ist und der Mieter nach Ablauf dieser Frist seine Kaution zurückhaben will? Hier kann § 215 BGB helfen. Danach ist nämlich auch die Aufrechnung mit einer verjährten Forderung statthaft, wenn der Anspruch in dem Zeitpunkt noch nicht verjährt war, in dem erstmals aufgerechnet werden konnte. Entscheidend ist also, dass der Anspruch des Vermieters auf Schadenersatz vor Eintritt der Verjährung dem Anspruch des Mieters auf Kautionsrückzahlung fällig gegenüberstand, also eine Aufrechnungslage bestand.

BEISPIEL

Der Mieter hat in einem Wutanfall die Glasfüllung der Badezimmertür zerbrochen. Nach Beendigung des Mietverhältnisses lässt der Vermieter die Tür neu einglasen und schickt dem Mieter drei Monate später die Rechnung. Der Mieter zahlt nicht. Nach sechs Monaten will er die Kaution zurück. Hier kann der Vermieter aufrechnen.

Hat der Mieter allerdings keine Barkaution geleistet, sondern eine Bürgschaft gestellt, kann mit verjährten Forderungen nicht aufgerechnet werden, da die Bestimmung des § 215 BGB keine analoge Anwendung findet (BGH, WuM 1998, 224).

Hemmung und Neubeginn der Verjährung

Hemmung bedeutet, dass ein Zeitraum nicht in die Verjährungsfrist eingerechnet wird, die Uhr also angehalten wird. Der wichtigste Fall ist die in § 203 BGB geregelte Hemmung der Verjährung bei Verhandlungen. Solange verhandelt wird, ist der Anspruch gehemmt, bis der eine oder andere Teil die Fortsetzung der Verhandlungen verweigert. Die Verjährung tritt dann frühestens drei Monate nach Ende der Hemmung ein. „Verhandeln" ist weit auszulegen. Darunter fällt jeder Meinungsaustausch über den Schaden, wenn nicht sofort erkennbar eine Ersatzpflicht abgelehnt wird.

Schlafen die Verhandlungen ein, endet die Hemmung in dem Zeitpunkt, in dem der nächste Schritt nach Treu und Glauben zu erwarten gewesen wäre.

BEISPIEL

Die Rückgabe der Wohnung ist zum 15.2. geplant. Der Vermieter macht jedoch Schadenersatzansprüche geltend, die in sechs Monaten verjähren — also zum 15.8. Die Parteien verhandeln vom 15.2. bis zum 15.4.; diese zwei Monate werden in den Lauf der Verjährung nicht eingerechnet, also tritt die Verjährung erst am 15.10. ein.

Der zweite wichtige Fall der Hemmung ist die Verjährung durch Rechtsverfolgung gemäß § 204 BGB. Die Verjährung wird gehemmt durch Klageerhebung, Zustellung eines Mahnbescheids im Mahnverfahren, Geltendmachung der Aufrechnung des Anspruchs im Prozess, sowie durch Zustellung des Antrags auf Durchführung eines selbstständigen Beweisverfahrens. Hier endet die Hemmung sechs Monate nach der rechtskräftigen Entscheidung oder anderweitigen Beendigung des eingeleiteten Verfahrens. Der Neubeginn der Verjährung ist in § 212 BGB geregelt. Danach beginnt die Verjährungsfrist neu zu laufen, wenn der Schuldner dem Gläubiger gegenüber den Anspruch durch Abschlagszahlung, Zinszahlung, Sicherheitsleistung oder in anderer Weise anerkennt oder eine gerichtliche oder behördliche Vollstreckungshandlung vorgenommen oder beantragt wird.

BEISPIEL

Der Mieter schuldet dem Vermieter drei Monatsmieten sowie den Saldo aus der Betriebskostenabrechnung. Nach dem Auszug verschwindet er, ohne seine Adresse anzugeben. Nach zwei Jahren findet ihn der Vermieter und droht mit gerichtlichen Schritten. Der Mieter bittet um Ratenzahlung und beginnt, die Schuld in monatlichen Raten von 100 Euro abzuzahlen. Hier beginnt die Verjährung für den restlichen, noch nicht abbezahlten Teil der Schuld mit jeder Rate neu zu laufen.

BEISPIEL

Der Vermieter hat wegen Mietrückständen das Mahnverfahren betrieben und einen Vollstreckungsbescheid erwirkt. Dieser Anspruch verjährt gemäß § 197 Abs. 1 Nr. 3 BGB in 30 Jahren. Im Vollstreckungsbescheid ist ausgesprochen, dass der Betrag in Höhe von fünf Prozentpunkten über dem Basiszinssatz zu verzinsen ist. Gemäß § 197 Abs. 2 BGB verjährt der Anspruch auf die Zahlung der Zinsen in der regelmäßigen Verjährungsfrist von drei Jahren. Der Vermieter, der sich die Zinsen sichern will, wird also spätestens alle drei Jahre den Gerichtsvollzieher mit der Zwangsvollstreckung beauftragen.

Verschlechterung der Mieträume

Bei der Rückgabe der Wohnung hat das Waschbecken einen tiefen Sprung sowie mehrere Schlagstellen. Der Vermieter verlangt Schadenersatz, die Mieter berufen sich darauf, dass normale Abnutzung vorliegt. Die Abgrenzung ist im Einzelnen schwierig. Zu beachten ist, dass der Vermieter im Prozess die Beweislast dafür hat, dass der Mieter einen Schaden schuldhaft verursacht hat. Einfach ist dies nur bei offensichtlich vertragswidrigem Gebrauch.

Problematisch sind Schäden, die sowohl durch — falschen — Mietgebrauch als auch aus bauseits gegebenen Gründen verursacht worden sein können. Das klassische Beispiel ist Schimmel. Hier muss der Vermieter nachweisen, dass eine bauseitige Schadensursache ausscheidet. Im Prozess beauftragen die Richter in der Regel einen Sachverständigen, was teuer ist und nicht immer zu eindeutigen Ergebnissen führt.

Bei Schimmelbefall sollte daher immer zuerst eine einvernehmliche Lösung gesucht werden. Lässt sich nämlich die Schadensursache nicht eindeutig feststellen, verliert der Vermieter den Prozess, da er beweisbelastet ist.

Diese Beweislastverteilung gilt im Übrigen nicht nur bei Schimmelbefall, sondern auch dann, wenn die Parteien darum streiten, aus welchen Gründen ein Brand in der Wohnung entstanden ist. Auch hier muss der Vermieter darlegen und beweisen, dass die Brandursache nicht bauseits bedingt war.

Wann ist der normale Mietgebrauch überschritten?

Der Verschleiß von Armaturen, Wasserbereitern oder Gasthermen fällt unter den vertragsgemäßen Gebrauch. Dies gilt allerdings nicht bei der Emailabsplitterung einer Badewanne. Hauptstreitpunkt ist hier oft, wie viele Dübel der Mieter in der Wohnung anbringen darf. Vom normalen Mietgebrauch gedeckt ist es, wenn nur die üblichen Installationsgeräte oder sonstige Vorrichtungen wie Gardinenstangen und Lampenhalter angebracht werden. Da es sich hier nicht um eine Verschlechterung handelt, kann der Vermieter auch nicht Ersatz oder Beseitigung verlangen. Fraglich ist, ob dies auch für das Anbohren von Kacheln oder Fliesen gelten soll, da hier oft eine Neuverfliesung erforderlich ist, weil die bisherigen Fliesen nicht mehr lieferbar sind. Auch hier kommt es auf den Einzelfall an. Ein Schadenersatzanspruch besteht, wenn der Mieter Fliesen über das erforderliche und übliche Maß hinaus anbohrt. Der Vermieter kann in diesem Fall die Kosten für eine Neuverfliesung verlangen, wenn Ersatzfliesen nicht mehr beschafft werden können. Wenn allerdings im Bad die üblichen Einrichtungsgegenstände wie Spiegel, Handtuchhalter oder Hängeschrank durch den Vermieter nicht angebracht sind, wird man dem Mieter das Recht zugestehen müssen, zum Anbringen dieser Gegenstände die notwendigen Löcher zu bohren. Der Mieter seinerseits wird aber darauf zu achten haben, wenn möglich nicht die Fliesen anzubohren, sondern die Verfugungen zu benutzen.

Sind etwa im Bad nur die Fliesen an einer Wand angebohrt, ist höchst umstritten, ob der Vermieter vom Mieter die Neuverfliesung des gesamten Bades verlangen kann, wenn die Fliesen nicht mehr zu beschaffen sind. Teilweise wird angenommen, dass der Vermieter bemüht sein muss, einigermaßen passende Fliesen für die beschädigte Wand zu beschaffen.

Hat der Mieter die Wandfliesen mit Farbe überstrichen, kann der Vermieter die Verfliesung erneuern und die Kosten als Schadenersatz verlangen, sofern der Mieter nicht nachweisen kann, dass die Farbe von den Fliesen hätte entfernt werden können.

Hat der Mieter während der Mietzeit die Türblätter gekürzt, um einen Teppichboden zu verlegen, hat der Vermieter ebenfalls einen Schadenersatzanspruch. In der Regel wird es ausreichend sein, die Türblätter wieder zu verlängern, wenn mit anschließendem Spachteln und Lackieren ein optisch und technisch einwandfreier Zustand zu erreichen ist. Dies ist in der Regel bei Naturholztüren nicht der Fall, hier kann der Vermieter neue Türen verlangen.

Haben vom Vermieter verlegte Teppichböden bei Beendigung des Mietverhältnisses Flecken oder Brandlöcher, kommt es darauf an, ob durch Ausstanzen und Einfügen entsprechender Stücke eine Reparatur möglich ist, sofern noch Reste des Teppichbodens vorhanden sind. Auch hier ist der Abzug neu für alt zu beachten.

Ebenso muss der Mieter Schadenersatz leisten, wenn durch einen von ihm verlegten selbstklebenden Teppichboden bei der Entfernung der darunter liegende Bodenbelag beschädigt wird.

Bei Parkettböden ist die Abgrenzung zwischen normaler Abnutzung und Schäden nicht einfach. Abdrücke von Pfennigabsätzen im Parkett gehören bei Wohnräumen nicht zum normalen Gebrauch, der Mieter kann Hausschuhe anziehen. Hinzunehmen ist dagegen, dass der Eingangsbereich einer Wohnung einer erheblichen Abnutzung unterliegt, sodass dort Kratzer und Schmarren im Parkett vertragsimmanent und als vertragsgemäße Abnutzung zu behandeln sind, für die der Mieter nicht haftet (OLG Düsseldorf, WuM 2003, 621). Eine Formularklausel, nach der der Mieter das Parkett abschleifen und versiegeln muss, ist wegen unangemessener Benachteiligung unwirksam (OLG Düsseldorf, a. a. O.).

Bei Malerarbeiten ist zu unterscheiden: Beschränken sich die Schäden auf die Dekoration, handelt es sich um Schönheitsreparaturen. Betreffen die Schäden auch die Substanz (z. B. Loch in der Wand), hat der Vermieter einen Schadenersatzanspruch.

Was bedeutet Vorteilsausgleichung?

Hierzu ein Beispiel: Der bei Beginn des Mietverhältnisses neue Teppichboden ist nach 15 Jahren Mietzeit völlig verschlissen. Darüber hinaus hat er Brandlöcher und Rotweinflecken. Er muss ohne Zweifel erneuert werden. Wer hat dies zu zahlen? Müsste der Mieter jetzt einen neuen Teppichboden zahlen, hätte der Vermieter einen Vorteil, nämlich einen neuen Teppichboden statt eines abgenutzten alten Teppichbodens. Um diesen Vorteil auszugleichen, wird ein Abzug neu für alt vorgenommen. Dieser Abzug bezieht sich nicht nur auf die reinen Materialkosten, sondern auch auf die Arbeitskosten (OLG Koblenz, ZMR 2003, 927).

Für die Lebensdauer gibt es keine festen Regeln. Neben dem Alter kommt es auch auf die Qualität an. Ein hochwertiger Teppichboden hält länger als das billigste Modell aus dem Baumarkt.

Im Allgemeinen geht die Rechtsprechung von folgender Lebensdauer aus:

- Teppichböden von mindestens mittlerer Qualität: 10 Jahre
- Schleifen und Versiegeln des Parketts: 15—20 Jahre
- PVC-Böden: ca. 10 Jahre (AG Kassel WuM 1996, 757: 20 Jahre)
- Fliesen halten mindestens 60 Jahre (LG Köln WuM 1997, 41), dies dürfte allerdings für zum Zeitpunkt des Einbaus modische Dekorfliesen mit auffallenden Mustern und Farben nicht gelten)
- Mischbatterien: ca. 8—10 Jahre
- Waschbecken: ca. 20 Jahre

- Spülbecken: ca. 27 Jahre
- WC-Becken: ca. 18 Jahre
- Badewanne: 23 Jahre

(Alle Angaben nach Schmidt-Futterer, Mietrecht, 11. Aufl., § 538, Rn. 374 f.).

Was hat der Vermieter sonst noch zu beachten?

Hat der Mieter gegen eine vertragliche Leistungspflicht verstoßen, kann der Vermieter einen Schadenersatzanspruch erst geltend machen, wenn er dem Mieter eine angemessene Frist zur Leistung oder Nacherfüllung bestimmt hat (§ 281 Abs. 1 Satz 1 BGB).

BEISPIEL

Der Vermieter hat dem Mieter gestattet, einen Kamin einzubauen. Im Mietvertrag ist weiter vereinbart, dass der Mieter verpflichtet ist, bei Beendigung des Mietverhältnisses den Kamin wieder auszubauen und den früheren Zustand wiederherzustellen. Der Mieter zieht aus, ohne irgendetwas zu machen. Hier muss der Vermieter dem Mieter eine entsprechende Nachfrist setzen. Erst nach ergebnislosem Ablauf der Nachfrist entsteht der Schadenersatzanspruch.

Gilt das auch, wenn das Waschbecken zerstört ist? Hier ist der Schaden aufgrund eines vertragswidrigen Gebrauchs des Mieters entstanden, der direkt zu einem Schadenersatzanspruch des Vermieters gemäß §§ 280, 249 BGB führt, ohne dass eine Nachfrist gesetzt werden muss. Im Einzelnen ist hier allerdings vieles strittig. So wird angenommen, dass dann, wenn die Kosten für die Wiederherstellung erheblich sind, eine vertragliche Hauptleistungspflicht des Mieters besteht, also eine Nachfrist vom Vermieter gesetzt werden muss.

TIPP

Im Zweifel sollte der Vermieter dem Mieter immer eine entsprechende Frist mit Leistungsaufforderung setzen. Zu beachten ist dabei allerdings, dass hier nicht ausreichend ist, wenn der Mieter allgemein zur Beseitigung von Schäden aufgefordert wird. Vielmehr muss aus der Leistungsaufforderung erkennbar sein, welche Mängel der Vermieter beanstandet und welche Arbeiten der Mieter im Einzelnen zu erledigen hat.

Wurde eine entsprechende Nachfrist nicht gesetzt, kann im Einzelfall § 281 Abs. 2 BGB helfen: Danach bedarf es der Leistungsaufforderung nicht, wenn der Schuldner seine Leistung ernsthaft und endgültig verweigert. Hinterlässt der Mieter echte Substanzschäden beim Auszug, wird man von einer solchen Verweigerung ausgehen können (Langenberg, a. a. O., Rn. 102).

Darüber hinaus hat der Vermieter noch die Verjährung zu beachten. Schadenersatzansprüche des Vermieters verjähren in sechs Monaten ab Rückgabe (siehe ausführlich beim Stichwort „Verjährung“).

Wohnfläche

Dem Begriff „Wohnfläche" kommt im frei finanzierten Wohnungsbau erhebliche Bedeutung zu, so bei Abrechnung der Betriebskosten, bei der Ermittlung der ortsüblichen Vergleichsmiete oder im Verfahren nach Mietpreisüberhöhung. Man sollte daher meinen, dass die Ermittlung der Wohnfläche wie so vieles andere in Deutschland gesetzlich im Einzelnen geregelt ist. Dies ist tatsächlich nicht der Fall.

Die DIN-Norm 283 ist schon im Jahr 1983 vom Normenausschuss aus dem Verkehr gezogen worden. Die Wohnflächenverordnung gilt direkt nur für preisgebundenen Wohnraum.

Vereinbarte Berechnungsmethode

Zunächst ist also darauf abzustellen, ob die Parteien des Mietvertrags eine bestimmte Berechnungsmethode vereinbart haben. Dies wird in der Regel nicht der Fall sein. Sodann ist zu prüfen, ob sich aus den Umständen, insbesondere den Vertragsverhandlungen oder den örtlichen Gepflogenheiten, eine bestimmte Berechnungsmethode entnehmen lässt. Auch dies wird in der Regel nicht der Fall sein. Dann ist der Rückgriff auf die im öffentlich geförderten Wohnungsbau geltenden Regeln zum Zeitpunkt des Abschlusses des Mietvertrags zulässig (BGH, WuM 2004, 337). Danach gelten folgende Grundsätze:

Gemäß § 3 WoFlV, die seit 1.1.2004 gilt, ist die Grundfläche nach den lichten Maßen zwischen den Bauteilen zu ermitteln. Gemäß § 4 WoFlV sind die Grundflächen von Räumen und Raumteilen mit einer lichten Höhe von mindestens 2 m vollständig, von mindestens 1 m und weniger als 2 m zur Hälfte und unter 1 m nicht anzurechnen (Wohnflächenermittlung bei Dachschrägen). Gemäß § 4 Nr. 3 WoFlV sind die Grundflächen von unbeheizten Wintergärten, Schwimmbädern und ähnlichen, nach allen Seiten geschlossenen Räumen zur Hälfte und nach Nr. 4 von Balkonen, Loggien, Dachgärten und Terrassen in der Regel zu einem Viertel, höchstens jedoch zur Hälfte anzurechnen. Eine Abweichung von der Regelanrechnung kann nur erfolgen, wenn besondere Umstände des Einzelfalls dies rechtfertigen. Kellerräume, Abstellräume und Kellerzusatzräume außerhalb der Wohnung, Waschküchen, Bodenräume, Trockenräume, Heizungsräume und Garagen werden nicht zur Wohnfläche gerechnet.

Allerdings soll für den Stuttgarter Raum (BGH, WuM 1997, 625) oder für den Münchner Raum (LG München I, WuM 2006, 91) eine regionale Übung zur Berechnung der Wohnfläche gemäß der DIN 283 bestehen.

Die Auswirkungen sind jedoch nicht allzu erheblich. Balkone sind sowohl nach der WoFlV als auch nach der DIN-Norm 283 in der Regel mit einem Viertel der Grundfläche anzusetzen, ebenso Dachgärten. Terrassen werden nach der WoFlV auch mit einem Viertel der Grundfläche angerechnet. Nach der DIN 283 ist es nur der Fall, wenn es sich um gedeckte, d. h. vor fremden Blicken geschützte Freiflächen handelt.

Strittig ist die Bewertung von Hobbyräumen. Bei der Anwendung der DIN 283 werden die Hobbyräume in der Regel nur anteilig (z. B. zur Hälfte) angerechnet. Bei Anwendung der WoFlV ist der BGH allerdings zu dem Schluss gekommen, dass ein sogenannter Hobbyraum, der ohne Einschränkungen als Wohnraum (Schlafzimmer) nutzbar ist, mit der gesamten Grundfläche anzusetzen ist. Der streitige Raum hatte eine lichte Höhe von 2,30 m und ein 1,40 m x 1,10 m großes Fenster, vor dem sich ein Betonlichtschacht mit einer Gitterabdeckung befand, er hatte Tageslicht, war an die Zentralheizung angeschlossen und mit Teppichboden ausgestattet (BGH, WuM 2007, 441).

Bei Mietverträgen, die vor dem 31.12.2003 abgeschlossen wurden, ist die Wohnfläche nach den §§ 42 bis 44 der II. BV zur ermitteln, soweit keine abweichende örtliche Verkehrssitte besteht. Nach § 44 Abs. 2 II. BV können die Grundflächen von ausschließlich zur Wohnung gehörenden Balkonen, Loggien, Dachgärten und gedeckten Freisitzen zu Ermittlung der Wohnfläche bis zur Hälfte angerechnet werden. Dies gilt unabhängig von ihrer Lage, Ausrichtung und Nutzbarkeit (BGH, WuM 2009, 344). Ab 1.1.2004 gilt § 4 Abs. 4 Wohnflächenverordnung. Diese Flächen werden nach dieser Bestimmung in der Regel nur zu einem Viertel angerechnet.

! **WICHTIG**

Vereinbarungen der Parteien darüber, welche Flächen wie in die Berechnung der Wohnfläche einzubeziehen sind, haben Vorrang. Flächen von Räumen, die nach den vertraglichen Bestimmungen zu Wohnzwecken vermietet sind wie z. B. ein ausgebautes Dachgeschoss, sind bei der Wohnflächenermittlung unabhängig davon mit einzurechnen, ob sie bei einer Flächenberechnung nach den Bestimmungen der II. BV als Wohnraum anzusehen sind (BGH, WuM 2009, 661). Gleiches gilt, wenn die Räume im Kellergeschoss im Mietvertrag oder dem zugrunde liegenden Maklerangebot als Wohnfläche ausgewiesen sind. Dann sind auch diese Flächen bei der Wohnflächenermittlung mit einzurechnen (BGH, WuM 2009, 662). Entscheidend für eine Beschaffenheitsvereinba-

rung über den Umfang der Wohnfläche ist eine Einigung darüber, auf welche Flächen sich der beabsichtigte Nutzungszweck erstrecken soll, und nicht die Frage, ob der geplanten (und verwirklichten) Nutzung (öffentlich-)rechtliche Gründe entgegenstehen (BGH, a. a. O.).

Welche Folgen haben Flächenangaben im Mietvertrag?

Ist die Wohnfläche im Mietvertrag vereinbart, gilt sie bis zum Nachweis der Unrichtigkeit. Immer wieder werden Wohnflächen ungeprüft in Mietverträge übernommen. Was ist, wenn diese Flächen von der tatsächlichen Fläche abweichen? Der BGH hat hier eindeutige Regelungen getroffen. Weist die gemietete Wohnung eine Wohnfläche auf, die mehr als 10 % unter der im Mietvertrag angegebenen Fläche liegt, so liegt ein Mangel der Mieträume vor, der den Mieter zur Minderung berechtigt. Einer zusätzlichen Darlegung des Mieters, dass infolge der Flächendifferenz die Tauglichkeit der Wohnung zum vertragsgemäßen Gebrauch gemindert ist, bedarf es in diesem Fall nicht (BGH, WuM 2004, 336). Dies gilt auch, wenn die Wohnfläche im Mietvertrag mit einer „circa ... m^2"-Angabe angegeben ist. Die Minderung bemisst sich nach der prozentualen Flächenabweichung. Liegt also die Abweichung über 10 %, geht sie vollständig in die Berechnung der Mietminderung ein.

Diese Rechtsprechung gilt auch für Geschäftsraummietverhältnisse (BGH, NZM 2005, 500).

Diese Grundsätze wendet der BGH ebenso an, wenn im Mietvertrag eine bestimmte Wohnfläche nicht aufgeführt ist, aber die in einem Mieterhöhungsverlangen angegebene und der Berechnung zugrunde gelegte Wohnfläche die tatsächliche Wohnfläche um mehr als 10 % übersteigt. Auch in diesem Fall kann der Mieter unter dem Gesichtspunkt der ungerechtfertigten Bereicherung die Rückzahlung der in der Folgezeit aufgrund der fehlerhaften Berechnung überzahlten Miete verlangen (BGH, WuM 2004, 485). Dies gilt unabhängig davon, ob das Erhöhungsverlangen, dem der Mieter zugestimmt hat, formell wirksam oder unwirksam ist.

Bei Flächenabweichungen unter 10 % wird in der Regel nur eine unerhebliche Beeinträchtigung vorliegen, die zu einer Minderung nicht berechtigt. Dies gilt jedoch nicht, wenn die Mieträume nicht nach einer Besichtigung, sondern vor deren Errichtung angemietet werden. Bei dieser Sachlage dienen die Angaben zur Lage oder Größe nicht der Beschreibung, sondern der Festlegung dessen, was vom Vermieter vertraglich geschuldet wird. In solchen Fällen sind die Angaben im Mietvertrag oder in den Plänen als Eigenschaftszusicherung anzusehen (OLG Hamm, NZM 1998, 77). Dann können auch Abweichungen unter 10 % zu einem Fehler der Mietsache führen.

Die Rechtsprechung des BGH gilt auch im umgekehrten Fall. Übersteigt die tatsächliche Wohnfläche die im Mietvertrag vereinbarte Wohnfläche, so ist einem Mieterhöhungsverlangen des Vermieters die vertraglich vereinbarte Wohnfläche dann zugrunde zu legen, wenn die Flächenüberschreitung nicht mehr als 10 % beträgt (BGH, WuM 2007, 450). Beträgt die Abweichung mehr als 10 %, kann der Vermieter künftig bei Mieterhöhungen die tatsächliche, größere Fläche ansetzen.

Dies gilt auch umgekehrt: Die vereinbarte Wohnfläche ist einer Mieterhöhung auch dann zugrunde zu legen, wenn die tatsächliche Wohnfläche zum Nachteil des Mieters um nicht mehr als 10 % davon abweicht (BGH, WuM 2009, 460).

BEISPIEL

Im Mietvertrag vereinbarte Fläche 80 m², tatsächliche Fläche 75 m²
Abweichung unter 10 %, Mieterhöhung mit einer Fläche von 80 m² zulässig.

Können Flächenvereinbarungen auch außerhalb des Mietvertrags getroffen werden?

Dies kann der Fall sein, wenn der Vermieter ausdrücklich eine bestimmte Fläche in einer Zusatzvereinbarung zum Mietvertrag oder in einem Anschreiben zusichert. Aus einer Zeitungsanzeige, die die Wohnfläche mit „circa ... m²“ angegeben hat, folgt ebenso wenig eine mietvertragliche Vereinbarung wie daraus, dass der Vermieter Betriebskosten mit einer bestimmten Fläche gegenüber dem Mieter abgerechnet hat (LG Mannheim, Urteil vom 8.11.2006, 4 S 96/06). In einem Sonderfall hat der BGH allerdings gegenteilig entschieden. Im Mietvertrag war kein Feld für die Angabe von Wohnfläche vorhanden. In der Zeitungsannonce der mit der Vermittlung beauftragten Maklerin war jedoch ebenso wie in einer vor Vertragsabschluss überreichten „Wohnflächenberechnung“ die Wohnfläche enthalten. Hier ist der BGH von einer stillschweigenden Vereinbarung über die Wohnfläche der Mietwohnung ausgegangen (BGH, Urteil vom 23.6.2010, VIII ZR 256/09, NZM 2010, 614).

Keine Vereinbarung liegt vor, wenn ein Wohnraummietvertrag zwar eine Wohnflächenangabe enthält, diese Angabe jedoch mit der Einschränkung versehen ist, dass sie nicht zur Festlegung des Mietgegenstands dient. In einem Formularmietvertrag war vereinbart: „Die Wohnung im DG …, bestehend aus zwei Zimmern … zur Benutzung als Wohnraum, deren Größe ca. … beträgt. Diese Angabe dient wegen möglicher Messfehler nicht zur Festlegung des Mietgegenstands. Der räumliche Umfang der gemieteten Sache ergibt sich vielmehr aus der Anzahl der vermieteten Räume."

Hier haftet der Vermieter nicht für die Fläche (BGH, Urteil vom 10.11.2010, VIII ZR 306/09, NZM 2011, 70).

Auch wenn der Vermieter dem Mieter eine Bescheinigung für Wohngeldanträge oder Ähnliches ausstellt und dort eine Wohnfläche angibt, handelt es sich um keine Beschaffenheitsvereinbarung, für die der Vermieter einstehen müsste (LG Dortmund, WuM 2007, 503).

Zahlungsverzug

Gemäß § 535 Abs. 2 BGB ist der Mieter verpflichtet, dem Vermieter die vereinbarte Miete zu entrichten. Zur Miete gehören auch die Betriebskosten, wenn sie im Mietvertrag gesondert ausgewiesen sind.

Die Fälligkeit der Miete ist in § 556b Abs. 1 BGB geregelt. Danach ist die Miete zu Beginn, spätestens bis zum dritten Werktag der einzelnen Zeitabschnitte zu entrichten, nach denen sie bemessen ist. Da die Miete üblicherweise monatsweise bezahlt wird, ist die Miete am dritten Werktag eines Monats im Voraus fällig. Diese Bestimmung gilt gemäß § 579 Abs. 2 BGB auch für Geschäftsraummietverhältnisse.

Wie wird die Frist berechnet?

Sonn- und Feiertage sind keine Werktage, werden also nicht mitgerechnet. Der Samstag ist – anders als bei der Berechnung der Kündigungsfrist, bei der er als Werktag mitzuzählen ist, wenn der erste oder zweite Tag ein Samstag ist – bei der Berechnung der Fälligkeit der Miete kein Werktag. Begründet wird dies damit, dass die Karenzzeit von drei Werktagen den Mieter schützen soll. Da die Miete meist mit Banküberweisung bezahlt wird, die Banken aber am Samstag nicht arbeiten, würde diese Karenzzeit um einen Tag verkürzt (BGH, Urteil vom 13.7.2010, VIII ZR 129/09, WuM 2010, 495). Der Samstag zählt also nicht mit.

BEISPIEL

Der 1.6.2013 war ein Samstag. Wann muss die Miete beim Vermieter sein? Der erste Werktag war Montag, der 3.6.2013. Am 5.6.2013 muss die Miete daher bezahlt werden.

Wann kommt der Mieter mit der Zahlung in Verzug?

Da in § 556 Abs. 1 BGB ein fester Termin bestimmt ist (dritter Werktag) kommt der Mieter ohne Mahnung in Verzug (§ 286 Abs. 2 Nr. 1 BGB). Der Vermieter muss den Mieter also nicht anschreiben und zur Zahlung der Miete auffordern, außer im Mietvertrag ist dies ausdrücklich vereinbart.

Die gesetzliche Bestimmung sagt, dass der Mieter die Miete „entrichten" muss. Dies bedeutet, dass es ausreichend ist, wenn der Mieter bis zu diesem Zeitpunkt die Überweisung bei der Bank oder bei der Post vorgenommen oder veranlasst hat, auch wenn der Auftrag dann erst später ausgeführt wird.

In der Regel wird aber im Mietvertrag vereinbart, dass es für die Rechtzeitigkeit der Zahlung nicht auf die Absendung, sondern auf den Eingang des Geldes beim Vermieter ankommt. Diese sogenannten „Rechtzeitigkeitsklauseln" sind in fast allen Mietverträgen enthalten und auch formularrechtlich wirksam. Der Mieter hat also die Einzahlung so rechtzeitig vorzunehmen, dass bei normalem Geschäftsgang der Betrag spätestens am Fälligkeitstag auf dem Konto des Vermieters gutgeschrieben werden kann. Verzögerungen gehen dagegen nicht zulasten des Mieters, wenn sie außerhalb des normalen Geschäftsablaufs liegen.

Was sind die Folgen des Zahlungsverzuges?

Die schwerwiegendste Folge des Zahlungsverzuges ist die fristlose Kündigung des Mietverhältnisses gemäß § 543 Abs. 2 Nr. 3 BGB. Sie ist zulässig, wenn der Mieter entweder für zwei aufeinanderfolgende Termine mit der Entrichtung der Miete oder eines nicht unerheblichen Teils davon in Verzug ist oder in einem Zeitraum, der sich über mehr als zwei Termine erstreckt, mit der Entrichtung der Miete in Höhe eines Betrages in Verzug gekommen ist, der die Miete für zwei Monate erreicht.

Der Vermieter muss nicht sofort, wenn der Rückstand zwei Monatsmieten beträgt, kündigen. Eine fristlose Kündigung ist nicht illoyal verspätet, wenn der Mieter nicht darauf vertrauen durfte, der Vermieter werde den Mietrückstand hinnehmen und bei einem weiteren Anstiegsrückstand von seinem Kündigungsrecht keinen Gebrauch machen (BGH, WuM 2009, 231). Diese fristlose Kündigung wegen Zahlungsverzugs bedarf grundsätzlich keiner vorherigen Fristsetzung oder Abmahnung

(BGH, a. a. O.). Bei Wohnraummietverhältnissen gilt folgende Einschränkung: Der rückständige Teil der Miete ist nur dann als nicht unerheblich anzusehen, wenn er die Miete für einen Monat übersteigt.

BEISPIEL

Miete: 800 Euro
Keine Mietzahlung im September
Im Oktober Zahlung von 500 Euro
Der Vermieter kann in diesem Fall fristlos kündigen, da der Mieter mit zwei aufeinanderfolgenden Monaten mit mehr als 800 Euro in Verzug ist.

Kann der Vermieter Mahnkosten verlangen?

Die Rechtsprechung beurteilt formularmäßig vereinbarte pauschalierte Mahnkosten eher streng, insbesondere wenn sie eine bestimmte Höhe überschreiten. Vereinbart werden können höchstens Kosten in einer dem tatsächlichen Aufwand entsprechenden Höhe. Kritisch wird es bei Mahnkosten, die 5 Euro übersteigen. Teilweise wird angenommen, dass es sich bei einer solchen Formularvereinbarung um die unzulässige Vereinbarung einer Vertragsstrafe handelt und dass die gesamte Vereinbarung deshalb unwirksam ist.

Wann wird eine Kündigung unwirksam?

Im Wohnraummietrecht gilt eine Besonderheit. Danach wird eine fristlose Kündigung wegen Zahlungsverzuges auch dann unwirksam, wenn der Vermieter spätestens bis zum Ablauf von zwei Monaten nach Eintritt der Rechtshängigkeit des Räumungsanspruchs hinsichtlich der fälligen Miete und der fälligen Entschädigung nach § 546a Abs. 1 BGB befriedigt wird oder sich eine öffentliche Stelle zur Befriedigung verpflichtet. Dies gilt nicht, wenn der Kündigung vor nicht länger als zwei Jahren bereits eine unwirksam gewordene Kündigung vorausgegangen ist (§ 569 Abs. 3 Nr. 2 BGB).

BEISPIEL

Der Mieter ist mit den Mieten für September und Oktober in Verzug. Der Vermieter kündigt am 15.10. fristlos und erhebt am 30.10. Räumungsklage. Die Klage wird dem Mieter am 20.11. zugestellt. Ab diesem Zeitpunkt läuft die Uhr. Der Mieter hat jetzt bis 20.1. des Folgejahres Zeit, sämtliche bis dahin angefallenen Mieten, also einschließlich der Januarmiete, nachzuzahlen. Die

Kündigung wird auch dann unwirksam, wenn sich eine öffentliche Stelle wie Wohnungsamt, Sozialamt oder ARGE durch verbindliche Erklärung zur Zahlung gegenüber dem Vermieter verpflichtet. Diese Verpflichtungserklärung muss dem Vermieter ebenfalls bis zum Ablauf von zwei Monaten zugegangen sein, im Beispiel also bis 20.1.

Der Vermieter kann wegen einer schuldhaften Vertragsverletzung durch den Mieter gemäß § 573 Abs. 2 Nr. 1 BGB das Mietverhältnis dann ordentlich kündigen, wenn der Rückstand eine Monatsmiete übersteigt und die Verzugsdauer mindestens einen Monat beträgt. Ein solcher Rückstand stellt nach der Rechtsprechung des BGH eine nicht unerhebliche Verletzung der Zahlungspflicht durch den Mieter dar, die den Vermieter zur ordentlichen Kündigung des Mietverhältnisses berechtigt (BGH, Urteil vom 10.10.2012, VIII ZR 107/12, WuM 2012, 682).

Eine solche ordentliche Kündigung wegen Zahlungsverzugs kann nicht durch nachträgliche Zahlung unwirksam gemacht werden, da die für die fristlose Kündigung geltende Schonfrist nicht analog auf die ordentliche Kündigung anwendbar ist (BGH, Urteil vom 16.2.2005, VIII ZR 6/04, NZM 2005, 334). Der Vermieter kann also bei einem Zahlungsrückstand von zwei oder mehr Monaten fristlos kündigen und hilfsweise ordentlich kündigen. Diese ordentliche Kündigung wird durch nachträgliche Zahlung nicht unwirksam. Voraussetzung für die ordentliche Kündigung ist allerdings ein Verschulden des Mieters. Der Mieter kann sich also bei der ordentlichen Kündigung auf unverschuldete Zahlungsunfähigkeit berufen. Zu berücksichtigen ist ferner die Höhe des Rückstands wie auch das gesamte Mieterverhalten, insbesondere wann die geschuldeten Mieten nachgezahlt werden. Zahlt der Mieter innerhalb der Schonfrist die Mietrückstände vollständig zurück, wird es auch für die ordentliche Kündigung am Verschulden fehlen. Ein knappes halbes Jahr zwischen Zugang der Kündigung und der Zahlung ist jedoch zu lang (KG Berlin, Urteil vom 24.7.2008, VIII U 26/08, DWW 2009, 26).

Kann bei ständiger Verspätung der Mietzahlung gekündigt werden?

Die ständige verspätete Zahlung der Miete stellt eine Vertragsverletzung dar. Ist dem Vermieter die Fortsetzung des Mietverhältnisses unzumutbar, kann er fristlos kündigen (§ 543 Abs. 1 BGB). Voraussetzung ist eine vorherige Abmahnung. Ein Muster hierzu steht als Arbeitshilfe online bereit.

ARBEITSHILFE ONLINE

TIPP

In der Abmahnung müssen die verspäteten Zahlungen im Einzelnen mit genauem Datum des Eingangs aufgeführt werden, ferner, dass bei weiterer verspäteter Zahlung fristlos gekündigt wird. Zahlt der Mieter weiterhin verspätet, kann fristlos gekündigt werden.

Wie oft und um wie viele Tage verspätet der Mieter zahlen muss, bevor fristlos gekündigt werden kann, ist in der Rechtsprechung im Einzelnen umstritten. Manche Gerichte nehmen eine Unzumutbarkeit der Fortsetzung des Mietverhältnisses nur an, wenn der Mieter sechsmal erheblich, d. h. mehr als eine Woche, verspätet zahlt. Der BGH hat entschieden, dass mehrfache Unpünktlichkeit betreffend die Zahlung der Miete vor einer diesbezüglichen Abmahnung bei bereits nur einer Unpünktlichkeit nach der Abmahnung zur fristlosen Kündigung berechtigt (BGH, NZM 2006, 338).

Statt fristlos zu kündigen, kann der Vermieter wegen ständiger unpünktlicher Mietzahlung auch ordentlich kündigen. Grundsätzlich ist bei einer ordentlichen Kündigung eine Abmahnung nicht erforderlich. Allerdings kann der Abmahnung für die Kündigung ausnahmsweise insofern Bedeutung zukommen, als erst ihre Missachtung durch den Mieter dessen Vertragsverletzung das für die Kündigung erforderliche Gewicht verleiht (BGH, NZM 2007, 121).

Wird die Miete nicht vom Mieter selbst, sondern vom Job-Center (Sozialamt), das für einen hilfebedürftigen Wohnungsmieter die Kosten der Unterkunft übernimmt, bezahlt und zahlt das Job-Center trotz Abmahnung des Vermieters die Miete regelmäßig einige Tage verspätet, kann der Vermieter gleichwohl nicht fristlos kündigen. Eine staatliche Behörde, die im Rahmen hoheitlicher Aufgaben tätig wird, wird nicht als Erfüllungsgehilfe des Mieters tätig. Die verspätete Zahlung ist dem Mieter daher nicht zuzurechnen (BGH, WuM 2009, 737).

Zahlt das Job-Center dem Mieter nur einen Teil der Miete und zahlt der Mieter die Miete insgesamt verspätet, kann der Vermieter bei entsprechender Abmahnung fristlos kündigen (AG Bernau, WuM 2010, 31).

ARBEITSHILFE ONLINE

RECHTS-CHECK: Richtig kündigen bei Zahlungsverzug

Der Zahlungsverzug eines Mieters kann für den Vermieter sehr unangenehm sein. Bevor allerdings die fristlose Kündigung ausgesprochen werden kann, muss einiges beachtet werden:

Mahnung mit Kündigungsandrohung wegen Zahlungsrückstand des Mieters
Zahlungsrückstand: .... Euro
Abgeschickt am: ....
Überbracht per Boten ☐/Einschreiben mit Rückschein ☐

Kündigung an alle Mieter zugestellt?
Ja ☐ Nein ☐
Wenn ja, wann? ....

Räumung der Wohnung durch den Mieter erfolgt?
Ja ☐ Nein ☐
Wenn ja, wann? ....

Räumungsklage durch den Anwalt an den Mieter weitergeleitet?
Ja ☐ Nein ☐
Wenn ja, wann? ....

ARBEITSHILFE ONLINE

MUSTER: Fristlose Kündigung wegen Zahlungsverzugs

[Absender]
[Straße Hausnummer]
[PLZ Ort]
[Ort, Datum]

[Empfänger]
[Straße Hausnummer]
[PLZ Ort]

Betreff: Mietverhältnis (Adresse der Wohnung)
Fristlose Kündigung wegen Zahlungsverzugs

Sehr geehrte Frau ....,
sehr geehrter Herr ....,

gemäß § 4 Abs. 7 des Mietvertrags vom .... muss die monatliche Miete spätestens am dritten Werktag des Kalendermonats bei uns eingegangen sein.

Sie befinden sich derzeit mit der Entrichtung der Mieten für die Monate .... und .... in Höhe von insgesamt .... Euro in Verzug.
Wegen des Zahlungsverzugs kündigen wir das Mietverhältnis der Wohnung .... *[Adresse]* außerordentlich und fristlos gemäß § 543 Abs. 2 Nr. 3 BGB. Wir fordern Sie auf, die Wohnung einschließlich der zugehörigen Kellerabteile und der Garage bis spätestens .... vollständig geräumt und in vertragsgemäßem Zustand sowie mit sämtlichen Schlüsseln zurückzugeben und sich vor der Rückgabe mit uns in Verbindung zu setzen. Andernfalls werden wir ohne weitere Mahnung Räumungsklage einreichen.

In gleicher Frist erwarten wir die Zahlung der rückständigen Mieten in Höhe von insgesamt .... Euro.
Einer stillschweigenden Verlängerung des Mietverhältnisses im Sinne von § 545 BGB wird bereits jetzt widersprochen.

Rein vorsorglich und hilfsweise kündigen wir das vorbezeichnete Mietverhältnis auch ordentlich unter Einhaltung der gesetzlichen Kündigungsfrist von drei Monaten zum .... Die Kündigung erfolgt gemäß § 573 Abs. 2 Nr. 1 BGB, da der Zahlungsverzug mit zwei Monatsmieten eine schuldhafte, nicht unerhebliche Vertragsverletzung im Sinne dieser Bestimmung darstellt.
In Erfüllung der gesetzlichen Belehrungspflicht weisen wir darauf hin, dass Sie der ordentlichen Kündigung gemäß § 574 BGB widersprechen können. Der Widerspruch ist schriftlich zu erklären und muss spätestens zwei Monate vor Ablauf der Kündigungsfrist bei uns eingegangen sein.

Mit freundlichen Grüßen

....
(Ort, Datum)

....
(Unterschriften)

! WICHTIG

Halten Sie die einzelnen Schritte auf dem Weg zur fristlosen Kündigung ein und vergessen Sie keinesfalls, den Mieter vorher abzumahnen. Werfen Sie dabei die Abmahnungen und das Kündigungsschreiben nicht einfach in den Briefkasten und senden Sie dieses auch nicht einfach per Post, sondern lassen Sie die Unterlagen entweder per Boten überbringen oder durch Einschreiben mit Rückschein zustellen.

Zeitmietvertrag

Mietverträge können auf unbestimmte oder auf bestimmte Zeit abgeschlossen werden. Ein Mietverhältnis, das auf bestimmte Zeit eingegangen ist, endet mit dem Ablauf dieser Zeit, sofern es nicht in den gesetzlich zugelassenen Fällen außerordentlich gekündigt oder verlängert wird.

Eine außerordentliche (befristete oder fristlose) Kündigung ist dagegen möglich. Ein auf bestimmte Zeit abgeschlossenes Mietverhältnis mit Verlängerungsklausel endet nur dann, wenn eine der Vertragsparteien eine entsprechende Erklärung abgibt. Eine ordentliche Kündigung ist während der Laufzeit des Mietvertrags ausgeschlossen.

Geschäftsraummietverhältnisse werden in der Regel auf bestimmte Zeit abgeschlossen, oft verbunden mit einem Optionsrecht des Mieters. Dies bedeutet, dass der Mieter bei Ablauf der Mietzeit durch einseitige Erklärung die Verlängerung der Mietzeit um einen weiteren bestimmten Zeitraum herbeiführen kann. Eine mögliche Formulierung für eine Optionsvereinbarung wäre: Der Mieter kann das Mietverhältnis bis zum ... / oder: um ... Jahre / verlängern, indem er dem Vermieter diese Absicht sechs Monate vor Ablauf der Vertragsdauer schriftlich mitteilt.

Welche Besonderheiten gelten beim Wohnraummietverhältnis?

Hier sind Zeitmietverträge seit der Mietrechtsreform (1.9.2001) grundsätzlich nur unter bestimmten Voraussetzungen, d. h. nur bei Vorliegen eines der im Gesetz genannten Befristungsgründe zulässig. Die bisherige Befristung auf nicht mehr als fünf Jahre ist weggefallen. Zeitmietverträge können daher für jede beliebige Zeitdauer abgeschlossen werden. Schließen die Parteien einen Mietvertrag auf bestimmte Zeit ab, ohne dass einer der in § 575 BGB genannten Befristungsgründe vorliegt, gilt das Mietverhältnis als auf unbestimmte Zeit abgeschlossen (§ 575 Abs. 1 Nr. 3 Satz 2 BGB).

Folgende Befristungsgründe sind vom Gesetz zugelassen: Wenn der Vermieter nach Ablauf der Mietzeit die Räume als Wohnung für sich, seine Familienangehörigen oder Angehörige seines Haushalts nutzen will (§ 575 Abs. 1 Nr. 1 BGB). Zu den

Familienangehörigen zählen die Kinder, die Enkel, der Ehegatte, die Geschwister, die Eltern und die Großeltern sowie Schwiegereltern, Stiefkinder und Pflegekinder. Haushaltsangehörige sind Personen, die der Vermieter auf Dauer in seine Wohnung aufgenommen hat, so der Lebenspartner und dessen Kinder sowie Hilfspersonen (Pflegekräfte, Hausangestellte).

Die Person, der die Wohnung überlassen werden soll, soll möglichst genau bezeichnet werden. Bei Familienangehörigen genügt die Bezeichnung „mein Sohn" oder „eines meiner Kinder" wohl nicht, da ähnlich wie bei Eigenbedarf der konkrete Lebenssachverhalt so vorzutragen ist, dass dem Mieter eine Nachprüfung möglich ist. Bei erst noch einzustellenden Pflegekräften braucht der Name nicht angegeben zu werden, wohl aber die Funktion und die Tätigkeit. Zulässig ist die Angabe mehrerer Bedarfspersonen wie beispielsweise „für meinen Sohn Anton oder meine Tochter Berta". In der Schlussmitteilung muss aber die Konkretisierung auf eine bestimmte Person erfolgen. Dann ist auch ein Wechsel auf eine vom Vermieter ursprünglich nicht genannte Verwendungsabsicht oder Bedarfsperson nicht mehr möglich.

Der zweite zulässige Befristungsgrund liegt vor, wenn der Vermieter nach Ablauf der Mietzeit in zulässiger Weise die Räume beseitigen oder so wesentlich verändern oder instand setzen will, dass die Maßnahmen durch eine Fortsetzung des Mietverhältnisses erheblich erschwert werden würden (§ 575 Abs. 1 Nr. 2 BGB). Hier ist im Mietvertrag der Sachverhalt so konkret einzutragen, dass der Mieter nachprüfen kann, ob die tatbestandsmäßigen Voraussetzungen gegeben sind. Veränderungen oder Instandsetzungen müssen so genau bezeichnet werden, dass das Ausmaß der vorzunehmenden Arbeiten hinsichtlich Art und Dauer der Störung für den Mieter beurteilt werden kann. Abstrakte Angaben wie „grundlegender Umbau der Wohnung" sind nicht ausreichend. Es kommt darauf an, ob die Durchführung der Maßnahmen ohne Mieter wesentlich erleichtert sein würde. Will der Vermieter Wohnraum beseitigen (Abbruch), müssen die beabsichtigten Maßnahmen baurechtlich zulässig sein.

Der dritte und letzte Befristungsgrund liegt vor, wenn der Vermieter nach Ablauf der Mietzeit die Räume an einen zur Dienstleistung Verpflichteten vermieten will (§ 575 Abs. 1 Nr. 3 BGB). So können etwa Werkwohnungen zeitlich befristet an nicht zum Unternehmen gehörende Personen vermietet werden, wenn die Wohnungen jedenfalls nach Fristablauf wieder an einen Werkangehörigen vermietet werden.

Dem Mieter müssen bei Vertragsschluss die Gründe für die Befristung schriftlich mitgeteilt werden. Ein Hinweis auf den Gesetzeswortlaut ist nicht ausreichend. Vielmehr muss wie ausgeführt der Vermieter einen konkreten Lebenssachverhalt darlegen, der dem Mieter auch eine spätere Überprüfung ermöglicht.

Gemäß § 575 Abs. 2 BGB kann der Mieter vom Vermieter frühestens vier Monate vor Ablauf der Befristung verlangen, dass dieser ihm binnen eines Monats mitteilt, ob der Befristungsgrund noch besteht. Erfolgt die Mitteilung nicht innerhalb dieser Frist, kann der Mieter eine Verlängerung des Mietverhältnisses um den Zeitraum der Verspätung verlangen. Äußert sich der Vermieter auf eine Anfrage des Mieters bis zum Mietende überhaupt nicht, kann der Mieter in der Wohnung bleiben.

Tritt der Grund der Befristung erst später ein, kann der Mieter eine Verlängerung des Mietverhältnisses um einen entsprechenden Zeitraum verlangen. Entfällt der Grund, kann der Mieter eine Verlängerung auf unbestimmte Zeit verlangen.

Was ist eine Kündigungsausschluss-vereinbarung?

Ein „normaler" Zeitmietvertrag ohne Befristungsgrund ist unwirksam. In diesem Fall gilt das Mietverhältnis als auf unbestimmte Zeit abgeschlossen. Die Vertragsparteien können aber durchaus ein Interesse daran haben, dass das Mietverhältnis bestimmte Zeit andauert. Der Vermieter will sich nicht in kurzer Zeit wieder einen neuen Mieter suchen müssen, der Mieter will eine Sicherheit, dass er für eine gewisse Zeit nicht mit einer Eigenbedarfskündigung zu rechnen braucht. Eine Lösung besteht darin, dass die Parteien einen unbefristeten Mietvertrag schließen und für einen vertraglich festgelegten Zeitraum das ordentliche Kündigungsrecht beiderseits ausschließen. Hierbei ist Folgendes zu beachten: Ausgeschlossen werden kann nur das Recht zur ordentlichen Kündigung.

Ein beiderseitiger formularmäßiger Kündigungsausschluss ist nur bis zu einer Obergrenze von vier Jahren möglich. Strenger ist die Rechtsprechung bei einem einseitigen befristeten Kündigungsausschluss des Mieters. Im Mietvertrag war folgende Formularklausel enthalten: „Es wird vereinbart, dass der Mieter auf sein ordentliches Kündigungsrecht ein Jahr lang ab Mietbeginn verzichtet und er in dieser Zeit demnach nur außerordentlich kündigen kann." Eine solche Klausel benachteiligt den Mieter unangemessen und ist unwirksam. Vorliegend wurde weder ein Staffelmietvertrag vereinbart noch sonst ein Vorteil für den Mieter, der den einseitigen Kündigungsverzicht rechtfertigen könnte. Ein einseitiger, formularvertraglicher Kündigungsverzicht des Mieters außerhalb einer wirksamen Staffelmietvereinbarung oder eines wirksamen Zeitmietvertrags kann daher nicht vereinbart werden (BGH, WuM 2009, 47).

Für Staffelmietvereinbarungen hat der BGH Folgendes festgelegt:

1. Zulässigkeit eines einseitigen Kündigungsausschlusses des Mieters bis zu vier Jahren seit Abschluss der Staffelmietvereinbarungen auch durch Formularklausel (BGH, WuM 2006, 97; bestätigt vom BGH, WuM 2009, 45).
2. Bei Überschreitung der Grenze von vier Jahren durch Formularklausel auch bei beiderseitigem Kündigungsverzicht ist die gesamte Klausel unwirksam (BGH, WuM 2006, 152).

Wichtig: Entscheidend ist der Zeitraum zwischen Vertragsabschluss (nicht Mietbeginn, der in der Regel etwas später liegt) und dem Zeitpunkt, zu dem der Mieter den Mietvertrag erstmals beenden kann. Unwirksam ist daher eine Formulierung, wonach der Mieter erst nach Ablauf von vier Jahren kündigen darf, d. h., der Mieter an den Mietvertrag vier Jahre zuzüglich seiner gesetzlichen Kündigungsfrist von drei Monaten gebunden bleibt.

BEISPIEL

Abschluss des Mietvertrages 10.3.2013, Mietbeginn 1.4.2013.
Ein Kündigungsverzicht ist nur wirksam, wenn die Kündigung erstmals zum 28.2.2017 erfolgen kann (vier Jahre zwischen Vertragsabschluss und Beendigung des Mietverhältnisses werden dann nicht überschritten).
Unwirksam ist die Vereinbarung, wenn die Kündigung erst am 1.5.2017 erklärt werden kann, da die Vertragsbindung dann vier Jahre zuzüglich drei Monate (gesetzliche Kündigungsfrist) beträgt oder wenn die Kündigung erst zum 1.4.2017 erklärt werden kann. Auch hier beträgt die Vertragsbindung mehr als vier Jahre, da die Frist vom Zeitpunkt des Vertragsabschlusses (10.3.2013) gerechnet werden muss.

Insgesamt unwirksam sind Kündigungsverzichtsvereinbarungen bei der Vermietung von Studentenzimmern, da bei Studenten eine besondere Flexibilität und Mobilität gewahrt sein muss.

Nach der Rechtsprechung des BGH ist es also möglich, eine Staffelmietvereinbarung mit einer Kündigungsausschlussvereinbarung zu koppeln, wenn die dargelegten Grenzen beachtet werden.

Was gilt bei vor dem 1.9.2001 abgeschlossenen Zeitmietverträgen mit Verlängerungsklausel?

Nach altem Recht waren Zeitmietverträge ohne Befristungsgrund zulässig. Dauerte das Mietverhältnis vom 1.4.1998 bis zum 31.3.2003 und wird es nicht gekündigt, so verlängert es sich jeweils um ein Jahr. Kann hier der Mieter nur zum 31.3. eines Jahres kündigen oder zu jedem anderen Monatsende? Der BGH hat entschieden, dass ein solcher Mietvertrag nur zu dem im Vertrag vereinbarten Ablauftermin, also in unserem Beispiel zum 31.3. eines Jahres, gekündigt werden kann (BGH, NZM 2007, 728). Der BGH begründet dies mit der Überleitungsvorschrift des Art. 229 § 3 III EGBGB, wonach auf ein am 1.9.2001 bereits bestehendes Mietverhältnis auf bestimmte Zeit die bisherigen Vorschriften weiter anzuwenden sind.

Abkürzungsverzeichnis

a. A.	anderer Ansicht
a. a. O.	am angegebenen Ort
Abs.	Absatz
a. F.	alte Fassung
AG	Amtsgericht
AGG	Allgemeines Gleichbehandlungsgesetz
AllgReg	Allgemeine Regelung
AO	Abgabenordnung
Art.	Artikel
Aufl.	Auflage
BayObLG	Bayerisches Oberstes Landesgericht
BetrKV	Betriebskostenverordnung
BGB	Bürgerliches Gesetzbuch
BGH	Bundesgerichtshof
BGHZ	Entscheidungen des BGH in Zivilsachen
BTDrucks.	Drucksache des Bundestags
II. BV	Zweite Berechnungsverordnung
BVerfG	Bundesverfassungsgericht
BvR	Registerzeichen des BVerfG für Verfassungsbeschwerden
DIN	Deutsche Industrie-Norm
DWW	Deutsche Wohnungswirtschaft (Zeitschrift)
EGBGB	Einführungsgesetz zum BGB
ENEG	Energieeinsparungsgesetz
ENEV	Energieeinsparverordnung
f., ff.	folgende, fortfolgende
GE	Das Grundeigentum (Zeitschrift)
HeizKV	Heizkostenverordnung
InsO	Insolvenzordnung
KG	Kammergericht
KO	Konkursordnung
LG	Landgericht
m. w. N.	mit weiteren Nachweisen
MDR	Monatsschrift des deutschen Rechts
MHG	Gesetz zur Regelung der Miethöhe

ModEnG	Gesetz zur Förderung der Modernisierung von Wohnraum und von Maßnahmen zur Einsparung von Heizenergie
NJW	Neue juristische Wochenschrift
NJW-RR	NJW Rechtsprechungsreport Zivilrecht
NZM	Neue Zeitschrift für Miet- und Wohnungsrecht
OLG	Oberlandesgericht
RE	Rechtsentscheid
Rn.	Randnummer
StGB	Strafgesetzbuch
VersR	Versicherungsrecht (Zeitschrift)
VO	Verordnung
WEG	Wohnungseigentumsgesetz
WiStG	Wirtschaftsstrafgesetz
WoFG	Gesetz über die soziale Wohnraumförderung (Wohnraumförderungsgesetz)
WoFlV	Wohnflächenverordnung
WPM	Wertpapiermitteilungen
WuM	Wohnungswirtschaft und Mietrecht (Zeitschrift)
ZMR	Zeitschrift für Miet- und Raumrecht
ZPO	Zivilprozessordnung
ZVG	Zwangsversteigerungsgesetz

Nützliche Adressen und Websites

Hier finden Sie Tipps und Hinweise, wo Sie sich zu bestimmten Themenbereichen zusätzlich informieren können. Alle genannten Hinweise stellen in keiner Weise Wertungen oder Rangfolgen dar. Sämtliche Tipps und Angaben wurden vom Autor nach bestem Wissen und Gewissen zusammengetragen. Für die Richtigkeit der Nennungen wird keine Haftung übernommen. Stand der genannten Daten ist Juli 2013.

Haus + Grund Deutschland

Zentralverband der Deutschen Haus-, Wohnungs- und Grundeigentümer e. V.
Mohrenstraße 13
10117 Berlin
Tel.: 030 20216-0
Fax: 030 20216-555
E-Mail: zv@haus-und-grund.net
www.haus-und-grund.net

Interessenverband von Immobilienbesitzern mit Informationen zu vielen Themen rund um die eigenen vier Wände.

Verband Wohneigentum e. V.

Oberer Lindweg 2
53129 Bonn
Tel.: 0228 60468-20
Fax: 0228 60468-25
E-Mail: bund@verband-wohneigentum.de
www.verband-wohneigentum.de

Der Nachfolger des Deutschen Siedlerbundes e. V. setzt sich für familienfreundliches, altersgerechtes und kostengünstiges Haus- und Wohneigentum ein.

Bundesfachverband Wohnungs- und Immobilienverwalter e. V.

Schiffbauerdamm 8
10117 Berlin
Tel.: 030 308729-17
Fax: 030 308729-19
E-Mail: service@wohnungsverwalter.de
www.wohnungsverwalter.de

Hier finden Sie alles Wissenswerte rund um den Verwalter. Über eine Suchmaske finden Sie auch einen Verwalter in Ihrer Nähe.

IVD Immobilienverband Deutschland, Bundesverband der Immobilienberater, Makler, Verwalter und Sachverständigen e. V.

Littenstraße 10
10179 Berlin
Tel.: 030 275726-0
Fax: 030 275726-49
E-Mail: info@ivd.net
www.ivd.net

Unter anderem finden Sie hier ein umfassendes Verzeichnis mit Immobilienmaklern sowie -verwaltern.

Stichwortverzeichnis

D

E

W

Z